企业工会

工作实务

（全新修订版）

张安顺　白　莲◎编著

人民日报出版社

图书在版编目（CIP）数据

企业工会工作实务／张安顺，白莲编著.--北京：人民日报出版社，2023.10
ISBN 978-7-5115-8003-0

Ⅰ.①企… Ⅱ.①张…②白… Ⅲ.①企业-工会工作-中国 Ⅳ.①D412.6

中国国家版本馆 CIP 数据核字（2023）第 193149 号

书　　　名：	企业工会工作实务
	QIYE GONGHUI GONGZUO SHIWU
作　　　者：	张安顺　白　莲
出 版 人：	刘华新
责任编辑：	刘天一　李　芳
封面设计：	陈国风
出版发行：	人民日报出版社
地　　　址：	北京金台西路 2 号
邮政编码：	100733
发行热线：	（010）65369527　65369846　65369509　65369510
邮购热线：	（010）65369530　65363527
编辑热线：	（010）65363105
网　　　址：	www.peopledailypress.com
经　　　销：	新华书店
印　　　刷：	北京柯蓝博泰印务有限公司
开　　　本：	170mm×240mm　1/16
字　　　数：	430 千字
印　　　张：	27
版次印次：	2024 年 5 月第 1 版　2024 年 5 月第 1 次印刷
书　　　号：	ISBN 978-7-5115-8003-0
定　　　价：	96.00 元

前言

　　企业工会是我国工会的基层组织,是工会的重要组织基础和工作基础,是企业工会会员和职工合法权益的代表者和维护者。做好企业工会工作,对于贯彻落实党的全心全意依靠工人阶级指导方针、切实履行维权服务基本职责、促进企业发展、构建和谐劳动关系、充分发挥工人阶级在全面建成社会主义现代化强国中的主力军作用具有非常重要的意义。要加强和推进企业工会工作,更好地发挥企业工会作用,就必须高度重视企业工会干部队伍建设,加强企业工会干部教育培训,打造绝对忠诚党的事业、竭诚服务职工群众的高素质工会干部队伍,为开创新时代企业工会工作新局面提供重要保障。

　　为了更好地开展企业工会干部教育培训工作,我们组织编写了本书。目的是帮助企业工会干部了解工会基本知识,明确工会工作方向、任务、要求,掌握有关法律法规,把握工作重点和开展工作的方式方法。本书贯彻理论联系实际的原则,结合企业工会工作的特点,着眼于操作层面介绍和阐述怎样做好企业工会工作。本书是企业工会工作者的好帮手,也是做好企业工会工作的参考和指导用书。

　　本书在编写过程中参考了有关书籍和资料,在此对相关作者表示衷心的感谢。

目录

第一章　学习工会基础知识

第一节　工会的性质、地位、作用　// 002

第二节　工会的职能　// 010

第三节　工会的根本活动准则与指导思想　// 012

第四节　工会的政治责任、工作方针和企事业单位工会工作原则　// 016

第二章　扎实推进产业工人队伍建设改革

第一节　产业工人队伍建设改革概述　// 029

第二节　产业工人队伍建设改革的举措　// 032

第三节　工会在产业工人队伍建设改革中的重要作用　// 043

第三章　认真履行工会基本职责

第一节　工会基本职责概述　// 054

第二节　维护职工合法权益　// 057

第三节　竭诚服务职工群众　// 067

第四章　加强基层工会组织建设

第一节　新时代加强基层工会建设的重要意义、指导思想和目标要求　// 080

第二节　加强基层工会组织建设的主要内容和任务　// 083
第三节　基层工会的建立及组织体制、机构设置　// 087
第四节　基层工会的组织制度和组织领导　// 092
第五节　加强基层工会建设的方法措施　// 106

第五章　深入开展职工经济技术工作

第一节　职工经济技术工作概述　// 113
第二节　职工经济技术工作的内容　// 117
第三节　职工经济技术创新工程　// 130

第六章　不断强化职工民主管理

第一节　职工民主管理概述　// 141
第二节　职工代表大会制度　// 144
第三节　厂务公开制度　// 155
第四节　职工董事、职工监事制度　// 160

第七章　大力推行平等协商与集体合同制度

第一节　平等协商与集体合同工作概述　// 174
第二节　平等协商与集体合同的内容　// 176
第三节　平等协商与集体合同的签订程序　// 178
第四节　集体合同的履行、监督检查及争议的处理　// 183
第五节　区域性行业性平等协商与集体合同　// 186

第八章　加大工资集体协商力度

第一节　工资集体协商概述　// 194
第二节　工资集体协商的内容　// 196
第三节　工资集体协商的程序及策略和技巧　// 200

第九章　积极开展工会宣传教育工作

第一节　工会宣传教育工作概述　// 210

第二节　新时代加强和改进思想政治工作　// 211
　　第三节　工会职工教育工作　// 216
　　第四节　工会新闻宣传工作　// 220
　　第五节　工会职工文化体育工作　// 225

第十章　努力做好工会劳动保护工作

　　第一节　劳动保护概述　// 238
　　第二节　劳动者在劳动安全卫生方面的权利和义务　// 245
　　第三节　工会劳动保护　// 247

第十一章　切实做好工会生活保障工作

　　第一节　工会生活保障工作的职责和任务　// 262
　　第二节　劳动就业工作　// 263
　　第三节　工资分配工作　// 265
　　第四节　社会保险工作　// 269
　　第五节　生活保障工作　// 274

第十二章　高度重视工会女职工工作

　　第一节　工会女职工工作概述　// 282
　　第二节　基层工会女职工组织建设　// 285
　　第三节　工会女职工组织的基本任务　// 290
　　第四节　女职工工作的方法　// 297

第十三章　进一步深化职工之家建设

　　第一节　基层工会建设职工之家概述　// 304
　　第二节　基层工会开展职工之家建设　// 307
　　第三节　建设职工之家的几种具体形式　// 313

第十四章　加快推进工会法治化建设

　　第一节　推进工会法治化建设　// 328

第二节　工会法律制度　// 330

第三节　劳动法律制度　// 337

第四节　工会法律援助与劳动法律监督　// 345

第十五章　依法妥善处理劳动争议

第一节　劳动争议概述　// 357

第二节　《劳动争议调解仲裁法》的立法宗旨、适用范围、原则和程序　// 358

第三节　劳动争议调解　// 362

第四节　劳动争议仲裁　// 367

第五节　劳动争议诉讼　// 376

第十六章　加强和规范工会财务与经审工作

第一节　工会财务工作概述　// 381

第二节　工会财务管理体制　// 384

第三节　加强基层工会经费收支管理　// 389

第四节　工会经费审计工作　// 394

第十七章　提高工会主席的领导艺术与沟通技巧

第一节　工会主席的领导艺术　// 409

第二节　工会主席的沟通技巧　// 416

参考资料及说明　// 421

第一章

学习工会基础知识

　　企业工会干部要做好工会工作,发挥工会作用,推动工运事业发展,必须加强对工会基础知识的学习,了解掌握工会的性质、地位、作用、职能等,不断提高业务素质和履职能力。

第一节　工会的性质、地位、作用

一、工会的性质

正确认识工会的性质，对于更好地履行工会的职责、发挥工会的作用、推动工会工作的开展、促进工运事业的发展具有非常重要的意义。

关于我国工会的性质，《工会法》第二条规定："工会是中国共产党领导的职工自愿结合的工人阶级群众组织，是中国共产党联系职工群众的桥梁和纽带。中华全国总工会及其各工会组织代表职工的利益，依法维护职工的合法权益。"《中国工会章程》开宗明义规定："中国工会是中国共产党领导的职工自愿结合的工人阶级群众组织，是党联系职工群众的桥梁和纽带，是国家政权的重要社会支柱，是会员和职工利益的代表。"这一规定表明了中国工会的本质属性是阶级性、群众性和政治性的相互统一。

（一）工会的阶级性

工会的阶级性，是指工会是真正的工人阶级组织，并以工人阶级作为自己的阶级基础。工会的阶级性是工会区别于其他群众组织的一个本质属性。工会的阶级性主要体现在以下三个方面。

1. 工会会员必须是工人阶级成员

《工会法》第三条规定："在中国境内的企业、事业单位、机关、社会组织（以下统称用人单位）中以工资收入为主要生活来源的劳动者，不分民族、种族、性别、职业、宗教信仰、教育程度，都有依法参加和组织工会的权利。任何组织和个人不得阻挠和限制。"由此可见，确定是否可以成为工会会员的标准只有一个，即以工资收入为主要生活来源。这就把工会成员的构成仅仅限于工人阶级范围之内，把工人阶级作为工会的阶级基础，充分说明工会具有鲜明的阶级性。

2.工会的成立和存在体现了工人阶级的利益要求

工会成立之初的目的，就是使工人广泛地联合起来，形成强大力量，为争取和维护自己的经济利益而斗争。工会的成立和存在体现了工人阶级的利益要求。在社会主义市场经济条件下，虽然执政党、政府、国有企业行政都在不同层面上代表着工人阶级利益，但是职工群众仍然需要有自己的组织来代表和维护具体的利益。工会代表和维护工人阶级群众利益是工会阶级性的实质。工会始终把维护工人阶级群众的利益作为自己的重要任务。

3.工会的奋斗目标是与工人阶级的奋斗目标相联系的

工会组织与工人阶级的命运紧密相关，工人阶级的奋斗目标也是工会的奋斗目标。工会作为工人阶级的群众性团体，始终以工人阶级政党的政治纲领为自己的纲领，并代表工人阶级积极参加政治活动，进行政治参与，为实现工人阶级政党的政治纲领而奋斗。从实践上看，工会始终与工人阶级政党保持着密切的联系，并以工人阶级政党的纲领和路线作为工会运动的指导思想，为实现工人阶级的奋斗目标和历史使命而奋斗。现阶段，工会的主要任务就是团结动员广大职工群众，为全面建成社会主义现代化强国、全面推进中华民族伟大复兴充分发挥主力军作用。

(二) 工会的群众性

工会的群众性，是指工会是工人阶级在本阶级范围内最广泛的组织。工会的群众性主要体现在以下几个方面。

1.工会的会员构成具有工人阶级范围内的广泛性。工会并不是个别行业或者个别部门内职工的组织，它最大限度地团结、联合了广大职工群众。工会始终是工人阶级实现阶级联合的最广泛的组织。

2.工会代表广大会员和职工群众的正当利益，维护职工群众的合法权益。职工群众是工会组织的主体，是工会赖以存在和发展的基础，广大会员和职工群众对工会的信赖和支持是工会最基本的力量源泉。如果工会不能切实代表和维护职工群众的合法权益，就会失去本阶级群众，那也就谈不上工会的群众性。

3. 工会组织内部的民主性。工会内部生活的民主性，一般包括以下几个方面。一是工会组织内部成员之间的地位和权利是平等的，工会内部的事务应当由会员群众当家作主，实行会员群众办工会。二是工会内部应该具有更充分、更广泛的民主生活。工会工作要依靠广大的积极分子和会员群众，工会的活动要从会员群众的意愿和要求出发。工会的一切问题都要经过民主程序，工会的一切工作和活动都要置于会员和职工群众的参与、监督之中。三是工会在工作方法上必须采取和国家机关、行政部门不同的工作方法，即采用吸引的方法、说服的方法和群众自我教育的方法。

4. 工会组织的自愿性方面。工会不是按照某种指令组织起来的，而是职工群众为了谋求共同利益、实现共同愿望自觉自愿地组织起来的群众团体。工会组织的自愿性包括两个方面：一是坚持职工自愿入会的原则，只要是工人阶级成员，都可以自愿加入工会组织；二是工会组织或者开展的一切活动，必须适合大多数群众的觉悟，建立在群众自觉自愿的基础上。

（三）工会的政治性

工会自觉接受中国共产党的领导，鲜明地体现了我国工会具有高度的政治性。习近平总书记强调："工会工作做得好不好、有没有取得明显成效，关键看有没有坚持正确政治方向。"正确政治方向，核心就是要坚持中国共产党领导和社会主义制度。坚持正确政治方向，是工会做好工作、发挥作用的根本，也是工会作为党领导下的工人阶级群众组织的历史使命。

（四）工会的阶级性、群众性、政治性的有机统一

工会的阶级性、群众性和政治性是反映工会本质属性相互依存、互为条件、不可分割的有机统一体。工会的群众性以阶级性为限度；工会的阶级性以群众性为基础；工会的阶级性和群众性以政治性为方向。

工会的群众性以阶级性为限度，即工会的群众性不能超越阶级性的界限。工会作为工人阶级的群众组织，首先是一个阶级组织而不是一个全民组织，工会的成员是限定在工人阶级范畴之内的；工会的阶级性以群众性为基础，表明工会的阶级性是建立在最广泛的群众性基础之上的，其成员不仅包括工人阶级的先进分子，还包括大量非党职工群众。工会若不能团结最广大的工人阶级群众，工会组织的阶级性就失去了基础。工会的阶级

性和群众性以政治性为方向,即在思想上,以马克思主义为指导,坚持走中国特色社会主义工会发展道路;在组织上,自觉接受党对工会的领导,高度重视工人阶级队伍的团结和工会组织的统一;在工作中,始终围绕和服从服务于大局,依法独立自主地开展工作,在维护全国人民总体利益的同时,更好地代表和维护职工群众合法权益。

二、工会的地位

工会的地位是指工会在国家政治、经济和社会生活中所处的位置。工会的地位主要通过工会组织同社会各方面的关系得以体现,通过法律确认和保障,通过工会发挥的作用得以实现。

(一)工会的政治地位

中国工会是国家政治体制中的重要组成部分。工会的政治地位表现在它与党和政府之间的关系,并且与我国人民民主专政的国体相联系。工会作为党联系广大职工群众的桥梁和纽带,是执政党的重要阶级基础;作为国家政权的社会支柱,是人民政府的重要群众基础。

1.工会是党的阶级基础

工人阶级作为国家的领导阶级,其领导地位是在本阶级的先锋队——中国共产党的领导下得以实现的。党的领导代表了工人阶级的利益、意志、愿望和要求,因此党的领导地位体现了工人阶级的领导地位。但是,党的领导离不开工人阶级的社会阶级基础,而工会则是工人阶级社会阶级基础最为广泛的组织形式。

2.工会是国家政权组织的群众基础

工人阶级作为国家的领导阶级,其领导地位是通过国家政权组织得以实现的。社会主义国家民主政治的特点,最基本和最突出的就是广大的劳动者享有最广泛的民主权利。但是,国家政权组织不能由全体工人阶级成员及群众性组织实行直接管理,只能通过工人阶级中具有先进思想和专门管理才能的成员作为代表行使管理职能。同时,国家政权组织对经济社会管理职能的履行,必须依靠最广大职工群众及工会的支持。

(二) 工会的经济地位

工会的经济地位是指工会在社会经济关系中所处的具体位置，主要是通过工会对劳动关系所产生的影响和作用体现出来。在社会主义市场经济条件下，工会的经济地位体现在两个方面。一方面，工会具有组织和动员广大职工群众支持改革、投身国家经济建设的强大组织优势，并且可通过开展富有时代特色和丰富多彩的经济技术创新活动，有效调动和激发广大职工的劳动积极性、智慧和创造力。可以说，工会在推动我国社会经济发展中所起到的作用，是彰显工人阶级主力军作用和工会社会经济地位的重要体现。另一方面，工会的经济地位还体现在劳动关系领域，它是劳动关系的协调者和劳动者权益的维护者。劳动关系的协调是市场经济保持健康发展的客观要求，这就需要工会参与协调劳动关系，作为集体劳权的代表促使劳动关系双方的权利义务尤其是劳动者的合法权益得到有效规范和保护。而劳动关系的和谐与稳定，又为企业乃至整个社会经济的健康发展创造有利条件。

(三) 工会的法律地位

工会的法律地位是工会政治地位和经济地位在法律上的确认和体现。在我国法律制度中，工会的法律地位又集中体现在工会的法定权利与义务以及工会的法人资格等方面。

1.体现工会法律地位的五项权利

（1）工会的代表权

工会的代表权是指工会有代表职工合法权益的权利。我国《工会法》《劳动法》均对工会的代表权做了明确规定。《工会法》第二条规定："中华全国总工会及其各工会组织代表职工的利益，依法维护职工的合法权益。"《劳动法》第七条规定："工会代表和维护劳动者的合法权益，依法独立自主地开展活动。"

（2）工会的维护权

工会的维护权是指工会依法享有维护职工合法权益的权利，它是工会的一项重要权利。《工会法》第六条规定："维护职工合法权益、竭诚服职工群众是工会的基本职责。"

(3) 工会的参与权

工会的参与权是指工会享有代表职工参与管理国家事务、管理经济和文化事业、管理社会事务的权利。

(4) 工会的协商谈判权

工会的协商谈判权是指工会享有代表职工一方与企业可以就劳动报酬、工作时间、休息休假、劳动安全卫生、社会保险福利等事项进行协商谈判和签订集体合同的权利。

(5) 工会的监督权

工会的监督权是指工会依法享有对国家行政机关和企事业单位行政在执行国家劳动法律、法规和相关政策进行监督的权利。我国法律确认和保障工会的监督权。没有监督权，工会的其他权利便难以有效行使。

2.体现工会法律地位的三项义务

(1) 维护国家政权，支持协助用人单位工作

维护社会主义国家政权，支持协助人民政府和用人单位开展工作，是社会主义国家工会的特有义务。这是由工会与社会主义国家、用人单位在根本利益上的一致性决定的。

(2) 动员和组织职工参加社会主义经济建设

社会主义经济建设不仅是政府及企事业单位行政的任务，同样也是工会应当履行的义务。工会参加社会主义经济建设的方式，不同于行政部门直接组织指挥生产经营，而是通过引导的方式吸引和组织广大职工参加经济建设，通过开展建功立业、劳动和技能竞赛及实施经济技术创新工程等活动，调动职工的积极性，提高职工的文化和业务素质，促进社会生产力的发展。

(3) 教育职工，提高职工素质

教育职工，提高职工素质，是我国工会的一项重要的义务。特别是在大力发展科学技术的今天，造就一支有理想、有道德、有文化、有纪律的职工队伍，更具有战略意义。

3.工会的法人资格是工会法律地位的实现条件

我国《工会法》第十五条规定："中华全国总工会、地方总工会、产

业工会具有社会团体法人资格。基层工会组织具备民法通则规定的法人条件的，依法取得社会团体法人资格。"工会的社团法人资格是工会法律地位的具体化和实现条件，原因如下。

（1）工会的社团法人资格使工会在劳动关系事务及民事活动中具有与其他法人平等的地位，例如与企业开展平等协商和签订集体合同。

（2）工会依法拥有独立的财产和经费，是工会赖以存在、开展活动和取得社会地位的物质条件。工会具有法人资格，使工会的财产和经费受法律保护，是工会的经济地位不受侵犯的重要保障。

（3）在社会法律关系中，工会的社团法人资格通常是由其法定代表人即工会主席代表工会组织及全体会员得以体现的。但是，工会的法律地位和社团法人资格，不是工会个别领导人的个人地位和资格，而是工会组织和全体会员社会地位的法律表现。

三、工会的作用

我国工会的作用是由我国工会的性质和地位具体体现的。根据《工会法》和《中国工会章程》的规定，我国工会主要有以下四个方面的作用。

（一）工会是党联系职工群众的桥梁和纽带。党联系职工群众的渠道是多方面的，但党和本阶级群众联系的最重要渠道是靠工会来实现的。工会是工人阶级先锋队和本阶级群众之间的中间环节。工会发挥桥梁纽带作用就是通过沟通方式，不断沟通政党、政府与职工群众之间的联系。一方面，工会自上而下地把党的主张和路线、方针、政策贯彻到职工群众中去，并使之变为职工群众的自觉行动；另一方面，工会自下而上地把职工群众的意见和要求及时真实地反映给党，以完善修正党的决策及政策。采取双向信息传递的方式，把党的主张与反映职工的愿望要求有机结合起来，把执行党的政策的坚定性与为职工群众服务的实效性有机结合起来，使工会真正成为职工群众信赖的职工之家。

（二）工会是国家政权重要的社会支柱。在我国，工会是国家政权的重要社会支柱和推动社会主义市场经济发展的重要力量。充分发挥国家政权重要社会支柱作用，维护工人阶级领导的、以工农联盟为基础的人民民主专政的社会主义国家政权，是历史和时代赋予工会的职责，也是工会推动社会主义和谐社会建设的着力点。工会作为国家政权的支柱，主要包括两个方面的含义。一是社会主义国家政权需要通过工会联系广大职工群众。工会把广大职工组织起来，开展各种活动，其目的是维护和巩固国家政权，从而使人民民主专政建立在坚实的群众基础上。二是工会要通过自己的工作把广大职工群众团结在党的周围，引导职工群众听党话、跟党走，巩固党执政的阶级基础和群众基础；工会要坚决支持国家政权的活动，社会主义国家的各项工作，都要代表广大人民群众的意愿，要由全体人民共同来完成，这就要求工会必须通过行使国家赋予的参与权利，协助人民政府开展工作，在政府行使国家行政权力过程中，组织并代表职工参与国家和社会事务的管理，组织职工参与企事业民主管理、民主监督，充分发挥参政议政的民主渠道作用，使人民民主专政建立在更加坚实的群众基础之上。促进社会主义经济社会的协调发展，成为国家政权的重要社会支柱和推动企事业经济发展的重要力量。

（三）工会是教育和提高职工素质的"大学校"。工会要始终把社会主义核心价值体系建设作为主线，贯穿于职工思想政治工作和精神文明建设的全过程，用中国梦凝聚职工，用以爱国主义为核心的民族精神和以改革创新为核心的时代精神鼓舞职工，不断巩固广大职工团结奋斗的共同思想基础。大力开展职工教育培训工作，推进职工文化、企业文化建设，推进"职工书屋"建设和职工读书活动。不断激发职工创造活力，广泛开展职工经济技术创新、技术革新和发明创造活动，积极推进职工技术交流和技术协作，在创新实践中，培养更多的掌握新知识、新技能、新本领的知识型职工和一线创新人才，为建设创新型国家和创新型企业充分施展才华，在经济社会发展中进一步发挥好学校的作用。

（四）工会是劳动关系的协调者。工会作为劳动关系的协调者，就是要及时解决劳动过程中出现的矛盾和问题，协调处理劳动争议，通过依法维护劳动者权益进而调动和激发劳动者的积极性，建立和谐稳定的劳动关系，促进企业发展和社会长期和谐稳定。因此，工会在参与协调劳动关系和处理劳动争议过程中具有非常重要的、其他任何组织无法替代的作用。

工会通过集体协商集体合同制度和职工代表大会制度，切实代表和维护劳动者的合法权益，从而保护和激发劳动者的积极性，使企业劳动关系和谐有序，存在的矛盾得以及时通过法治化的渠道化解和处理。同时，在宏观层面上，借助劳动关系三方协商机制，从源头上表达劳动者的愿望和要求、维护劳动者的权益，促进整个劳动关系的协调发展。可以说，在这个意义上，工会是劳动关系的稳衡器。

第二节　工会的职能

工会的社会职能，是指由工会性质地位所决定，并在其社会活动中体现出来的职责和功能，它反映了工会活动、工会工作的基本内容。根据《工会法》《中国工会章程》规定，归纳起来，工会的社会职能有以下四项。

一、维权服务职能

《工会法》规定："维护职工合法权益、竭诚服务职工群众是工会的基本职责。工会在维护全国人民总体利益的同时，代表和维护职工的合法权益。"维护职工合法权益、竭诚服务职工群众是由我国工会的性质决定的，是工会服务于党和国家中心任务的主要手段，是工会一切工作的出发点和落脚点。工会要赢得职工群众信任和支持，必须高举维护职工合法权益、竭诚服务职工群众的旗帜，切切实实维护好职工合法权益，扎扎实实解决好职工群众最忧虑最急迫的实际问题，使改革发展成果更多更公平惠及职工群众。

二、建设职能

工会的建设职能，是指工会吸引和组织职工群众参加建设与改革，努力完成经济和社会发展任务的职能。《工会法》规定:"工会动员和组织职工积极参加经济建设,努力完成生产任务和工作任务。"工会的建设职能不仅是在生产领域,而且要不断地深入交换、分配、消费的各个领域;工会履行建设职能的目的,不仅要促进生产力的发展和技术进步,而且要促进生产关系的变革。工会要立足新发展阶段、贯彻新发展理念、构建新发展格局,推动高质量发展,深入开展以劳动创造幸福为主题的宣传教育,弘扬社会主义核心价值观,组织开展"建功'十四五'、奋进新征程"主题劳动和技能竞赛,大力开展合理化建议、职工技术协作、技术革新活动,拓展"五小"竞赛活动,大力弘扬工人阶级伟大品格和劳模精神、劳动精神、工匠精神,充分调动广大职工的积极性、主动性、创造性,为全面建成社会主义现代化强国、全面推进中华民族伟大复兴贡献力量。

三、参与职能

工会的参与职能,是指工会代表和组织职工参与国家和社会事务管理,参与企事业单位的民主管理的职责。《工会法》规定:"工会组织和教育职工依照宪法和法律的规定行使民主权利,发挥国家主人翁的作用,通过各种途径和形式,参与管理国家事务、管理经济和文化事业、管理社会事务;协助人民政府开展工作,维护工人阶级领导的、以工农联盟为基础的人民民主专政的社会主义国家政权。"工会履行参与职能有两层含义:一是各级工会机构成为职工群众有组织地参政议政的民主渠道;二是基层工会要做好以职工代表大会或职工大会为基本形式的职工民主管理日常工作机构的工作。工会履行参与职能的主要形式和途径有:参与立法和政策的制定;工会与政府及其有关部门召开联席会议;发挥工会界代表和委员在各级人大、政协中的作用;加强基层职工民主管理,完善基层协调劳动关系的机制;参加协调劳动关系三方会议;畅通信息渠道;民主监督;等等。

四、教育职能

工会的教育职能,是指工会帮助职工不断提高思想政治觉悟和文化技术素质，成为职工群众在实践中学习共产主义的学校的职能。《工会法》规定，工会"教育职工不断提高思想道德、技术业务和科学文化素质，建设有理想、有道德、有文化、有纪律的职工队伍"。

第三节 工会的根本活动准则与指导思想

《工会法》第四条规定："工会必须遵守和维护宪法，以宪法为根本的活动准则，以经济建设为中心，坚持社会主义道路，坚持人民民主专政，坚持中国共产党的领导，坚持马克思列宁主义、毛泽东思想、邓小平理论、"三个代表"重要思想、科学发展观、习近平新时代中国特色社会主义思想，坚持改革开放，保持和增强政治性、先进性、群众性，依照工会章程独立自主地开展工作。"这一规定以法律形式明确了工会活动的根本准则和指导思想。

一、工会的根本活动准则

根据《工会法》的规定，工会的根本活动准则是宪法。

宪法是我国的根本大法，是治国安邦的总章程，是保持国家统一、民族团结、经济发展、社会进步和长治久安的法律基础，是中国共产党执政兴国、团结带领全国各族人民建设中国特色社会主义的法制保证。它集中体现了我国绝大多数人民的意志，在我国法律体系中具有最高的权威性和法律效力。工会遵守和维护宪法，在宪法和法律的范围内开展活动，才能保证工会工作有明确的方向。同时，宪法体现了广大人民意志和对人民利益的保障，工会只有遵守和维护宪法的尊严，才能真正维护职工群众的根本利益。

二、工会工作的指导思想

《工会法》明确将习近平新时代中国特色社会主义思想同马克思列宁

主义、毛泽东思想、邓小平理论、"三个代表"重要思想、科学发展观一道，确立为工会法和工会工作的指导思想，成为各级工会组织和广大工会干部的强大思想武器，为推进新时代党的工运事业和工会工作提供了根本遵循。

党的十八大以来，习近平总书记围绕工人阶级和工会工作多次发表重要讲话、作出重要指示，深刻阐明了工会工作的地位作用、工运主题、发展道路、目标任务、根本保证实践要求，形成了习近平总书记关于工人阶级和工会工作的重要论述。这些重要论述科学回答了工人阶级和工会工作一系列方向性、根本性、战略性重大理论和实践问题，是对马克思主义劳动学说和工运学说的传承和升华，是习近平新时代中国特色社会主义思想的重要组成部分，为新时代工会工作创新发展提供了理论指导和行动指南，为做好新时代工会工作指明了前进方向。广大工会干部要深入学习贯彻习近平总书记关于工人阶级和工会工作的重要论述，推动工运事业和工会工作高质量发展，开创新时代我国工运事业和工会工作新局面。

三、保持和增强工会组织和工会工作的政治性、先进性、群众性

推进工会改革创新，必须坚持保持和增强工会组织的政治性、先进性、群众性的工会改革方向，强化问题意识，着力解决"机关化、行政化、贵族化、娱乐化"突出问题，把工会组织建设得更加充满活力、更加坚强有力。

政治性是工会组织的灵魂，是第一位的。工会组织必须旗帜鲜明讲政治，把加强政治建设作为首要任务。保持和增强政治性，关键是要始终坚持中国共产党的领导，深刻领悟"两个确立"的决定性意义，增强"四个意识"、坚定"四个自信"、做到"两个维护"，在思想上政治上行动上同以习近平同志为核心的党中央保持高度一致。要把系统掌握马克思主义理论作为看家本领，把深入学习贯彻习近平新时代中国特色社会主义思想作为首要政治任务，深刻领会习近平总书记关于工人阶级和工会工作重要论述的精神实质，进而转化为政治自觉、思想自觉和行动自觉，结合实际落

实到工会工作全过程和各方面；要坚决承担起引导职工群众听党话、跟党走的政治任务，加强对职工的思想政治引领，最大限度地把职工群众团结和凝聚在党的周围，把党对工会组织的领导转化为广大职工的政治自觉、思想自觉和行动自觉，不断夯实党的阶级基础，巩固党的执政地位；要提高政治站位，自觉服从服务党和国家工作大局，把工会工作放到大局中去思考、去把握、去部署、去推进，找准工作的结合点和着力点，团结动员广大职工群众为完成党的中心任务贡献力量；要把执行党的意志的坚定性和为职工服务的实效性统一起来，把党的路线方针政策和决策部署落实到工会各项工作中去，把党的意志和主张落实到广大职工中去；要坚决贯彻党的意志和主张，严肃党内政治生活，严守党的政治纪律和政治规矩，维护职工队伍稳定和工会组织团结统一。

先进性是工会组织的力量之源。要把保持和增强先进性作为重要着力点，牢牢把握为实现中华民族伟大复兴的中国梦而奋斗的工人运动时代主题，并不断丰富其内涵，紧紧围绕党和国家工作大局，把亿万职工群众组织起来、动员起来、团结起来，始终作党执政的深厚阶级基础和群众基础、改革发展稳定的坚实依靠力量、实现中国梦的主力军；要紧紧围绕党和国家工作大局，组织动员广大职工群众走在时代前列，在改革发展稳定第一线建功立业；要以先进引领后进，以文明进步代替蒙昧落后，以真善美抑制假恶丑，教育引导职工群众不断提高思想觉悟和道德水平，坚定不移走中国特色社会主义道路，自觉践行社会主义核心价值观。工会要做到不忘初心、牢记使命，就要固守先进性这一力量源泉，最广泛地团结动员广大职工为全面建成社会主义现代化强国、全面推进中华民族伟大复兴贡献智慧和力量。

群众性是工会组织的根本特点。要把党的群众路线作为工会的生命线和根本工作路线，牢记宗旨、不忘职责，密切联系职工群众，全心全意服务职工群众，带着对职工群众的深厚感情履行工会组织的法定职责，采取有力的改革措施，更多地关注、关心、关爱普通职工群众，突出维护好职工劳动就业、收入分配、社会保障、安全卫生等基本权益，把职工权益实现好、维护好、发展好；要建立健全联系职工群众的长效机制，按照职工群众需求提供精准周到的服务,始终亮明中国工会服务职工群众、维护职工群众合法权益这面旗帜,不断增强贴近群众、联系群众、融入群众、动员群众的本领,切实打通服务职工的"最后一公里";要深入开展和谐劳动关系创建活动,努力把劳动关系的建立、运行、监督、调处纳入法治化轨道,化解劳动关系矛盾。构建和谐稳定的劳动关系;要健全服务职工群众工作体系,做好生活保障工作,重点帮助职工群众解决最关心、最直接、最现实的利益问题;要切实做好新就业形态劳动者服务工作,不断增强职工群众的获得感、幸福感、安全感。

四、依照工会章程独立自主地开展工作

工会章程是依据法律和党的路线、方针、政策,依据工人阶级群众组织的特点和广大职工的愿望、要求制定的。"依照工会章程独立自主地开展工作",就是工会在遵守宪法、法律的前提下,依照工会章程,根据广大职工的愿望和要求,独立自主地、创造性地开展工作。这样,工会才能更好地体现工人阶级群众组织的特点,广泛吸引和团结广大职工群众。

工会自觉接受党的领导,必须从自身的性质和特点出发,把自觉接受党的领导同坚决按照法律和工会章程独立自主创造性地开展工作紧密结合起来,把对党负责与对职工负责紧密结合起来,把贯彻党的主张和反映职工群众的愿望紧密结合起来,在政治上坚持党指引的方向,在思想上以党的理论武装头脑,在组织上接受党委的领导,充分发挥工会中党组织的领导作用、战斗堡垒作用和党员的先锋模范作用。把党的路线方针政策和决策部署落实到工会各项工作中去,把党的意志和主张落实到广大职工中去并转化为广大职工的自觉行动,把职工群众紧密团结在党的周围。

第四节　工会的政治责任、工作方针和企事业单位工会工作原则

一、工会的政治责任

加强职工思想政治工作，团结引导广大职工坚定不移听党话、跟党走，巩固党执政的阶级基础和群众基础，是工会组织的重要政治责任。

思想政治工作是党的优良传统、鲜明特色和突出政治优势，是一切工作的生命线。加强和改进思想政治工作，事关党的前途命运，事关国家长治久安，事关民族凝聚力和向心力。各级工会组织要切实提高政治站位，以习近平新时代中国特色社会主义思想为指导，充分认识职工思想政治工作的极端重要性，把职工思想政治工作摆在突出位置、贯穿于各种活动之中，进一步深化对党中央关于思想政治工作理论方针政策的学习理解，坚持党的领导，坚持理论武装，坚持党性原则，坚持理论与实践相统一，推动职工思想政治工作再上新台阶。

做好新时代职工思想政治工作，要以习近平新时代中国特色社会主义思想武装职工。建立健全职工思想政治工作的领导体制和工作机制，完善党的创新理论和工会理论下基层长效机制，落实基层联系点、送教到基层等制度，组织专家、学者、先进人物等广泛开展有特色、接地气、入人心的宣传宣讲活动，推动习近平新时代中国特色社会主义思想进企业、进车间、进班组、进学校、进教材、进头脑，巩固亿万职工团结奋斗的共同思想基础。要牢牢把握我国工人运动的时代主题，紧紧围绕开启全面建成社会主义现代化强国、向第二个百年奋斗目标进军的目标任务，广泛深入开展群众经济技术创新活动，充分发挥工人阶级在全面建成社会主义现代化强国、全面推进中华民族伟大复兴中的主力军作用。要以理想信念教育职工。深化"中国梦·劳动美"主题宣传教育，加强爱国主义、集体主义、

社会主义教育。在广大职工中唱响共产党好、社会主义好、改革开放好、伟大祖国好、各族人民好的时代主旋律。深化党史、新中国史、改革开放史、社会主义发展史宣传教育,增强职工群众听党话、跟党走的思想自觉和行动自觉,不断巩固党执政的阶级基础和群众基础。要加强职工文化建设,以先进职工文化感染职工。用中华优秀传统文化、革命文化和社会主义先进文化滋养职工心灵,打造"工"字系列职工文化特色品牌,广泛开展职工群众喜闻乐见、寓教于乐的文化体育活动,把思想引领融入职工文化建设中。加强职工文化人才队伍建设,打造健康文明、昂扬向上、全员参与的职工文化。要切实做好维权服务工作,不断完善维权机制,强化维权手段,提高维权效果,把职工合法权益实现好、维护好、发展好。要坚持以职工为中心的工作导向,着力构建联系广泛、服务职工的工会工作体系,努力为广大职工提供普惠性、常态性、精准性服务,以真诚服务赢得职工,在解决实际问题中解决思想问题。更加注重夯实思想政治工作的组织基础,健全组织体系、完善动员机制,把广大职工吸纳到工会组织中来,扩大工会思想政治工作的有效覆盖。

职工思想政治工作是一项方向性、长远性、战略性、系统性工作,要坚持党对职工思想政治工作的领导,建立党委统一领导、党政工齐抓共管、有关部门各负其责、全社会协同配合的工作格局,推动形成全党全社会努力加强对职工思想政治引领的良好氛围。要努力创新职工思想政治工作方式方法。更加注重传统工作方式与新媒介、线上等思政宣传工作的有机融合。职工思想政治工作要更加注重与我国优秀传统文化的结合,坚持以文化引领人、文化教育人,着力增强思想文化软实力,充分发挥先进典型示范引领作用,深化"时代楷模"、道德模范、最美人物、身边好人等学习宣传,持续讲好不同时期先进模范人物的光辉故事。要坚持以人为本,解放思想,更新观念,把培养人、造就人、激发人、成就人作为职工思想政治工作的基本定位。要遵循为改革发展稳定大局服务,从职工队伍的实际出发,从社会发展的实际出发,既坚持先进性,又体现层次性,及时丰富有利于社会改革发展,有利于职工群众思想道德素质和科学文化素质提高的内容。要把职工思想政治工作与其他工作结合起来,把解决职工群众思想问题同解决实际问题结合起来，多办得人心、暖人心、稳人心的好事实事。要创新职工思想政治工作机制，研究新规律、新特点，着力思考和研究职工思想政治工作科学化、大众化、时代化、社会化、生活化、现代化的问题，不断完善新时代职工思想政治工作的运行机制、竞争机制、激励机制、保障机制、反馈机制。运用现代信息手段开展职工思想政治工作，通过生动活泼、灵活多样、喜闻乐见的方式，潜移默化地做好职工思想政治工作，增强时代性和实效性，推动新时代职工思想政治工作创新发展。

二、工会的工作方针

《中国工会章程》总则中规定："中国工会以忠诚党的事业、竭诚服务职工为己任，坚持组织起来、切实维权的工作方针。"

"组织起来"，就是要把职工群众最广泛地组织到党领导的工会中来，把工会组织的活力最充分地激发出来，维护职工队伍的团结和工会组织的统一，把广大职工群众更加紧密地团结在党的周围，增强党的阶级基础，扩大党的群众基础，巩固党的执政地位。要不断创新组织形式，理顺组织体制，构建纵横交织、覆盖广泛的工会组织体系。坚持以党建带工建为引领，完善党委领导、政府支持、工会主导、社会力量参与的建会入会工作格局，着力扩大工会组织覆盖面，实现组建工会和发展会员工作持续稳步发展。在巩固传统领域建会入会基础上，重点加强"三新"领域工会组织建设，不断拓展建会入会新的增长点。着力推进规模较大的非公有制企业和社会组织依法规范建立工会组织。要切实加强区域性、行业性工会联合会建设，健全乡镇（街道）—村（社区）—企业"小三级"工会组织体系，不断扩大对小微企业的有效覆盖。要持续深化"八大群体"（货车司机、快递员、护工护理员、家政服务员、商场信息员、网约送餐员、房产中介员、保安员）入会工作，聚焦货车司机、网约车司机、快递员、外卖配送员等重点群体，开展新就业形态劳动者入会集中行动。要探索单独建会、联合建会、行业建会、区域建会等建会方式，创新方式、优化程序，推行网上申请入会、集中入会仪式等做法，最大限度吸引新就业形态劳动者加入工会组织。要着力破解建会入会难题，最大限度地把农民工、灵活就业、新就业形态劳动者组织到工会中来。要不断提高基层工会组织的建设质量，更好地发挥工会组织的作用。

"切实维权"，就是要认真履行"维护职工合法权益，竭诚服务职工群众"的基本职责，切实把职工合法权益实现好、维护好、发展好，增强职工群众获得感、幸福感、安全感。工会要协助党和政府解决劳动就业、收入分配、社会保障和劳动安全卫生等涉及职工切身利益的重大问题，积极参与涉及职工利益的法律法规政策的制定，不断完善工会维权机制，强化工会维权手段，提高工会维权的科学化水平。要把竭诚服务职工群众作为工会一切工作的出发点和落脚点，顺应职工对美好生活的新期待，健全服务职工体系，拓宽服务职工领域，提高服务职工能力，满腔热情地做好服务职工工作。要建立联系广泛、服务职工的工会工作体系，密切联系职工群众，听取和反映职工的意见和要求，关心职工的生活，帮助职工解决困难，全心全意为职工服务，不断提升职工生活品质。要加大新就业形态劳动者合法权益维护力度，聚焦新就业形态劳动者"急难愁盼"问题，从思想政治引领、建会入会、权益维护、强化服务、素质提升等方面加强工作，为新就业形态劳动者体面劳动、舒心工作保驾护航。要积极推动新就业形态劳动者参加社会保险制度，推动研究出台新就业形态劳动者职业伤害保障办法等相关政策措施。推动灵活用工集中的行业制定劳动定额指导标准。加强平台网约劳动者收入保障，推动平台企业、关联企业与劳动者就劳动报酬、支付周期、休息休假和职业安全保障等事项开展集体协商。推动平台网约劳动者民主参与，督促平台运营企业建立争议处理、投诉机制。

"组织起来、切实维权"是相互联系、相互依存、互相补充、不可分割的统一整体。"组织起来"是"切实维权"的前提和基础，"切实维权"是"组织起来"的目标和宗旨，通过组织起来不断壮大力量，通过切实维权不断凝聚人心。只有实现两者的有机统一，才能全面、准确地把握"组织起来、切实维权"的科学内涵。各级工会必须把全面贯彻工会工作方针与推动新时代中国特色社会主义工会事业发展紧密结合起来，进一步厘清工作思路,坚定正确的政治方向,不断深化工会改革创新,进一步增强工会工作和工会组织的政治性、先进性、群众性,推动工会工作的创新发展。

三、企事业单位和社会组织工会工作原则

《中国工会章程》规定:"中国工会在企业、事业单位、社会组织中,按照促进企事业和社会组织发展、维护职工权益的原则,支持行政依法行使管理权力,组织职工参与本单位民主选举、民主协商、民主决策、民主管理和民主监督,与行政方面建立协商制度,保障职工的合法权益,调动职工的积极性,促进企业、事业单位、社会组织的发展。"

职工利益与企事业单位发展是紧密相连的。企事业单位是职工从事劳动生产、取得劳动收入的主要载体,促进企事业单位发展是维护职工利益的根本保证;广大职工是企事业单位发展的力量源泉,维护职工利益是促进企事业单位发展的重要基础。离开了企事业单位的发展,职工利益的实现就失去了前提,而离开了职工利益的实现,企事业单位发展就会失去根本动力。

促进企事业发展,就要教育引导职工不断增强主人翁责任感,关心支持企事业单位的改革发展,提高自身素质和劳动技能,广泛开展劳动和技能竞赛等群众性经济技术活动,为增强企事业单位自主创新能力献计出力,推动企事业单位不断发展壮大,为实现职工的利益奠定更加坚实的物质基础。

维护职工权益,就要倡导企事业单位经营管理者树立依靠职工办企事业、办好企事业为职工的理念,督促企事业单位依法经营、依法用工、关爱职工,切实尊重职工的主体地位,保障职工的合法权益,积极履行社会责任,努力实现职工体面劳动、舒心工作、全面发展。

思考题

1. 如何理解我国工会的性质?
2. 我国工会的地位如何?

3. 我国工会有哪些作用?

4. 简述工会的社会职能。

5. 工会的根本活动准则是什么?

6. 工会的指导思想是什么?

7. 工会政治责任是什么?

8. 工会的工作方针是什么?

9. 企事业单位工会工作原则是什么?

案例 1

湖南工会着力构建和谐劳动关系　当好职工合法权益"代言人"

2023 年 7 月 5 日　来源：中工网

"在工会的帮助下,我终于拿到了被拖欠的 2.97 万元运费。工会就是职工群众最可信赖的'娘家'和'靠山'。"前不久,当期盼已久的运费到账后,衡阳市货运司机曾华(化名)欣喜不已。激动之余,曾华没有忘记帮助他成功讨回血汗钱的工会"娘家人",他带着一面鲜红的锦旗来到衡阳市道路货物运输行业工会联合会表达真诚的谢意。

公益法律服务是工会传统品牌工作,湖南省工会已连续 7 年开展"尊法守法·携手筑梦"公益法律服务行动,服务规模逐年扩大,服务内容不断丰富,服务方式持续创新。2022 年,全省工会联合相关单位共组建公益法律服务分队 316 个,共有 1456 名志愿律师参与,开展实地普法宣传 1017 场,开展"法律风险体检"353 场,现场惠及农民工 14 万余人。

构建劳动争议多元化解机制

因公司拖欠工资且未支付经济补偿,此前在长沙一家饮料公司上班的小杨,来到长沙市岳麓区人民法院提起诉讼。征得双方同意后,法院将案件委派至长沙市总工会劳动争议人民调解委员会,由工会劳动争议专职调解员沈明霞介入调解。一周后,沈明霞接到小杨的"报喜"电话:公司已如约支付拖欠款项,案件通过调解得到圆满解决。

建立"法院+工会"诉前调解机制,有效化解劳动争议。2022 年 8 月,长沙市总工会组建劳动争议人民调解委员会,联合法院、人社、司法三方推进劳动争议多元化解，开创了工会主导、快处快调劳动争议多元化解新模式。绝大部分劳动争议调解案件，从咨询立案到调解结案，能在5个工作日内完成。目前，长沙市总工会已建立起一支300余人的劳动争议人民调解员队伍，其中既有经验丰富的工会干部，也有来自社会各界的热心专业人士。调解委员会成立至今，接待劳动争议调解咨询近千人次，调解案件70余件，为职工挽回经济损失数百万元。

创新机制、整合资源、多方联动，湖南省各级工会联合多部门协调解决劳动争议，全方位保障职工合法权益。在株洲芦淞区某商超工作的严女士，去年因商超歇业而解除劳动关系，但补偿金迟迟未到位。严女士与数十位同事向株洲市总工会寻求援助。在了解情况后，工会立即联手人社、法院、公安等部门开辟绿色通道，实行"特事特办"，采取"马上立案、马上开庭、马上裁决、马上执行"的程序处理，仅用不到一个月就为严女士等人追回了80余万元经济补偿金。

近年来，省总工会大力推动"法院+人社+工会"劳动争议调裁审一体化联动机制建设，各市州工会创新方式方法，已初步形成法院人社委派委托、工会办理跟进、联合督促问效、定期双向通报的工作机制。据不完全统计，5年来，全省工会共受理劳动争议案件4.4万件，办理法律援助2.1万件，援助农民工近8万人，帮助农民工挽回经济损失7.2亿元。

健全工会劳动法律监督体系

一年前，省总工会组织专业律师团队来到湘潭市电机车厂开展"劳动用工法律风险体检"进企业活动，该公司董事长俞晓阳激动地说："企业在劳动用工方面存在较多的法律风险，急需专业法律团队帮助指导解决。工会为我们送来了一场'及时雨'。"

"职工在生产过程中由于自身原因导致意外伤害，企业是否应当承担工伤赔偿责任？""职工加班，加班工资应当如何计算？"针对企业负责人提出的诸多疑问，省总工会"法律风险体检"服务队逐一给出答复，并针对企业在劳动合同签订、工资报酬发放、社会保险缴纳、劳动争议等方面存在的问题及风险进行全方位"体检"，为企业劳动用工"问诊把脉"。

近年来，省总工会切实履行劳动法律监督职责，探索出了"一函两书"、劳动用工法律风险"体检"、劳动关系矛盾预防预警等许多行之有效的经验做法，并持续推进工会劳动法律监督法治化。

在省总工会的积极推动下，2022年12月1日，《湖南省工会劳动法律监督条例》（简称《条例》）开始实施。《条例》规定了工会对用人单位的平等就业情况，劳动合同的订立、履行、变更、解除或者终止情况等12个事项实施监督。同时，重点加强对平台企业以及关联企业遵守劳动法律法规情况的监督，并明确了工会劳动法律监督委员会的成员组成、职责等事项。

以《条例》出台为契机，湖南工会大力推进工会劳动法律监督体系不断完善。目前，全省工会共有工会劳动法律监督员4万余人。到今年6月底前，全省50人以上用人单位工会还将设立工会劳动法律监督委员会，进一步筑牢织密工会劳动法律"监督网"。

坚持"月月有普法，一月一主题"，全省工会创新开展周末电影广场、工地法律大讲堂等普法服务活动，常态化推进法律服务下基层进企业。在湘潭，市总工会已在4个园区打造了"三师一室"，由法律援助律师、劳动关系协调师、心理咨询师定期集中坐班办公，帮助职工解决困难，促进劳动关系和谐稳定。前不久，湘潭工会"三师"进园区举办公益法律服务行动大讲堂，采取知识讲座、现场咨询等形式，为企业职工和环卫工人等户外劳动者送上丰盛的"法律套餐"。

大力推进"网上普法"，为职工提供实时线上法律咨询，省总工会积极开展网络有奖竞答和线上学法，制作推出"一分钟说·企业合规"系列公益普法小视频。同时，因地制宜打造新时代户外劳动者法律援助志愿律师队伍和法律服务站，实施"律师面对面""普法课堂在身边""送法进社区，劳动保障暖人心""上门援助零距离"志愿服务项目，引导职工群众尊法学法、守法用法。

推进企业民主管理提质增效

"现在公司门口的车道不再拥堵，职工上下班骑车更安全了，我提的微建议见效了。"看到自己提交的"规范洪家洲菜市场沿线主马路车辆停靠"微建议取得明显成效，岳阳林纸股份有限公司职工龚彩红兴奋不已。

岳阳林纸公司推行"永不闭幕的职代会",让职工代表在"全员全过程"民主管理中唱主角。"有了职工代表和职工全天候'微建议''献一策'的闭环管理机制,发现问题和解决问题都更及时。"作为职工代表,该公司生产管理中心总监刘登攀成为"代表微建议"积极分子,去年提出的"提高低压蒸汽温度"的"生产技术类"提案被采纳,技改成功后吨纸蒸汽消耗大幅下降,年创效 3369 万元,获得了年度提案"金奖"。

微建议,"云"上提。岳阳林纸公司工会搭建"在线平台",引导职工代表围绕生产经营管理和改革发展等中心工作随时随地提建议。按照代表"建群"、代表"报单"、工会"派单"、单位"接单"、综合"评单"、奖励"优单"工作流程,该公司形成了职工代表"微建议"从收集、转接、审核到实施、跟踪、奖励的管理流程闭环,有力推进企业民主管理提质增效。

党的二十大报告明确指出,健全以职工代表大会为基本形式的企事业单位民主管理制度,维护职工合法权益。湖南工会深入学习贯彻党的二十大精神,积极推进职代会规范化建设,坚持时间、内容、程序"三个规范",形成建立、规范、创新、提高的厂务公开民主管理工作"四部曲"。全省国有企业及其控股企业、事业单位普遍建立职代会制度,100 人以上非公有制企业单独建制率达到并动态保持在 90% 以上。

着力破解非公企业民主管理难点堵点,省总工会制定《非公企业厂务公开民主管理工作指南》,要求做到工会组织与职代会建立同步、履职同步、届期同步,并积极推动企业民主管理工作向新业态企业延伸。长沙市在中小微企业集中的园区、乡镇、社区、楼宇、商圈,推动建立区域(行业)职代会制度,共召开区域性、行业性职代会 270 多次,覆盖企业 11000 多家;株洲市大力推行星级职代会创建工作,指导大中型企业出台并落实《职工代表巡视制度》;怀化洪江高新区建立区域性职代会制度,出台实施细则,召开区域性职代会审议通过《关于企业缴纳职工社会保险、加强职业病防治的决议》,解决了 300 多名职工的心头大事。

五年来,湖南省各级工会开展职工代表讲师培训和比武,建立起省、市、县、园区、企业职工代表培训师资库,目前有讲师 200 多名,选树全省职工代表培训教学示范单位32个、市级示范单位50个，为开展案例式教学和互动式教学提供了一批生动鲜活的样本，示范带动企事业单位民主管理工作再上新台阶。（湖南工人报全媒体首席记者 王桂平）

案例2

工会系统各级党组织扎实推动全面从严治党向纵深发展
——以党建高质量发展为工会工作提供坚强保障

2023年9月18日　来源：中工网-工人日报

今年3月底，全国工会推进全面从严治党工作会议又一次召开，会议不仅对2023年各级工会推进全面从严治党工作提出明确要求，吉林、福建、山东、湖南、青海等省总工会和全国总工会财务部还在会上和其他省（区、市）总工会交流了各项相关工作的经验做法。这是全国工会加强党建工作的重要会议。在此前已经连续6年召开全国工会党风廉政建设工作会议的基础上，自2022年拓展为全国工会推进全面从严治党工作会议，体现了全国工会一刻不停推进全面从严治党的决心和力度。一直以来，工会系统各级党组织深入贯彻落实新时代党的建设总要求，贯彻全面从严治党决策部署，持续推动党的建设高质量发展，为新时代工运事业和工会工作高质量发展提供坚强保障。

党的政治建设是党的根本性建设，决定党的建设方向和效果。工会系统各级党组织将党的政治建设摆在首要位置，以党的政治建设统领党的各项建设，坚持以习近平新时代中国特色社会主义思想武装头脑，建立健全"第一议题"制度，深刻领悟"两个确立"的决定性意义，坚决做到"两个维护"，教育引导党员干部不断提高政治判断力、政治领悟力、政治执行力，切实承担起引导职工听党话跟党走的政治责任。

2022年10月，党的二十大胜利召开。大会结束后，各级工会将学习宣传贯彻党的二十大精神作为首要政治任务，第一时间召开全国工会学习贯彻党的二十大精神会议，全总党组召开扩大会议及时传达学习，部署安排学习贯彻工作。随后，全总机关紧锣密鼓召开理论研讨会、劳模工匠座谈会、宣讲报告会、专题学习班等，工会各级党组织组织集中学习研讨、专题辅导、知识答题等，迅速掀起学习宣传贯彻热潮。

近年来，工会系统着力强化党建工作，以一项项扎实举措不断推动提高党建工作质量。

——压实压紧党建主体责任。全总制定实施全面从严治党责任清单，每年召开推进全面从严治党会议、党的工作和纪检工作会议，开展一把手述责述廉和集体谈话，并现场点评。同时，全总党组定期与派驻纪检监察组开展工作会商，研究部署全面从严治党工作。形成了全总党组书记履行主体责任、分管领导分工负责、机关党委推进落实、各单位主要负责同志和班子成员"一岗双责"的党建工作格局。

——扎实开展党内集中学习教育。组织开展"不忘初心、牢记使命"主题教育、党史学习教育、学习贯彻习近平新时代中国特色社会主义思想主题教育等。结合不同主题教育，全总党组带头赴各省（区、市）开展调研，推动解决职工急难愁盼问题；创新形式载体，建设机关党建园地，制订涵盖"支部书记云党课""大国工匠面对面"等丰富内容的直播计划，开展工会大讲堂，组织日常学习和交流分享。

——扎实开展"忠诚党的事业、竭诚服务职工"模范政治机关创建工作，开展对党忠诚教育，组织讲专题党课、理论征文、党内法规知识竞赛等活动。机关各级党组织广泛开展重温入党誓词、过政治生日、讲述家风故事等活动，引导党员干部以立足本职、岗位奉献的具体行动诠释对党忠诚。

——加强基层党组织建设。全总机关组织实施基层党组织建设质量提升三年行动计划，开展提高机关党建质量专题调研，全面推进党支部标准化规范化建设，广泛创建"四强"党支部，促进基层党组织全面进步全面过硬。

——持之以恒正风肃纪反腐。严格落实"三会一课"、民主生活会、组织生活会等制度，深入开展纪律教育和警示教育，综合运用谈心谈话、走访调研、约谈提醒、督查检查、列席会议等方式做实做细日常监督。加强与派驻纪检监察组以及组织人事、财务、资产监督管理、经费审查等职能部门的沟通协调，推动形成监督整体合力。

——完善体制机制，制定《全国总工会机关党建述职评议考核办法（试行）》，对标对表党内法规最新要求，及时健全党建实绩考核、理论学习、评比表彰、自身建设等制度机制，带动工会系统各级党组织进一步提高党建工作制度化科学化规范化水平。(工人日报-中工网记者 郝赫)

第二章

扎实推进产业工人队伍建设改革

产业工人队伍建设改革是习近平总书记亲自点题、亲自部署、亲自指导的重大改革,是党和国家一项具有战略性、全局性的重大决策部署。推进产业工人队伍建设改革,对于巩固党长期执政的阶级基础和群众基础、实施制造强国战略、推动高质量发展、满足职工群众对美好生活向往具有非常重要的意义。

第一节　产业工人队伍建设改革概述

一、产业工人

产业工人是指在现代工厂、矿山、交通运输等企业中从事集体生产劳动，以工资收入为生活来源的工人。我国产业工人主要是指在第一产业的农场、林场，第二产业的采矿业、制造业、建筑业与电力、热气、燃气及水生产和供应业，以及第三产业的交通运输、仓储及邮政业与信息传输、软件和信息技术服务业等行业中从事集体生产劳动，以工资收入为生活来源的工人。目前，超过八成产业工人集中在第二产业，近八成产业工人集中在制造业和建筑业。产业工人是工人阶级中发挥支撑作用的主体力量，是创造社会财富的中坚力量，是创新驱动发展的骨干力量，是实施制造强国战略的有生力量。

自 2017 年 2 月 6 日，习近平总书记主持召开中央全面深化改革领导小组第三十二次会议，审议通过《新时期产业工人队伍建设改革方案》（以下简称《改革方案》），2017 年 4 月 14 日，中共中央、国务院印发《改革方案》以来，在以习近平同志为核心的党中央坚强领导下，在中央改革办具体指导下，推进产业工人队伍建设改革协调小组各相关单位按照任务分工履职尽责、积极推进、抓好落实；各级党委、政府、工会和企业勇于担当、积极作为，推动改革取得重要阶段性成效。

《工会法》第八条规定："工会推动产业工人队伍建设改革，提高产业工人队伍整体素质，发挥产业工人骨干作用，维护产业工人合法权益，保障产业工人主人翁地位，造就一支有理想守信念、懂技术会创新、敢担当讲奉献的宏大产业工人队伍。"产业工人队伍建设改革写进《工会法》，体现了中央对产业工人队伍建设改革的新要求，总结了近年来产业工人队伍建设改革的有益经验，为未来稳步推进产业工人队伍建设改革提供了法治保障。

二、产业工人队伍建设改革的重大意义

（一）推进产业工人队伍建设改革，是巩固党长期执政的阶级基础和群众基础的迫切需要

工人阶级是我国的领导阶级，产业工人是工人阶级中发挥支撑作用的主体力量，是党最坚实最可靠的执政基础。不断深化产业工人队伍建设改革，加强对产业工人队伍的思想政治引领，健全保证产业工人主人翁地位的制度安排，坚定产业工人听党话、感党恩、跟党走的自觉信念，对巩固党的执政基础、扩大党的群众基础，有着极为重要的作用。

（二）推进产业工人队伍建设改革，是实施制造强国战略、推动高质量发展的迫切需要

产业工人是创造社会财富的中坚力量，是创新驱动发展的骨干力量，是实施制造强国战略的有生力量，在加快产业转型升级、推动技术创新、提高企业竞争力等方面具有基础性作用。努力打造一支宏大的高素质产业工人队伍，为高质量发展提供强大的人才支撑，对经济社会持续健康发展具有重要作用。

（三）推进产业工人队伍建设改革，是满足职工群众对美好生活向往的迫切需要

共同富裕是全体人民的富裕。不断满足职工群众对美好生活的向往，促进共同富裕，是我们面临的重大任务。目前，产业工人整体收入还不高、职业发展通道不畅，农民工就业能力偏弱、融入城市难，劳务派遣工同工不同酬，新就业形态劳动者权益保障面临许多新情况，这些都要求我们深化产业工人队伍建设改革，在推动问题破解上下更大功夫。通过深化产业工人队伍建设改革，回应广大产业工人对美好生活的期待，多渠道助力产业工人享有更稳定的工作、更满意的收入、更可靠的社会保障、更充足的生活福利、更丰富的精神文化生活，切实增强广大产业工人的获得感、幸福感、安全感。

三、产业工人队伍建设改革的主要内容和目标任务

党中央历来高度重视产业工人队伍建设,特别是党的十八大以来,习近平总书记站在党和国家工作全局的战略高度,就产业工人队伍建设作出一系列重要论述,明确要求就新时期产业工人队伍建设改革提出总体思路和系统方案,为推进新时期产业工人队伍建设改革提供了基本遵循和行动指南。

《改革方案》强调要按照"政治上保证、制度上落实、素质上提高、权益上维护"的总体思路,改革不适应产业工人队伍建设要求的体制机制,充分调动广大产业工人的积极性、主动性、创造性,为实现"两个一百年"奋斗目标、实现中华民族伟大复兴的中国梦更好地发挥产业工人队伍的主力军作用。

改革的目标任务是把产业工人队伍建设作为实施科教兴国战略、人才强国战略、创新驱动发展战略的重要支撑和基础保障,纳入国家和地方经济社会发展规划,通过改革,产业工人队伍不断壮大、综合素质明显提高,保障产业工人地位的制度更加健全,产业工人合法权益进一步实现,劳动光荣、技能宝贵、创造伟大的时代风尚更加浓厚,造就一支有理想守信念、懂技术会创新、敢担当讲奉献的宏大的产业工人队伍。

主要改革举措包括加强和改进产业工人队伍思想政治建设、构建产业工人技能形成体系、运用互联网促进产业工人队伍建设、创新产业工人发展制度、强化产业工人队伍建设支撑保障等五方面25条具体内容。

四、产业工人队伍建设改革的组织推进

《改革方案》要求,由全国总工会牵头、各相关部门参与加强对产业工人队伍建设改革的宏观指导、政策协调和组织推进。

实施产业工人队伍建设改革以来,通过在国家和省(区、市)两个层面,健全协调领导机构,组织推进产业工人队伍建设改革。2017年,全国总工会会同中央组织部、国家发展和改革委员会、教育部、工业和信息化

部、财政部、人力资源和社会保障部、国务院国有资产监督管理委员会八部委作为成员单位，中央宣传部等22个部委作为参与单位，组成全国推进产业工人队伍建设改革协调小组。协调小组建立了会议制度、改革任务牵头工作机制、联络员工作机制、调研督查督办工作制度等。各省（区、市）均已成立推进产业工人队伍建设改革组织领导机构。各地方制定产改专项规划或纳入地方整体规划，把产改工作列入年度考核或督查范围，压紧压实责任，创新改革举措，狠抓任务落实。

第二节 产业工人队伍建设改革的举措

一、加强和改进产业工人队伍思想政治建设

当前，产业工人队伍拥护党、爱国家爱岗位、重实干，保持了积极向上、努力进取的先进性。但也要看到，由于受各种因素影响，部分产业工人也存在主人翁意识淡化、自信心不足、缺乏身份认同感等问题。这就需要大力加强思想政治建设，充分发扬工人阶级的优良品格，不断增强工人阶级的凝聚力、向心力，引导他们听党话、跟党走，用实际行动汇聚起全面建成社会主义现代化强国、全面推进中华民族伟大复兴的磅礴力量。为了加强产业工人思想政治建设，中办、国办印发了《加强和改进新时代产业工人队伍思想政治工作的意见》，全总印发了《关于加强新时代职工文化建设的指导意见》。

（一）强化和创新产业工人队伍党建工作

新形势下加强产业工人队伍党建工作，首先就是加大在产业工人队伍中发展党员力度，把技术能手、青年专家、优秀工人吸收到党组织中来，注重推进在非公有制企业、社会组织及小微企业就业的工人中发展党员的工作。特别是针对农民工已成为产业工人主体的实际，更加重视发展农民

工人入党工作，把更多优秀农民工吸收到党组织中来。同时，加强企业党组织建设，实现党的组织、党的工作和党员作用的全覆盖，建设一个能够团结带领职工群众推进企业改革发展的坚强战斗堡垒。

伴随着我国产业工人队伍的不断壮大，越来越多的优秀产业工人加入了中国共产党，有的成为先进模范人物，有的走上了各级党政领导岗位，在构建和谐社会、推动高质量发展等方面都发挥了先锋模范作用，得到了全社会的充分肯定。

（二）突出产业工人思想政治引领

思想政治工作是党的优良传统、鲜明特色和突出政治优势。中共中央、国务院印发的《关于新时代加强和改进思想政治工作的意见》提出了新时代加强和改进思想政治工作六个方面任务。一是坚持用习近平新时代中国特色社会主义思想武装全党、教育人民。健全用党的创新理论武装全党、教育人民工作体系，完善党委（党组）理论学习中心组等各层级学习制度，深入实施马克思主义理论研究和建设工程，适应不同群体和受众特点加强理论宣传普及，落实意识形态工作责任制。二是推动理想信念教育常态化制度化。广泛开展中国特色社会主义和中国梦宣传教育，加强爱国主义、集体主义、社会主义教育，弘扬党和人民在各个历史时期奋斗中形成的伟大精神，开展以劳动创造幸福为主题的宣传教育，加强马克思主义唯物论和无神论教育。三是培育和践行社会主义核心价值观。坚持贯穿结合融入、落细落小落实，聚焦聚力培养担当民族复兴大任的时代新人，加强教育引导、实践养成、制度保障，推动社会主义核心价值观融入社会发展和百姓生活。四是加强党史、新中国史、改革开放史、社会主义发展史和形势政策教育。以党史为重点系统学习"四史"，深入实施红色基因传承工程，旗帜鲜明反对历史虚无主义，继往开来走好新时代长征路。五是加强社会主义法治教育。深入学习宣传习近平法治思想，开展宪法宣传教育，完善国家工作人员学法用法制度，增强全民法治观念，加大党章党规党纪宣传力度，夯实依法治国群众基础。六是增强忧患意识、发扬斗争精神。坚持底线思维，广泛开展防范化解重大风险宣传教育，深入学习宣传总体国家安全观，加强全民国防教育。

加强产业工人思想政治引领，是党赋予工会的重要政治责任，是工会法和工会章程确立的工会重大使命任务。在新时代新形势下，加强和改进职工思想政治工作，不断强化对产业工人队伍的思想引领，对于巩固扩大党执政的阶级基础和群众基础，对于工会组织有效发挥桥梁和纽带作用、充分展现国家政权的重要社会支柱作用，具有重大意义。

加强产业工人思想政治引领，要以习近平新时代中国特色社会主义思想为指导，全面贯彻党的二十大精神，深刻领悟"两个确立"的决定性意义，增强"四个意识"、坚定"四个自信"、做到"两个维护"，在思想上政治上行动上同以习近平同志为核心的党中央保持高度一致。要把"大学习"的课堂搬到工厂车间、生产一线、发展前沿，推动习近平新时代中国特色社会主义思想进企业、进车间、进班组，走进广大职工心里，使之内化于心外化于行。要通过教育引导、舆论宣传、文化熏陶、行为实践、制度保障，加强对产业工人的理想信念教育，夯实产业工人的道路自信、理论自信、制度自信、文化自信。要用正确的世界观、人生观、价值观引领产业工人，大力弘扬劳模精神、劳动精神、工匠精神，在全社会宣传产业工人的社会贡献与价值，使劳动光荣、技能宝贵、创造伟大成为社会主流价值观。要在产业工人中进行爱岗敬业、甘于奉献的职业精神教育，引导和培育健康文明、昂扬向上、全员参与的职工文化，在精神文明建设中发挥示范导向作用。突出思想政治工作先导作用，积极创新思想政治工作的思路理念，充分运用"互联网+"、微博、微信、手机APP等新媒体，通过生动活泼、灵活多样、喜闻乐见的方式，潜移默化地做好职工思想政治工作。

(三) 健全保证产业工人主人翁地位的制度安排

深入贯彻落实全心全意依靠工人阶级方针，通过制定有关法律法规和政策，采取有力措施，保障产业工人主人翁地位。在政治安排上，适当增加产业工人在党的代表大会代表和委员会委员、人民代表大会代表、政协委员、群团组织代表大会代表和委员会委员中的比例，探索实行产业工人在群团组织挂职和兼职等。落实产业工人主人翁地位，还需要从源头抓起，通过健全协调劳动关系三方机制、政府与工会联席（联系）会议制度等，组织和代表产业工人参与涉及自身权益法律法规政策的制定与实施。进一步落实和完善以职工代表大会为基本形式的民主管理制度，丰富民主参与形式，畅通民主参与渠道。针对不同所有制企业，探索符合各自特点的职工代表大会形式、权限和职能，在中小企业集中的地方建立区域性、行业性职工代表大会，依法保障产业工人的知情权、参与权、表达权、监督权。

（四）创新面向产业工人的工会工作

更好地面向产业工人开展工会工作，进一步改进工会组织体制、运行机制、活动方式、工作方法，保持和增强工会工作和工会组织的政治性、先进性、群众性。要创新组织体制，增强工会组织广泛性和代表性，进一步形成眼睛向下、面向基层、职责明确、运转高效的格局，把更多的资源向基层倾斜，把更多的精力投入基层一线，努力解决基层基础薄弱问题，充分激发基层工会活力。创新运行机制，通过完善维权服务机制，提高工会主动依法科学维权的水平，提高为职工群众服务的水平；健全技能导向的激励机制，鼓励产业工人学习新知识，钻研新技术，掌握新技能；落实帮扶救助的长效机制，增强帮扶实效，提高帮扶水平。创新建功立业的载体和方式，改进劳动和技能竞赛活动，改善劳动模范工作，拓展职工职业技能培训，发展工人阶级先进性。创新工作方法，以建立职工之家为抓手，以"互联网+"普惠性服务为平台，打造方便快捷、务实高效的服务产业工人新通道。

二、构建产业工人技能形成体系

《改革方案》提出"构建产业工人技能形成体系"，着力提升产业工人的技能素质。构建产业工人技能形成体系，就是要通过改革和完善相关制度，有效干预技能形成过程，形成有利于提高产业工人队伍技能水平的体制环境，为实施制造强国战略提供强大的技能支撑和人才保障。主要举措包括：完善现代职业教育制度、改革职业技能培训制度、统筹发展职业学校教育和职业培训、改进产业工人技能评价方式、实施国家高技能人才振兴计划、促进农民工融入城市稳定就业等。具体如下。

（一）完善现代职业教育制度

发展现代职业教育，涉及理念转变、制度创新、体系构建、政策配套等方面。改革重点在于如下方面：一是坚持面向市场、服务发展、促进就业的办学方向；二是加强职业教育、继续教育、普通教育的有机衔接，形成定位清晰、科学合理的职业教育层次结构，改变职业教育仍是教育领域的短板局面，解决普通高等教育扩招挤压职业院校生源问题；三是着力解决教育模式问题，坚持产教融合、校企合作、工学结合、知行合一，创新各层次各类型职业教育模式，紧跟产业变革和市场需求，优化专业设置、健全教学标准、更新课程内容，深化教育链和产业链的有机融合，提升面向先进制造业、现代服务业、战略性新兴产业等领域的人才培养能力；四是引导社会特别是行业企业积极支持和直接参与职业教育，提高职业教育的针对性和实效性，通过制定校企合作促进办法，健全企业参与校企合作的成本补偿等政策，解决企业参与办学内生动力不足的问题。

（二）改革职业技能培训制度

改革职业技能培训制度的重点，一是推进职业技能培训市场化、社会化、多元化改革，建立各类培训主体平等竞争、产业工人自主参加、政府购买服务的技能培训机制；二是强化和落实企业培养产业工人的主体责任，引导企业结合生产经营和技术创新需要，制定本单位技术工人培养规划和培训制度；三是加强技能培训基础能力建设，依托企业、职业院校（含技工院校）、职业培训机构，建立现代化产业人才培养培训基地（中心），改进技能提升培训方式；四是推行国家基本职业培训包制度，构建助力产业工人学习的公共服务机制。

（三）统筹发展职业学校教育和职业培训

统筹发展职业学校教育和职业培训的改革思路，一是建立覆盖广泛、形式多样、运作规范，行业、企业、院校、社会力量共同参与的职业教育培训体系；二是促进学历与非学历教育纵向衔接连通、横向互通互认，搭建产业工人教育培训"立交桥"，构建贯穿产业工人职业生涯全过程的终身职业培训体系；三是鼓励名师带高徒，推行学徒制培训。

（四）改进产业工人技能评价方式

技能评价方式和资格认证制度是技能形成体系的核心，包括职业技能等级设置、评价方式、资格认证、薪酬体系和集体协商等方面。这些制度直接影响工人自我学习提高技能的意愿、企业提供技能培训的积极性，甚至影响整个技能形成体系的效能。

《改革方案》提出了技能评价方式和资格认证制度改革思路，一是优化职业技能等级标准，在政府指导下，由行业协会、龙头企业牵头开发职业标准和评价规范，完善职业技能等级认定政策；二是健全职业技能多元化评价方式，引导和支持企业、行业组织和社会组织自主开展技能评价；三是推进技能人才评价制度改革，加大对技术工人创新能力、现场解决问题能力和业绩贡献的评价比重，加强面向非公有制企业、小微企业的职业技能鉴定；四是推进全国职业技能鉴定服务与监管平台建设，强化对技能鉴定机构的监督管理，提高服务水平。

产业工人想在晋升职业技能等级方面取得好成绩，要牢记一些重点事项。（1）要更加关注职业道德、职业操守和劳模精神、劳动精神、工匠精神的养成。（2）要按照职业技能等级标准勤学苦练，突出实际操作能力和解决关键生产技术难题的能力，提升掌握多项技能、从事多工种多岗位复杂工作的能力。（3）要了解不同职业技能等级的考核评价方式，如了解"新八级工"职业技能等级的相关考核方式。（4）要积极参加各级组织的岗位练兵活动和技能比赛，在国家级、省级等不同层次的职业技能竞赛中获得优秀等次的选手，可按规定晋升职业资格或职业技能等级；对获得全国职工职业技能大赛各工种决赛前5名的选手，经人力资源和社会保障部核准后，可授予"全国技术能手"称号。

（五）实施国家高技能人才振兴计划

高技能人才是我国人才队伍的重要组成部分，是各行各业产业大军的优秀代表，是技术工人队伍的核心骨干，在加快产业优化升级、提高企业竞争力、推动技术创新和科技成果转化等方面具有不可替代的重要作用。加强高级工以上的高技能人才队伍建设，对巩固和发展工人阶级先进性、增强国家核心竞争力和科技创新能力、缓解就业结构性矛盾、推动高质量发展具有重要意义。《改革方案》要求继续实施国家高技能人才振兴计划，加快高技能人才专业市场建设，孵化拔尖技能人才，培育更多"大国工匠"。中共中央办公厅、国务院办公厅《关于加强新时代高技能人才队伍建设的意见》提出，加强新时代高技能人才队伍建设，要以习近平新时代中国特色社会主义思想为指导，全面贯彻习近平总书记关于做好新时代人才工作的重要思想，坚持党管人才，立足新发展阶段，贯彻新发展理念、构建新发展格局，推动高质量发展，深入实施新时代人才强国战略，以服务发展、稳定就业为导向，大力弘扬劳模精神、劳动精神、工匠精神，全面实施"技能中国行动"，健全技能人才培养、使用、评价、激励制度，构建党委领导、政府主导、政策支持、企业主体、社会参与的高技能人才工作体系，打造一支爱党报国、敬业奉献、技艺精湛、素质优良、规模宏大、结构合理的高技能人才队伍。

（六）促进农民工融入城市、稳定就业

《改革方案》强调，深入实施农民工学历与能力提升行动计划、农民工职业技能提升计划，公平保障其作为用人单位职工、作为城镇常住人口的权益，平等享受城镇基本公共服务。

三、运用互联网促进产业工人队伍建设

要适应互联网迅速发展的新形势新要求，搭上信息技术革命的"快车"，更多更充分地运用信息化手段，特别是运用互联网促进产业工人队伍建设。《改革方案》对运用互联网促进产业工人队伍建设提出了三项举措。

（一）创新产业工人队伍建设网络载体

《改革方案》要求创新产业工人队伍建设网络载体。提出要建立健全产业工人队伍基础数据库建设。目前，全国总工会正在探索建设结构清晰、信息完整、数据精确、动态管理的制造业产业工人队伍基础数据库，实施动态监测，逐步构建覆盖全国制造业产业工人的数据库系统。

（二）打造网络学习平台

打造网络学习平台，将促进产业工人终身学习纳入城乡信息化建设。

产业工人可以通过以下方式开展网络学习，提升技术技能水平：（1）进入全国总工会开发的"技能强国—全国产业工人学习社区""全国职工技能培训与岗位练兵在线平台""中国职业培训在线"平台、"新时代工匠学院"网上平台、全国工会电子职工书屋、中国职工教育服务网等平台开展学习；（2）进入教育部开发的国家数字教育资源公共服务系统开展学习；（3）进入工业和信息化部开发的"工业和信息化技术技能人才网上学习平台"开展学习；（4）参与人力资源和社会保障部实施的"互联网+职业技能培训计划"，通过"技工教育网"或"学习强国"平台上的"技能频道"开展学习。

（三）推行"互联网+"普惠性服务

"互联网+"工会普惠性服务符合职工群众期待，有效破解了工会服务职工群众的"最后一公里"问题。通过互联网加强产业工人队伍的思想引领、技术交流、创新成果展示、文化建设等，举办多行业、多工种的网上练兵活动，建设网上职工之家，实现网上维权帮扶、提供公共服务，打造方便快捷、务实高效的服务产业工人新通道，形成网上网下深度融合、互相联动，共同推进产业工人队伍建设的新格局。

四、创新产业工人发展制度

目前，产业工人职业发展通道比较狭窄单一，发展空间受到限制，主要表现为晋升难、跨界难、流动难、出彩难。这些因素阻滞了产业工人的成长通道，影响了产业工人积极性主动性创造性的充分调动，也影响了社会生产力中这部分最积极最活跃要素的有效发挥，形成了产业工人个体与社会双重资源浪费，所以，必须创新产业工人发展制度。《改革方案》主要从六个方面加以推进。

（一）拓宽产业工人发展空间

要改革企业人事管理和工人劳动管理相区分的双轨管理体制，实行统一的人力资源管理制度。打破职业技能等级和专业技术职务之间界限，实现有效衔接，改变技术工人成长成才"独木桥"现象。要把优秀产业工人特别是高技能人才纳入党管人才总盘子统筹考虑，搭建产业工人职业成长平台，把产业工人中的技能型人才和专业技术型人才、管理型人才放在同等重要的位置，一视同仁。

近年来，为落实《改革方案》要求，切实突破产业工人职业发展的"天花板"，国务院国有资产监督管理委员会指导推动中央企业打通技能人才职业发展通道，贯通"技能—技术""技能—管理"两条横向发展通道；教育部指导国家开放大学制定《职业教育国家学分银行建设工作规程》，形成学历教育课程和非学历教育行业证书的互认模式。2022年4月，人力资源和社会保障部制定出台的《关于健全完善新时代技能人才职业技能等级制度的意见（试行）》提出，将现有的"五级"职业技能等级延伸和发展为由学徒工、初级工、中级工、高级工、技师、高级技师、特级技师、首席技师构成的"新八级工"职业技能等级序列，大大拓展了产业工人的职业发展空间。

（二）畅通产业工人流动渠道

为了畅通产业工人的横向流动，《改革方案》提出了"健全公共就业服务体系，丰富就业服务内容，拓展服务功能，加强职业指导，完善就业信息服务制度，做好职业供求信息发布"等举措。

（三）创新技能导向的激励机制

创新技能导向的激励机制，建立健全培养、考核、使用、待遇相统一的激励机制，引导企业在关键岗位、关键工序培养使用高技能人才，提高高技能人才待遇、加大对技术工人创新创造的奖励力度等措施，实现多劳者多得、技高者多得。完善工资平等协商机制、正常增长机制、支付保障机制，健全向一线产业工人倾斜的分配制度，落实产业工人参与分配决定的权利，维护劳动收入的主体地位。建立技术工人创新成果按要素参与分配的制度，增加产业工人在劳动模范和先进代表等评选中的名额比例。让产业工人在提高技能、提升素质、不断创新中有所收获、增强信心、看到希望。

（四）改进劳动和技能竞赛体系

改进劳动和技能竞赛体系，建立以企业岗位练兵和技术比武为基础、以国家和行业职业技能竞赛为主体、国内竞赛与国际竞赛赛项相衔接的劳动和技能竞赛机制。形成服务发展、层层递进、内外衔接的完善竞赛体系，为产业工人搭建更多更好的竞技场。

（五）加大对产业工人创新创效扶持力度

加大对产业工人创新创效扶持力度，深化群众性技术创新活动，开展先进操作法总结、命名和推广，推动具备条件的行业企业建立职工创新工作室、劳模创新工作室和技能大师工作室。联合共建产业工人实验实训平台，为产业工人搭建起与企业管理、技术人员等人才同样的展示舞台，为产业工人实现自我价值创造条件。

（六）组织产业工人积极参与实施走出去战略和"一带一路"建设，加强产业工人技能国际交流与合作

从国际看，要在国家实施走出去战略和"一带一路"建设中彰显产业工人的作为。要把产业工人队伍建设纳入国家发展战略，寻求产业工人发展的机会，特别是要加强产业工人技能的国际交流与合作，多参与和举办国际性的产业工人技能交流活动，拓展产业工人的国际视野，在与国外产业工人的互学互鉴、友好交流中增强本领、提升技能，树立中国产业工人良好形象，同时也有利于提升中国在全球价值链上的分工地位，增强中国制造的国际竞争力，做到"让世界爱上中国造"。

五、强化产业工人队伍建设支撑保障

推进产业工人队伍建设改革是一项系统工程，必须建立健全支撑保障体系。《改革方案》提出：要加强有关产业工人队伍建设的法治保障，完善财政投入机制，建立社会多元投入机制，完善产业工人劳动经济权益保障机制，深化产业工人队伍建设理论政策研究，营造尊重劳动、崇尚技能、鼓励创造的社会氛围。

（一）加强有关产业工人队伍建设的法治保障

从加强法治保障角度加强产业工人队伍建设，是制定《改革方案》的切入点和落脚点。《改革方案》特别强调职业教育、技术资格等方面法律

法规的立改废释，切中产业工人队伍建设要害，具有现实针对性，从法治角度提供了切实可行的解决方案。研究制定企业民主管理、集体协商等方面的制度，从制度设计层面对加强民主管理、集体协商等工作提出了新要求，也是落实《工会法》《劳动法》《企业民主管理规定》等法律法规、推进构建中国特色和谐劳动关系的重要举措。可以说，在推进产业工人队伍建设改革中，要高度重视运用法治思维和法治方式，加强对相关立法工作的协调，根植法治思维、用好法治方式、提供法治保障。

(二) 财政支持和资金投入

要进一步加强政府在职业教育培训投入方面的主体地位，发挥财政资金的杠杆和撬动作用，引导社会多元投入，形成以政府投入为主、多渠道筹措经费的多元投入体系。要加大就业专项资金对职业培训的支持力度，改进补贴方式，合理确定补贴标准和对象。加强对各项投入和专项经费使用情况的绩效考评，确保经费高效使用。

(三) 保障产业工人劳动经济权益

劳动经济权益是产业工人的重要权益，涵盖了广大产业工人最关心最直接最现实的利益问题、最困难最忧虑最急迫的实际问题。保障产业工人劳动经济权益，不仅有利于充分调动产业工人的劳动热情和创造潜能，而且是构建和谐劳动关系的出发点和落脚点。维权要讲全面，也要讲重点，工会要重点维护产业工人劳动就业、收入分配、职业培训、安全卫生、社会保障等方面合法权益。要完善维权机制，加大维权力度，提高维权效果，切实把产业工人合法权益实现好、维护好、发展好，不断提升产业工人的获得感、幸福感、安全感。

(四) 深化产业工人队伍建设理论政策研究

理论是实践的先导。推进产业工人队伍建设改革，必须深化理论政策的研究与创新，发挥其先导先行作用。只有在理论政策层面把产业工人队伍建设的指导思想、基本原则、目标任务、主要举措等阐释清楚，才能在实践中方向明确、推进坚决。深化产业工人队伍建设理论政策研究，要加大调查研究力度，立足我国经济发展新常态、改革处于攻坚期、社会结构深刻变化的新形势，全面了解产业工人队伍总体状况和内部结构，准确把握当前产业工人队伍发展变化的新情况、新趋势、新特征，深化对产业工人队伍发展规律的认识。同时，整合社会资源加强产业工人问题研究，党政机关及其研究机构、高校、社会科学研究院所和社会各界与工运理论研究部门要加强联系合作，就新时期产业工人队伍建设的新情况新问题等加大科研力度，集中智慧力量，加快理论创新，与时俱进地丰富发展工人阶级理论。

（五）营造尊重劳动、崇尚技能、鼓励创造的社会氛围

《改革方案》要求：营造尊重劳动、崇尚技能、鼓励创造的社会氛围。这是优化产业工人成长环境、进一步提高产业工人社会地位的重要举措。各级工会要继续加大宣传力度，创新宣传方式方法，通过各种途径和形式大力宣传产业工人，形成主流价值导向，使全社会都充分认识产业工人在社会主义现代化建设中的地位、作用，创造有利于产业工人成长的舆论环境。要大力弘扬劳模精神、劳动精神、工匠精神，引导广大文艺工作者创作更多展现产业工人风采的优秀文艺作品，组织劳模、工匠进学校、进课堂、进企业、进班组，讲好劳模故事、讲好劳动故事、讲好工匠故事，切实奏响"工人伟大、劳动光荣"的时代主旋律，让劳动最光荣、劳动最崇高、劳动最伟大、劳动最美丽的观念蔚然成风。

第三节 工会在产业工人队伍建设改革中的重要作用

一、充分发挥工会在产业工人队伍建设改革中的重要作用

工会是中国共产党领导的职工自愿结合的工人阶级群众组织。产业工人是工人阶级中发挥支撑作用的主体力量，工会在产业工人队伍建设改革中责无旁贷、义不容辞。工会组织要站在实现第二个百年奋斗目标、实现

中华民族伟大复兴中国梦的全局和战略高度，进一步深化对产业工人队伍建设改革重要性的认识，在认真总结成效和经验、查找问题和不足的基础上，找准主攻方向，着力抓重点、补短板、强弱项，推动改革向纵深发展，取得更大成效。

(一) 要全面学习贯彻习近平总书记关于产业工人队伍建设改革的重要指示精神，牢牢把握改革的正确方向

党的十八大以来，习近平总书记围绕推进产业工人队伍建设改革发表一系列重要讲话、作出一系列重要指示批示，深刻回答了推进产业工人队伍建设改革中的重大理论和实践问题，为我们推进产业工人队伍建设改革提供了根本遵循和行动指南。各级工会必须不断深化对总书记重要指示精神的学习，与学习贯彻习近平总书记关于工人阶级和工会工作的重要论述结合起来，深刻领会其丰富内涵、精神实质、实践要求。要深刻理解总书记对推进改革目标任务的要求，始终胸怀"两个大局"，从巩固党的执政基础、促进我国经济社会高质量发展的高度认识、谋划、推进改革，按照"政治上保证、制度上落实、素质上提高、权益上维护"的总体要求，落实产业工人思想引领、建功立业、素质提升、地位提高、队伍壮大等改革措施，全面深化产业工人队伍建设改革。

(二) 扎实做好产业工人思想政治工作

要运用多种形式、渠道和载体，广泛开展主题宣传教育活动，特别是要把工作的重点更多放到基层和企业、车间和班组，更好发挥基层工会主席、社会化工会工作者、工会积极分子和产业工会干部作用，把产业工人思想引领工作落到实处，不断增强思想政治工作的吸引力、感召力。

(三) 组织动员广大产业工人建功立业

经济建设是工会工作主战场，调动职工群众积极性主动性创造性是工会工作的中心任务。要继续围绕国家重大战略、重大工程、重大项目、重点产业，广泛深入持久开展多种形式的劳动和技能竞赛，深入开展技术革新、技术比武、"五小"竞赛等群众性创新活动，大力弘扬劳模精神、劳动精神、工匠精神，把亿万职工群众中蕴藏的创新创造活力充分激发出

来，为经济社会发展建功立业。要引导产业工人立足岗位创新创造，围绕实施制造强国战略、推动高质量发展，充分发挥劳模和工匠人才（职工）创新工作室、新时代工匠学院、"技能强国—全国产业工人学习社区"等作用，引导产业工人勤学苦练、深入钻研，提高创新意识和创新能力，为全面建成社会主义现代化强国、全面推进中华民族伟大复兴作贡献。

(四) 不断提高产业工人技术技能水平

工会要充分发挥"大学校"作用，紧紧围绕发展工人阶级先进性，加大产业工人职业技能培训力度，加快构建产业工人技能形成体系，建设一批产业工人技能实训基地，引导企业加大在岗培训力度，向产业工人提供普惠性、均等化、贯穿学习和职业生涯全过程的终身职业技能培训，大力深化职业教育改革，发挥职业教育在推进产业工人队伍建设改革中的重要作用。要不断拓展产业工人成长成才空间，着力培养造就一大批知识型、技术型、创新型的高素质职工。

(五) 旗帜鲜明地维护产业工人合法权益

工会要赢得广大产业工人的信赖和支持，必须做好维护产业工人切身利益工作，促进社会公平正义。要坚持以职工为中心的工作导向，紧紧抓住产业工人最关心、最直接、最现实的利益问题，完善维权机制，加大维权力度，着力解决劳动就业、劳动报酬、职业培训、社会保障、安全生产等产业工人普遍关心的问题，不断推动提高技术工人待遇政策落实，助推实现多劳者多得、技高者多得，提高产业工人对改革的获得感。

(六) 强化服务意识、提升服务能力，满腔热情地做好联系服务产业工人工作

密切联系群众是群团组织建设的永恒主题。要建立健全联系产业工人的长效机制，推动下基层活动常态化、制度化，教育广大工会干部养成深入一线产业工人的习惯和自觉，争当全心全意为人民服务宗旨的忠实践行者、党的群众路线的坚定执行者、党的群众工作的行家里手；要构建覆盖广泛、快捷有效的服务职工工作体系，为基层工会和产业工人提供项目式、订单式服务，明确服务对象、服务项目、服务流程、服务标准，提高

服务工作精准、精细度和项目运作制度化、规范化水平；要大力推进"互联网+"工会普惠性服务，加大对困难产业工人解困脱困工作力度，帮助他们解决实际困难。发挥服务职工阵地作用，不断提升产业工人生活品质，推动实现共同富裕。

（七）以实际举措壮大产业工人队伍

要加大对产业工人队伍发展状况的分析研判，聚焦存在的突出矛盾，推动解决影响队伍壮大的主要问题。要坚持"抓两头"，一头抓制造业工人队伍，以推动提高工资收入水平、加强技术技能培训、改善工作环境和条件、强化企业民主管理和社会保障、提升工作稳定性、畅通职业发展通道等为重点，着力破解劳动者不愿进工厂、当工人的难题，努力保持制造业工人队伍总体稳定并逐步壮大；一头抓新就业形态劳动者队伍，巩固拓展新就业形态劳动者建会入会成果，推动解决新就业形态劳动者反映强烈的劳动报酬、社会保险、休息休假、职业安全等突出问题，让新就业形态劳动者成为产业工人队伍的重要力量。

（八）发挥产业工人在维护社会大局稳定中的中坚作用

要围绕贯彻总体国家安全观，有针对性地对产业工人加强形势任务教育、国家安全教育，推动构建和谐劳动关系，筑牢维护劳动领域政治安全的群众防线，以实际行动维护企业和社会大局和谐稳定。

（九）要进一步加强改革的宣传交流推广，形成鲜明的舆论导向

要在全社会大力宣传习近平新时代中国特色社会主义思想，宣传习近平总书记对产业工人的高度重视、关心关怀关爱，宣传习近平总书记对产业工人队伍建设改革的重要指示精神，宣传党中央关于产业工人队伍建设改革的各项决策部署和政策举措，宣传各地各部门和企业推进改革取得的显著成效和典型经验，宣传产业工人队伍建设改革对于推动高质量发展、实施制造强国战略、全面建成社会主义现代化强国的重要作用，宣传以产业工人为代表的工人阶级对经济社会发展作出的重要贡献，大力弘扬劳模精神、劳动精神、工匠精神，努力推动全社会进一步形成尊重劳动、尊重知识、尊重人才、尊重创造的良好风尚。要加强改革经验和试点成果的推广转化。

二、进一步推进产业工人队伍建设改革

（一）进一步深化认识

全面学习贯彻习近平总书记关于产业工人队伍建设改革的重要指示精神，牢牢把握改革的正确方向。深刻理解习近平总书记对推进改革目标任务的要求，始终胸怀"两个大局"，从巩固党的执政基础、促进我国经济社会持续健康发展的高度认识、谋划、推进改革。

（二）必须始终坚持党的领导

产业工人队伍建设改革之所以取得积极成效，从根本上说，是以习近平同志为核心的党中央坚强领导的结果。只有始终坚持党的领导，才能确保改革的正确政治方向，确保改革取得实实在在的成效。

（三）必须坚持以产业工人为中心的改革导向

产业工人是改革的重要参与者、积极推动者和直接受益者。只有坚持改革为了产业工人、依靠产业工人、造福产业工人，始终围绕产业工人特点和需求来谋划和推进改革，才能激发起广大产业工人的主人翁意识，调动起积极性主动性创造性，为改革注入强大动力。

（四）加强协调，形成工作合力

产业工人队伍建设改革是一项复杂的系统工程。只有发挥集中力量办大事的优势，形成党委统一领导，政府各有关部门各司其职，工会牵头，行业协会、企业充分发挥作用，上下互动、左右联动、统筹协调推进的工作格局，才能有力保障改革走深走实。

（五）坚持改革完善机制

加大立法力度，完善促进产业工人队伍建设改革相关制度政策，细化落实各项改革举措，确保改革有力有序推进。

（六）突出重点，务求实效

推进产业工人队伍建设改革，必须明确责任、突出重点、集中力量、狠抓落实。要加强对产业工人的思想政治引领，提升产业工人技能水平，创新产业工人发展制度，做好对产业工人的维权服务工作，不断完善协同

推进改革的工作格局。

(七) 加强宣传引导

加大产业工人队伍建设改革的宣传力度，在全社会不断凝聚共识，使社会公众对产业工人的贡献、对产业工人队伍建设改革重要性必要性的认识更加深刻，全社会支持改革、参与改革、推动改革的氛围更加浓厚。

思考题

1. 推进产业工人队伍建设改革的重大意义是什么？
2. 如何加强和改进产业工人思想政治建设？
3. 如何构建产业工人技能形成体系？
4. 如何利用互联网促进产业工人队伍建设改革？
5. 强化产业工人队伍建设支撑保障措施有哪些？
6. 简述工会在产业工人队伍建设改革中的重要作用。
7. 如何进一步深化产业工人队伍建设改革？

案例 1

保定市竞秀区扎实推进产业工人队伍建设改革工作

2023 年 9 月 21 日　来源：中工网

河北省保定市竞秀区通过聚焦制度保障、聚焦思想引领、聚焦素质建设、聚焦地位提高等措施，扎实推进产业工人队伍建设改革工作，努力造就一支有理想守信念、懂技术会创新、敢担当讲奉献的产业工人队伍，全面助力经济社会发展。

为深入贯彻中央、省和保定市产业工人队伍建设改革"十四五"规划要求，竞秀区聚焦制度保障，筑牢"产改"制度，成立了以区委副书记任组长的"产改"协调领导小组，将产改工作纳入区委常委会工作要点、改革总体布局，定期召开会议研究产改工作。区总工会党组研究指导机制，认真履行牵头抓总职责，将产改列入区总工会"一把手"工程。

聚焦思想引领，夯实产业工人思想根基。党的二十大以来，该区各级各部门深入企业开展党史宣讲、党的二十大精神"大学习"、"传承雷锋精神 弘扬时代新风"主题宣讲等活动数十场，覆盖产业工人6000余人。同时，组织开展劳动模范、保定工匠、竞秀工匠进校园、进企业、进车间、进班组宣讲活动，筑牢广大职工群众听党话、跟党走的思想基础。

同时，持续强化和改进产业工人队伍党建工作，制订党员发展计划，提升优秀工人党员比例。自实施产业工人党员培养计划以来，在产业工人队伍中发展工人党员300余人，其中非公经济组织20余人。

聚焦素质建设，促进产业工人综合素质提升。一是大力实施职工素质提升工程，加大劳模和工匠人才创新工作室创建力度；二是健全产业工人就业服务体系和加强对产业工人的技能培训，推进包含产业工人在内的广大劳动者的全方位公共就业服务，积极开展"春送岗位"、企业招聘月等就业服务活动，覆盖产业工人1万余人，区总工会整合资源，开办多期西式面点师、育婴师、电商直播等技能培训班，培训职工3000余人；三是广泛开展"建功'十四五' 奋进新征程"劳动和技能竞赛，今年已开展职工育婴员、电商直播等技能大赛10余场；四是持续开展"五小"等群众性技术创新创造活动，努力打造以技术人才为主体、职工广泛参与的创新体系。

聚焦提升产业工人地位提高。工作中，该区努力拓宽产业工人政治参与渠道，不断增加产业工人在党代会、人代会、政协会、群代会中代表和委员会委员中的比例。

今年以来，该区总工会深入基层企业指导民主管理工作10余次，不断健全以职工代表大会为基本形式的民主管理制度，全面推进企事业单位厂务公开，努力维护职工队伍稳定。（河北工人报记者 吕新生 通讯员 李静）

案例2

宁波舟山港集团以"双证"拓宽技能人才职业发展通道
打破"天花板" 贯通双通道

2023年9月18日　来源：中工网-工人日报

日前，浙江宁波舟山港集团北一集司副主任工程师李圭昊获评工程机械维修高级技师，成为集团首位同时持有"高级技师证"和"高级工程师证"双证的职工。这是该集团高技能人才与专业技术人才职业"H"形发展通道双向贯通的一个缩影。

"国家重视技能人才，集团也在大力弘扬工匠精神，鼓励我们青年一代成为高技能人才。"在2021年获评高级工程师后，李圭昊从未停下提高技术的脚步，"希望有更多和我一样的大学生、技术人员走上技能成才、技能报国的道路。"

近年来，舟山港集团深入推进产业工人队伍建设改革，不断完善岗位管理体系、职业发展体系、创新激励体系、评先树优制度，打破技能技术人才职业发展"天花板"，确保产业工人职业上有空间、技能上有提升、待遇上有保障，努力培养更多高质量的复合型人才，打造一支契合世界一流强港的知识型、技能型、创新型技能人才队伍。

职业发展双向贯通

2020年，全国劳模、国务院政府特殊津贴获得者、宁波舟山港集团高级技师竺士杰获评高级工程师，成为浙江省首批成功转评高级工程师的高技能人才，标志着该集团高技能人才向专业技术人才职业发展通道的贯通。

"集团在畅通职业技能等级评聘渠道、打通技术技能人才职业通道上，下了很大功夫。"集团人才评价中心负责人介绍，"我们在主要生产单位试点，不断完善专业技术岗位任职资格标准，根据专业技术工作特性和人员特点修订选拔使用、考核评价、薪酬激励体系。"

近年来，根据人社部《关于进一步加强高技能人才与专业技术人才职业发展贯通的实施意见》和浙江省委、省政府关于加强和改进新时代人才工作的要求，该集团积极开展高技能人才与专业技术人才职业发展贯通工作，着重解决高技能人才职称"能参评、评得上、评得快"以及专业技术人才"多维发展"等问题。

职业"H"形发展通道实现双向贯通后，高技能人才参加相应的职称评审，不受学历限制，不要求发表论文，不对外语、计算机应用能力作硬性要求。取得高级工职业资格或职业技能等级后，达到一定工作年限可申报相应职称评审。高技能人才参加职称评审，主要突出职业能力和工作业绩，注重评价科技成果转化应用、执行操作规程、解决生产难题、参与技术改造革新、工艺改进、传技带徒等方面的能力和贡献。

劳动竞赛模式创新

今年3月29日，该集团"强港日暨劳动竞赛启动日"主题活动在舟山港穿山港区举行。当天，集团职工职业技能竞赛正式启动，浙江海港"工匠指数"成功发布，新一年的浙江海港工匠学校正式开营。"329"竞赛品牌正在逐步成为一项标志性成果。

据介绍，集团工会设立每年的3月29日为"强港日暨劳动竞赛启动日"，打造三位一体的劳动竞赛新模式，将安康杯竞赛、全国港口行业"建设世界一流港口"创新示范性劳动和技能竞赛、职工职业技能竞赛等一并纳入活动范畴，形成具有浙港底蕴的"329蔚蓝"文化品牌。

舟山港集团按照"关键工种一年一赛、辅助工种隔年一赛"的总体思路，根据竞赛项目职工来议、来报、来定、来赛，集团工会来听、来跟、来办、来奖的原则，逐步形成集团"精英赛"、基层单位"群英赛"、一线班组"全员赛"三位一体的竞赛新模式，项目涵盖港口生产各大工种，参赛职工超万人次，培养和造就了一支岗位技能高、职业素养好、竞争能力强的职工队伍。

据介绍，该集团2022年完成集团职工技能竞赛年度项目13项，其中省级两项、省部属两项、市级两项、集团级7项。全年，6名职工获评浙江省交通技术能手，10名职工获评浙江金蓝领，10名职工获评市级首席工人或技术能手。

工匠学校助职工成才

近年来，舟山港集团工会积极搭建各类载体平台，全方位营造"比学赶超"浓厚氛围，全面提升浙港产业工人打造世界一流强港的信心决心。集团成立了浙江海港工匠学校，围绕港口产业工人成长成才全过程，创新打造"工匠特训营""工匠成长营""工匠提高营""工匠训练营"等四类培训项目140期，累计参训人员超3500人。

浙江海港"工匠学校"通过开展分层次、分职业、分工种的培训，由专家、学者、先进典型、涉海涉港专业技术人才、高技能人才联合授课并传授知识技能，对学员以技能素质培养为主开展全方位闭环式培训。以短期集中培训的形式，综合利用专题讲座、现场教学、大师带教、互助学习相结合的多种教学方式的优点，精心打造"工匠特训营""工匠成长营""工匠提高营""工匠训练营"四类特色培训项目。

其中，"工匠特训营"面向技能水平高超的技能型劳模、工匠；"工匠成长营"面向28周岁及以下青年人才；"工匠提高营"面向参加技能比武的选手及裁判；"工匠训练营"面向集团系统各单位技能人员。

"我们希望将集团职业技能培训全部导入工匠学校，做到'应训尽训'，力争集团技能劳动者和高技能人才占比达到同行业前列，确保职工全员上岗持证率达100%。"集团教培中心相关负责人说。

2023年，浙江海港工匠学校拟计划开展"工匠提高营"选手培训班18期，所有参训学员在完成理论培训后将分项目参加集团各类职工技能竞赛，其中28个竞赛项目已列入职业技能等级晋升项目。（工人日报-中工网记者 邹倜然）

第三章

认真履行工会基本职责

维护职工合法权益、竭诚服务职工群众是工会的基本职责，也是工会一切工作的出发点和落脚点。工会只有认真履行基本职责，才能更好地为党和国家大局服务，才能团结和引导广大职工积极投身国家经济建设和各项改革事业，才能赢得职工群众的信赖和支持，才能增强工会的吸引力和凝聚力。

第一节　工会基本职责概述

一、维护职工合法权益、竭诚服务职工群众是工会的基本职责

工会基本职责，是工会履行各项社会职能的基础工作和首要任务。我国工会的基本职责是由我国工会的性质、地位决定的，与我国工会的产生、目标和任务紧密相连。

《工会法》第六条规定："维护职工合法权益、竭诚服务职工群众是工会的基本职责。工会在维护全国人民总体利益的同时，代表和维护职工的合法权益。"这一规定，明确了我国工会的基本职责是维护职工合法权益、竭诚服务职工群众。

维护职工合法权益、竭诚服务职工群众是工会组织的基本职责，也是发挥广大职工积极性、主动性、创造性最重要最基础的工作。维护职工合法权益、竭诚服务职工群众体现了中国工会的性质和特点，反映了党的要求和职工群众的愿望，是坚持党的"全心全意为人民服务"宗旨的重要体现，是协调劳动关系、推动构建社会主义和谐社会的必然途径，是法律赋予工会的神圣职责。工会要赢得职工群众信任和支持，必须高举维权服务的旗帜，扎扎实实解决好职工群众最忧虑最急迫的实际问题，使改革发展成果更多更公平惠及职工群众；要坚持职工利益无小事的理念，顺应职工对美好生活的新期待，把工作重心放在广大职工身上，从大处着眼、小处着手，满腔热情做好服务职工工作，不断提升维权服务的质量和水平，切实提升职工群众的获得感、幸福感、安全感。2018年10月29日，习近平总书记在同全国总工会十七届领导班子成员集体谈话时指出，工会要坚持以职工为中心的工作导向，抓住职工群众最关心最直接最现实的利益问题，认真履行维护职工合法权益、竭诚服务职工群众的基本职责，把群众观念牢牢根植于心中，哪里的职工合法权益受到侵害，哪里的工会就要站

出来说话。我国工会始终将维护职工合法权益的大旗牢牢掌握在手中，把竭诚服务职工群众作为一切工作的出发点和落脚点。事实证明，只有竭诚服务职工群众，工会才能密切联系职工群众，把广大职工群众团结、凝聚在党的周围。

二、确定维护职工合法权益、竭诚服务职工群众为工会基本职责的重要意义

《工会法》将工会基本职责拓展为维护职工合法权益、竭诚服务职工群众，反映出党对工会工作要求的变化、工会目标任务的变化，与工会所处历史方位紧密相连，在党的工运事业和工会工作发展历程中具有重要意义。

（一）贯彻了习近平新时代中国特色社会主义思想特别是习近平总书记关于工人阶级和工会工作的重要论述，具有重大的政治意义。习近平总书记关于工人阶级和工会工作的重要论述，是习近平新时代中国特色社会主义思想的重要组成部分，为工会履行基本职责提供了理论指导和行动指南。确定维护职工合法权益、竭诚服务职工群众的基本职责，符合习近平总书记关于工人阶级和工会工作的重要论述的基本精神，贯彻了我们党以人民为中心的发展思想和全心全意依靠工人阶级方针，体现了工会组织的政治性、先进性、群众性，符合中国工会的性质、价值取向和目标任务。

（二）丰富了马克思主义工运学说和党的群众工作理论，具有重大的理论意义。多年来，广大理论工作者对工会职能和基本职责等问题进行深入研究，取得了大量成果。有的对工会基本职责概念予以界定、对意义加以分析，认为维护职工合法权益是工会存在的基础，是建立社会主义市场经济体制的需要，是工会服从服务于党的中心任务的主要手段，是工会职能的核心；有的对工会基本职责内涵的变化进行梳理，将变化归因于经济体制和国家职能的变化、侵害职工合法权益案件的急剧上升；等等。这些关于工会基本职责的研究，主要集中于维护职工合法权益方面，对工会基本职责的特点和规律做了必要的探索。《工会法》对基本职责的拓展，是对过去工会理论研究的总结、深化和集大成，是工会内外集体研究的结

晶，丰富和发展了马克思主义工运学说和党的群众工作理论，体现了马克思主义与时俱进的理论品质，是工会理论创新的重要成果。

（三）适应了社会主要矛盾的新变化和职工群众的新期待，具有重大的现实意义。社会主要矛盾的变化是工会基本职责确立和发展的重要依据。经过40多年的改革开放，职工队伍的内部结构、就业形态、技能素质、权益实现等方面发生新变化，需求层次不断提升，这是中国特色社会主义进入新时代发展的必然走势，是经济发展和社会进步的重要标志。同时，随着新一轮科技革命和产业变革的不断深入，新技术新业态新模式的大量涌现，劳动关系的确立与运行出现不少新情况新问题，仅靠传统单一的维权方式难以实现和满足。在这种情况下，一方面，需要工会通过多种维权方式去维护职工权益；另一方面，需要工会从更多领域更多层次采取更多手段提供更高质量的服务，来满足职工日益增长的美好生活需要。工会基本职责的拓展，顺应了形势的发展，契合了职工的需要，符合工会的实际，具有历史必然性和现实紧迫性。

工会切实履行维权服务的基本职责，首先要正确处理二者关系，树立维权服务相统一的理念和认识，在做好维权工作基础上强化服务工作，通过服务工作更好地促进维权工作。要推动工会服务从"特惠"向"普惠"转变，不断扩大覆盖面和受益面，以帮扶中心为依托，探索"互联网+"服务，主动承接政府转移的公共服务职能，力所能及为广大职工提供具有工会特点的普惠性、常态性、精准性服务。要着力构建组织健全、职能清晰、资源共享、运转高效的服务职工工作体系，以职工需求为导向，以组织建设为基础，以作用发挥为关键，以互联网为依托，以健全机制为保障，实现从维权机制向维权、服务一体化机制的方向发展，逐步实现维权和服务工作机制平台的有机统一，实现工会维权服务的常态化、长效化、经常化、立体化。

第二节 维护职工合法权益

一、维护职工合法权益应遵循的原则

（一）坚持维护职工总体利益和具体利益相统一的原则；

（二）坚持依法维护的原则，凡是国家法律法规赋予职工的正当权益，工会都要依法进行维护；

（三）坚持促进改革与发展的原则，维护的目的是更好地为中心任务服务，为大局服务，不能脱离这个原则；

（四）坚持维护职工利益和履行义务相统一的原则；

（五）坚持平等协商的原则，在社会主义条件下，从根本上来讲，国家、单位和职工的利益是一致的，党政工都要代表职工的利益，在这个大前提下，许多问题、矛盾、纠纷，通过民主的、平等的协商完全是可以解决的。

二、维护职工合法权益的主要内容

（一）劳动经济权益

这是劳动关系的核心内容。主要包括以下方面。

1. 劳动就业权

劳动就业是指具有劳动能力的公民在法定劳动年龄内自愿从事有一定劳动报酬或者经营收入的社会劳动。

劳动就业权，也叫就业权或者工作权，是指公民享有的使自己的劳动力与生产资料相结合实现职业劳动的权利。劳动就业权是劳动者各项权利的基础，是各国宪法确认和保护公民的一项重要的基本权利。我国《劳动法》规定，劳动者有平等就业和选择职业的权利。

2.工资分配权

工资，是指用人单位依据法律法规规定或者劳动合同的约定，以货币形式直接支付给本单位劳动者的劳动报酬。《劳动法》第四十六条规定："工资分配应当遵循按劳分配原则，实行同工同酬。工资水平在经济发展的基础上逐步提高。国家对工资总量实行宏观调控。"

劳动报酬权包括劳动报酬协商权、劳动报酬请求权和劳动报酬支配权三方面基本内容。（1）劳动报酬协商权。是指劳动者与用人单位依法通过协商确定劳动报酬的形式和水平的权利。其核心是依法确定劳动者自己的劳动报酬。（2）劳动报酬请求权。即劳动者在与用人单位建立劳动关系、付出了劳动之后，有权请求用人单位按时足额支付劳动报酬。（3）劳动报酬支配权。即劳动者独立支配管理和处分自己劳动报酬的权利。劳动报酬支配权具有民法物权的属性，即劳动者有权自主地支配处分其劳动报酬，任何人都不能干涉和侵犯。

3.休息休假权

休息休假权是一种基本人权，是指劳动者在享受劳动权的过程中，拥有为了保护自己身体健康和提高劳动效率，根据国家法律法规和规章制度的有关规定而享有的一系列休息权和休假权的总称。《宪法》第四十三条规定："中华人民共和国劳动者有休息的权利。国家发展劳动者休息和休养的设施，规定职工的工作时间和休假制度。"

4.劳动安全卫生保护权

劳动安全卫生保护权，是指劳动者在劳动过程中获得必要的劳动条件和必要的保护措施的权利。主要目的就是防止生产安全事故和职业病的发生，保障劳动者在生产过程中的安全和健康。《宪法》第四十二条规定："国家通过各种途径，创造劳动就业条件，加强劳动保护，改善劳动条件，并在发展生产的基础上，提高劳动报酬和福利待遇。"《安全生产法》第三条规定："安全生产工作坚持中国共产党的领导。安全生产工作应当以人为本，坚持人民至上、生命至上，把保护人民生命安全摆在首位，树牢安全发展理念，坚持安全第一、预防为主、综合治理的方针，从源头上防范化解重大安全风险。安全生产工作实行管行业必须管安全、管业务必须管安全、管生产经营必须管安全，强化和落实生产经营单位主体责任与政府监管责任，建立生产经营单位负责、职工参与、政府监管、行业自律和社会监督的机制。"

5.社会保障权

社会保障制度是国家依法通过强制手段对暂时或永久丧失劳动能力以及由于各种原因而导致生活困难的社会成员提供基本生活保障的制度体系，其根本目的就是通过对国民收入的再分配，帮助社会成员分散并抵御各种社会风险。社会保障制度本质上是一种风险分散机制。社会保障的内容主要包括四个方面：社会保险、社会救助、社会福利、社会优抚。《宪法》第四十五条规定："中华人民共和国公民在年老、疾病或者丧失劳动能力的情况下，有从国家和社会获得物质帮助的权利。国家发展为公民享受这些权利所需要的社会保险、社会救济和医疗卫生事业。国家和社会保障残废军人的生活，抚恤烈士家属，优待军人家属。国家和社会帮助安排盲、聋、哑和其他有残疾的公民的劳动、生活和教育。"

(二) 民主政治权利

主要包括以下方面。

1.民主管理权

职工民主管理权是广大职工以主人翁的身份，依照法律规定，参与企事业单位管理的权利。职工民主管理权的基本内涵包括四个方面。（1）知情权。指职工了解企事业单位生产经营管理、关系职工切身利益的重大问题等信息的权利。知情权是职工最基本的权利，是职工民主参与和民主监督的前提。（2）参与权。主要是指职工依法通过各种途径和形式，参与管理企事业的权利。（3）表达权。即话语权，主要是指职工通过职代会、座谈会、民主信箱等各种途径公开发表自己的思想、观点、主张、意见、建议的权利。（4）监督权。主要是指职工对企事业单位管理人员的管理决策行为进行监督的权利。工会依照法律规定通过各种途径和形式，组织和代表职工并维护职工行使自己的知情权、参与权、表达权、监督权等民主政治权利。

2.依法参加和组织工会的权利

《宪法》第三十五条规定："中华人民共和国公民有言论、出版、集会、结社、游行、示威的自由。"《工会法》第三条规定："在中国境内的企业、事业单位、机关、社会组织（以下统称用人单位）中以工资收入为主要生活来源的劳动者，不分民族、种族、性别、职业、宗教信仰、教育程度，都有依法参加和组织工会的权利。任何组织和个人不得阻挠和限制。"参加和组织工会是职工群众的合法权益，任何组织和个人都不得侵犯。

（三）精神文化权利

精神文化权利是指职工依法在接受教育培训，不断丰富精神文化生活，努力提高自身思想道德和科学文化素质，增强创业能力和竞争能力等方面享有的权益。主要包括以下方面。

1.职业培训权

职业培训，也称职业技能培训，是指对准备就业和已经就业的人员，以开发其职业技能为目的而进行的技术业务知识和实际操作能力的教育和训练。《劳动法》规定，国家通过各种途径，采取各种措施，发展职业培训事业，开发劳动者的职业技能，提高劳动者素质，增强劳动者的就业能力和工作能力。各级工会要全面实施职工素质建设工程，保障职工的学习权、教育培训权和发展权。

2.参加文体活动权

文体活动是文艺活动和体育活动的总称。文体活动是一种有益的活动，不仅能够让人们体会到快乐，还能够丰富人们的精神生活，让人们放松身心，提高身体素质，增强文化素养，提高艺术修养。参加文体活动，让劳动者的生活更加丰富多彩，满足劳动者的精神文化生活。

（四）社会权利

工会组织和代表职工参与社会事务管理和社会利益关系协调的各项活动，保障职工在社会生活领域拥有的各项权益，享受社会公共事业服务与保障，如最低生活保障、教育救助、医疗救助、住房救助、临时救助等。

(五) 生态文明权益

生态文明是人类遵循人、自然、社会和谐发展这一客观规律而取得的物质与精神成果的总和；生态文明是以人与自然、人与人、人与社会和谐共生、良性循环、全面发展、持续繁荣为基本宗旨的社会形态。工会要大力推进生态文明建设，维护环境权益，弘扬环境文化，促进人与人、人与自然和谐，为劳动者创造优美的生产生活环境，保障劳动者身体健康。

另外，工会还要依法维护女职工与未成年工的合法权益和特殊利益。

要特别关注、维护新就业形态劳动者的合法权益。根据人社部等八部委发布的《关于维护新就业形态劳动者劳动保障权益的指导意见》，维护新就业形态劳动者劳动保障权益的重点如下。(1) 落实公平就业制度，消除就业歧视。企业招用劳动者不得违法设置性别、民族、年龄等歧视性条件，不得以缴纳保证金、押金或者其他名义向劳动者收取财物，不得违法限制劳动者在多平台就业。(2) 健全最低工资和支付保障制度，推动将不完全符合确立劳动关系情形的新就业形态劳动者纳入制度保障范围。督促企业向提供正常劳动的劳动者支付不低于当地最低工资标准的劳动报酬，按时足额支付，不得克扣或者无故拖欠。引导企业建立劳动报酬合理增长机制，逐步提高劳动报酬水平。(3) 完善休息制度，推动行业明确劳动定员定额标准，科学确定劳动者工作量和劳动强度。督促企业按规定合理确定休息办法，在法定节假日支付高于正常工作时间劳动报酬的合理报酬。(4) 健全并落实劳动安全卫生责任制，严格执行国家劳动安全卫生保护标准。企业要牢固树立安全"红线"意识，不得制定损害劳动者安全健康的考核指标。要严格遵守安全生产相关法律法规，落实全员安全生产责任制，建立健全安全生产规章制度和操作规程，配备必要的劳动安全卫生设施和劳动防护用品，及时对劳动工具的安全和合规状态进行检查，加强安全生产和职业卫生教育培训，重视劳动者身心健康，及时开展心理疏导。强化恶劣天气等特殊情形下的劳动保护，最大限度减少安全生产事故和职业病危害。(5) 完善基本养老保险、医疗保险相关政策，各地要放开灵活就业人员在就业地参加基本养老、基本医疗保险的户籍限制，个别超大型城市难以一步实现的，要结合本地实际，积极创造条件逐步放开。组织未参加职工基本养老、职工基本医疗保险的灵活就业人员，按规定参加城乡居民基本养老、城乡居民基本医疗保险，做到应保尽保。督促企业依法参加社会保险。企业要引导和支持不完全符合确立劳动关系情形的新就业形态劳动者根据自身情况参加相应的社会保险。（6）强化职业伤害保障，以出行、外卖、即时配送、同城货运等行业的平台企业为重点，组织开展平台灵活就业人员职业伤害保障试点，平台企业应当按规定参加。采取政府主导、信息化引领和社会力量承办相结合的方式，建立健全职业伤害保障管理服务规范和运行机制。鼓励平台企业通过购买人身意外、雇主责任等商业保险，提升平台灵活就业人员保障水平。（7）督促企业制定修订平台进入退出、订单分配、计件单价、抽成比例、报酬构成及支付、工作时间、奖惩等直接涉及劳动者权益的制度规则和平台算法，充分听取工会或劳动者代表的意见建议，将结果公示并告知劳动者。工会或劳动者代表提出协商要求的，企业应当积极响应，并提供必要的信息和资料。指导企业建立健全劳动者申诉机制，保障劳动者的申诉得到及时回应和客观公正处理。

三、坚持"以职工为本，主动依法科学维权"的中国特色社会主义工会维权观

中国特色社会主义工会维权观是维权工作根本宗旨、重要原则、核心理念、途径方式的集中体现，事关工会维权工作的性质、方向和成效。工会维权观的提出是对工会"维护什么、怎么维护"的科学回答。

以职工为本是工会维权观的核心，体现了坚持以人民为中心的发展思想的要求，就是坚持一切依靠职工，一切为了职工，把密切联系职工群众作为工会工作的生命线，把竭诚服务职工群众作为工会工作的根本宗旨，把职工群众满意不满意作为衡量维权工作成效的重要依据，就是尊重职工主体地位，落实职工各项权益，让广大职工体面劳动、舒心工作、全面发展。

主动维权是做好工会维权工作的前提，就是要发扬主动精神，有主动的意识、超前的预见和积极的作为，充分发挥主观能动性，把维权工作做

在前面，主动参与法律法规和政策性文件的制定，主动了解职工的实际困难和问题，主动帮助他们反映情况、解决问题，实现从事后介入的被动维护向提前参与的主动维护转变。

依法维权是做好维权工作的保证，就是要增强法治意识，运用法律手段，完善工会维权机制，把维权纳入规范化、制度化、法治化的轨道，推动有关法律法规的落实，监督企业依法经营，引导职工以理性合法的方式和渠道表达利益诉求。

科学维权是做好维权工作的关键，就是要把握工会维权工作涉及面广、政策性与专业性强等特点，用科学理论来指导，用科学态度来协调，用科学方法来推进，配合有关部门制定维护职工权益的科学标准，妥善处理好工会维权所涉及的各方面利益关系，提高维权工作的科学化水平，使维权诉求逐步符合经济社会发展总体水平和企业生产经营状况，不简单照搬西方发达国家标准。

四、工会维权的有效机制

工会履行维护职能不能离开机制建设。完善的体制机制和制度体系，是实现社会公平正义、促进社会和谐的重要保证。各级工会要适应我国社会结构和利益格局的发展变化，着眼于建立稳定协调的劳动关系和维护职工合法权益，推动党政主导的维护职工群众权益机制建设。

（一）劳动合同制度。劳动合同是劳动者与用人单位确立劳动关系、明确双方权利和义务的协议。建立劳动关系，应当订立劳动合同。工会应当帮助、指导职工与用人单位签订劳动合同，依法规范劳动合同订立、履行、变更、解除、终止等行为，切实提高劳动合同签订率和履行质量。

（二）平等协商与集体合同制度。《工会法》第六条规定："工会通过平等协商和集体合同制度等，推动健全劳动关系协调机制，维护职工劳动权益，构建和谐劳动关系。"所谓平等协商，是用人单位和相应的工会组织（未建立工会的企业由职工民主推举代表），在法律地位完全平等的基础上，就劳动标准、劳动条件以及其他与劳动关系相关的问题，依据国家法律法规而进行沟通、协商的行为。集体合同是指工会代表职工与用人单位代表依法就职工劳动就业、劳动报酬、工作时间、休息休假、劳动安全卫生、保险福利等与劳动关系有关的事项进行平等协商，在协商一致的基础上签订的书面协议。集体合同可以分为综合性集体合同和专项集体合同两种。专项集体合同是指用人单位与本单位职工根据法律、法规、规章的规定，就集体协商的某项内容签订的专项书面协议。《劳动合同法》第五十二条规定："企业职工一方与用人单位可以订立劳动安全卫生、女职工权益保护、工资调整机制等专项集体合同。"平等协商是签订集体合同的法定必经程序，集体合同是平等协商的结果。平等协商与集体合同制度作为一项劳动法律制度，是维护职工合法权益，建立和谐稳定的劳动关系的重要机制，是调动和发挥广大职工积极性、主动性、创造性，促进企业和职工加强沟通、共谋发展的重要手段。

工会要深入推进平等协商和集体合同制度，做好平等协商和集体合同工作，坚持所有企业都要推行平等协商和集体合同制度；坚持平等协商与签订集体合同相协调，重在平等协商；坚持把职工关心的热点、难点问题作为平等协商、集体合同的重点；坚持把工资集体协商作为推行集体合同制度的重要内容；坚持把推行集体合同制度与推行劳动合同制度有机衔接起来；坚持把集体合同和劳动合同制度与建立现代企业制度相结合。推进平等协商和集体合同工作要在建立机制、提高合同质量和讲求实效上下功夫，把工作的着力点和落脚点放在企业，以推动各类企业普遍建立集体合同制度为目标，以提高集体合同质量为重点，不断规范，逐步完善。要在普遍开展平等协商的基础上，积极推动不同类型的企业建立和完善集体合同制度，指导企业从各自的实际出发，因企制宜，合理确定集体合同具体内容和标准，增强实效性和可操作性。在签订集体合同的同时，还要签订女职工权益保护专项集体合同。在高风险行业和企业中签订劳动安全卫生专项集体合同。要大力推进行业性、区域性平等协商与集体合同制度。上级工会对下级工会开展平等协商与签订集体合同工作要给予支持和帮助，要加强专职集体协商指导员队伍建设，加强对从事集体协商工作的工会干部、专职集体协商指导员和职工方协商代表的培训力度，切实提高协商水平。

（三）健全协调劳动关系三方机制。完善协调劳动关系三方机制组织体系，建立健全由人力资源社会保障部门会同工会和企业联合会、工商联合会等企业代表组织组成的三方机制，根据实际需要推动工业园区、乡镇（街道）和产业系统建立三方机制。完善三方机制职能，健全工作制度，充分发挥政府、工会和企业代表组织共同研究解决有关劳动关系重大问题的重要作用。

（四）职工民主管理制度。职工民主管理，是企事业单位职工依照我国法律法规和有关政策规定，通过职工代表大会为基本形式的各种组织形式，参加用人单位民主管理，行使民主决策、民主参与、民主监督权力的活动。职工民主管理是社会主义民主的重要组成部分，是落实党的全心全意依靠工人阶级指导方针的根本途径，也是维护职工合法权益的重要机制。《工会法》第六条规定："工会依照法律规定通过职工代表大会或者其他形式，组织职工参与本单位的民主选举、民主协商、民主决策、民主管理和民主监督。"要不断完善以职工代表大会为基本形式的企事业民主管理制度，丰富职工民主参与形式，畅通职工民主参与渠道，依法保障职工的知情权、参与权、表达权、监督权。推进企事业普遍建立职工代表大会，认真落实职工代表大会职权，充分发挥职工代表大会在企事业发展重大决策和涉及职工切身利益等重大事项上的重要作用。推进厂务公开制度化、规范化。进一步提高厂务公开建制率。推行职工董事、职工监事制度。按照公司法规定，在公司制企业建立职工董事、职工监事制度。依法规范职工董事、职工监事履职规则。在董事会、监事会研究决定公司重大问题时，职工董事、职工监事应充分发表意见，反映职工合理诉求，维护职工和公司合法权益。

（五）劳动法律监督制度。依法对用人单位劳动法律法规执行情况进行监督，是法律赋予工会的一项权利，也是工会维权的重要机制。应进一步规范和加强工会劳动法律监督工作，提升工会劳动法律监督实效和水平，充分发挥工会劳动法律监督在督促用人单位规范用工、贯彻落实劳动法律法规、推动构建和谐劳动关系等方面的作用。工会劳动法律监督工作应当遵循依法规范、客观公正、依靠职工、协调配合的原则。突出预防和协商的监督理念，强调工会建立隐患排查、风险研判和预警发布等制度机制，加强劳动关系矛盾预防预警、信息报送和多方沟通协商，把劳动关系矛盾风险隐患化解在基层、消除在萌芽状态。

（六）劳动争议处理制度。劳动争议是劳动关系不协调的表现，妥善处理劳动争议有利于维护双方当事人的合法权益。《工会法》规定："工会参加企业的劳动争议调解工作。地方劳动争议仲裁组织应当有同级工会代表参加。"要坚持预防为主、基层为主、调解为主的工作方针，加强企业劳动争议调解委员会建设，推动各类企业普遍建立内部劳动争议协商调解机制。完善劳动争议调解制度，大力加强专业性劳动争议调解工作。健全人民调解、行政调解、仲裁调解、司法调解联动工作体系，充分发挥协商、调解在处理劳动争议中的基础性作用。职工认为用人单位侵犯其劳动权益而申请劳动争议仲裁或者向人民法院提起诉讼的，工会应当给予支持和帮助。

五、坚持党政主导、工会运作的维权格局

自觉接受党的领导，是工会维权工作沿着正确方向发展的根本保证；坚持在党的领导下独立自主、创造性地开展工作，是维护职工具体利益的必然要求。我们党坚持立党为公、执政为民，始终代表全体人民的根本利益；我们的政府是人民的政府，坚持依法行政就是为了实现人民的利益。工会组织的维权工作是党和政府主导的维护群众权益工作的重要组成部分。要把坚持党政的主导性与发挥工会的主动性统一起来，加强与社会各方面的沟通、联系和配合，逐步实现政府调控机制同社会协调机制的互联，政府行政功能同社会自治功能的互补，政府管理力量同社会调节力量的互动，努力形成党委领导、政府支持、社会配合、工会运作、职工参与的维权格局，确保维权工作取得实实在在的成效。

第三节 竭诚服务职工群众

一、服务职工群众的主要内容

服务职工群众的主要内容包括：要认真总结城市困难职工解困脱困工作经验，建立健全困难职工家庭常态化帮扶机制，防止相对困难、意外致困职工家庭返贫。推进送温暖常态化，强化工会职工服务中心（困难职工帮扶中心）服务功能，培育一批职工群众受益面广、改善职工生活品质明显的工会品牌服务项目和社会资源。深入实施送温暖工程、金秋助学、农民工平安返乡、职工法律援助等品牌；继续实施职工健康促进工程。积极开展劳模和职工疗休养工作。支持开展职工互助保障活动。推进工会联系引导社会组织为职工提供专业化服务。开展创建学习型组织、争当知识型职工活动，开展健康活泼的职工文体活动。加强女职工休息哺乳室建设、工会爱心托管服务、"会聚良缘"工会婚恋服务、爱心驿站等工作。

二、建立联系广泛、服务职工的工会工作体系

《工会法》第六条规定："工会建立联系广泛、服务职工的工会工作体系，密切联系职工，听取和反映职工的意见和要求，关心职工的生活，帮助职工解决困难，全心全意为职工服务。"

职工群众关心的事、操心的事就是工会服务工作的方向。进入新时代，工会要适应职工群众对美好生活的向往，为广大职工提供具有工会特点的普惠性、常态性、精准性服务，把服务职工工作做得更具体更扎实更温暖。要健全服务职工体系，坚持职工需求导向，构建以精准帮扶为重点的工会服务职工体系，从一点一滴做起，落到具体、日常的工作中，不怕

烦琐、日积月累。要拓宽服务职工领域，鼓励支持向社会购买服务，推动完善职工福利制度，加强工会志愿者队伍建设，注重对职工的人文关怀和心理疏导，在做好物质服务和生活服务的同时提供更高水平的精神和文化服务，让工会在职工需要时看得见、找得到、信得过、靠得住。

"十四五"期间，工会服务职工体系建设要聚焦主责主业，以职工需求为导向，建机制、强功能、增实效，重点抓好功能定位、服务体系、资源平台、业务体系、协同机制、智能工具、运行体系、保障机制八个方面，构建"帮扶中心+服务职工基地+基层工会"协同模式的服务职工综合体。

要加强综合服务功能，建设服务职工一体化平台。依托工会职工服务中心（困难职工帮扶中心），把工会服务职工、服务基层的各项业务统一到平台，实现一站式服务；聚焦职工多样性需求，拓展救助、维权、服务功能，实现"一门式"服务。通过合作、参与、孵化等方式，联合专业机构、企业、高校、公益慈善等各方力量，建设服务职工综合体，实现服务功能一体化。要提升工会职工服务中心（困难职工帮扶中心）服务能力，建设服务职工项目标准化体系。构建实体受理柜台、网上办事大厅、移动客户端、自助服务终端等相融合的服务载体。要促进内外资源集聚，建设社会资源与职工需求精准对接的枢纽型平台。以工会职工服务中心（困难职工帮扶中心）为载体，促进社会资源和职工需求供需对接，建设成满足职工需求的服务平台、供需对接的枢纽平台、社会资源孵化基地、服务项目培育平台。要培育多类型服务职工基地，为职工提供专业化、社会化优惠服务。要创新工会服务职工协作机制，建设多层次多领域项目融合平台。聚焦"帮扶中心+服务职工基地+基层工会"协作模式，建立上下、左右、内外分层分级分类协作机制，明确帮扶工作职能部门、帮扶中心、基层工会、服务职工基地工作清单，基层工会精准掌握职工需求并响应反馈职工服务中心（帮扶中心），职工服务中心（帮扶中心）根据需求，对接工会阵地和社会资源、服务职工基地提供服务产品。要完善信息共享机制，建设网上网下深度融合的服务职工智能化平台。推进"互联网+"与服务职工工作深度融合，推进工会数据与民政、人社、卫健、住房等部门数据有效衔接、有机融合，建立"一门式综合受理、全流程规范服务"的综合服务平台。要打造一批精准服务职工需求的优秀特色服务品牌，建设服务职工项目创新孵化区。鼓励开展公益创投，建立以奖代补激励机制，引导社会资源开发服务项目，培育服务项目品牌，吸引公益组织、社会机构及专业人才参与项目实施。要提升服务产品的质量效益和社会效应，建设高质量服务职工示范区。要着力做好农民工入会和服务工作，进一步健全农民工帮扶救助、综合服务、培训创业、维护权益和网上服务平台机制，组织起来、稳固下来，使他们成为工人阶级坚定可靠的新生力量、助推乡村振兴的坚实力量。

为大力加强工会户外劳动者服务站点建设，为广大户外劳动者群体提供更多可感可知、可触可得的暖心服务，全国总工会决定实施"工会服务站点双15工程"，即努力实现2023年底全国服务站点达到15万个，在全国主要城市重点区域基本实现服务站点15分钟服务圈交叉覆盖。

新时代新起点，工会维权服务的途径、平台、形式、内容可能在变，但用心用情、担当作为的底色不变。只有忠诚履职、奋力作为，切实加大对职工群众的维权服务力度，工会组织才能成为名副其实的职工之家，工会干部才能真正成为职工群众信赖的"娘家人"、贴心人。

思考题

1. 确定维护职工合法权益、竭诚服务职工群众为工会基本职责的重要意义是什么？
2. 维护职工合法权益应遵循的原则有哪些？
3. 简述维护职工合法权益的主要内容。
4. 维护新就业形态劳动者劳动保障权益的重点是什么？
5. 简述工会维权的有效机制。
6. 工会服务职工群众的主要内容有哪些？
7. 如何建立联系广泛、服务职工的工会工作体系？

案例 1

上海：从权益维护到用心服务，工会人常伴左右

2023 年 5 月 12 日　来源：中工网

上海工会答卷

2022 年 1 月 1 日，重新修订的《工会法》正式实施，新版《工会法》明确规定，维护职工合法权益、竭诚服务职工群众是工会的基本职责。

近年来，上海各级工会面对新情况、新矛盾、新问题，积极履行维权和服务两大职能，聚焦职工劳动权益、生活冷暖，建机制、创模式、育品牌……通过件件实事，让劳动者体面工作、让"逆行者"感受温暖、让困难职工重拾信心。

浦东新区劳动人事争议联合调解中心工会分中心陆家嘴工作站成立后，为构建基层和谐劳动关系发挥了积极作用。

立法定锚稳固劳动关系"压舱石"

2022 年，新版《工会法》施行后，市总工会主动对标对表新法的精髓要义，结合上海劳动关系日益多元、劳动业态更加丰富的实际，及时启动并顺利完成了《上海市工会条例》的修正工作，成为全国首个依据上位法修改情况而对地方性工会法规进行修改完善的省（区、市）。

新修订的《上海市工会条例》，赋予工会"两书"制度更强的威慑力，对于拒不组建工会、职代会和集体协商建制或不规范运行的企业，工会有了将其纳入市公共信用信息服务平台负面清单的权利。

2022 年 9 月 16 日，长宁工会新就业形态劳动者体检服务专场启动仪式在上海市工人疗养院举行，首批为 40 余位工作在长宁的家政阿姨送上健康体检，总计服务 2000 人。

源头参与为维护经济权益"加码"

市总工会历来关注职工经济权益，依托"上海工会企业收入分配调查网"和"职工家庭收入收支状况调查网"，开展调研排摸，每年形成有质量的收入分配分析报告，推动政府调整最低工资和发布企业工资增长指导线。

针对低收入职工收入现状、增长趋势、岗位分布、用工形式等开展调研，形成了《上海市低收入群体职工工资收入情况调研报告》，并在此基础上，完善低收入职工监测体系。城投工会、绿化行业工会、百联集团工会等试点单位通过实践，初步形成薪酬分配向收入水平较低的一线在岗职工倾斜的格局，为一线职工的经济权益维护"加码"。

今年1月中旬，市总工会联手虹口区总工会赴虹口城发公司下属环卫作业单位，为春节期间留沪的一线环卫外来务工人员送上新春祝福和大礼包。

民主管理成矛盾化解"减压阀"

五年来，上海市总工会将关注重点聚焦在提高非公企业的民主管理制度建设上，先后为汇丰银行、波克科技、巨人网络等一批世界500强外资企业、互联网头部企业和百强民营企业提供了建制指导服务。

在推进区域性、行业性民主管理制度建设方面，以静安区芷江西路街道和普陀区长征镇互联网行业开展区域性、行业性集体协商为标志，推动了"小二级"工会组织对企业、区域或行业协会进行"二次覆盖"。

随着新就业形态劳动者群体日渐壮大，探索游离于标准劳动关系之外的群体权益维护成为必然需要。2022年，市总工会首创新就业形态民主协商"上海模式"，以《上海市新就业形态劳动者权益维护民主协商操作指引》为依据，实现了新就业形态劳动者民主协商三项模式创新：首创新就业形态劳动者权益协商恳谈模式，推动"饿了么"平台首次召开与一线外卖送餐员协商恳谈会；首创新就业形态劳动者职代会（联合）会议模式，推动美团（上海）成功举行一届一次职工代表大会（联合）会议；首创新就业形态领域建会建制工作联动模式，推动杨浦区家政服务行业先后依法依规召开一届一次会员代表大会和职工代表大会，揭牌成立上海市杨浦区总工会家政服务行业劳动纠纷调解中心。

"六步工作法"一体推进纠纷调处

化解劳动关系纠纷，必须预防调处化解协同发力，为此，市总工会遵循事先"防火"和事后"灭火"并重的思路，将风险防范关口前移，通过路径设计和制度保障，总结形成了排摸体检、会商研判、协商民主、联动调处、法律援助、定向监督的"六步工作法"，推动了整个预防化解工作环环相扣、功能互补、形成体系，使纠纷矛盾能够解决在基层、消弭于源头。

四方合作"调裁诉"一站解纷

近几年，纠纷就地化解、高效化解成为一种趋势。根据市总要求，在发现对社会稳定有重大影响等劳资纠纷时，事发地工会及时报告详细信息，发挥信息联动预警调处的共振效力，同时依托"三方协商""四方合作"机制平台，在市、区两级仲裁院和各级职工法律援助中心设立三方联调中心工会分中心，涌现了包括朱雪芹、喻学记、和为美等一批优秀调解工作室。同时在各级法院设立了工会调解窗口（站点），并选择部分工会服务阵地设立工会劳动争议巡回法庭。

疫情的发生加快了市总主动融入市法院系统"一站式多元解纷"和司法系统"智慧调解"平台的脚步，经过多方协商联动，上海劳资纠纷化解已经实现了线上委派、委托调解案件流转和在线司法确认的全流程服务，助力职工更加便捷高效地寻求法律援助。

服务宣传筑牢和谐关系"防火墙"

近年来，针对企业的优化指导服务渐成气势，形成法律监督的良性补充。2022年起，作为年度市法治为民办实事项目，市总工会推出创设"和谐劳动关系建设优化指导服务"活动，有序开展企业的项目化分类指导工作，将规模以上企业、行业标杆企业和初创期小微企业等六类企业作为重点对象，并将受疫情影响生产经营发生困难的企业以及各级工会孵化、联系引导的社会组织等纳入指导服务范畴，重点聚焦建会建制、和谐劳动关系创建等维度。

面对当前复杂的劳动关系状况，全市各级工会把普法宣传重点聚焦在新修改的《工会法》《工会条例》和《法律援助法》上，把握《民法典》宣传月活动等时间节点，依托劳动报、劳动观察APP、"申工社"等工会媒体阵地，用好"劳权周刊"等品牌栏目，发挥新媒体传播优势，线上开展各类普法问答、知识竞赛、法律直播、微视频、法律沙龙等，推动普法宣传教育进园区、进楼宇、进单位，为工会干部和职工提供了强有力的学习支持。

办实事回应职工关切

近年来，上海市总工会以打造"上海工会服务职工实事项目"为抓手，启动了生活健康、关爱帮扶、法律维权、劳模服务、文化建设、女工工作等六大类服务职工实事项目，市总工会出资总计7.56亿元，惠及职工近2500万人次。

在此基础上，通过市政府和市总工会联席会议这一更大的平台，协同政府部门共同推进服务职工重点实事项目。继户外爱心接力站项目纳入2018至2019年市政府实事项目后，疗休养和健康服务点两个项目纳入2021年本市为民办实事项目范围，健康服务点和健身驿站两个项目纳入2022年本市为民办实事项目范围。市总专门制定和下发相关文件，确保项目规范执行。

游离在传统用工范畴之外的新就业形态劳动者也是工会关注的重点群体。2018年12月21日，在首次召开的市政府和市总工会联席会议上，政府、工会聚焦新就业形态劳动者，共同出资保障，通过了"关于共同加强组织灵活就业群体入会工作及建立灵活就业群体工会会员专享基本保障"议题。

数据显示：在政府、工会的共同推动下，2022年灵活就业会员专享基本保障有效参保人数已达44.01万人，截至2022年12月31日，该保障计划已累计向4016人给付互助保障金607.76万元。

送温暖三级梯度精准帮扶

民生大计更让工会人为之牵挂。五年来，上海工会为不同类型困难群体筑就了层次清晰、各有侧重、有机衔接的精准化梯度帮扶工作格局。

开展农民工系列关爱行动，实施"平安返沪"火车票补贴、健康医疗费补贴、通信费补贴三大补贴，共惠及农民工10余万人次；同时，根据网约配送员及快递员等新就业形态劳动者的特点设计专属体检套餐，为近万名新就业形态劳动者提供了免费体检，补贴金额达到233万元。

根据社会和经济形势，工会聚焦受疫情影响生活遇到临时性困难的低收入职工、新就业形态劳动者、特殊困难群体、感染新冠病毒以及病亡职工和家庭等重点群体，广泛开展走访慰问。元旦春节送温暖活动各级工会累计筹措资金13.21亿元,慰问困难职工181.98万人。疫情防控期间,加大对在档困难职工的帮扶力度,市总工会向困难职工发放疫情防控期间特别生活补贴1314余万元。

"微心愿"项目已连续三年被列为上海市总工会服务职工实事项目,为1.5万余名困难职工实现微小心愿,实实在在增强了困难职工家庭获得感、幸福感、安全感。

数据显示,在助力脱贫攻坚中,上海工会圆满完成了城市困难职工解困脱困工作任务,共脱困37403户,充分展现了上海工会的力量和责任担当。

强普惠服务"社区"日趋完善

值得一提的是,工会常态化就业服务机制也在不断完善。2020年起,为减轻疫情对就业的不利影响,开发"会聘上海"就业服务信息化平台,开展"'工''疫'云招聘""会聘上海、就业护航——劳模先进送岗位"系列活动,助力稳就业、保民生。

保民生、送温暖的同时,上海各级工会不断延伸服务阵地、扩展服务手臂,着力加大普惠服务力度。

2018年起,上海市总工会连续四年承接市政府实事项目"户外职工爱心接力站",解决环卫工、快递员、送餐员、交警辅警等户外职工的饮水供给、餐食加热、避暑取暖、休息如厕等实际问题。截至目前,建成1309家爱心接力站,累计投入资金逾3500万元,服务户外职工超234万人次。

另一个深受职工欢迎的"小站"也在全市楼宇园区兴起。从2021年起,在市总工会推动下,本市各大园区(楼宇)着手建设健康服务点,服务点兼具看病配药、理疗养生等功能,社区全科医生将健康理念传播到越来越多的职工身边。据统计,截至目前已创设园区(楼宇)健康服务点132个,覆盖2.91万家企业、80.93万名职工,共为21.1万人次职工提供了健康服务。

八小时外,工会关爱更是无处不在。

即便在疫情防控期间,市总工会仍深挖资源、创新渠道,广泛开展"看上海品上海爱上海"主题系列活动,会同市文旅局推出了百条"看上海"活动精品线路，惠及全市274万名职工，拉动本市文商旅消费超10亿元，有效提升了职工幸福感和满意度。

与此同时，不断完善上海职工疗休养基地矩阵建设，建立起覆盖本市、长三角区域、对口支援及协作地区的上海职工疗休养基地矩阵。疫情防控期间，推进落实"万名抗疫一线职工疗休养"市总实事项目，组织疫情防控期间坚守岗位的医务、公安、社区工作者、下沉一线干部等群体开展暖心休养活动，为"逆行者"加油。

而拥有强大功能的"小红卡"也收获了更多粉丝。五年来，工会会员服务卡项目实效性进一步增强。2018年至今，累计办卡572万余张，会员专享基本保障计划的参保有效人数达到354.23万人，累计向9.5万人次给付保障金6.8亿元。

随着各个服务阵地和项目的不断完善，市总工会扎实推进提升生活品质试点工作。聚焦困难帮扶、权益保障、劳动保护等七大职工服务领域，全面梳理排摸服务阵地、服务项目和服务资源，制定《上海工会服务阵地管理办法（试行）》，全方位加强工会实体型阵地的监督管理工作。积极推动建立具有上海特色的提升职工生活品质标准化指标，创造性地提出"六心六爱"试点要求，引领企事业单位打造服务职工品牌项目，塑造职工幸福生活环境。以广大职工健康服务、休闲服务、文化服务、提升生活品质为核心的立体式"服务社区"日臻完善。

从立法定锚、民主管理、和谐劳动关系创建，到精准化帮扶、服务职工实事项目不断扩容、服务阵地逐步完善……我们看到，一张横向到边、纵向到底的工会维权服务网络越织越密，工会热度也辐射到更多职工群体中。（劳动报记者 王枫 李轶捷）

案例2

天津港保税区总工会
打造"大服务"工会工作格局　做高质量发展"顶梁柱"

2023年4月28日　来源：中工网

多年来，天津港保税区总工会立足组织优势、群众优势和多年积累的工作优势，着力打造"大服务"工作格局，以党的全面领导为第一原则，以群众路线为第一宗旨，以服务助推高质量发展为第一要务，以维护职工合法权益为第一责任，以产业工人队伍建设改革和工会改革为动力，团结带领广大职工勇立区域高质量发展"潮头浪尖"，争当"排头兵"、敢为"先锋队"，各项工作均取得了明显进展和成效。

坚持党的领导　高站位实施思想政治引领

据悉，多年来，天津港保税区总工会深入开展各种形式的宣传教育和宣传宣讲，邀请党代表、人大代表等走进基层面对面交流座谈，组织先进人物进工厂车间、生产一线宣讲理论，开展知识竞赛、经典诵读等"工"字主题教育实践。广泛开展"中国梦·劳动美"、劳动创造幸福等主题宣传教育，把劳动教育融入家庭家教家风建设。

与此同时，天津港保税区总工会持续完善以"一网两号多屏多终端"为核心的信息网络，探索电子会员证"一证通行"服务，搭建"保税产保税购""保税之恋"等共享平台；用好党群服务中心、公寓服务中心等多级阵地，灵活布局工会流动宣传站；实施"播种计划"，组织传统节日文化和民俗体验。"文化轻骑兵"也深入基层，职工乐享各类社团。同时，举办职工T台秀、工业文化游、地标推广大赛等活动，促进职工、企业、区域发展需求深度融合；举办服务项目创意大赛等志愿主题活动，文明行动我承诺等科普主题活动；举办儿童嘉年华等家庭建设活动、羽乒篮台排等品牌体育赛事以及环湖健步行、湿地马拉松、湖面龙舟赛等创意体育赛事，支持基层工会开展特色文化实践，繁荣职工文化体育活动。

此外，天津港保税区总工会还大力弘扬劳模精神、劳动精神、工匠精神，选树五一劳动奖、工匠人才、道德模范、技能创新领军人物等千余名，培养大批"蓝领专家""金牌工人"；编创原创歌舞剧《情韵》、千人快闪《歌唱祖国》；组织新一代劳动者群像上海报、上画册、上道旗、上屏幕。劳模宣讲团走到身边、走上网络，讲述职工故事、劳动故事。先进职工纪录片在滨海电视台播出，"五一"表彰大会、劳动竞赛总结表彰会等频频"出圈"。

坚持创新发展　　高水平培育壮大人才队伍

多年来，天津港保税区总工会深入推进产业工人队伍建设改革，整合利用保税区职业技能公共实训中心等多方资源，持续落实学成奖、求学圆梦、取证培训等激励措施，打造多个试点单位；做强"技能保税"品牌，出色承接天津市"海河工匠杯"、滨海新区"金锤杯"职工职业技能大赛中航空维修、航空服务、建筑信息模型技术员等赛项，举办氢能叉车、粮油检验等传统区级竞赛，以及工业机器人、生物医药等新兴区级竞赛，上下联动指导基层工会开展钳工、讲师等特色企业赛事，每年以赛代训数万人次。

据介绍，2020年保税区总工会举办的"海河工匠杯"华北地区首届航空职业技能大赛，集聚京津冀晋蒙专业人才，对推动京津冀协同发展、增进区域优势互补互利共赢具有积极意义。

同时，天津港保税区总工会常态开展职工教育培训，每年举办健康管理、文体艺术、实用技能、管理提升等培训300余场。

此外，天津港保税区总工会还开展技术革新、技术协作、合理化建议、"五小"等群众性创新活动，选树"新时代职工创新创业之星"，创建"劳模和技能人才创新工作室""巾帼创新工作室"，建立师带徒传承激励机制，强化班组长管理能力，发布人才"绿卡"，赋予人才"保税尊享"礼遇。

坚持群众路线　　高品质服务职工美好生活需要

天津港保税区总工会持续健全维护劳动领域政治安全长效机制，加强对重点行业、重点企业、重点群体的监测和研判。

多年来，保税区总工会完善"工会+人社、法院、信访"劳动关系协调机制，拓宽"调裁结合"绿色通道；坚持开展心理测评、咨询、培训与辅导，帮助企业培养多名心理咨询师；积极发展基层民主，一对一指导企业建立健全以职工代表大会为基本形式的民主管理制度，工资集体协商要约行动实现制度化发展，工资集体协商覆盖率和独签率保持较高水平。

此外，天津港保税区总工会持续搭建职工基础保障体系、职工健康保障体系、职工生活保障体系，做实做细工会"四季服务"等关爱行动。依托"保税之恋"平台，每月开展专场交友活动。拓展会员"优惠地图"，微信小程序与会员团购、产品体验、优选市集等线下活动双向发力，会员基地持续"上新",实现保税产品保税购,工会会员尽享区域发展成果。

坚持夯基固本　高效能深化工会改革建设

据了解,天津港保税区总工会通过"重点建、平台建、行业建、兜底建"推动应建尽建,通过百日入会攻坚行动、专享关爱行动等最大限度吸收新就业形态劳动者入会;以工会之力帮助企业纾困解难,助力各类市场主体特别是成长型企业健康发展;实行项目化补助、活动支持、阵地扶持等措施,帮助基层工会建起来转起来活起来;组织培训轮训和素质拓展,将思想政治、民主管理等均列入"学习强会"清单,提升工会干部履职能力;发掘选育优秀工会工作者,壮大工会积极分子和志愿者队伍;落实好工会干部关爱保障措施,激励工会干部敢闯敢拼、担当作为。

与此同时,天津港保税区总工会坚持群众路线、调查研究,坚持主席接待日等制度。依法开展经费收缴,规范开展经费审查工作。建设廉洁工会,加强对重点岗位和关键环节的监督检查。

据介绍,天津港保税区总工会先后荣获"全国工会系统先进集体""全国模范职工之家""全国模范帮扶中心""全国职工教育培训示范点""全国工作突出基层劳动人事争议调解组织"等数项荣誉。

下一步,天津港保税区总工会将以"新、实、精"当头,进一步加大力度、加快速度、加紧进度夯实和拓展"大服务"工作格局,扛稳核心职责,发挥桥梁纽带作用,最大限度把广大职工的智慧和热情引导到有效助力"十项行动"和助推区域高质量发展上来,团结带领广大职工在新起点上、新征程中快马加鞭勇挑大梁,全力以赴开创新局面、谱写新篇章。(工人日报-中工网记者　张玺　通讯员　程志会　徐欣)

第四章

加强基层工会组织建设

基层工会组织是工会组织体系中最基本的单位,是整个工会的组织基础和工作基础。基层工会组织建设的强弱,直接关系到工会工作的成效。因此,必须高度重视基层工会组织建设,扩大工作覆盖,增强工作实效,夯实组织基础。

第一节 新时代加强基层工会建设的重要意义、指导思想和目标要求

一、新时代加强基层工会建设的重要意义

工会是党联系职工群众的桥梁和纽带，基层工会直接联系和服务职工群众，是工会工作的基础，是落实工会各项工作的组织者、推动者和实践者。在新时代加强基层工会建设，是巩固党执政的阶级基础和群众基础的必然要求，是动员广大职工积极投身改革、实现中国梦的迫切需要，是服务职工、维护职工合法权益、构建和谐劳动关系的重要保障，是加强工会自身建设、增强工会组织活力、推进国家治理体系和治理能力现代化的客观需要。近年来，各级工会主动适应企业组织形式、职工队伍结构和劳动关系的变化，始终把抓基层、打基础、增活力作为重点工作，在维护职工合法权益、构建和谐劳动关系、推动经济社会发展中发挥了重要作用。但从总体上看，基层工会工作与形势任务的要求、党中央的重托和职工群众的期盼仍有一定差距，主要表现在：工会组建工作与企业快速发展、组织形式多样化的特点不相适应；工会会员发展和管理与职工队伍迅速壮大、内部结构的深刻变化不相适应；工会组织体制、运行机制与基层工会工作创新发展的迫切需要不相适应；工会活动的内容方式与职工群众多样化的需求不相适应；工会干部队伍建设与基层工会所承担的工作职责不相适应；为基层工会提供的指导服务保障与基层工会面临的繁重任务不相适应。各级工会要进一步统一思想、提高认识，切实增强责任感和使命感，按照"巩固、发展、提高"的要求，以职工满意不满意、工会作用发挥充分不充分为标尺，全面加强基层工会建设，努力开创新时代基层工会工作新局面。

二、指导思想

新时代加强基层工会建设,要高举中国特色社会主义伟大旗帜,坚持以马克思列宁主义、毛泽东思想、邓小平理论、"三个代表"重要思想、科学发展观、习近平新时代中国特色社会主义思想为指导,贯彻落实习近平总书记关于工人阶级和工会工作的重要论述,坚持走中国特色社会主义工会发展道路,牢牢把握为实现中华民族伟大复兴的中国梦而奋斗这个我国工人运动的时代主题,坚持依法建会、依法管会、依法履职、依法维权,以组织建设为基础,以作用发挥为关键,以健全机制为保障,以职工满意为标准,突出服务职工、突出问题导向、突出改革创新,着力加强基层服务型工会建设,扩大覆盖面、增强凝聚力,努力把基层工会建设成为职工群众信赖的职工之家,把广大基层工会干部锤炼成为听党话、跟党走、职工群众信赖的"娘家人"。

三、目标要求

《中华全国总工会关于新形势下加强基层工会建设的意见》从工会组织的性质和特点出发,提出了建设"六有"工会的目标,具体如下。

一是有依法选举的工会主席,建设心系职工、善于维权、开拓进取的骨干队伍。基层工会主席(副主席)由会员大会或会员代表大会选举产生,积极推广民主直选,把政治素质好、履职能力强、能够为会员和职工群众说话办事的人选拔到基层工会主席岗位上来。

二是有独立健全的组织机构,完善工会委员会、经费审查委员会、女职工委员会等组织。规范建立工会分会或工会小组。工会组织按期换届,按有关规定配备工会干部。有办公和活动场所、有工会牌子、有工会公章、有经费、有工会工作手册、有工会文件资料档案。

三是有服务职工的活动载体,满足职工的多样化需求。能积极落实上级工会部署的重点工作,结合自身实际选择重点推进的工作,做好做实做出成效。能按照单位和职工实际需求设计特色工作载体,有影响、有特色、有实效,形成工作品牌。

四是有健全完善的制度机制,实现工会工作的群众化、民主化、制度化、法治化。(1) 建立健全包括会员代表大会制度、工会主席选举办法、会务公开制度、会员评家制度等基层工会组织制度,落实好会员"四权"工作;(2) 建立完善以厂务公开、职工代表大会、职工董事和职工监事制度为主要内容的民主管理制度,推动职代会职权落实;(3) 建立并实施好平等协商集体合同制度、工会经费审查制度、工会财务管理制度、困难职工帮扶制度、"双亮"制度等。

五是有自主管理的工会经费,真正用于服务职工和工会活动。(1) 有独立的银行账户,单位依法拨缴工会经费,经费收支情况定期向会员(代表)大会报告,并接受工会经费审查委员会审计监督;(2) 工会财务管理规范,做到收好、管好、用好工会的资金和财产。

六是有会员满意的工作绩效,切实让职工感受到工会是职工之家。要围绕基层工会建设的主要任务,在教育引导职工、推动改革发展、履行维权职责、协调劳动关系、服务职工群众等五个方面有明显的工作成效,以提高职工对工会的信任度和满意度。

"六有"目标的内容是相互联系的,其核心是工会主席和工会干部,基础是组织机构,抓手是活动载体,保障是制度机制,关键是经费保障,标准是职工满意。这个目标涵盖了基层工会建设的基本要求,是一个完整科学的体系。

《中国工运事业和工会工作"十四五"发展规划》提出,树立落实到基层、落实靠基层理念,坚持把改革向基层延伸,把力量和资源充实到基层一线,使基层工会组织建起来、转起来、活起来。树立依靠会员办会理念,完善基层工会会务公开制度机制,保障会员的知情权、参与权、表达权、监督权。坚持不懈推进基层工会会员代表大会制度和民主选举制度落实落地,落实会员代表常任制,选优配强基层工会领导班子。

第二节　加强基层工会组织建设的主要内容和任务

一、加强基层工会组织建设的主要内容

（一）加强企业和机关、事业单位、社会组织工会建设

企业和机关、事业单位、社会组织工会是基层工会的主体。要适应工业化、信息化、城镇化和农业现代化，依法推进各类企业和机关、事业单位、社会组织普遍建立工会组织，巩固建会成果，提高建会质量。国有及国有控股企业、机关、事业单位、社会组织工会组建实现全覆盖，职工人数较多、规模以上企业工会组建实现全覆盖。推进国有企业工会规范化建设，发挥国有企业工会示范带动作用。积极推进非公有制企业、社会组织以及服务业单位建会工作，25人以上单位应单独组建工会，25人以下单位一般通过联合基层工会实现组织覆盖。切实纠正企业和机关、事业单位、社会组织改革改制中撤销工会或将工会合并到党群工作部门的现象。

（二）加强乡镇（街道）、开发区（工业园区）工会建设

乡镇（街道）、开发区（工业园区）工会承担地方工会和基层工会双重职责。积极推进乡镇（街道）、开发区（工业园区）组建工会，已经建立工会工作委员会的，要逐步向工会联合会、总工会等组织形式转变。企业100家左右、职工5000人左右，能够配备专职工会主席（副主席）和专职工作人员的乡镇（街道），省级以上开发区（工业园区）可以设立总工会，作为一级地方工会组织，履行地方工会领导职责。乡镇（街道）、开发区（工业园区）工会组织机构单独设置，工会主席按党政同级副职配备，副主席享受中层正职待遇。乡镇（街道）设立总工会的，要积极推动乡镇（街道）党（工）委副书记兼任总工会主席，配备1名专职副主席，

并配备专职工会干事，同时选配好兼职副主席和委员。

乡镇（街道）工会在同级党（工）委和上级工会领导下，依据《工会法》和《中国工会章程》独立自主地开展工作。主要是：积极推动企事业单位依法建立工会组织，广泛吸收职工入会；加强职工思想政治引领；深化劳动和技能竞赛；维护职工合法权益，指导开展集体协商、签订集体合同，健全以职工代表大会为基本形式的企事业单位民主管理制度，健全协调劳动关系机制；推动落实职工福利待遇，开展困难职工帮扶，建设职工信赖的职工之家。

（三）加强区域（行业）基层工会联合会建设

按照地域相近、行业相同的原则，在县以下建立区域性或行业性基层工会联合会。联合会委员会由专职工作人员和所属基层工会主席组成，也可吸收党委政府相关部门人员参加。联合会原则上至少配备一名专职工作人员，会员人数较多的应适当增加配备人数。加强村（社区）工会建设，努力实现对不具备单独建会条件的小微企业和零散就业人员全覆盖。规范联合基层工会组织架构，所辖单位原则上不超过50家。

（四）加强基层工会干部队伍建设

基层工会干部队伍是基层工会赖以发挥作用的关键。要在同级党组织和上级工会的领导下，充分发扬民主，依法依规推进基层工会民主选举。按照积极稳妥、确保质量的要求，扎实推进基层工会主席（副主席）由会员大会或者会员代表大会直接选举产生。根据各地实际和工作需要，上级工会可以向基层工会推荐、选派工会主席候选人。积极争取公益性岗位，运用市场化、社会化方式聘用社会化工会工作者，建立完善社会化工会工作者选聘、使用、履职、考核、退出等机制。加强基层工会干部培训工作，切实增强"四个意识"、坚定"四个自信"、做到"两个维护"，不断提高履职能力。基层工会主席上岗一年内应参加培训。

（五）加强会员发展和会籍管理工作

加大会员发展力度，最大限度地把广大职工组织到工会中来。切实做好农民工会员发展工作，积极探索运用多种形式，把农民工吸引到工会中来、吸引到工会活动中来。当前要聚焦重点行业、重点领域，推动互联网平台企业特别是头部企业及所属子公司、分公司，以及货运挂靠企业、快递加盟企业、外卖配送代理商、劳务派遣公司等关联企业普遍建立工会组织，完善组织架构，广泛吸收新就业形态劳动者入会。推进会员管理工作制度化、规范化、信息化，健全会员档案，做好会员登记和会员证发放工作，积极推进会员实名制管理，通过举行职工入会仪式等多种途径增强会员意识。会员组织关系随劳动关系流动，完善"源头入会、凭证接转、属地管理"机制，畅通会员组织关系接转渠道。

二、明确基层工会组织的主要任务

（一）教育引导职工

学习贯彻习近平新时代中国特色社会主义思想，培育和践行社会主义核心价值观，提高职工的道德素养，激发职工奋发向上、崇德向善的正能量。大力弘扬劳模精神、劳动精神、工匠精神和工人阶级伟大品格，深入开展"中国梦·劳动美"主题教育，倡导辛勤劳动、诚实劳动、科学劳动。加强职工思想政治工作，注重对职工的人文关怀、心理疏导和情绪引导，突出做好农民工、青年职工和知识分子等职工群体的思想工作。加强职工文化建设，广泛开展职工文化体育活动，丰富职工精神文化生活。加强普法宣传教育，提高职工法律意识。

（二）推动改革发展

引导职工群众拥护支持改革、参与推动改革，夯实全面深化改革的群众基础。深入开展多种形式的劳动和技能竞赛活动，深化合理化建议、技术攻关、技术革新、发明创造等群众性技术创新活动。加强班组建设，广泛开展"工人先锋号"创建活动。深入实施职工素质建设工程，加大职工职业技能培训力度，建立健全技术工人培养、评价、使用、激励机制，培养造就知识型、技术型、创新型的高素质职工队伍。

（三）履行维权服务职责

认真履行维护职工合法权益、竭诚服务职工群众的基本职责，坚持以职工为本，主动依法科学维权。紧紧围绕职工最关心最直接最现实的利益问题、最困难最操心最忧虑的实际问题，以一线职工、农民工、新就业形态劳动者、困难职工等为重点群体，以劳动就业、技能培训、收入分配、社会保障、安全卫生等为重点领域，切实维护好广大职工的各项合法权益。坚持维权与维稳相统一，引导职工依法理性表达利益诉求，维护职工队伍和社会和谐稳定。

坚持全心全意为职工群众服务的宗旨，以服务增强工会组织的吸引力和凝聚力，以服务增强职工群众对工会组织的归属感和认同感。积极为职工办实事、做好事、解难事。加快构建服务职工工作体系，按照"会、站、家"一体化的思路，把组建工会、创办职工帮扶服务中心、建设职工之家统一起来，着力打造基层服务型工会。大力推行会员普惠制，加大投入、创新方式、完善机制，使全体会员都能享受到工会组织提供的实实在在的服务。探索向职工服务类社会组织购买服务，推进项目制、订单式、社会化服务方式。

（四）协调劳动关系

建立健全科学有效的利益协调机制、诉求表达机制、矛盾调处机制、权益保障机制，推动形成规范有序、公正合理、互利共赢、和谐稳定的社会主义新型劳动关系。引导企业开展创建和谐劳动关系活动，依法推动企业普遍开展工资集体协商，促进基础扎实、条件成熟的行业建立集体协商制度。建立健全以职代会为基本形式的企事业单位民主管理制度、厂务公开制度和职工董事职工监事制度。加强劳动争议特别是集体劳动争议调处工作。深入开展"安康杯"竞赛活动，改善劳动安全卫生条件，保障职工群众生命安全和健康权益。

第三节　基层工会的建立及组织体制、机构设置

一、基层工会组织的建立

《工会法》第十一条规定："用人单位有会员二十五人以上的，应当建立基层工会委员会；不足二十五人的，可以单独建立基层工会委员会，也可以由两个以上单位的会员联合建立基层工会委员会，也可以选举组织员一人，组织会员开展活动。女职工人数较多的，可以建立工会女职工委员会，在同级工会领导下开展工作；女职工人数较少的，可以在工会委员会中设女职工委员。"《中国工会章程》第二十五条规定："企业、事业单位、机关、社会组织等基层单位，应当依法建立工会组织。社区和行政村可以建立工会组织。从实际出发，建立区域性、行业性工会联合会，推进新经济组织、新社会组织工会组织建设。有会员二十五人以上的，应当成立基层工会委员会；不足二十五人的，可以单独建立基层工会委员会，也可以由两个以上单位的会员联合建立基层工会委员会，也可以选举组织员或者工会主席一人，主持基层工会工作。基层工会委员会有女会员十人以上的建立女职工委员会，不足十人的设女职工委员。"

建立基层工会组织一般要经过以下步骤。

（一）成立筹备组，提出建会申请，发展会员

凡是已经建立党组织的基层单位由党组织提出工会筹备组的组成人选，报上一级工会批准。没有建立党组织的单位，由职工选出自己的代表，向上一级工会提出建会申请，或由上一级工会与相关单位和职工共同协商，成立工会筹备组，由工会筹备组提出建会申请。上级工会接到基层单位申请组建工会请示后，一般应在十日内以正式文件下达同意筹备工会的批复。工会筹备组经上一级工会审查批准后，即可开展工会组织的筹建

工作，依此代行好基层工会委员会的职责。一是做好宣传发动工作。筹备工作组应广泛深入地向职工宣传工会的性质、地位、任务、作用以及会员的条件、权利和义务，使职工了解工会是职工利益的代表者和维护者，组建工会是职工的法定权利。二是发展工会会员。在发展工会会员时，对从未加入过工会组织的职工，要宣传动员他们加入工会，填写《中华全国总工会入会申请书》和《工会会员登记表》，经工会筹备组审查符合工会会员资格者，在正式成立工会后，统一发给《中华全国总工会会员证》；对原已加入工会的职工、下岗再就业的会员，应进行会员关系接转或重新登记入会。三是建立工会小组。按生产工作的行政建制如班组，设立工会小组。在小组内由会员民主选举工会小组长。四是建立分工会。行政建制职工人数多的单位如车间（科室），可在工会小组之上设立分工会。

（二）召开会员大会或者会员代表大会，民主选举工会委员会、经费审查委员会

会员100人以下的基层工会，应召开会员大会。会员100人以上的基层工会组织，应召开会员大会或会员代表大会。基层工会委员会和经费审查委员会由会员大会或者会员代表大会民主选举产生。工会委员会和经费审查委员会委员的候选人，由工会小组或车间（科室）工会提名，经同级党组织和上级工会同意；未建立同级党组织的，经征得上一级工会同意后确定。工会委员会委员经无记名投票方式差额选举产生，差额比例不低于5%。经费审查委员会委员可以实行等额选举。分工会一般要召开全体会员大会，选举产生分工会主席。

（三）选举工会主席、副主席，经费审查委员会主任、副主任

基层工会主席、副主席，经费审查委员会主任、副主任候选人，应由同级党组织和上级工会在充分听取会员意见的基础上协商提名。企业行政负责人、合伙人及其近亲属不得作为本企业工会委员会成员的人选。企业行政负责人（含行政副职）、合伙人及其近亲属，人力资源部门负责人，外籍职工不得作为本企业工会主席候选人。工会主席、副主席可以由会员大会或者会员代表大会直接选举产生，也可以由工会委员会选举产生。工会经费审查委员会主任、副主任由经费审查委员会选举产生。

(四）向上一级工会报告选举结果

按照《工会法》和《中国工会章程》《工会基层组织选举工作条例》《企业工会主席产生办法（试行）》的规定，国有资产管理委员会监督管理的企业，其工会会员大会或者会员代表大会选举出的企业工会委员会委员、常务委员会委员、主席、副主席，按干部管理权限，报同级党组织和上一级工会审批；非公有制企业，其工会会员大会或者会员代表大会选举出的企业工会委员会委员、常务委员会委员、主席、副主席，报上一级工会审批。上一级工会和党组织应在15日内给予批复。

（五）依法办理工会法人资格登记

基层工会委员会建立以后，具备以下条件：依照《工会法》和《中国工会章程》的规定成立；有自己的名称、组织机构和住所；工会经费来源有保障，应及时办理工会法人资格登记或变更工会法人登记，依法维护工会在民事活动中的法人地位。基层工会取得工会法人资格不以所在单位是否具有法人资格为条件。

以上是基层工会组建的一般程序。为推动非公有制企业工会组建工作，最大限度地把职工组织起来，非公有制企业工会可以结合实际，适当简化工会组建程序，但是必须坚持两条原则：一是组建工会必须报上一级工会批准的原则；二是工会委员会、经费审查委员会及主席、副主席和经审会主任、副主任必须民主选举产生，选举结果须报上一级工会批复的原则。只有坚持上述原则，基层工会组织才具有合法性，才享有基层工会的权利和义务，才能维护工会组织的团结统一。

二、基层工会的组织体制及机构设置

基层工会的组织体制及机构设置，在纵向上，一般根据基层单位行政管理层次和组织结构的情况确定；在横向上，一般根据工会的社会职能和工会的业务工作来确定。通常，基层工会应设立以下组织及机构。

（一）基层工会委员会

基层工会委员会由所在单位会员或者会员代表大会选举产生，每届任期三年或者五年。根据《中国工会章程》第二十八条规定，工会基层委员会的基本任务如下。(1) 执行会员大会或者会员代表大会的决议和上级工会的决定，主持基层工会的日常工作。(2) 代表和组织职工依照法律规定，通过职工代表大会、厂务公开和其他形式，参与本单位民主选举、民主协商、民主决策、民主管理和民主监督，保障职工知情权、参与权、表达权和监督权，在公司制企业落实职工董事、职工监事制度。企业、事业单位工会委员会是职工代表大会工作机构，负责职工代表大会的日常工作，检查、督促职工代表大会决议的执行。(3) 参与协调劳动关系和调解劳动争议，与企业、事业单位、社会组织行政方面建立协商制度，协商解决涉及职工切身利益问题。帮助和指导职工与企业、事业单位、社会组织行政方面签订和履行劳动合同，代表职工与企业、事业单位、社会组织行政方面签订集体合同或者其他专项协议，并监督执行。(4) 组织职工开展劳动和技能竞赛、合理化建议、技能培训、技术革新和技术协作等活动，培育工匠、高技能人才，总结推广先进经验。做好劳动模范和先进生产（工作）者的评选、表彰、培养和管理服务工作。(5) 加强对职工的政治引领和思想教育，开展法治宣传教育，重视人文关怀和心理疏导，鼓励支持职工学习文化科学技术和管理知识，开展健康的文化体育活动。推进企业文化职工文化建设，办好工会文化、教育、体育事业。(6) 监督有关法律、法规的贯彻执行。协助和督促行政方面做好工资、安全生产、职业病防治和社会保险等方面的工作，推动落实职工福利待遇。办好职工集体福利事业，改善职工生活，对困难职工开展帮扶。依法参与生产安全事故和职业病危害事故的调查处理。(7) 维护女职工的特殊利益，同歧视、虐待、摧残、迫害女职工的现象作斗争。(8) 搞好工会组织建设，健全民主制度和民主生活。建立和发展工会积极分子队伍。做好会员的发展、接收、教育和会籍管理工作。加强职工之家建设。(9) 收好、管好、用好工会经费，管理好工会资产和工会的企业、事业。

(二) 基层工会委员会的专门工作委员会

工会委员会可根据工作需要设立相关工作机构或专门工作委员会、工作小组。工会专门工作委员会、工作小组是基层工会组织体制中的重要组成部分。其主要任务是：研究和落实本级工会委员会的工作，组织开展工会专项业务活动，处理有关建议、提案，检查、督促和协助行政有关方面贯彻工会委员会的有关决议，完成工会委员会交办的其他事项。各工作委员会的组成人选，由工会委员会推选或选聘工会积极分子组成，设主任一人，必要时可设副主任一人。专门工作委员会主任，通常由分管此工作的工会委员兼任。工会专门工作委员会的具体设置由基层工会根据工作任务的实际情况自行确定。

（三）工会分会

《中国工会章程》规定："基层工会委员会根据工作需要，可以在分厂、车间（科室）建立分厂、车间（科室）工会委员会。分厂、车间（科室）工会委员会由分厂、车间（科室）会员大会或者会员代表大会选举产生，任期和基层工会委员会相同。"由此可见，基层工会组织中的工会分会是处于基层工会与工会小组之间的一级工会组织，是沟通工会与职工群众联系的重要环节，担负着贯彻执行基层工会委员会决议的重要责任。基层工会可以根据工作需要，按企事业单位经营管理机构的设置、职工人数的多少和分布情况，建立分厂、车间（科室）工会委员会，即分厂、车间（科室）工会分会。

（四）工会小组

《中国工会章程》第三十条中规定，基层工会委员会和分厂、车间（科室）委员会，可以根据需要设若干专门委员会或者专门小组。按照生产（行政）班组建立工会小组，民主选举工会小组长，积极开展工会小组活动。工会小组是工会最小的单位，是工会密切联系群众的关键环节，工会工作任务的落实，最终要通过工会小组和工会会员来实现。因此，工会小组是基层工会开展各项活动的基础。工会小组的主要工作任务有以下几点：（1）开展全组会员的思想交流和谈心活动，了解会员的意愿和要求，反映群众的呼声；（2）组织职工积极参加企业民主管理活动，选好职工代表，向职工代表大会提出提案，贯彻落实职工代表大会决议，发挥小组民主管理的作用；（3）组织小组生活互助互济活动，帮助家庭困难职工解决困难；（4）组织小组职工参加政治、文化、技术学习，参加基层工会组织的文艺、体育等各项活动；（5）开展建设职工小家活动。

第四节　基层工会的组织制度和组织领导

一、基层工会的组织制度

（一）定期召开会员大会或会员代表大会制度

会员代表大会是基层工会的最高领导机构。《工会法》第十七条规定："基层工会委员会定期召开会员大会或者会员代表大会，讨论决定工会工作的重大问题。经基层工会委员会或者三分之一以上的工会会员提议，可以临时召开会员大会或者会员代表大会。"《中国工会章程》第二十六条中规定："基层工会会员大会或者会员代表大会，每年至少召开一次。经基层工会委员会或者三分之一以上的工会会员提议，可以临时召开会员大会或者会员代表大会。工会会员在一百人以下的基层工会应当召开会员大会。"为完善基层工会会员代表大会制度，推进基层工会民主化、规范化、法治化建设，增强基层工会政治性、先进性、群众性，激发基层工会活力，发挥基层工会作用，2019年1月15日中华全国总工会发布了《基层工会会员代表大会条例》，对会员代表大会的组成和职权、会员代表的条件及职责、会员代表大会的召开等作了明确规定。

1.召开会员代表大会的人数规定

《基层工会会员代表大会条例》第三条规定："会员不足100人的基层工会组织，应召开会员大会；会员100人以上的基层工会组织，应召开会员大会或会员代表大会。"

2.会员大会或会员代表大会的任期

会员代表大会实行届期制，每届任期三年或五年，具体任期由会员代表大会决定。会员代表大会任期届满，应按期换届。遇有特殊情况，经上一级工会批准，可以提前或延期换届，延期时间一般不超过半年。会员代表大会每年至少召开一次，经基层工会委员会、三分之一以上的会员或三分之一以上的会员代表提议，可以临时召开会员代表大会。

3.会员代表大会的代表

《基层工会会员代表大会条例》第十三条规定："会员代表应由会员民主选举产生，不得指定会员代表。劳务派遣工会员民主权利的行使，如用人单位工会与用工单位工会有约定的，依照约定执行；如没有约定或约定不明确的，在劳务派遣工会员会籍所在工会行使。"

（1）会员代表的条件

根据全国总工会颁发的《基层工会会员代表大会条例》的规定，会员代表应具备以下条件：

①工会会员，遵守工会章程，按期缴纳会费；

②拥护党的领导，有较强的政治觉悟；

③在生产、工作中起骨干作用，有议事能力；

④热爱工会工作，密切联系职工群众，热心为职工群众说话办事；

⑤在职工群众中有一定的威信，受到职工群众信赖。

在实践中，各基层单位结合本单位的实际情况，经过协商，还可以提出会员代表应当具备的其他条件。

（2）会员代表的名额

根据全国总工会颁发的《基层工会会员代表大会条例》的规定，会员代表名额，按会员人数确定：会员100至200人的，设代表30至40人；会员201至1000人的，设代表40至60人；会员1001至5000人的，设代表60至90人；会员5001至10000人的，设代表90至130人；会员10001至50000人的，设代表130至180人；会员50001人以上的，设代表180至240人。

（3）会员代表的组成

基层工会会员代表大会会员代表的组成应以一线职工为主，体现广泛性和代表性。中层正职以上管理人员和领导人员一般不得超过会员代表总数的20%。女职工、青年职工、劳动模范（先进工作者）等会员代表应占一定比例。

4.选举会员代表的程序

选举会员代表的程序一般包括以下方面。

（1）代表名额的分配。由工会筹备组按照代表比例和会员构成情况，讨论确定各工会小组（车间、班组、科室）代表名额的数量。初步确定代表名额分配方案后，应当及时同各工会小组（车间、班组、科室）沟通，并向同级党组织和上一级工会组织汇报。

（2）候选人提出。工会筹备组下达各工会小组会员代表名额数量后，由各工会小组长组织会员，按照代表条件讨论提出候选人名单；候选人名单应当报工会筹备组进行平衡。

（3）民主选举。会员代表的选举，一般以下一级工会或工会小组为选举单位进行，两个以上会员人数较少的下一级工会或工会小组可作为一个选举单位。会员代表由选举单位会员大会选举产生。规模较大、管理层级较多的单位，会员代表可由下一级会员代表大会选举产生。选举单位按照基层工会确定的代表候选人名额和条件，组织会员讨论提出会员代表候选人，召开有三分之二以上会员或会员代表参加的大会，采取无记名投票方式差额选举产生会员代表，差额率不低于15%。会员代表候选人，获得选举单位全体会员过半数赞成票时，方能当选；由下一级会员代表大会选举时，其代表候选人获得应到会代表人数过半数赞成票时，方能当选。

（4）审查公布。各工会小组（车间、班组、科室）选举产生会员代表后，应当呈报基层工会委员会或工会筹备组，由基层工会委员会或工会筹备组，对会员代表人数及人员结构进行审核，并对会员代表进行资格审查。审查的内容包括：会员代表酝酿提名、选举产生的程序和方法是否符合规定；会员代表是否符合规定的条件。如发现不符合规定的，应当让原工会小组（车间、班组、科室）重新选举。符合条件的会员代表人数少于原定代表人数的，可以把剩余的名额再分配，进行补选，也可以在符合规定人数情况下减少代表名额。审查合格后，各工会小组应当张榜公布会员代表名单。

（5）会员代表的任期。

会员代表实行常任制，任期与会员代表大会届期一致，会员代表可以连选连任。

（6）会员代表的职责。

根据全国总工会颁发的《基层工会会员代表大会条例》的规定，会员代表的职责如下。

①带头执行党的路线、方针、政策，自觉遵守国家法律法规和本单位的规章制度，努力完成生产、工作任务。

②在广泛听取会员意见和建议的基础上，向会员代表大会提出提案。

③参加会员代表大会，听取基层工会委员会和经费审查委员会的工作报告，讨论和审议代表大会的各项议题，提出审议意见和建议。

④对基层工会委员会及代表大会各专门委员会（小组）的工作进行评议，提出批评、建议；对基层工会主席、副主席进行民主评议和民主测评，提出奖惩和任免建议。

⑤保持与选举单位会员群众的密切联系，热心为会员说话办事，积极为做好工会各项工作献计献策。

⑥积极宣传贯彻会员代表大会的决议精神，对工会委员会落实会员代表大会决议情况进行监督检查，团结和带动会员群众完成会员代表大会提出的各项任务。

（7）会员代表团（组）。

选举单位可单独或联合组成代表团（组），推选团（组）长。团（组）长根据会员代表大会议程，组织会员代表参加大会各项活动；在会员代表大会闭会期间，按照基层工会的安排，组织会员代表开展日常工作。

基层工会讨论决定重要事项，可事先召开代表团（组）长会议征求意见，也可根据需要，邀请代表团（组）长列席会议。

（8）会员代表身份自然终止和罢免。

①会员代表身份自然终止。

有下列情形之一的，会员代表身份自然终止：

A. 在任期内工作岗位跨选举单位变动的；

B. 与用人单位解除、终止劳动（工作）关系的；

C. 停薪留职、长期病事假、内退、外派超过一年，不能履行会员代表职责的。

②会员代表的罢免。

会员代表对选举单位会员负责，接受选举单位会员的监督。根据全国总工会颁发的《基层工会会员代表大会条例》的规定，会员代表有下列情形之一的，可以罢免：

A. 不履行会员代表职责的；

B. 严重违反劳动纪律或单位规章制度，对单位利益造成严重损害的；

C. 被依法追究刑事责任的；

D. 其他需要罢免的情形。

选举单位工会或三分之一以上会员或会员代表有权提出罢免会员代表。会员或会员代表联名提出罢免的，选举单位工会应及时召开会员代表大会进行表决。

罢免会员代表，应经过选举单位全体会员过半数通过；由会员代表大会选举产生的代表，应经过会员代表大会应到会代表的过半数通过。

（9）会员代表的补选。

会员代表出现缺额，原选举单位应及时补选。缺额超过会员代表总数四分之一时，应在三个月内进行补选。补选会员代表应依照选举会员代表的程序，进行差额选举，差额率应按照《基层工会会员代表大会条例》第十六条的规定执行。补选的会员代表应报基层工会委员会进行资格审查。

5.会员代表大会的职权

根据全国总工会颁发的《基层工会会员代表大会条例》的规定，会员代表大会的职权如下：

（1）审议和批准基层工会委员会的工作报告；

（2）审议和批准基层工会委员会经费收支预算决算情况报告、经费审查委员会工作报告；

（3）开展会员评家，评议基层工会开展工作、建设职工之家情况，评议基层工会主席、副主席履行职责情况；

（4）选举和补选基层工会委员会和经费审查委员会组成人员；

（5）选举和补选出席上一级工会代表大会的代表；

（6）罢免其所选举的代表、基层工会委员会组成人员；

（7）讨论决定基层工会其他重大事项。

（二）基层工会委员会选举制度

根据《中国工会章程》第二十七条规定，基层工会委员会的委员，应当在会员或者会员代表充分酝酿协商的基础上选举产生；主席、副主席，可以由会员大会或者会员代表大会直接选举产生，也可以由基层工会委员会选举产生。大型企业、事业单位的工会委员会，根据工作需要，经上级工会委员会批准，可以设立常务委员会。基层工会委员会、常务委员会和主席、副主席以及经费审查委员会的选举结果，报上一级工会批准。

1.基层工会组织选举应坚持的原则

基层工会组织选举工作是一项政治性、政策性很强的工作，关系到工会干部队伍建设和工运事业的发展。《工会基层组织选举工作条例》第五条规定："选举工作应坚持党的领导，坚持民主集中制，遵循依法规范、公开公正的原则，尊重和保障会员的民主权利，体现选举人的意志。"

2.基层工会组织选举在同级党组织和上一级工会领导下进行

《工会基层组织选举工作条例》第六条规定："选举工作在同级党组织和上一级工会领导下进行。未建立党组织的在上一级工会领导下进行。"

3.基层工会委员会委员名额

根据《工会基层组织选举工作条例》第八条规定，基层工会委员会委员名额，按会员人数确定：

不足25人，设委员3至5人，也可以设主席或组织员1人；

25人至200人，设委员3至7人；

201人至1000人，设委员7至15人；

1001人至5000人，设委员15至21人；

5001人至10000人，设委员21至29人；

10001人至50000人，设委员29至37人；

50001人以上，设委员37至45人。

4.基层工会常务委员会的设立

《工会基层组织选举工作条例》第九条规定:"大型企事业单位基层工会委员会,经上一级工会批准,可以设常务委员会,常务委员会由9至11人组成。"

5.基层工会组织候选人的提出

(1) 基层工会组织候选人应具备的条件

《工会基层组织选举工作条例》第十条规定:"基层工会委员会的委员、常务委员会委员和主席、副主席的选举均应设候选人。候选人应信念坚定、为民服务、勤政务实、敢于担当、清正廉洁,热爱工会工作,受到职工信赖。"这是对基层工会委员会委员、常务委员会委员和主席、副主席候选人条件的总体要求。

(2) 基层工会委员会委员、常务委员会委员和工会主席、副主席的限制性条件

《工会法》第十条规定:"各级工会委员会由会员大会或者会员代表大会民主选举产生。企业主要负责人的近亲属不得作为本企业基层工会委员会成员的人选。"《工会基层组织选举工作条例》第十一条规定:"单位行政主要负责人、法定代表人、合伙人以及他们的近亲属不得作为本单位工会委员会委员、常务委员会委员和主席、副主席候选人。"这是对基层工会委员会委员、常务委员会委员和工会主席、副主席的限制性条件的规定,明确了哪些人不能作为基层工会委员会委员、常务委员会委员和主席、副主席的候选人。

(3) 基层工会委员会委员候选人的产生

《工会基层组织选举工作条例》第十二条规定:"基层工会委员会的委员候选人,应经会员充分酝酿讨论,一般以工会分会或工会小组为单位推荐。由上届工会委员会或工会筹备组根据多数工会分会或工会小组的意见,提出候选人建议名单,报经同级党组织和上一级工会审查同意后,提交会员大会或会员代表大会表决通过。"

(4) 基层工会委员会的常务委员会委员、主席、副主席候选人的产生

《工会基层组织选举工作条例》第十三条规定:"基层工会委员会的常

务委员会委员、主席、副主席候选人,可以由上届工会委员会或工会筹备组根据多数工会分会或工会小组的意见提出建议名单,报经同级党组织和上一级工会审查同意后提出;也可以由同级党组织与上一级工会协商提出建议名单,经工会分会或工会小组酝酿讨论后,由上届工会委员会或工会筹备组根据多数工会分会或工会小组的意见,报经同级党组织和上一级工会审查同意后提出。根据工作需要,经上一级工会与基层工会和同级党组织协商同意,上一级工会可以向基层工会推荐本单位以外人员作为工会主席、副主席候选人。"

6.基层工会选举的实施

(1)基层工会组织实施选举前的准备工作

《工会基层组织选举工作条例》第十五条规定:"基层工会组织实施选举前应向同级党组织和上一级工会报告,制定选举工作方案和选举办法。"这里的"报告",指的是报告选举准备工作情况。主要包括以下几个方面。

①作出选举工作决定。在基层工会任期届满或新成立工会之前,基层工会或者工会筹备组应按照有关规定,就召开会员大会或者会员代表大会换届选举或新成立工会一事作出决定。

②向同级党组织和上一级工会请示。基层工会或工会筹备组作出选举决定后,要向同级党组织和上一级工会报送《关于召开工会会员(代表)大会的请示》。

③上一级工会予以批复。同级党组织和上一级工会在收到《关于召开工会会员(代表)大会的请示》以后,要及时研究,上一级工会应作出书面批复。

④做好大会筹备工作。基层工会要根据会议规模大小等实际情况,认真制定工作方案,做好相关筹备工作。

⑤制订代表名额分配方案和工会委员会委员、经费审查委员会委员及女职工委员会委员候选人名额分配方案。

⑥部署代表选举工作和委员候选人推荐工作。基层工会可通过下发通知、召开会议等形式,作出具体部署,提出工作要求。

⑦提出大会各类人员名单。在代表选举和委员候选人推荐工作完成

后，要提出大会主席团建议名单，大会秘书长、副秘书长建议名单，代表团分组名单，代表团团长、副团长建议名单，大会选举监票人建议名单等。整理出工会委员会委员、经费审查委员会委员及女职工委员会委员候选人推荐名单。

⑧准备大会文件材料。包括大会工作报告、财务工作报告、经费审查委员会工作报告、大会议程（草案）、大会主持词、大会选举办法（草案）、选票等。

⑨向同级党组织和上一级工会汇报大会筹备情况。

（2）召开会员大会或者会员代表大会选举

《工会基层组织选举工作条例》第十六条明确规定："会员不足100人的基层工会组织，应召开会员大会进行选举；会员100人以上的基层工会组织，应召开会员大会或会员代表大会进行选举。"

《工会基层组织选举工作条例》第十七条规定："参加选举的人数为应到会人数的三分之二以上时，方可进行选举。"

（3）基层工会主席、副主席的选举

《工会基层组织选举工作条例》第三条规定："基层工会委员会由会员大会或会员代表大会选举产生。工会委员会的主席、副主席，可以由会员大会或会员代表大会直接选举产生，也可以由工会委员会选举产生。"第十八条规定："基层工会主席、副主席可以等额选举产生，也可以差额选举产生。主席、副主席应从新当选的工会委员会委员中产生，设立常务委员会的应从新当选的常务委员会委员中产生。"根据上述规定，基层工会主席、副主席的选举，应理解、把握以下问题。

①由基层工会委员会选举产生主席、副主席

由基层工会委员会选举产生主席、副主席，也叫间接选举，是当前大多数基层工会采取的选举方式。与直接选举相比，这种选举方式更稳妥，但选举的民主化程度不如直接选举。间接选举的程序主要分两步：第一步，召开会员大会或者会员代表大会，采取差额选举办法，依法选举产生基层工会委员会委员；第二步，在基层工会委员会召开的第一次全体委员会议上，由工会委员会委员选举产生主席、副主席。

②由会员大会或者会员代表大会直接选举产生主席、副主席

《工会基层组织选举工作条例》第十九条规定:"基层工会主席、副主席由会员大会或会员代表大会直接选举产生的,一般在经营管理正常、劳动关系和谐、职工队伍稳定的中小企事业单位进行。"

(4) 选举大会的主持

《工会基层组织选举工作条例》第二十条规定:"召开会员大会进行选举时,由上届工会委员会或工会筹备组主持;不设委员会的基层工会组织进行选举时,由上届工会主席或组织员主持。召开会员代表大会进行选举时,可以由大会主席团主持,也可以由上届工会委员会或工会筹备组主持。大会主席团成员由上届工会委员会或工会筹备组根据各代表团(组)的意见,提出建议名单,提交代表大会预备会议表决通过。召开基层工会委员会第一次全体会议选举常务委员会委员、主席、副主席时,由上届工会委员会或工会筹备组或大会主席团推荐一名新当选的工会委员会委员主持。"

(5) 选举前候选人情况的介绍

《工会基层组织选举工作条例》第二十一条规定:"选举前,上届工会委员会或工会筹备组或大会主席团应将候选人的名单、简历及有关情况向选举人介绍。"通过候选人情况的介绍,可以使选举人了解候选人,更好地进行比较、选择,好中选优,选出职工群众满意的工会委员会组成人员。

(6) 监票人与计票人

①监票人

《工会基层组织选举工作条例》第二十二条规定:"选举设监票人,负责对选举全过程进行监督。召开会员大会或会员代表大会选举时,监票人由全体会员或会员代表、各代表团(组)从不是候选人的会员或会员代表中推选,经会员大会或会员代表大会表决通过。召开工会委员会第一次全体会议选举时,监票人从不是常务委员会委员、主席、副主席候选人的委员中推选,经全体委员会议表决通过。"

②计票人

计票工作人员一般由大会秘书处指定。计票工作人员在监票人监督下

进行工作。

(7) 选举投票

①投票方式

根据《工会基层组织选举工作条例》第二十三条中规定，选举采用无记名投票方式。所谓无记名投票，是指在选票上不签署自己姓名的一种投票方式。

②不得委托他人代为投票

《工会基层组织选举工作条例》第二十三条中规定："不能出席会议的选举人，不得委托他人代为投票。"

③选票上候选人的名单排序

《工会基层组织选举工作条例》第二十三条规定："选票上候选人的名单按姓氏笔画为序排列。"

④选票制作和画写选票

选票制作：印制选票应使用质量较好的纸张。采取工会委员会、经费审查委员会同步选举时，应分别印制选票，并用不同辨色予以区别。

选票上应包括以下项目和内容：选票名称、候选人姓名、画写选票空格、另选他人及画写选票空格、画写选票说明等。建议在每一张选票上加盖工会公章或代章。

选票上候选人的名单按姓氏笔画为序排列。

画写选票：《工会基层组织选举工作条例》第二十四条规定："选举人可以投赞成票或不赞成票，也可以投弃权票。投不赞成票者可以另选他人。"

⑤投票顺序

监票人、计票人首先投票，然后主席台的会员代表投票，最后其他会员代表按规定顺序、线路、票箱进行投票。

⑥流动票箱

《工会基层组织选举工作条例》第二十五条规定："会员或会员代表在选举期间，如不能离开生产、工作岗位，在监票人的监督下，可以在选举单位设立的流动票箱投票。"

(8) 选举有效性的确认

确认选举是否有效,是基层工会选举的一个关键环节。要严格按照《工会基层组织选举工作条例》的相关规定作出认定。具体从以下几方面来判断:

①候选人应当符合任职条件;

②选举前履行了有关规定程序;

③参加选举的人数符合规定;

④选举收回的票数是否等于或少于发出的选票;

⑤检查选举中有无违反《中国工会章程》和有关选举规定的行为。

(9) 被选举人当选的规定

《工会基层组织选举工作条例》第二十七条规定:"被选举人获得应到会人数的过半数赞成票时,始得当选。获得过半数赞成票的被选举人人数超过应选名额时,得赞成票多的当选。如遇赞成票数相等不能确定当选人时,应就票数相等的被选举人再次投票,得赞成票多的当选。当选人数少于应选名额时,对不足的名额可以另行选举。如果接近应选名额且符合第八条规定,也可以由大会征得多数会员或会员代表的同意减少名额,不再进行选举。"

(10) 选举结果报批

《工会基层组织选举工作条例》第二十九条规定:"基层工会委员会、常务委员会和主席、副主席的选举结果,报上一级工会批准。上一级工会自接到报告15日内应予批复。违反规定程序选举的,上一级工会不得批准,应重新选举。"会员大会或者会员代表大会选举结束后,如果工会主席、副主席或常务委员会委员是由工会委员会选举产生的,应当立即召开新一届工会委员会会议,完成各项选举任务后,将选举结果报上一级工会批准。

(三) 民主决策制度

在基层企事业单位,从基层工会委员会到下属各分会和工会小组,涉及工会工作有关重大问题,都应经过集体讨论民主决策,使工会工作的各项决策和工作布置,符合广大会员群众的意愿和要求,并切合本单位工会工作实际。工会工作的各项决策只有建立在民主和倾听会员群众意见的基础上，工会的实际工作才能取得成效并得到会员群众的支持。基层工会委员会议事决策机构的组成人员，除工会主席、副主席和有关业务工作委员会负责人之外，应尽可能多地吸收基层工会分会（如车间、科室）负责人参加。同样，基层各分会议事决策机构，应尽可能吸收下属各分工会和工会小组负责人参加。在议事决策过程中，充分酝酿和听取各方面意见，工会主席或有关负责人最后将各种意见和看法加以集中。议事决策遵循的原则是少数服从多数。决策一经确定必须执行，个人应服从组织。

（四）监督评议制度

基层工会委员会各级干部和工会工作者，应自觉接受广大会员的监督。通过基层工会会员代表大会或会员大会，将工会各个时期确定的工作计划和工作意向向会员交底，征求广大会员意见，采纳其中好的建议。工会主席、副主席和各业务工作委员会负责人，应定期向会员大会或会员代表大会进行述职报告，介绍有关工作开展情况，包括工会经费使用情况，发现和整改工作中存在的不足。对于不称职的工会干部，会员有权提议给予罢免。

会员民主评议制度主要包括两个方面，一是对工会工作情况的定期评议，二是在前项评议的基础上对个人进行评议。对工作的评议，主要是检查工作的落实情况，发扬成绩，总结经验，克服不足。对个人的评议，主要是检查个人对待工作的态度和本职工作的完成情况，表彰奖励先进，批评帮助后进。工会系统内的评议工作应经常化，并以群众评议为基础。评议工作要取得成效，必须同工会各项工作的考核指标紧密结合，这样才能使评议工作对工会工作产生实际推动作用。

（五）会务公开制度

会务公开是指工会内部事务的内容、程序、结果等向广大会员群众公布。建立健全会务公开制度，定期向会员公开基层工会工作情况和工会内部事务，是实行工会民主，保证会员知情、参与、监督权利的重要内容。

会务公开的主要内容应包括工会组织工作情况，工会财务和资产管理工作情况，工会帮扶工作情况，以及其他涉及会员群众切身利益的事项。

每年的会员大会或者会员代表大会，工会委员会要进行工作报告、经费收支情况报告，经费审查委员会进行工作报告。会员大会或者会员代表大会闭会期间，基层工会组织可通过工会主席报告会、工会工作情况（专项事务）报告会、会务公开栏、网站、刊物等形式，畅通工会信息上下互通渠道。同时，开展工会内部事务问询和会员定期评议等活动，实现工会与广大会员群众的沟通互动。

二、基层工会的组织领导

（一）加强统筹谋划

各级工会要站在全局和战略的高度，把加强基层工会建设列入重要议事日程，制定工作规划和具体实施办法，加强统筹协调。省级和地市级工会主要抓好基层工会建设的总体规划、资源统筹、宏观指导和督促检查，为推进基层工会建设提供理论、法律、政策和信息等方面服务。县级工会要制定具体实施意见，加强具体指导，集中时间、组织专人推动落实，帮助基层工会解决遇到的困难和问题。乡镇（街道）、开发区（工业园区）工会要加强自身建设，抓好村（社区）、企业工会建设，发挥承上启下的重要作用。产业（行业）工会要立足产业（行业）特点，认真研究产业发展趋势、产业政策、行业劳动安全卫生和行业劳动标准，加强县以下行业工会联合会建设，搭建基层工会建设的载体平台，组织开展富有产业（行业）特色的工会活动。

（二）落实领导责任

逐级建立加强基层工会建设工作领导小组，明确各级工会主要领导为第一责任人，形成主要领导亲自抓、分管领导具体抓、职能部门共同抓、一级抓一级、层层抓落实的工作格局。推动建立上级工会对下级工会开展基层工会建设考核评价制度，每年至少召开一次考核评议会。建立健全基层工会建设目标管理、定期研究、工作通报等制度，加强督查指导，及时研究解决问题。

（三）强化宣传引导

精心培育打造基层工会建设的先进典型，充分发挥示范辐射和带动作用。加强舆论宣传，运用现场会、观摩会、学习交流会和各种宣传阵地，及时宣传推广基层工会建设的成功经验和做法，形成推进基层工会建设的良好氛围。充分利用网站、微博、微信、QQ群等现代传媒手段，不断增强宣传实效，扩大工会工作影响力。

(四) 改进工作作风

群众路线是工会的生命线和根本工作路线。坚持群众路线是做好工会各项工作的制胜法宝。在新时代，工会组织要积极践行党的群众路线，加强与职工群众的联系，真正把职工群众摆在心中最高位置，坚持以职工群众为中心的工作导向，健全完善改进作风、联系基层、服务职工的长效机制。坚持群众化、民主化，破除机关化、行政化，坚持工作重心下沉、资源配置下沉和组织力量下沉，为基层工会开展工作创造良好条件。各级工会干部特别是领导干部要走出高楼大院，更多到基层工会和职工群众中去，帮助他们排忧解难。要顺应时代要求，适应社会变化，善于创造科学有效的工作方法，让职工群众真正感到工会是职工之家，工会干部是最可信赖的"娘家人"。

第五节　加强基层工会建设的方法措施

一、坚持分类指导

坚持从实际出发，在认真履行基本职责的基础上，针对不同性质、不同工作基础、不同组织形式的基层工会，提出不同的工作要求。国有企业工会要围绕生产经营搞好服务，保障职工参与管理和监督的民主权利，组织职工为企业改革发展献力献策。非公有制企业工会要围绕构建互利双赢的劳动关系，代表和维护职工合法权益，促进企业持续协调发展。机关工会要围绕机关中心工作，开展群众性精神文明创建活动，不断丰富职工精神文化生活。事业单位工会要围绕深化分类改革、促进事业发展，做好职工思想政治工作，不断提升公益服务水平。区域（行业）基层工会联合会要有效指导所属单位工会开展工作，推动区域（行业）性维权和服务机制建设。

二、完善工作格局

健全完善党委领导、政府支持、工会运作、职工参与、社会协同的工作格局。深化党建带动工建、工建服务党建、党工共建机制，推动基层工会建设纳入党建工作规划和考核体系。健全完善各级地方工会、产业工会与政府联席（系）会议制度、劳动关系三方协商机制，逐步向乡镇（街道）、开发区（工业园区）延伸。积极参与和促进人大立法，配合各级人大、政协开展执法检查、专题视察。推动建立企业经营者履行社会责任激励引导机制，争取相关部门在推荐协商企业界党代表、人大代表、政协委员、工商联会员及评选劳动模范、五一劳动奖章、各类先进企业时将企业经营者支持工会工作、履行社会责任作为必要条件，并征求同级工会意见。加强与国资委、人社部门、工商联、企业协会等单位协作，选树典型，调动企业经营者积极性，为开展工会工作创造良好的外部环境。

三、强化激励机制

关心爱护基层工会干部，按照有关规定全面落实保障待遇，让他们在政治上有关心、经济上有保障、职业上有发展，增强基层工会干部的积极性及职业荣誉感。积极推动落实基层工会主席享受同级党政副职待遇。大力表彰基层工会建设中涌现出的先进集体和先进个人，事迹特别突出的分别授予五一劳动奖状、五一劳动奖章。有条件的地方可以由上级工会向基层兼职工会干部发放补贴。健全完善工会主席合法权益保护机制，用好用活工会干部权益保障金。基层工会主席劳动合同变更、解除或终止前应向上级工会报告和备案。

四、畅通联系渠道

健全完善基层工会向同级党组织和上级工会报告工作制度。建立健全劳动关系预警、预判、预报和紧急处置机制，发生集体劳动争议时，基层工会主席应第一时间深入职工了解情况并向上级工会报告。在基层工会难以履行维权职责时，上级工会要加强指导帮助或"上代下"维权。积极推进工会联系点制度建设，探索建立各级工会代表大会代表联系职工群众制度。建立健全基层工会与行政沟通协商制度。

五、深化建家活动

职工之家建设是加强基层工会建设的本质要求和综合载体。要以职工之家建设为引领，以会员是否满意为基本标准，建立健全基层工会建设综合考核评价体系。围绕实践"两个信赖"，深入开展"深化建家达标创优"活动，探索建立各层级模范职工之家创建、申报、考核、表彰、复查等制度，提升职工之家品牌影响力。坚持依靠会员办工会，深化"工会组织亮牌子、工会主席亮身份"活动，推进会员评家、会务公开以及会员代表常任制等工作，落实会员的知情权、参与权、选举权和监督权。探索推进联合职工之家、网上职工之家建设。基层单位及其党政负责人拟推荐申报工会系统评选表彰的各层级五一劳动奖状、五一劳动奖章等荣誉称号的，其工会组织应荣获相应层级的模范职工之家称号。

六、加大经费保障

积极推动税务部门全额代征工会经费，保证基层工会经费足额到位。上级工会按照权随责走、费随事转原则，通过转移支付、项目化管理等方式，把工会经费向基层工会倾斜。在基层工会自愿基础上，探索实行财务集中管理、分户核算的"上代下"会计核算模式。各地工会要扩大工会经费来源渠道，积极承接政府转移职能和项目，争取政府财政补助、活动经费或专项经费，强化基层工会经费保障。

基层工会组织要认真贯彻落实中央关于勤俭节约的有关规定和全国总工会《基层工会经费收支管理办法》规定。发扬艰苦奋斗、勤俭节约的优良传统，切实加强工会经费收支管理，坚决制止奢侈浪费，合理有效地使用资金。要坚持工会经费为工会工作和职工群众服务的方向，确保工会经费取之于职工用之于职工，把更多工会经费用在职工身上，为职工群众办实事、做好事、解难事，让工会经费真正惠及职工群众和工会会员。

思考题

1. 加强基层工会建设的重要意义是什么？
2. 加强基层工会建设的"六有"标准是什么？
3. 加强基层工会组织建设的主要内容是什么？
4. 加强基层工会组织建设的主要任务有哪些？
5. 建立基层工会的基本程序是什么？
6. 工会基层委员会的基本任务是什么？
7. 基层工会会员代表大会代表的条件、名额、组成、任期是如何规定的？
8. 简述基层工会委员会选举制度。
9. 加强基层工会建设的方法措施有哪些？

案例1

河南省内乡县总工会提升基层工会规范化建设水平

2023年8月25日　来源：中工网

按照工会组织建起来、转起来、活起来、强起来的工作目标，河南省南阳市内乡县总工会不断推进基层工会规范化建设，目前已培育命名省、市级基层工会规范化建设示范点20余个，提升了企业建立工会、职工加入工会的内在原动力。

今年以来，内乡县总工会把推进基层工会规范化建设作为"县级工会加强年"的重要抓手,制订了基层工会规范化建设实施方案,对乡镇(街道)、系统和重点企业工会干部就工会规范化建设进行专题培训,围绕"扩面、提质、增效"总体要求,常态化开展规模以上工业企业建会动态清零行动,并全面开展新就业形态群体建会入会集中行动,突出货车司机、网约车司机、快递员、外卖配送员群体,力争25人以上企业应建尽建,有效扩大了工会组织的影响力,提高了职工入会率。与此同时,本着"组建一家、完善一家、规范一家"的思路,使新建工会有组织机构、有办公场所、有活动载体、有专用公章、有制度机制,夯实基层工会基础,提升基层工会规范化建设水平。

在此基础上,该县总工会强化先进典型示范引领作用,实行县总工会领导班子、机关工作人员分包联系服务基层工会制度,坚持指标定量、工作定责,督促指导乡镇(街道)、系统、重点企业创建一批硬件完善、软件规范、成效显著的基层工会组织,重点选树了寅兴实业、东福陶艺、复兴学校等8个单位的工会组织进行典型培育,树立标杆,以点带面,逐步覆盖,并顺应"互联网+"发展形势,健全完善工会数据库,累计采集录入会员信息9万余条,保证基层工会规范化建设走深走实。截至目前,内乡县总工会已新组建各类工会组织43家、发展新业态劳动者会员4678人,新打造基层工会示范点13个。(河南工人日报记者 陈微娴 通讯员 马彦虎)

案例2

天津西青区总工会:织密"三张网" 精准服务新就业形态劳动者

2023年9月25日 来源:中工网

日前,记者从天津市西青区总工会获悉,西青区总工会围绕"区级工会加强年"专项工作要求,找准新就业形态劳动者权益保障发力点,精准施策,织密"三张网",不断提升新就业形态劳动者幸福感。

在织密"组织网",推动新就业形态劳动者建会入会工作方面,西青区总工会创新边摸排、边组建、边宣传、边服务的"立体组建法",实行"先入后建",推动新就业形态劳动者建会入会工作落到实处。截至目前,全区新业态单位新建会达 31 家，共吸纳新就业形态劳动者会员 29659 人。

同时，在织密"法治网"，维护新就业形态劳动者合法权益方面。西青区总工会积极推动货车司机、家政、外卖等新业态行业建立健全集体协商制度。区总工会着眼新就业形态劳动者最关心的劳动报酬、休息休假、保险福利等关系切身合法权益的事项，完善新就业形态劳动者权益保障工作机制，为企业和新就业形态劳动者搭建理性有序的沟通交流平台，先后推动签订货车司机集体协议，有效保障合法权益。区总工会还开展"尊法守法 携手筑梦"服务，先后到物流园区、美团外卖站点等地向货车司机、外卖骑手等群体开展普法宣传活动。同时，建立法治体检服务分队，组织专业律师深入 10 家企业为其提供劳动用工"法治体检"服务，为企业评估在劳动合同、劳动报酬、社会保险、工作时间、劳动安全卫生等方面的法律风险，完善用工制度。

此外，在织密"服务网"，做好新就业形态劳动者关心关爱服务方面，西青区总工会结合新就业形态劳动者服务季活动，开展送思想文化、送健康平安、送关爱温暖、送法律服务、送岗位技能等"五送"活动，提供多重服务保障。认真落实新就业形态劳动者优待政策，各级工会结合职工重病关爱、大病救助、冬送温暖、夏送凉爽等重点工作，开辟绿色通道，为他们提供便捷服务，增强工会组织吸引力。区总工会还依托"工会户外劳动者服务站流动点"，深入到辛口传化物流货车司机、滴滴出行网约车司机等新就业形态劳动者身旁，为他们送去帽子、手套、口罩等用品，把温暖真正送到新就业形态劳动者的心坎里。（天津工人报记者 孙祎）

第五章

深入开展职工经济技术工作

　　深入开展职工经济技术工作，发挥工会在职工经济技术工作中的作用，是新时代工会工作的深化和发展，对充分调动职工积极性、主动性、创造性，提高职工队伍科学文化和技术技能素质，增强企业技术创新能力、市场竞争能力和抵御风险能力，推动企业高质量发展具有重要的现实意义。

第一节 职工经济技术工作概述

职工经济技术工作，是指工会组织围绕完成企业生产任务、推动科技进步和促进国家经济建设而开展的一系列活动。职工经济技术工作是工会工作的重要组成部分，也是各基层工会工作的主要任务，它直接体现了以经济建设为中心和全心全意依靠工人阶级根本指导方针的要求，是充分发挥职工群众主人翁积极性和创造力的有效载体，也是工会组织在党和国家工作大局中发挥优势、体现作为的重要职能和手段。

一、新时代深入开展职工经济技术工作的重要意义

（一）有利于推进全面建成社会主义现代化强国

工会开展群众性经济技术工作，对于调动广大职工的积极性、主动性、创造性，推动企事业生产和经营管理水平的不断提升，促进科技进步和全社会经济效益的不断提高，推进全面建成社会主义现代化强国，全面推进中华民族伟大复兴具有独特优势和巨大潜力。通过技术革新和技术创新活动，增强自主创新能力，推动科技进步和创新型国家的建设。

（二）有利于工会更好地履行建设职能

工会的建设职能是工会组织的一项重要社会职能。工会履行建设职能，就是要围绕经济建设，在职工中广泛开展劳动和技能竞赛、合理化建议、技术革新、技术协作、发明创造和评选表彰先进等一系列活动，目的在于激发广大职工的积极性，提高经济效益，为推动经济社会高质量发展贡献力量。

（三）促进社会主义精神文明建设

工会经济技术工作通过评比选树劳动模范、先进工作者、大国工匠和各类技术标兵、创新人才等活动，为社会各界树立学习的榜样，发挥先进

模范作用。并且进一步弘扬工人阶级伟大品格、劳模精神、劳动精神和工匠精神,践行社会主义核心价值观,培养广大职工树立集体主义、爱国主义和良好的职业道德,引导广大职工树立立足本职、扎实工作、争创一流的精神风貌。

(四) 提升职工队伍素质

劳动者素质的全面提升已成为影响国家综合国力与竞争力的决定性因素,人力资源的质量成为影响经济社会发展的战略性资源。因此,工会经济技术工作的广泛开展,能够为职工素质的全面提升提供有效载体,有利于引导、激励和培养更多的知识型、技术型、创新型劳动者,从而造就一批适应技术进步要求和现代化建设需要的高素质职工队伍,使人口优势转化为人才优势。

二、职工经济技术工作的特点

(一) 职工经济技术工作的自主性

这是开展职工经济技术活动的基本要求,体现了工会自主开展工作的特色。广大职工以主人翁态度参加企业生产经营,为提高企业经济效益,充分发挥主观能动性。

(二) 职工经济技术工作的群众性

职工经济技术活动以广大职工自觉参加为前提,因而,其主体是广大职工。它的目的在于充分调动广大职工群众的积极性、主动性和创造性,充分发挥广大职工群众的聪明才智,充分体现了"以人为本"的思想理念。

(三) 职工经济技术工作的多样性

职工经济技术活动的内容和形式是多种多样的,它涉及企业生产经营和管理的各个方面。它既可以解决实际问题,又可以克服潜在不足。

(四) 职工经济技术工作的针对性

职工经济技术活动具有极强的针对性。它表现为一系列的规则、要求和标准。它不同于宣传教育和理论灌输,而是从实际出发,以具体的对象、项目和操作程式为前提并达到一定的可检查可考核的结果。

（五）经济技术活动的效益性

职工经济技术活动必须有实际意义，产生的效果必须有价值，尤其是要通过数量、质量、成本标准、质量检验等具体标准来体现，对企业生产经营必须产生效益。

三、职工经济技术工作的任务

（一）为全面深化改革、实现稳中求进作贡献

为全面深化改革、实现稳中求进作贡献，是工会经济技术工作的首要任务。工会组织要围绕全面建成社会主义现代化强国、实现中华民族伟大复兴中国梦，在广大职工中大力弘扬劳模精神、劳动精神、工匠精神，培育和践行社会主义核心价值观，凝聚改革共识，积聚正能量，广泛开展多种形式的建功立业活动，促进各项生产建设任务特别是国家和地方重点工程建设任务的完成，积极引导职工在落实国家发展战略中贡献智慧和力量。在全面深化改革、推动经济社会高质量发展中展现职工经济技术工作新作为。

（二）大力提升职工素质，发挥职工潜能，激发职工创造活力

素质是立身之基，技能是立业之本。党中央历来重视职工队伍素质的提高，2020年11月24日，习近平总书记在全国劳动模范和先进工作者表彰大会上的重要讲话中强调："劳动者素质对一个国家、一个民族发展至关重要。"工会要充分发挥"大学校"作用，把提高职工队伍整体素质作为一项战略任务。《新时期产业工人队伍建设改革方案》提出"构建产业工人技能形成体系"，着力提升产业工人的技能素质。

工会组织要充分利用其自身的优势，通过深入开展职工经济技术工作，广泛开展岗位练兵、技术比武、技术培训等活动，大力培养以高技能专业人才和高素质创新人才为代表的知识型、技能型、创新型职工，推动"人口红利"转换为"人才红利"，为立足新发展阶段、贯彻新发展理念、构建新发展格局，推动高质量发展提供人才保证。

（三）在增强自主创新能力中发挥作用

在党的二十大报告中明确指出，"坚持创新在我国现代化建设全局中

的核心地位"。创新是引领发展的第一动力,是建设现代化经济体系的战略支撑。各级工会将引导广大职工树立创新发展理念,立足现场、岗位、班组开展技术创新、服务创新和管理创新。不断增强职工创新意识和创新能力,形成基础广泛、人才集聚、成果丰富的群众性创新网络,融入企业研发链条和国家创新体系。继续引导鼓励职工广泛开展各式各样的职工技术创新活动,深化劳模创新工作室、创新示范岗创建工作。要围绕增强自主创新能力,大力开展合理化建议、技术革新、技术攻关、技术协作、发明创造活动,充分尊重和发挥广大职工在提升企业自主创新能力,推动创新发展中的主力军作用,激励广大职工为建设创新型企业和创新型国家贡献智慧和力量。

(四) 评选表彰先进,弘扬劳模精神和中国工人阶级伟大品格

在辛勤劳动中涌现的劳动模范是国家的栋梁、民族的精英、人民的楷模,在埋头苦干中淬炼集中体现的劳模精神,是民族精神和时代精神,是激励我们艰苦奋斗、再创辉煌的强大动力。工会组织要认真做好劳动模范和工人先锋号的选树工作,支持劳模发挥骨干带头作用,帮助劳模解决生产生活中的问题,广泛宣传劳模先进事迹,努力形成向劳模学习、向劳模看齐的社会氛围和价值导向,凝聚起越来越多真抓实干的正能量。

(五) 参与经济和科技政策及法规的研究制定

工会代表和组织职工群众参与国家和社会事务的管理,是法律赋予工会的一项重要权利,也是工会组织承担的源头维护职工合法权益的重要义务。工会组织要通过对社会经济生活中涉及和影响职工利益的经济政策问题进行调查研究,参与地方政府经济科技法规、政策和发展规划的研究制定,提高工会参政议政能力,为党委和政府决策提供依据。

第二节　职工经济技术工作的内容

一、劳动和技能竞赛

劳动和技能竞赛是法律赋予工会的重要职责，是工会组织职工参与经济建设的重要途径，也是职工经济技术工作的核心内容。通过开展群众性劳动和技能竞赛，把大培训、大练兵、大比武和名师带徒、先进操作法推广结合起来，全力推进职工知识化进程，使广大职工的技术水平和综合素质稳步提升，企事业的核心竞争力得到快速增强，群众性劳动和技能竞赛已成为企事业工会工作的亮点和品牌。《中国工运事业和工会工作"十四五"发展规划》提出，围绕国家重大战略、重大工程、重大项目、重点产业，广泛深入持久开展"建功'十四五'、奋进新征程"主题劳动和技能竞赛。

（一）劳动和技能竞赛的功能

劳动和技能竞赛具有多种功能，但主要有三大功能。

创造功能。劳动和技能竞赛不是一般劳动，而是创造性劳动。劳动和技能竞赛的创造性本质在实践中得以体现：创造新纪录、创造新的工作方法、创造新的生产工具、创造新的生产技术、创造新的产品。创造功能以职工的创造性和首创精神为特征。

激励功能。促进职工间比、学、赶、超的激励作用，有效的激励措施是搞好劳动和技能竞赛的最基本保证，也是竞赛的重要环节。在制订每一项竞赛方案时，要将竞赛奖励方式或奖励标准纳入其中，有效激发企事业和职工群众参与竞赛的积极性。

教育功能。劳动和技能竞赛能让职工更好地体现自身价值，提高自身素质，寻求自身发展。随着企事业不断发展，对专业技术人员需求越来大。企事业需要提高职工的整体素质，建立一支高素质、高技能的职工队伍。新时代的劳动和技能竞赛是培养职工学习能力，提高职工技能水平的练兵赛场，劳动者在干中学、学中练、练中比、比中创，不断增强学习能力、创新能力、竞争能力。

(二) 劳动和技能竞赛的原则

组织劳动和技能竞赛的基本原则包括宣传劳动和技能竞赛，评比竞赛结果，运用竞赛优胜的经验三个方面。在竞赛中具体表现为"互相学习、互相帮助、取长补短、共同提高"，由此决定了劳动和技能竞赛以"比、学、赶、帮、超"为主要活动方式。在改革创新新时代，劳动和技能竞赛所遵循的原则得到进一步延伸：

1.服务经济社会建设、服务企事业发展；

2.服务职工权益保障；

3.有利于广大职工参加；

4.精神鼓励和物质鼓励有机结合。

(三) 劳动和技能竞赛的内容

劳动和技能竞赛的内容是构成竞赛的一切要素的总和，劳动竞赛的内容，要符合以企业经济效益为中心的竞赛方向，结合生产特点和实际情况来确定。要力求做到目标明确，条件具体，科学合理，根据生产任务开展内容新、时间短、效果明显的竞赛活动。劳动和技能竞赛的内容一般包括竞赛目标、竞赛标准、竞赛条件等。劳动和技能竞赛内容的确定，要体现党和国家的中心任务和企业的中心要求，要以提高经济效益、提升职工素质、推动企业科技进步为重点。

(四) 劳动和技能竞赛的开展和管理工作方法

1.全方位拓展劳动和技能竞赛的领域，提高竞赛实效。不同的历史时期有不同的工作重点，不同的经济形势下有不同的经济工作主战场。要紧紧围绕全面深化改革、推进自主创新、提高经济发展质量和效益，在继续抓好重大工程、重大项目、重点产业和促进区域发展示范性劳动和技能竞赛的同时，不断提高竞赛实效，把劳动和技能竞赛打造成提升职工技能、增加职工收益、促进企业高质量发展的有效载体。一是要向市场方面延伸。劳动和技能竞赛要从过去单纯地把眼光盯在产量、数量、速度等纵向领域的竞赛，发展拓宽到经营销售、技术、设计、质量、市场、管理、服务等多层次的横向环节。现在是市场经济，企业要走向市场，企业的生产经营必须围绕市场转，劳动和技能竞赛也必须跟进市场，瞄准市场变化来开展，为市场竞争服务。二是要向技术创新方面延伸。劳动和技能竞赛是一项创造性的劳动，因此必须把"创造"作为竞赛的主题，形成以创造为核心的创先、创优、创新的竞赛内容，"三创"反映了时代的需要，代表了竞赛发展的方向，必将使竞赛在新的经济条件下焕发新的活力。随着市场经济深入发展，科技产生的作用在企业越来越大，因此技术创新、技术进步对企业参与市场竞争显得尤为重要。所以必须从战略的高度，把竞赛的重点放在技术创新、技术改造上，以主动进取的姿态迎接挑战，参与竞争。三是要向精神文明建设方面延伸。把竞赛与文明创建有机结合起来，延伸到工会工作、文明职工、标兵班组、双文明单位、文明新风家庭创建等各个方面。在职工中普及大气污染防治等科学知识，倡导"光盘行动""绿色出行"等文明、节约、绿色的消费方式和生活习惯，广泛开展小革新、小发明、小改造、小设计、小建议等"五小"竞赛活动，真正做到纵横交错，丰富多彩。

2.灵活劳动和技能竞赛的方法与形式。在竞赛的方法上，要从求实效的角度，根据需要，长短结合、大小结合、动静结合、纵横结合，灵活运用，一定要遵循"企业需要、职工欢迎"的原则，争取不断出新、出奇。一方面可在企业中营造良好的竞赛环境；另一方面还可以满足职工在竞赛中求新、求知、求乐的心理需求，将无味、单调的劳动转变成愉悦的活动。要随着经济结构和产品结构的调整，以科学性为保证，实现劳动和技能竞赛转轨变型。

劳动和技能竞赛的形式也是多种多样的，要将竞赛形式由单一型、速度型向效益型、质量型转变。深入开展调研，把企业生产经营中的重点、难点作为抓手，针对企业在经营、管理、技术、服务等各方面存在的问题，组织职工开展不同内容的劳动和技能竞赛。在竞赛形式上要实现多层次、多类型、多渠道，理论和业务结合，业务发展与经济效益相结合，趣味性和科学性相结合的竞赛形式。竞赛要辐射管理层、技术层和生产层，形成全方位的竞赛格局。

3.创新竞赛的体制与机制。一是建立组织领导体制。要建立有党、政、工共同参加的劳动和技能竞赛委员会或领导小组，逐步形成有各职能部门支持、合作的竞赛组织领导体制。二是建立约束管理机制。这套机制应包括竞赛目标管理制度、组织竞赛的工作制度、竞赛统计核算制度、竞赛检查考证制度、考评奖励制度等。建立上述各项制度的目的在于使劳动和技能竞赛逐步实现制度化、规范化、科学化，进而使劳动和技能竞赛活动更具有群众性和感召力。三是建立公平竞争机制。竞赛的最终目标是通过竞赛增强企业的市场竞争能力，同时增强职工个人的竞争能力，从这个意义上讲，竞赛并不排斥竞争。在竞赛中要体现公平竞争，关键在于体现公正、公开的原则，即竞赛的评比条件要公正、竞赛成绩要公开，这样才能激发员工的进取心，将竞赛活动开展起来。四是建立奖励激励机制。要坚持"精神奖励与物质奖励并重"的原则，对于突出贡献的职工要予以重奖，对职工的技术成果，具备条件的应帮助职工申请专利，保护其知识产权。对在竞赛中涌现出的先进集体和先进人物通过多种形式予以表彰和宣传，进一步激发职工参与竞赛的积极性、主动性。

4.劳动和技能竞赛要紧扣时代脉搏。劳动和技能竞赛是一种激励机制，是调动广大职工群众积极性、促进经济建设发展的最直接手段，是充分动员和吸引广大职工为社会主义经济建设发挥自己智慧和创造力的重要形式。在全面深化改革的新形势下，劳动和技能竞赛工作如果不改革创新，就会落后于形势、落后于时代。只有与时俱进、开拓创新，不断赋予老活动新内涵，"老树才能发新枝"，劳动和技能竞赛才能在新时代焕发出更加蓬勃的生机，使竞赛更符合时代的特点。

二、合理化建议活动

（一）合理化建议活动的意义

合理化建议活动，是指工会组织职工就有关改进和完善企业生产、技术、经营和管理等方面提出改进意见、相关解决措施或办法的活动。职工合理化建议活动也称"点子工程"，它是职工民主管理的一项重要内容，是企业运用集体智慧、群策群力促进企业发展的重要手段，是全心全意依靠广大职工办企业的有效途径，是尊重职工群众首创精神的体现。

（二）合理化建议活动的作用

1.合理化建议活动是提高职工群众主人翁责任感的有效形式。通过开展合理化建议活动，可以使职工群众关心国家大事，关心企业兴衰，勇于创新和发扬集体主义和无私奉献的精神。

2.合理化建议活动是推动企业技术进步和管理进步，增强企业生机和活力的重要措施。它对于新产品的开发和研制、引进技术的消化和吸收、科技成果的推广和应用，先进管理方法和手段的学习和运用，都将产生重要的作用。

3.合理化建议活动是开掘职工智力资源，提高职工素质的重要途径。它可以把蕴藏在职工中的智慧和创造力迸发出来，从而提高职工素质，为群众开展技术革新和发明创造活动创造条件。

（三）合理化建议的内容

合理化建议的内容主要涉及生产技术和经营管理方面。

技术方面合理化建议的一般内容：一是工业产品质量和工程质量的提高、产品结构的革新、改进，生物品种的改良和发展；二是工具、设备仪器、装置的革新、改进；三是生产工艺、操作方法等技术的进步；四是节约能源，更有效地利用和节约能源、原材料，以及利用自然条件；五是科技成果的推广；六是安全技术、劳动保护、环境保护等的方法的革新改进。

管理方面合理化建议的一般内容：一是在管理理论、管理技术上有创见，对提高生产经营管理、科学技术水平、提高经济效益和社会效益有指导和促进作用；二是在管理组织、制度、机构等方面提出改革办法和改进方案，对提高工作效率和应变能力或服务能力有显著效果；三是应用国内外现代化管理手段和技术，取得经济效益和社会效益。

（四）开展合理化建议活动的主要方法和途径

在开展合理化建议活动时，要采取多层次、多渠道、多角度、全方位及大中小型相结合、集中分散相结合、上下相结合的方法和途径，并不断注入新的内容和形式，使职工有新鲜感，从而增强了合理化建议活动的活力。

1.做好合理化建议的征集工作。通过宣传动员，广泛发动职工参与，有职工的广泛参与，才能形成规模和水平。在建议征集过程中，注意建议的客观性、准确性、实用性和解决问题的可行性及绩效性。

2.对合理化建议进行高质量的归纳、整理和概括。职工的合理化建议是从不同角度、不同层面并结合着自己的理解而提出的，观点和认识不尽相同。要分出类别，列出专题，形成主题鲜明、条理清晰、简洁明了、逻辑性强，并具有前瞻性、可行性、效益性和可操作性的合理化建议综合材料，从而保证了合理化建议的质量和实效性。

3.建立起有效的利益导向机制，保障合理化建议工作的生机活力。合理化建议这项工作作用的发挥，需要有效的利益导向机制做保障，这样才能长期调动职工提合理化建议的积极性，使其自觉自愿地参与到这项工作中来，保证合理化建议工作能够充满生机并持久健康发展。一是通过物质奖励对职工参与合理化建议活动的行为给予积极肯定，激发职工广泛参与这项活动的热情；二是定期组织合理化建议表彰活动，让职工通过参与这项活动得到精神上的满足；三是对职工参与合理化建议活动的情况进行备案和存档，通过这项活动让职工感觉到合理化建议活动是企业为职工搭建的一个展现自己能力、经验与知识水平的平台，通过这个平台可以实现企业与职工的共同发展，达到职工与企业的双赢。

三、劳动模范工作

劳动模范是指在社会主义建设事业中成绩卓著的劳动者，经过民主评选，有关部门审核和政府审批后被授予的荣誉称号。劳动模范分为全国劳动模范与省、部委级劳动模范，有些市、县和大企业也评选劳动模范。劳模工作是工会工作的重要组成部分，是工会围绕中心，服务大局，运用先进模范人物的榜样作用，动员和激励广大职工群众为推动经济和社会发展作贡献的重要职责。做好劳模工作，大力弘扬劳模精神对进一步激发广大劳动群众的工作热情和创造活力，在全面建成社会主义现代化强国、全面推进中华民族伟大复兴中发挥工人阶级主力军作用具有重要意义。

《工会法》第三十三条规定："根据政府委托，工会与有关部门共同做好劳动模范和先进生产（工作）者的评选、表彰、培养和管理工作。"

（一）劳模工作的主要内容

1. 劳模称号的设置和授予工作

企业评选先进劳模人物，一般结合企业实际，设置并授予先进生产者、先进工作者等荣誉称号。

2. 劳动模范的评选

（1）评选劳动模范的基本条件。坚定的政治立场和信念，热爱祖国，拥护中国共产党的领导，坚持党的基本路线，在思想上政治上和行动上同以习近平同志为核心的党中央保持一致，在本职工作岗位上勇于开拓创新，为经济建设和社会发展作出突出贡献，并具有广泛的群众基础。劳模评选工作应坚持面向基层，面向经济建设第一线，并以普通工人、农民工和知识分子为主。

（2）劳模评选的基本程序。劳模人选应通过所在基层单位推荐，经本单位职工大会或职工代表大会讨论同意并经主管部门审查。劳模评选应在广泛听取群众意见的基础上，经过必要的民主程序，做到公开、公正、优中选优，确保评选质量。劳模人选产生后，还应面向群众和社会进行公示。

3. 对劳模的表彰和宣传工作

在社会主义市场经济条件下，对劳模的奖励应体现精神鼓励和物质奖励并重。同时，应在社会范围大力宣传劳模精神和时代风采，使劳模的奉献精神和为国家或企业作出的突出贡献得到社会的承认和尊重，使劳模成为人们学习的榜样和楷模。

4.对劳模的培养和教育

通过对劳动模范进行政治、思想、科学文化知识教育和技术技能的培训等，不断提高劳模的自身素质，加强劳模队伍建设，更好地发挥劳模的先锋模范作用。

5.劳动模范的日常管理工作

（1）建立劳模管理机构。

（2）坚持分级负责、分级管理的原则。

（3）实现劳模动态化管理。完善劳模信息管理系统，搭建工会与劳模、劳模之间互动的交流平台，进一步拓展劳模管理服务功能。

（4）关心劳模的工作、学习和生活。维护劳模的正当权益，尤其应关心那些困难劳模的工作和生活，及时解决劳模遇到的各种困难和问题。

（二）新时期劳模工作的重点

1.切实关心劳模生活，落实劳模待遇；

2.进一步探索和完善劳模管理工作机制；

3.建立健全劳模培养、继续教育的激励机制；

4.举办"劳模大讲堂"，邀请劳动模范宣讲事迹，让通过劳动创造美好生活成为全体劳动者的共同追求；

5.推动各地开展"劳模示范岗"创建活动，激励广大劳模进一步发挥示范引领作用，为劳模施展才干搭建平台；

6.大力弘扬"爱岗敬业、争创一流、艰苦奋斗、勇于创新、淡泊名利、甘于奉献"的劳模精神，营造劳动光荣、知识崇高、人才宝贵、创造伟大的社会氛围。

（三）深化劳模和工匠人才创新工作室创建工作

劳模和工匠人才创新工作室是由较强技术能力、业务能力、创新能力和管理能力的劳模、工匠人才领衔，以技术创新、管理创新、服务创新和制度创新为主要内容，以解决工作现场难题、推动所在单位创新发展为目标的群众性创新活动团体。劳模和工匠人才创新工作室是深入开展群众性技术创新活动的有效载体。全国总工会《关于进一步深化劳模和工匠人才创新工作室创建工作的意见》提出，要使创新工作室真正成为发挥劳模和工匠人才作用、传承劳模精神、劳动精神、工匠精神的"新平台"；解决生产技术难题的"攻关站"；推动企业技术创新的"孵化器"；培养高技能人才的"练兵场"。

各级工会要采取以下措施，扎实推进创新工作室创建工作。

1.加强对创建工作的指导。引导国有企业创新工作室加强制度建设、制定工作标准、规范运转程序，促进持续健康发展；提高非公企业对创建创新工作室重要性的认识，指导其深入挖掘本企业劳模和工匠人才的创新创造潜能，加快创新工作室的建立和推广；鼓励机关事业单位创建符合单位实际的创新工作室，进一步拓宽创建领域。

2.鼓励企业积极开展创建工作。鼓励企业将创建工作纳入企业创新工作总体规划，从场地保障、人员配备、资金投入、设备设施、活动时间等方面给予大力支持。引导企业探索建立跨区域、跨行业、跨企业的创新工作室联盟。

3.增强创新工作室的创新能力。技术攻关型创新工作室要紧贴企业生产实际，开展群众性技术攻关、技术革新和发明创造活动，破解技术难题，推动企业技术进步。技能传授型创新工作室要为劳模和工匠人才传授绝技绝活提供条件，达到"传帮带"效果的最大化，培养和造就一大批高技能人才。窗口服务型创新工作室要在适应客户需求、改进服务流程、拓展服务手段上大胆创新，不断提高服务质量和水平。

4.搭建创新成果转化平台。建立健全创新工作室创新成果网上展示系统，组建专家咨询委员会和专业技术委员会，举办技术推广、经验交流等活动，促进创新项目孵化和成果转化。

5.加大对创新工作室领衔人的培养力度。积极搭建各种有效平台，定期或不定期地开展有针对性的培训活动，拓展不同企业、行业创新工作室的交流合作，鼓励职业相关、技术相近、技能相通的工作室领衔人互学互鉴。

四、职工技术协作活动

(一) 开展职工技术协作活动的基本要求

1.贴近企业,贴近生产技术发展的最前沿,通过组织形式、工作内容、运作方式、活动范围等方面的不断创新,赋予职工技协新的生命力;

2.职工技协作为职工经济技术工作的重要组成部分,应充分彰显工会在推进我国经济技术方面的群众化优势,坚持为基层服务,坚持技协以职工为主体的方向,坚持发挥职工群众技术的强大优势。

(二) 职工技协活动的主要内容

1.广泛开展合理化建议、岗位练兵、技术比赛、发明创造、技术攻关、技术革新、技术改造、技术挖潜、技术推广、技术协作等活动,通过活动,解决企业生产中的技术难题;

2.交流先进经验,开展企业之间,企业和高校及科研单位之间的技术交流和技术合作活动,把先进的技改经验进行推广;

3.开展技术培训、职业技能培训、职工技能成果评比等活动,有计划、有步骤、有目的地提高职工队伍的技术水平;

4.开展有偿技术服务,使新技术、新工艺、新操作方法扩大到更广泛的生产领域中去;

5.按照"有偿不唯偿,有偿补无偿,奉献多提倡"的原则,开展技术咨询、技术服务等活动,支持那些技术较薄弱的企业、行业和地区;

6.维护会员的知识产权等合法权益;

7.在技协组织的协调下,集中相关技术力量支持那些技术较薄弱的企业、行业和地区。

(三) 职工技术协作活动的作用

1.提升企业核心竞争力。通过技术革新、技术改造、技术协作等活动,增强企业的技术开发能力和市场竞争力,帮助企业攻克技术难关,提高产品质量,提高经济效益,促进企业高质量发展。

2.提高职工技术素质。广泛开展职工技术比武、技术交流、技能比赛等活动。研究探索技能比赛的新形式，推动形成技能培训、技能竞赛、技能鉴定"三位一体"的职工技能提升机制。为技术工人广泛切磋交流技艺、不断提高技能水平创造条件、搭建平台，激发广大职工学技术、练技能、增本领的热情。提高职工的技术水平和业务技能，增强职工队伍的创造能力和开发能力。

3.交流先进技术经验，推动企业技术进步。

(四) 新时代职工技协工作的重点

1.开展群众性技术创新活动，增强职工自主创新能力；

2.大力提高职工技术素质，利用工会院校、培训机构和网站，面向技术工人开展网络技术教育和培训，采取灵活多样的方式，确保培训工作取得实效，造就一支高技能人才队伍；

3.积极参与技术市场建设，促进科技成果转化；

4.发挥技协优势，为促进区域协调发展作贡献；

5.拓宽活动领域，从公有制企业向非公有制企业发展，从传统产业向新兴产业延伸；

6.加强组织建设和发挥社团功能，提高为会员服务的能力；

7.发挥企业主体作用，加快培养生产一线急需的适用型技能人才。

五、大力培育和弘扬工匠精神

(一) 工匠精神的科学内涵

工匠精神是一种职业精神。它是职业道德、职业能力、职业品质的体现，是从业者的一种职业价值取向和行为表现。工匠精神是社会文明进步的重要尺度、是中国制造前行的精神源泉、是企业竞争发展的品牌资本、是员工个人成长的道德指引。弘扬工匠精神是实施制造强国战略的必然需要，是推动企业高质量发展的基本保障，是培育社会主义核心价值观，实现中国梦的内在要求。工匠精神的科学内涵包括：执着专注、精益求精、一丝不苟、追求卓越。

执着专注，即耐心、执着、坚持的精神，保持定力。这是思想层面的要求。

精益求精，指在既有成绩基础上仍然严格要求，是技艺、产品、质量、境界不断提升的过程。这是操守层面的要求。

一丝不苟，指做事十分认真、细致，来不得半点马虎将就。这是作风层面的要求。

追求卓越，指永不自满、永不停滞，追求极致完美的态度和行为。这是品质层面的要求。即要志存高远，敢于探索、勇于创新、力攀高峰。追求卓越是工匠精神的灵魂，是在工作中追求"更上一层楼"的过程。

工匠精神落在个人层面，就是一种认真精神、敬业精神。不仅仅把工作当作赚钱养家糊口的工具，而且树立起对职业敬畏、对工作执着、对产品负责的态度，不断追求完美和极致，打造高质量的产品，提高企业的核心竞争力。

（二）工会在培育和弘扬工匠精神中的作用

各级工会组织要从党和国家的工作大局出发，采取有效措施，展示特色和作为，充分发挥工会组织在培育和弘扬工匠精神中的积极作用。

1.大力宣传引导，为培育工匠精神营造良好氛围

在全社会形成尊重工匠、崇尚工匠精神的良好社会氛围，是培育和弘扬工匠精神的必要条件。工会组织要通过各种媒体平台，采用各种宣传形式和手段，广泛宣传工匠的事迹，宣传工匠精神的时代意义，在全社会唱响精益求精、追求卓越的工匠精神时代强音，奏响"工人伟大、劳动光荣"的时代主旋律，形成尊重工匠、崇尚工匠精神的社会氛围，为高技能人才的脱颖而出、工匠精神的培育创造优良的环境。

2.加强源头参与，为培育工匠精神提供制度保障

培育和弘扬工匠精神，需要可靠的制度保障。各级工会要认真履行参与职能，切实反映职工诉求，体现职工意愿，推动有利于培育和弘扬工匠精神的法律法规和政策的出台，从法律和政策上明确培育和弘扬工匠精神的内涵、形式、途径、办法和保障措施，推动政府部门从体制机制和政策上，建立完善专业人才、优秀技能人才尤其是工匠的培养和待遇保障制度，让更多的职工凭借一技之长，赢得尊重和地位。在制度安排上，要开

辟优秀技工的上升通道，完善技能人才的评价使用、成长成才机制，落实优秀技能人才的奖励、职称晋升制度，大力评选表彰杰出技能人才、优秀工匠，树立大国工匠先进典型。

3.强化技能培训，为培育工匠精神奠定坚实基础

拥有过硬的技术素质、高超的技能水平，是工匠的内在要求和"硬指标"。而技能培训是提高劳动者技术素质、技能水平的根本途径，也是培育工匠精神的基础和前提。各级工会组织要充分发挥"大学校"作用，切实履行教育职能，深入开展职工技能素质提升工程，通过各种途径对职工群众进行技能培训。要着力构建科学合理的技能培训体系，加大经费投入，拓展培训内容，探索创新培训方式，通过系统的、专业的、全方位的技能培训，提升广大职工的技能素质，进一步壮大技能人才队伍，打造更多的"大国工匠"。

4.切实维护权益，为培育工匠精神保驾护航

提高经济待遇，是培育工匠精神的必要条件。各级工会要认真履行维护职工合法权益、竭诚服务职工群众的基本职责，特别要把技能人才作为工会重点维护对象，实现好、维护好、发展好技能人才的合法权益，确保技能人才的就业权、休息休假权、劳动报酬权、劳动保护权、社会保险权、职业培训权等。要促进企业收入分配制度改革，积极开展工资集体协商，通过协商，使企业工资分配向一线倾斜，不断提高技术贡献率和技术要素参与分配的比重，不断提高技术工人的工资水平和福利待遇，实现技能人才体面劳动，让广大技能人才生活无忧，充分享受自己的劳动成果，充分展示自己的智慧、技艺、才华。

5.深化经济技术工作，为培育工匠精神搭建广阔舞台

实践锻炼是造就高技能人才的重要途径。群众性经济技术活动是职工参与实践、交流技能、切磋技艺、展示才智的大擂台，更是培育工匠精神的大舞台。

各级工会要紧紧围绕实施创新驱动发展战略的需要，紧扣企业生产环节、关键技术，深入组织开展群众性经济技术工作，大力开展技术革新、

技术攻关、发明创造和合理化建议活动，让职工在推动技术进步、转型升级、增强核心竞争力中提升技术层次。要以创建学习型班组、"工人先锋号"、劳模（高技能人才）创新工作室为载体，普及新知识、新工艺、新技术。要广泛组织职工开展"小发明、小创造、小革新、小攻关、小建议"等"五小"活动，广泛开展"名师带徒""结对帮带"活动，带动更多职工钻研学习技术，提高技能。要通过积极开展职业技能竞赛和岗位练兵、技术比武等活动，引导广大职工学本领、练技术、强素质。要创新劳动模范的培养评选表彰管理机制，坚持面向基层，提高技能人才在劳动模范中的比例，对于那些德艺双馨的工匠、技师要授予荣誉称号，提升其社会认可度，增强技能人才的责任心和荣誉感。

第三节　职工经济技术创新工程

一、职工经济技术创新工程的特征

（一）广泛的群众性

实施"创新工程"的"主战场"在企业，主体是广大职工。它的实施有赖于工人、科技人员、管理人员等广大职工群众的广泛自觉参与和紧密结合。最大限度地动员和组织广大职工积极参与各项经济技术创新活动，是职工"创新工程"的本质要求。

（二）强烈的时代性

21世纪是经济全球化和知识经济时代。"创新工程"正是顺应这一时代要求，瞄准技术创新这一推动生产力发展的关键环节，以增强企业科技开发能力、市场竞争能力、抵御风险能力作为主攻方向，把推动企业技术进步作为重点，在推进企业改革与发展的同时，不断提高广大职工的科学技术素质，引导职工努力成为适应时代发展需要的知识型劳动者。

（三）鲜明的创造性

"创新工程"的生机与活力在于无穷的创造力，其灵魂是相信群众、依靠群众、尊重群众的首创精神，其核心是引导好、调动好、发挥好职工群众的积极性和创造力。因此，创新是这一工程的灵魂，创先、创优、创效是这一活动的目标。

二、职工经济技术创新工程的内容

（一）在活动的目标上
以推动企业技术进步，提高企业经济效益为中心。

（二）在活动的领域上
将企业的科技和新产品的开发、经营、管理、流通、销售等方面工作紧密结合。

（三）在活动的内容上
突出管理创新、制度创新、技术创新，注重科技成果向生产力的转化。

（四）在活动的形式上
以发动广大职工参与并为职工群众所欢迎为标准。

三、群众性经济技术创新工程的组织、管理与实施

（一）组织领导

由于工会群众性经济技术创新工程领域广、项目多、职工参与踊跃，因此加强对此项工作的组织领导是保证活动扎实开展的前提条件。组织领导架构可在地方、产业和基层企事业三个层面分别设置，其基本职责是：(1) 制订中长期发展规划和年度计划，并协调各方力量组织实施；(2) 总结交流和推广开展群众性经济技术创新工程的先进经验与做法；(3) 运用宣传媒体展示先进典型和成果，扩大创新工程的社会影响力；(4) 通过检查、考核、评优等相关制度，确保此项工作稳步推进。

(二) 项目管理

项目管理是"创新工程"得以顺利实施的重要保证，而制定科学的评估标准则是项目管理的关键所在，对于推动"创新工程"的科学化、制度化、规范化具有重要意义。评估标准的制定应着眼于"创新工程"整体水平的提升，把方案制订、目标任务、活动开展、成果绩效作为评估主要内容，把提升职工素质、推动经济技术与科技创新以及实现经济效益指标作为评估重点。评估标准的制定应遵循以下原则：（1）统一性原则，即评估标准能够广泛兼顾群众性经济技术创新活动的各类成果形式；（2）科学性原则，即评估标准能够客观、真实地反映创新成果，做到定量和定性评估相结合；（3）公平、公正的原则，即评估标准的制定、实施和考核结果应公开透明、实事求是。

(三) 保障体系

"创新工程"制度保障体系建设主要涉及两个方面：一是要求组织领导者树立现代创新理念，形成行政与工会及相关社会组织相互支持、密切配合、职工群众与专业技术人员相互结合的工作格局与良好氛围；二是健全完善保障体系各项制度建设，诸如激励制度、管理制度、创新扶持制度、职工技能培训制度、成果推广制度等。

(四) 实施平台

工会群众性经济技术创新工程实施的关键在于通过活动的开展，为职工劳动技能和综合素质的全面提升打造发展平台，具体涉及以下方面：一是深入开展创建学习型组织，引导职工争做知识型、技能型、创新型劳动者；二是整合工会内部教育培训资源，发挥工会院校和各种培训机构在技能型人才培养中的综合效应，同时保障资金投入和职工职业技能实训基地建设；三是健全职业资格和职业技能等级认证制度，不断完善技能培训考核评价体系；四是适应"创新工程"领域的逐步拓展，为使愈益广泛的职工群众踊跃参与其中，工会应能够拥有更多的资源和手段。

四、职工经济创新工程的组织工作及方法

（一）加强领导，狠抓落实

为加强对"创新工程"的领导，企业工会应与同级党政协商，组成以工会为主导的"创新工程"领导小组或办公室，切实加强领导。要制定"创新工程"规划，建立相关的工作制度，做到组织落实、责任目标落实和措施落实。

（二）着眼于新，立足于创

"创新活动"要瞄准管理和科技发展的前沿，创先进纪录、先进经验、先进指标；创优质产品、优质服务、优质工程；创新产品、新技术、新工艺。要在引进先进设备和技术中开展"创新活动"，在消化吸收中创新技术，改良设备。激励职工创新创造，承担更多的技术革新和项目攻关任务。积极探索在国家自主创新示范区和高新技术产业开发区等开展职工技术创新活动，促进企业增强自主创新能力，推动区域创新体系建设。

（三）重视发挥人才、信息和网络的优势

要充分发挥劳动模范、技术能手、能工巧匠、技协会员在实施"创新工程"中的骨干作用。利用工会的组织网络优势，开展信息交流，推广先进工作法和先进技术。搞好"创新工程"的成果统计、技术成果评审和技术成果的转让与应用开发。

（四）开展"创建学习型组织，争做知识型职工"系列活动

把"创建学习型组织，争做知识型职工"活动作为职工经济技术创新工程的重要载体，以提高职工的学习能力、思维能力、创新能力等核心能力为主要目标，提高企业竞争力和职工队伍综合素质，鼓励职工争当"创新能手"，鼓励班组争创"创新工程示范岗"，让"创新工程"成为企业发展的强力引擎。

（五）建立和完善激励机制

要主动会同行政研究和制定"创新工程"的奖励办法，推动建立物质奖励和精神奖励相结合的激励机制。对在"创新工程"中取得优秀成果的

职工，要促使企业按其创造的效益给予一定的物质奖励，并与职工的晋级、评定职称挂钩。要保护职工的知识产权等合法权益，推动国家有关奖励条例和办法的实施。

思考题

1. 职工经济技术工作的重要意义是什么？
2. 职工经济技术工作的特点是什么？
3. 如何结合实际开展劳动和技能竞赛工作？
4. 合理化建议的内容是什么？开展合理化建议活动的方法和途径有哪些？
5. 简述劳模工作的主要内容。
6. 简述职工技术协作活动。
7. 如何理解工匠精神的科学内涵？
8. 如何实施职工经济技术创新工程？

案例1

青海省总工会开展劳动竞赛助力高质量发展

2023年8月8日　来源：工人日报客户端

青海各级工会围绕省委省政府重大决策部署，广泛深入持久开展黄河流域生态保护和高质量发展劳动竞赛、"大国重器"水电工程劳动竞赛、安全质量环保专项劳动竞赛、班组能力建设劳动竞赛，团结动员广大职工为新青海建设建功立业。

围绕黄河流域新能源重点工程项目，青海省总工会助力清洁能源产业做大做强，以纳入黄河流域生态保护和高质量发展劳动和技能竞赛的黄河羊曲水电站工程、海西州昆仑山750千伏输变电工程、海南州红旗（塘格木）750千伏输变电工程、黄河玛尔挡水电站工程等6项工程建设为主体，充分发挥劳动竞赛"比学赶帮超"正向激励作用，动员36家企业6500多名职工参与劳动竞赛，激励新能源项目建设企业和广大参建职工劳动热情。

　　作为世界级巨型水电站，白鹤滩水电站已创下多项世界之最，堪称"大国重器"。中国水利水电第四工程局有限公司工会年初确定包括白鹤滩重点工程在内的19个劳动竞赛示范项目。截至目前，19个重点工程劳动竞赛示范项目全部启动，发布简报20期，微信专题宣传11期，累计阅读量2万余人次，15个竞赛项目取得阶段性成果。今年以来，水电四局白鹤滩施工局机械大队荣获金沙江流域水电工程劳动竞赛"先进集体"，水电四局荣获"广东省海上风电项目建设劳动和技能竞赛优秀单位"荣誉称号，劳动竞赛已成为工会组织助力企业生产经营工作最直接、最有效的载体。

　　围绕排查整治生产安全隐患，积极推进安全质量环保专项劳动竞赛。青海各地工程项目以竞赛活动、隐患排查为契机，坚持做到安全意识到位、防范措施到位、自查自纠到位、整改落实到位，不留安全隐患死角，项目安全文明施工水平得到整体提升。黄河上游水电公司组织动员广大职工深入开展劳动和技能竞赛，努力扭转安全生产被动局面，为公司高质量发展提供坚强保障，参赛人数全年达9600人。西部矿业股份有限公司全年计划开展劳动竞赛30项，预计参赛职工3200人，上半年已围绕设备能源"指标提升、降低生产成本"和安全生产等开展劳动竞赛18项，参赛职工700余人。

　　围绕深化"六型"班组建设，有效推进班组能力建设劳动竞赛。青海班组能力建设劳动竞赛以安全规范、现场干净、指标优秀为竞赛目标，开展班组劳动竞赛，激发班组活力，调动了职工工作积极性和主动性，促进各班组互相学习借鉴，实现安全无隐患、卫生无死角、指标有优化。中国铝业青海分公司围绕班组管理和生产业绩指标，相继举办"优化指标、缩小差距"专项劳动竞赛、"安全、干净、高效"班组劳动竞赛、现场管理竞赛、修旧利废劳动竞赛等13项劳动竞赛，参赛职工达7000余人。青海油田公司"奋战六个月、建功新征程"主题劳动竞赛，8600多人围绕企业生产、安全环保广泛参与劳动竞赛。（工人日报-中工网记者　邢生祥）

案例 2

甘肃省工会服务劳模职工助推经济社会高质量发展

2022年9月6日　来源：中工网

甘肃省工会十二大以来，全省各级工会以建功立业、劳模引领、职工创新、劳模创新、班组创新、健康幸福等"十大行动"为载体，积极推动工会劳模管理服务、劳动和技能竞赛、劳动保护及职工技术创新工作不断发展，为全省经济社会建设发挥了积极作用。

大力弘扬"三种"精神关心关爱劳模生活

各级工会按照党委政府要求，认真做好劳模评选表彰管理服务工作，开展省五一劳动奖和省工人先锋号评选表彰活动，大力弘扬劳模精神、劳动精神和工匠精神，充分发挥"劳模之家"作用，为劳模提供优质服务。

做好劳模评选表彰工作。省总工会深入实施"劳模引领行动"，坚持每两年开展一次省五一劳动奖集中评选表彰，每年对在职工创新、劳动和技能竞赛等活动中涌现出的先进集体和个人即时授予省五一劳动奖。

各级工会积极推动本地区、行业、企业劳动模范评选表彰工作，据统计，五年来，省总工会共推荐表彰全国五一劳动奖状15个、全国五一劳动奖章54个、全国工人先锋号92个；共表彰省五一劳动奖状38个，省五一劳动奖章96个，省工人先锋号99个。同时，对在全省建功立业、素质提升、陇原工匠、健康幸福等行动中涌现出的先进集体和个人，即时授予省五一劳动奖状46个、省五一劳动奖章246个，省工人先锋号170个。评选表彰活动的开展进一步激发了企业职工崇尚劳动、争当劳模、争创一流业绩的工作热情。2020年推荐表彰全国劳动模范和全国先进工作者48名，评选表彰甘肃省劳动模范和甘肃省先进工作者299名。

开展劳模宣传活动。坚持重要节点宣传和日常宣传相结合，每年"五一"前后举办劳模事迹展，组织劳模赴大专院校、科研院所、企业和脱贫攻坚一线，开展劳模事迹宣讲等活动，并通过地方媒体、工会报刊、微信公众号等对劳模事迹进行深度挖掘，积极营造崇尚劳动、争当劳模的社会风尚和精益求精的社会风气。庆祝新中国成立70周年前夕，省总工会组织百名劳模开展"忆往昔岁月·看今朝变化"学习体验活动,听身边故事,看祖国变化,进一步增强了劳模自豪感和责任感。

加强劳模帮扶救助。各级工会每年在"五一""十一"等重要节点,陪同党政或单独组织对劳模进行走访慰问,了解劳模生产生活状况。加强劳模专项帮扶资金管理,省总工会严格按照《全国劳模专项补助资金管理办法》的规定,坚持个人申报、市州审核、省总复核、主席办公会研究、银行卡发放的工作流程,保障劳模资金使用管理的公开、公平、公正和便捷、安全。五年来,省总工会共发放全国劳模专项补助资金2380.5万元,涉及全国劳模4567人次;共发放省部级劳模专项补助专项资金5250万元,涉及省级劳模5669人次。全国劳模、省劳模生活困难和特殊困难补助标准不断提高,困难劳模生活得到进一步保障。

实施建功立业行动助力经济高质量发展

深入持久开展"当好主人翁、建功新时代""建功'十四五'、奋进新征程"主题劳动和技能竞赛。围绕重大战略、重大工程、重大项目、重点产业,聚焦"强科技、强工业、强省会、强县域"行动,积极组织职工开展国家和省重点工程建设、工业园区和企业劳动竞赛,同时推动竞赛向非公企业、农民工集中的行业、企业延伸,不断向新经济组织拓展,竞赛覆盖面和参与度不断扩大,质量不断提高。据统计,省总工会十二大以来,全省各级工会组织开展各类劳动竞赛8007项次,参加单位2.23万个次、职工364.19万人次。劳动竞赛的开展,保证了重点工程建设、企业生产经营的安全、进度、质量和效益,增强了企业职工的凝聚力、向心力,受到企业党政和职工的普遍欢迎。实施健康幸福行动维护职工合法权益各级工会认真实施健康幸福行动,把劳动保护作为源头参与、维护职工合法权益的主要途径,认真落实《安全生产法》《职业病防治法》和工会劳动保护三个《条例》等法律规定,依法维护职工安全健康合法权益,促进职工体面劳动、健康生活。

落实安全生产领域改革发展的意见。2016年12月,中共中央、国务院印发了《关于推进安全生产领域改革发展的意见》,12月22日,省总工会与省国资委、原省安监局联合下发《关于贯彻落实〈中共中央 国务院关于推进安全生产领域改革发展的意见〉发挥职代会作用维护安全生产领域职工合法权益的通知》，成为全国较早对落实安全生产领域改革发展做出积极响应的省份。2017年，省委、省政府《实施意见》下发后，省总工会加大工作力度，推动企业进一步落实安全生产事故隐患排查治理情况向职代会报告制度和安全生产厂务公开制度，召开工会系统落实安全生产领域改革发展座谈会，进一步强化工作落实。据统计，截至2021年年底，全省落实安全生产事故隐患排查治理情况向职代会报告制度的企业达到5090家。六年来，全省各基层工会组织职工排查出各类事故隐患和职业危害34.9万件，整改34.9万件，工会安全生产工作的成效进一步显现。

开展"安康杯"竞赛活动。认真落实全国"安康杯"竞赛组委会《通知》要求，与省应急管理厅、省卫生健康委员会联合部署在全省开展"安康杯"竞赛活动，做好牵头组织工作，不断丰富竞赛内容，创新竞赛形式，扩大竞赛范围，按要求落实安全生产"一法三卡"制度，开展"十个一"等活动。六年来，全省各级"安康杯"竞赛组委会组织开展了各种形式的竞赛活动，参赛单位达到3.2万个次、参赛班组216万个次、参赛职工540.24万人次。

开展群众性劳动保护工作。推动企业特别是危化行业企业就劳动条件、安全卫生等开展集体协商，签订劳动安全卫生专项集体合同。截至2021年年底，全省建立劳动安全卫生专项集体合同9705万份，覆盖企业1.9万户、职工130.8万人，其中高危企业职工15.2万人。各级工会督促企业建立职工职业健康档案，开展职工健康体检，目前建立职工健康档案企业13.07万个，参加健康体检职工126.33万人，职业健康体检职工58.74万人。组织企业开展事故隐患"随手拍"等活动，推动工会群众性劳动保护工作开展，有力地保证了企业安全发展。

实施素质提升工程打造"三型"职工队伍 各级工会把提高职工队伍整体素质作为一项重点工作来抓，认真实施劳模创新行动和班组创新行动，引导广大职工学知识、学技术，不断提升技能素质和创新能力，发挥全省示范性劳模创新工作室和创新型班组的示范作用，完善激励机制，推动建设知识型、技术型、创新型职工队伍。

创建劳模创新工作室。2016年，省总工会出台了《甘肃省示范性劳模创新工作室命名管理办法》，进一步推动了劳模创新工作室创建。六年来，全省共创建由各级劳模领衔的创新工作室992个，其中全国示范性创新工作室6个，省级示范性创新工作室129个。各级各类劳模创新工作室积极发挥集智聚贤、创新创造作用，组织团队成员围绕企业生产中遇到的技术瓶颈和难题开展技术攻关、骨干带动、人才培养等活动。六年来，省总工会为省级示范性劳模创新工作室下拨创新研发经费共计308万元，经过各级工会层层配套，带动和影响地方及企业行政投入创新研发经费2.8亿元，支持各级劳模创新工作室开展创新研究。全省各级各类劳模创新工作室共完成技术创新项目1.2万项，创造经济效益73.4亿元，培养各类人才6.91万人。

建设创新型班组。2016年，省总工会印发了《关于开展"创新型班组创建行动"的实施意见》，全省各级工会把创新型班组建设作为班组建设的重点，推动企事业单位班组、科室围绕技术创新、工艺创新、质量（服务）创新、管理创新和文化创新，广泛开展合理化建议、技术攻关、技术革新等群众性经济技术创新活动和岗位练兵、技术比武、名师带徒以及"五小"发明创造等活动，激发班组职工创新创造热情，增强班组创新能力，提高班组的生产效率、经济效益和建设水平。截至2021年年底，全省共建立各级各类创新型班组1853个，其中甘肃省创新明星班组50个、甘肃省创新型班组460个。六年来，省总工会下拨创新研发经费共计560万元，鼓励创新型班组开展创新研究，各基层工会通过资金配套，带动、影响企业行政投入的创新经费共计达4.78亿元，支持班组职工创新创造。全省各类创新型班组共完成技术创新项目1.2万项，创造经济效益38.75亿元，培养人才6.59万人。（甘肃工人报记者胡江）

第六章

不断强化职工民主管理

职工民主管理是职工主人翁地位的体现,是社会主义民主的重要组成部分,是社会主义和谐社会的基本要求,是企业工会的重点工作。为了推动职工民主管理工作的开展,工会干部应当学习、了解、掌握民主管理的有关知识和规定。

第一节 职工民主管理概述

一、职工民主管理的本质和特点

(一) 职工民主管理的概念

职工民主管理是指职工依照法律法规，通过一定的组织形式，参与企事业单位管理，行使民主权利的活动。

党的二十大报告强调："坚持和完善我国根本政治制度、基本政治制度、重要政治制度，拓展民主渠道，丰富民主形式，确保人民依法通过各种途径和形式管理国家事务，管理经济和文化事业，管理社会事务。""全心全意依靠工人阶级，健全以职工代表大会为基本形式的企事业单位民主管理制度，维护职工合法权益。"党的二十大报告为职工民主管理提供了重要的理论指导，为职工民主管理的发展指明了方向。

(二) 职工民主管理的本质

职工民主管理的本质是民主，即它的主体是全体职工群众，依照法律法规和有关规定，通过一定的组织形式，参与企事业单位管理。

(三) 职工民主管理的特点

职工民主管理的基本特点是参与管理。

二、职工民主管理的作用

(一) 参与决策

职工或职工代表对企事业单位生产经营管理方面的重大问题进行审议，提出建议和意见，使之更加科学合理。职工群众对涉及职工利益的重大问题，就方案的实施作出决定或决议。

(二)监督检查

企事业单位各项管理活动中,职工通过对决策的执行情况、职工代表大会的决议落实情况,单位领导的党风廉政建设情况进行群众监督。

(三)维护职工权益

职工群众通过职工民主管理活动,行使法律赋予的民主权利,维护职工利益与国家及企事业单位的整体利益。

(四)协调劳动关系

职工民主管理活动能够充分保证职工群众行使民主权利,有效协调企业内部的利益矛盾关系,增强组织的凝聚力,促进劳动关系和谐稳定,推动企事业高质量发展。

(五)启迪教育

职工广泛的民主参与,对职工本身也是一个学习提高的过程,能促使职工的民主政治意识、文化素质、参与管理的能力不断提高。

三、不断推进职工民主管理的重要意义

(一)职工民主管理是贯彻全心全意依靠工人阶级指导方针的根本途径

工人阶级是先进生产力和先进生产关系的代表,是社会主义现代化建设的主力军,是我们事业不断前进和发展的根本保证,所以必须坚定不移地坚持党的全心全意依靠工人阶级的根本指导方针。贯彻落实全心全意依靠工人阶级指导方针,要体现在政治、经济和社会各个方面,要具体落实到企事业管理的实际工作中,做到相信职工、依靠职工、尊重职工、为了职工,使职工真正感受到主人翁的地位。职工民主管理是工人阶级当家作主的最基本、最直接、最有效的形式。

(二)职工民主管理是企业实践以人为本理念的集中体现

劳动者是发展生产力最重要的生产要素,重视劳动者在生产过程中的作用发挥,以人为本是现代企业价值观的核心,民主化的管理理念已经成为现代企业价值观的主流。企业只有通过激发人的积极性、主动性、创造

性，生产力诸要素才能形成有机整体和现实的生产力，才能具有市场竞争优势。建立以职代会为基本形式的民主管理制度，在企业经营管理者和职工之间架起对话沟通、协商共议、双向支持的平台，建立公开的利益协商机制，寻求资本与劳动的最佳结合，恰恰是人本管理的最好写照。

（三）职工民主管理是维护职工权益的重要机制

职工通过职工代表大会、厂务公开等民主管理形式，对涉及职工权益的事项行使审议、通过、选举等权利，可以搭建一个和企业行政沟通的平台，在企业管理、职工利益等方面能体现职工的意志，有效地维护职工的各项权益。

（四）职工民主管理是健全现代企业制度的内在要求

建立现代企业制度必须在企业中建立法人治理结构，实行科学管理。在现代生产条件下，企业的劳动效率和实际效益越来越多地依赖于广大劳动者的自觉程度和创造精神。通过吸收职工参与企业的管理，让广大职工的权益更加紧密地与企业发展联系在一起，企业的发展才能具有不竭的动力源泉，才能实现高质量的发展。

（五）职工民主管理是预防企事业单位腐败的有效手段

要有效地预防腐败，监督是关键。让职工参与进来，实行厂务公开、民主决策、民主管理、民主监督，能够有效地预防经营管理者的失职渎职甚至贪污腐败行为的发生。

四、职工民主管理要与时俱进，在创新中不断发展

我国的职工民主管理伴随着改革开放和社会主义市场经济的发展，在不断的探索和创新中，为我国经济发展、政治民主、社会进步作出了贡献，取得了显著的成绩。但时代对职工民主管理提出了新要求，职工民主管理要与时俱进，不断创新，才能始终走在时代的前列，永葆生机。加强职工民主管理在思想上要不断地突破，要把职工民主管理与企业科学管理相结合，融入企业的管理活动中。要建立完善的制度体系保障，使职工民主管理制度化、规范化。要大胆探索和尝试非公有制企业职代会制度和其他民主管理的形式，增强职工民主管理的实效性。

第二节 职工代表大会制度

一、职工代表大会是职工民主管理的基本形式

在我国，职工代表大会是企事业单位实行职工民主管理的基本形式，是职工行使民主管理权力的机构。职工代表大会作为职工民主管理的基本形式，具有以下特点。

（一）职工代表大会具有法定的权威性

职工代表大会的民主管理权力是法律赋予的，具有一定强制力和约束力，从而保证了广大职工在企事业单位中的主人翁地位。

（二）职工代表大会具有广泛的群众性和代表性

职工代表大会是由企事业单位全体职工选举产生的、来自各个方面的职工代表所组成的。这种广泛的群众性和代表性，使它比其他民主管理形式有着更坚实的群众基础。

（三）职工代表大会有一套完整严密的组织制度和组织体系

职代会把民主集中制作为根本组织原则，始终体现着大多数职工的意愿和要求。职工代表大会有自己的工作机构——基层工会委员会；下设各种专门工作委员会或小组；在基层选举单位，如车间和班组建立有职工代表团或小组等。此外，职代会闭会期间可以通过代表大会团（组）长和专门委员会（小组）负责人联席会议形式，处理职代会职权所涉及的日常问题。

二、职工代表大会的组织建设

（一）职工代表大会主席团

职工代表大会主席团由全体职工代表在职工代表大会预备会上选举产生，是负责职工代表大会会议期间的组织领导工作的机构。选举职工代表

大会主席团，一要严格遵循选举办法和选举程序。二要合理确定组成人员的构成和比例，其中，工人、技术人员、管理人员不少于百分之五十。三要按照民主集中制的原则，主席团实行集体领导。

职工代表大会主席团的具体职责是：

1.主持召开大会，负责大会期间的各项工作；

2.研究需要大会通过和表决的事项，草拟大会决议；

3.听取和综合各项职工代表团（组）对各项议案的审议意见和建议，对提案进行修改；

4.主持大会的表决和选举工作；

5.处理大会的其他重要事务。

（二）职工代表大会专门委员会（小组）

职工代表大会专门委员会（小组）是为职工代表大会行使职权而服务的专门工作机构，是职工代表开展民主管理活动，充分发挥作用的组织和制度保证。其主要职责是完成职代会交办的有关事项，对职代会负责。

职代会专门委员会（小组）的设置，应根据职代会行使职权的需要和单位的实际需要而确定。职代会各专门委员会（小组）一般平时不脱产。一般由五至九人组成，其成员应按熟悉对口专业、政策，有一定的组织活动能力，办事有原则，热心群众工作等条件来选择人员担任。根据工作需要，也可聘请少量的非职工代表担任。专门委员会（小组）的成员人选必须在职代会上审议通过。

职工代表大会专门委员会（小组）的职责是：（1）平时，经常深入职工群众了解和听取关于本工作小组（委员会）负责范围内的工作意见和要求；（2）会前，征集、汇总职工代表提案；（3）会中，上报大会提案，并做好大会交办的各项服务工作；（4）会后，检查监督大会决议和提案的贯彻落实情况，研究处理属本组织权限内的问题；（5）办理职代会交办的其他事务；（6）按规定，向职代会报告工作。

职代会专门委员会（小组）日常工作接受职代会和工会的领导，在工会主持下进行。职代会民主管理专门工作委员会与工会有关业务工作委员会力求统一，但不要一刀切，要根据工作实际有分有合，建立相应的工作制度和活动制度。

(三) 职工代表团（组）长和专门小组负责人联席会议

职工代表团（组）长和专门小组负责人联席会议，是在职工代表大会闭会期间为解决临时需要职工代表大会审议或审查的某些重要问题，而由企业工会召集的会议，职工代表大会联席会议制度是职工代表大会制度的重要组成部分。

1.联席会议的组成人员

联席会议由企业工会委员、职工代表团（组）长、专门小组负责人三方面人员组成。联席会议可以根据会议内容，邀请企业党政负责人或其他有关人员参加。

2.召开联席会议的工作程序

联席会议协商处理的议题，由企业党政、工会、职工代表团（组）长或职代会专门小组提出，经企业工会委员会讨论确定；企业工会将拟定审议的议题及相关材料，提前发给代表团（组）长和专门小组负责人，并由他们征求职工代表和职工群众的意见；企业工会收集各代表团（组）长和专门小组的意见后，交有关部门研究形成或进一步修改议案；召开联席会议时，由提出议案的负责人介绍议案制定的依据、主要内容和目的要求，然后进行认真讨论，各抒己见，在协商一致的基础上形成决议；联席会议在讨论问题时如出现分歧意见，可以暂时休会，待各方面认识基本一致后，再提交联席会议协商解决。联席会议协商处理问题的结果送企业负责人，责成有关部门落实，并由职工代表团（组）长传达给职工代表和职工群众。

3.联席会议的工作制度

联席会议至少每季召开一次，遇有工作需要，随时召开。每次会议必须有三分之二以上的人员出席。联席会议由企业工会召集，由企业工会主席主持。为保持工作连续性，联席会议可记届、次，并认真做好会议记录，整理好会议档案。

联席会议实行民主协商制。联席会议形成决议前，要尽可能征得企业行政或有关行政部门同意，尽可能求得协商一致。

三、职工代表大会的职权

(一) 根据《企业民主管理规定》，职工代表大会行使下列职权

1.听取企业主要负责人关于企业发展规划、年度生产经营管理情况，企业改革和制定重要规章制度情况，企业用工、劳动合同和集体合同签订履行情况，企业安全生产情况，企业缴纳社会保险费和住房公积金情况等报告，提出意见和建议；审议企业制定、修改或者决定的有关劳动报酬、工作时间、休息休假、劳动安全卫生、保险福利、职工培训、劳动纪律以及劳动定额管理等直接涉及劳动者切身利益的规章制度或者重大事项方案，提出意见和建议。

2.审议通过集体合同草案，按照国家有关规定提取的职工福利基金使用方案、住房公积金和社会保险费缴纳比例及时间的调整方案，劳动模范的推荐人选等重大事项。

3.选举或者罢免职工董事、职工监事，选举依法进入破产程序企业的债权人会议和债权人委员会中的职工代表，根据授权推荐或者选举企业经营管理人员。

4.审查监督企业执行劳动法律法规和劳动规章制度情况，民主评议企业领导人员，并提出奖惩建议。

5.法律法规规定的其他职权。

(二) 国有企业和国有控股企业职工代表大会除按上述规定行使职权外，行使下列职权

1.听取和审议企业经营管理主要负责人关于企业投资和重大技术改造、财务预决算、企业业务招待费使用等情况的报告，专业技术职称的评聘、企业公积金的使用、企业的改制等方案，并提出意见和建议；

2.审议通过企业合并、分立、改制、解散、破产实施方案中职工的裁减、分流和安置方案；

3.依照法律、行政法规、行政规章规定的其他职权。

四、职工代表

(一) 职工代表的选举产生

根据《企业民主管理规定》,职工代表选举产生的规定包括以下几方面。

1.职工代表的资格

与企业签订劳动合同建立劳动关系以及与企业存在事实劳动关系、享有政治权利的职工,有选举和被选举为职工代表大会代表的权利。

2.职工代表的比例和人数

企业召开职工代表大会的,职工代表人数按照不少于全体职工人数的百分之五确定,最少不少于三十人。职工代表人数超过一百人的,超出的代表人数可以由企业与工会协商确定。

3.职工代表的构成

职工代表大会的代表由工人、技术人员、管理人员、企业领导人员和其他方面的职工组成。其中,企业中层以上管理人员和领导人员一般不得超过职工代表总人数的百分之二十。有女职工和劳务派遣职工的企业,职工代表中应当有适当比例的女职工和劳务派遣职工代表。

4.选举职工代表的程序

选举职工代表的程序,有以下基本步骤。

(1)制订选举方案。根据企业的职工人数和行政单位的设置状况,确定职工代表的总数及名额的分配办法,并根据企业的实际情况按车间、处室或班组划分选区,制订具体选举办法。

(2)进行宣传发动。企业工会要组织做好宣传发动工作,要对职工代表大会的性质、意义和职权,以及职工代表的权利和义务等方面进行广泛的宣传,使广大职工充分明确选举职工代表的重要性,以高度负责的态度来选好职工代表。

(3)推荐职工代表的候选人。在组织宣传发动的基础上,以选区为单位,充分发扬民主,积极推荐职工代表的候选人。

(4) 直接选举职工代表。各选区按照分配的代表名额，直接选举产生职工代表。选举的方式，一般采用无记名投票方式差额选举，也可用举手表决的方式。大型企业或集团，可以在分支机构职工代表大会的职工代表中推选产生企业职工代表大会的职工代表。对总部领导应分到选区，以普通职工的身份参加选举。

(5) 职工代表资格的审查。由职工代表资格审查委员会（小组）对选出的职工代表进行资格审查。审查的内容主要是：选出的职工代表是否为享有政治权利的本企业职工；选举过程中是否严格按照民主程序，是否存在不正当的竞选行为等。对不符合规定的，应取消其代表资格。

(6) 组成各代表团（组）。职工代表选出后，应按选举单位的行政隶属关系，组成代表团（组），选举产生代表团（组）长。

(二) 职工代表的权利和义务

1.职工代表享有下列权利

(1) 选举权、被选举权和表决权；

(2) 参加职工代表大会及其工作机构组织的民主管理活动；

(3) 对企业领导人员进行评议和质询；

(4) 在职工代表大会闭会期间对企业执行职工代表大会决议情况进行监督、检查。

2.职工代表应当履行下列义务

(1) 遵守法律法规、企业规章制度，提高自身素质，积极参与企业民主管理；

(2) 依法履行职工代表职责，听取职工对企业生产经营管理等方面的意见和建议，以及涉及职工切身利益问题的意见和要求，并客观真实地向企业反映；

(3) 参加企业职工代表大会组织的各项活动，执行职工代表大会通过的决议，完成职工代表大会交办的工作；

(4) 向选举单位的职工报告参加职工代表大会活动和履行职责情况，接受职工的评议和监督；

(5) 保守企业的商业秘密和与知识产权相关的保密事项。

(三) 职工代表的保护

职工代表履行职责受法律保护,任何组织和个人不得阻挠和打击报复。职工代表在法定工作时间内依法参加职工代表大会及其组织的各项活动,企业应当正常支付劳动报酬,不得降低其工资和其他福利待遇。

五、职工代表大会的议题和提案

(一) 职工代表大会的议题

职工代表大会议题是职工代表大会列入会议议程,交付职工代表审议的方案、提案。

职工代表大会议题要围绕企事业重大改革、生产经营管理的重大问题、企业工资分配和职工生活福利、企业劳动关系等涉及职工切身利益等方面的重要问题来确定。

确定职代会的议题必须经过认真的调查研究,广泛征求和听取职工群众的意见和建议。工会在会前广泛征求、收集会议议题的意见;就企业存在与职工群众迫切需要解决的重大问题,与行政协商,提出大会议题的建议,提请党委讨论,形成对大会议题的初步意见;召开职工代表团(组)长和职工代表大会专门小组负责人联席会议讨论,征求意见;工会将议题建议提交职工代表大会预备会议审议通过;将有关全局性的重大问题,在交付职工代表大会讨论前,将议案发给职工代表,广泛征求群众意见;最后提交职工代表大会审议、讨论。大会讨论通过后的议题要形成大会决议,交有关部门实施。

(二) 职工代表大会提案

职工代表大会提案是提请职工代表大会讨论、决定、处理的方案和建议。主要涉及企业生产经营管理、企业改革改制、内部分配、规章制度、职业培训、劳动保护、社会保险和生活福利等方面问题。采用书面形式提交。一般包括:提案的理由、依据、具体要求和解决办法。并由提案人和附议人署名。案由要有情况、有分析、实事求是,简明扼要,切忌笼统、空泛、失实。建议、办法要有针对性、实效性。

4.提案征集和处理的程序如下。

（1）发出征集提案通知，发放提案征集表。

（2）职工代表在征集选区职工意见，充分调研的基础上提出提案。

（3）收集提案并送交工会或提案委员会。

（4）对提案进行审查，符合条件的立案，不符合条件的退回并予以说明。

（5）对已立案的提案进行整理、分类、登记。

（6）处理。分送有关领导或有关部门负责处理实施。有关重大问题的提案应提交职代会讨论。

（7）监督检查。工会或提案委员会对提案落实情况进行监督检查，并在下次职代会上报告提案处理及落实情况。

六、职工代表大会的会议制度

根据《企业民主管理规定》，职工代表大会会议制度主要包括以下方面。

（一）职工代表大会每年至少召开一次。职工代表大会全体会议必须有三分之二以上的职工代表出席。

（二）职工代表大会每届任期为三年或者五年。具体任期由职工代表大会根据本单位的实际情况确定。职工代表大会因故需要提前或者延期换届的，应当由职工代表大会或者其授权的机构决定。

（三）职工代表大会议题和议案应当由企业工会听取职工意见后与企业协商确定，并在会议召开七日前以书面形式送达职工代表。

（四）职工代表大会选举和表决相关事项，必须按照少数服从多数的原则，经全体职工代表的过半数通过。对重要事项的表决，应当采用无记名投票的方式分项表决。

（五）职工代表大会在其职权范围内依法审议通过的决议和事项具有约束力，非经职工代表大会同意不得变更或撤销。企业应当提请职工代表大会审议、通过、决定的事项，未按照法定程序审议、通过或者决定的无效。

七、召开职工代表大会的程序

(一) 预备会议

职工代表大会预备会议一般由企业工会委员会主持召开，全体职工代表参加，对召开本次职工代表大会需要确认的事项履行民主程序，确保正式会议合法、有效。

预备会议具体职责主要包括：

1.选举产生大会主席团；

2.听取本届（次）职工代表大会的筹备情况汇报，提出大会议题和议程的建议；

3.通过职工代表资格审查委员会（小组）作的职工代表资格审查情况的报告；

4.通过本届（次）职工代表大会的议题和议程；

5.决定大会其他准备事项。

(二) 正式会议

职工代表大会正式会议的主要程序一般包括以下方面。

1.宣布开会。大会执行主席核实出席大会的职工代表人数。到会职工代表超过代表总数的三分之二，即可宣布开会。开幕词应简要讲清本次大会的目的、意义、中心议题和主要任务。此后宣布大会议程。应当注意会前正式通知职工代表，企业行政方面应安排好生产、工作，保证代表的出席率。职工代表有特殊情况不能出席会议的，应向代表团（组）长请假。

2.由企事业领导人作工作报告。报告主要内容应包括生产经营管理情况、存在的问题及改进措施、企事业发展计划、基本建设和重大技术改造方案，有关改善职工生活福利的情况等。如工作报告已事先发给代表进行过充分讨论，可针对职工代表提出的意见，作出说明。

3.由企事业行政有关负责人作专题议案的报告。凡应提交职工代表大会审查或审议的方案，均应由行政有关负责人向大会报告，说明制定的依据、目的和具体实施办法，也可针对职工代表对议案的意见，作出说明。

4.由工会主席及职工代表大会专门委员会（专门小组）负责人就上次职工代表大会决议落实情况、职工代表提案处理情况、集体合同执行情况等向大会作出报告。

5.企事业工会主席就职工代表大会闭会期间，职工代表团（组）长和专门小组负责人联席会议处理的重大事项，向大会作出说明，提请大会确认。

6.以职工代表团（组）为单位，就以上报告、议案分组进行讨论。同时对大会的各项决议草案和需经大会选举的候选人进行酝酿。大会主席团成员分别参加本代表团（组）的讨论。

7.各代表团（组）应指定专人认真记录职工代表的讨论发言，整理归纳后，将讨论意见向主席团汇报。

8.大会发言。应安排时间让代表在职工大会上发言，可由各代表团（组）推选代表，在大会上陈述本团（组）讨论审议的意见和建议，也可让职工代表自由发言。

9.民主评议。民主评议一般程序为：(1)被评议人员在职工代表大会上作述职述廉报告，接受职工代表质询；(2)组织职工代表进行无记名测评；(3)汇总测评结果和评议意见；(4)向职工代表和被评议人员反馈测评结果；(5)按照干部管理权限将民主测评结果报送人事主管部门。

10.选举。根据有关决定和实际需要，选举参加董事会、监事会、劳动争议调解委员会的职工代表，参加工资协商的职工代表和企事业领导人等；根据大会主席团的提名，表决通过职工代表大会专门小组的人选；表决通过其他需经职工代表大会选举的人员。

11.对有关的各项方案和大会决议、决定草案进行表决。

12.致闭幕词，宣布大会结束。

八、工会要不断推动职工代表大会制度的建立和完善

根据《企业民主管理规定》，企业工会应当组织职工依法开展企业民主管理，维护职工合法权益。

企业工会委员会是职工代表大会的工作机构，负责职工代表大会的日常工作，履行下列职责：

（一）提出职工代表大会代表选举方案，组织职工选举职工代表和代表团（组）长；

（二）征集职工代表提案，提出职工代表大会议题的建议；

（三）负责职工代表大会会议的筹备和组织工作，提出职工代表大会的议程建议；

（四）提出职工代表大会主席团组成方案和组成人员建议名单，提出专门委员会（小组）的设立方案和组成人员建议名单；

（五）向职工代表大会报告职工代表大会决议的执行情况和职工代表大会提案的办理情况、厂务公开的实行情况等；

（六）在职工代表大会闭会期间，负责组织专门委员会（小组）和职工代表就企业职工代表大会决议的执行情况和职工代表大会提案的办理情况、厂务公开的实行情况等，开展巡视、检查、质询等监督活动；

（七）受理职工代表的申诉和建议，维护职工代表的合法权益；

（八）向职工进行民主管理的宣传教育，组织职工代表开展学习和培训，提高职工代表素质；

（九）建立和管理职工代表大会工作档案。

组织开好职工代表大会是工会职工民主管理工作的重点，工会应推动职工代表大会制度的建立和完善。

建立和完善职代会制度需要有必要的基础和条件。工会作为职工代表大会的工作机构，如果自身组织不健全，职代会制度的建立和完善就可想而知。所以工会要推动职代会建设就要加强自身建设，建立组织健全，运作规范，工作高效的工会组织。

工会要不断提高职工群众的参与意识和能力。职工群众是职代会制度的主体，没有职工群众的参与和支持，职代会制度就不可能得到建立和完善。工会要发挥自身优势，通过黑板报、印发资料、网络等媒介广泛宣传职代会的任务、作用和意义，增强职工群众参与职代会的自觉性，正确行使民主权利。

要充分发扬民主开好职代会。职代会开得好，关键在企事业单位领导的理解支持和配合。工会要积极主动做好党委、行政领导的工作，坚持民主管理民主开，从代表的选举，提案的征集，议题的确定等，不管是会前的准备，会中的选举和表决，会后的贯彻落实，都要充分地发扬民主，尊重职工的意愿，切实发挥职代会的积极作用。

根据企事业的不同特点探索和创新选择不同的方式。各个单位的管理方式、劳动关系及所面临的环境和问题各不相同，探索不同的职代会实现形式与途径，建立有特色的制度体系，推进企事业单位高质量发展。

第三节 厂务公开制度

一、厂务公开的意义和特点

厂务公开是职工民主管理的一种重要形式，是职工代表大会制度的延伸和发展。厂务公开就是把企业重大决策，生产经营管理的重要问题，涉及职工切身利益的问题以及与企业领导班子建设和党风廉政建设密切相关的问题，根据有关法规和制度，通过职工代表大会、厂务公开栏等多种形式，向企业广大职工公开，使职工及时了解厂情，更好地参与企业决策、管理和监督。

（一）厂务公开的重要意义

1.厂务公开有利于促进职工群众的民主参与。企事业单位的重大事项、重要问题，通过厂务公开的形式广泛听取职工的意见，让职工享有知情权、参与权。这样既能保证决策更加符合大多数职工群众的意志，又能够让职工更深刻地理解支持单位的决策，从而在决策执行中，围绕决策的中心内容，团结一致，共同努力，实现发展目标。

2.厂务公开制度能有效地促进党风廉政建设。厂务公开不仅公开职工最关心的切身利益问题，而且延伸到把企业和单位领导干部的廉洁自律情况，包括企事业单位的业务招待费使用情况、大宗物资采购、产品销售、基建项目，等等，这些职工关心的热点问题，通过厂务公开，随时接受职工的监督，这样可以有效地防止腐败现象的发生，保证国有企事业单位和职工群众的利益不受侵犯。

3.厂务公开制度是调动广大职工的积极性和主动性的有效手段。对于一个企事业单位来讲，厂务公开的重要意义集中体现在两个方面。一是厂务公开有利于领导与职工的双向沟通，增进职工对领导班子的理解与支持。厂务公开拉近了干群关系，让领导做事心中坦然，让职工理解领导的意图，有效地实现了领导与职工的双向沟通，增进双方的理解，从而把矛盾解决在萌芽状态之中。二是厂务公开有利于强化职工的主人翁意识，形成企业的动力机制。通过厂务公开，鼓励职工参与民主管理，充分行使其民主权利，积极为企业的发展出谋献策，能让他们感受到自己在企业中的主人翁地位。厂务公开也充分体现了企业对职工的信任和尊重，这是激励和调动职工积极性创造性的最有效的形式，它能使职工真正地热爱、关心企业，增强主人翁责任感，从而以主人翁的精神去发挥自己的聪明才智，实现自我价值。

(二) 厂务公开的特点

厂务公开的内容上有广泛性。凡是企业改革、建设、发展和职工群众关心的内容（除商业秘密外），均在公开范围，拓宽了职代会职权的限制，丰富了职工参与的内容。

厂务公开在时间上具有灵活性。只要职工群众有要求，并且通过一定的民主程序，就可以选择任何时间要求企业公开相关内容，使民主参与、民主监督得以"全天候"发挥作用。

厂务公开在形式上具有多样性。厂务公开的基本形式是职工代表大会，除此之外，还可以通过公开栏、各种会议、网络等形式公开，从而促使厂务公开能够灵活、及时、全面地开展。

二、厂务公开的内容

（一）企业应当向职工公开下列事项

1. 经营管理的基本情况；
2. 招用职工及签订劳动合同的情况；
3. 集体合同文本和劳动规章制度的内容；
4. 奖励处罚职工、单方解除劳动合同的情况以及裁员的方案和结果，评选劳动模范和优秀职工的条件、名额和结果；
5. 劳动安全卫生标准、安全事故发生情况及处理结果；
6. 社会保险以及企业年金的缴费情况；
7. 职工教育经费提取、使用和职工培训计划及执行的情况；
8. 劳动争议及处理结果情况；
9. 法律法规规定的其他事项。

（二）国有企业、集体企业及其控股企业除公开上述相关事项外，还应当公开下列事项

1. 投资和生产经营管理重大决策方案等重大事项，企业中长期发展规划；
2. 年度生产经营目标及完成情况，企业担保，大额资金使用、大额资产处置情况，工程建设项目的招投标，大宗物资采购供应，产品销售和盈亏情况，承包租赁合同履行情况，内部经济责任制落实情况，重要规章制度制定等重大事项；
3. 职工提薪晋级、工资奖金收入分配情况，专业技术职称的评聘情况；
4. 中层领导人员、重要岗位人员的选聘和任用情况，企业领导人员薪酬、职务消费和兼职情况，以及出国出境费用支出等廉洁自律规定执行情况，职工代表大会民主评议企业领导人员的结果；
5. 依照国家有关规定应当公开的其他事项。

三、厂务公开的形式

厂务公开的形式比较多，在实际工作中，应结合企业实际，根据内容

的需要和效果择优采用。

1.职工代表大会。职工代表大会是厂务公开的主要载体。在职代会闭会期间，要发挥民主议事会、职工代表团（组）长联席会议的作用。

2.厂务公开栏、简报。这是最直观、易懂的公开形式。

3.厂情发布会、党政工联席会、中层干部会。

4.企业内部信息网络、报纸、广播、电视。

要不断创新厂务公开的形式，通过对话会、接待日、职工座谈会、职工热线等形式，了解职工的意见和要求，认真研究，妥善处理，推进工作。

四、厂务公开的程序

企业实行厂务公开要在党委领导下，成立以企业法定代表人或行政负责人为组长的厂务公开领导小组；成立由纪检、工会有关人员和职工代表组成的厂务公开监督小组。下设若干厂务公开专项工作小组，分别由分管行政副职任组长，业务科室负责人为成员。厂务公开应在厂务公开领导小组的领导下按照严格的程序进行。

（一）收集预审

可由厂务公开专项工作小组整理汇总各专项公开内容，提交领导小组审查确定，保证公开的内容全面、真实。

（二）定时定点公布

根据需要公开的内容，可采取不同形式，逐项进行报告、通报或张榜公布。

（三）征询意见

厂务公开以后，要及时以适当方式听取职工群众的反映和意见。除在职工代表大会上充分发扬民主、讨论审议，还可采取设立意见箱，或通过职工代表向职工群众直接收集的方式，听取群众的意见，对职工群众的疑问要及时做出解释，对职工群众反映较强烈，大多数职工不满意的要予以纠正或延期执行，以确保职工群众当家作主的民主权利。

（四）建立厂务公开档案

将每次公开的内容、时间、承办部门、人员和职工提出的问题及答复、处理结果整理成文字材料，由厂务公开领导小组或工会妥善保存备查。

五、不断强化厂务公开工作

（一）强化党委的领导意识

各级党委要坚持把推进厂务公开工作作为贯彻"全心全意依靠工人阶级"、巩固党的阶级基础的高度来认识，把厂务公开作为主要工作摆上重要议事日程。由上而下建立健全以党委主要领导挂帅，有关部门负责人参加的厂务公开领导小组，定期研究厂务公开中的重大问题，及时总结经验，不断提高工作水平。

（二）强化行政领导的主体意识

各单位的行政领导要自觉地把厂务公开民主管理融入企业管理的全过程，认真落实厂务公开的各项规定，提高管理的民主性和科学性。

（三）强化纪委的民主监督意识

建立健全以纪委为主的厂务公开监督检查机构，努力实现党的监督、行政监督和职工民主监督的有机结合。

（四）强化工会的监督协调意识

工会组织要把厂务公开作为切实履行职责的一项主要工作，主动承担厂务公开民主管理的日常工作，推进厂务公开工作的开展。

（五）强化职工群众的参与意识

工会要通过各种形式，广泛宣传动员职工群众积极参与厂务公开活动，以主人翁的责任感支持和监督经营管理者依法行使职权，促进企业和谐稳定健康发展。

第四节 职工董事、职工监事制度

一、职工董事、职工监事制度综述

职工董事、职工监事是指由职工大会或职工代表大会民主选举产生，依照法律程序进入董事会、监事会，代表职工行使决策和监督权利的职工代表。职工董事、职工监事制度是建立现代企业制度的客观要求，是职工代表大会制度的延伸和发展，是公司制企业实行民主决策、民主管理和民主监督的必要途径。

（一）职工董事、职工监事制度的重要意义

职工董事、职工监事制度是在国有企业建立现代企业制度的背景下产生和发展起来的。随着《公司法》的颁布和实施，过去由《企业法》规定的国有企业领导体制，开始转变为依据《公司法》形成的由股东会、董事会、监事会和党委会、工会、职代会共同组成的公司治理结构。在新的公司治理结构中，职工董事、职工监事制度开始建立，并且随着公司制度的不断发展而逐步得到完善。建立职工董事制度、职工监事的重要意义和作用如下。

1.有利于推动党的全心全意依靠工人阶级方针的贯彻落实。工人阶级是我们党最坚实最可靠的阶级基础，是我国的领导阶级，是先进生产力和生产关系的代表。全心全意依靠工人阶级，是由我们党和国家的性质决定的，是我们党的一贯主张，是我们党的一个突出政治优势，也是中国特色社会主义的一个鲜明特点。2015年4月28日，习近平总书记在庆祝"五一"国际劳动节暨表彰全国劳动模范和先进工作者大会上的讲话中旗帜鲜明地指出，那种无视我国工人阶级成长进步的观点，那种无视我国工人阶级主力军作用的观点，那种以为科技进步条件下工人阶级越来越无足轻重的观点，都是错误的、有害的。不论时代怎样变迁，不论社会怎样变化，

我们党全心全意依靠工人阶级的根本方针都不能忘记、不能淡化，我国工人阶级地位和作用都不容动摇、不容忽视。党的二十大报告指出："全心全意依靠工人阶级，健全以职工代表大会为基本形式的企事业单位民主管理制度，维护职工合法权益。"通过建立职工董事、职工监事制度，由职工董事、职工监事代表职工参与企业的决策、管理与监督，落实职工群众的知情权、参与权、表达权、监督权，从制度上保障了职工主人翁地位，体现了依靠职工群众办企业的理念，把全心全意依靠工人阶级的指导方针贯穿于生产经营各个方面、各个环节，推动全心全意依靠工人阶级指导方针在企业的贯彻落实。

2.有利于从制度上保证董事会的决策更加正确和科学，促进企业高质量发展。通过建立职工董事制度，职工董事代表职工群众参与企业决策和管理，可以充分反映职工群众的意见和建议，使董事会能够集中职工群众的智慧，实现决策科学化、民主化，使董事会的决策更加具有权威性。而且职工董事不仅可以为董事会收集和反映来自广大职工群众的意见、建议，还可以在参与决策的过程中，把董事会的决策向职工群众作出说明，起到重要的桥梁纽带作用，使董事会的决策能够赢得广大职工的信任、理解和支持，充分调动职工的积极性、主动性、创造性，提高劳动生产率，推动企业高质量发展。

3.有利于进一步完善公司治理结构。公司治理结构是现代企业制度的核心内容，是对公司进行管理和控制的体系，是为实现公司最佳经营业绩，公司所有权与经营权基于信托责任而形成相互制衡关系的结构性制度安排。具体来说，是指由所有者、董事会和经理层三者组成的一种组织结构。职工代表参加董事会、监事会，依法参与公司决策管理与监督，可以代表和反映广大职工的利益，使董事会的决策在考虑企业整体利益的同时兼顾到职工的具体利益，使监事会的监督更加权威、严密。这样，就可以通过职工董事、职工监事制度，将民主管理融入公司治理结构之中，对于进一步完善公司法人治理结构，协调各方利益关系，推进企业党风廉政建设具有重要意义。

4.有利于加强社会主义民主政治建设。社会主义民主政治是中国特色社会主义政治文明的集中体现。党的二十大报告强调："人民民主是社会主义的生命，是全面建设社会主义现代化国家的应有之义。全过程人民民主是社会主义民主政治的本质属性，是最广泛、最真实、最管用的民主。"职工民主管理是社会主义民主的重要组成部分，是全过程人民民主的重要体现。职工董事、职工监事制度作为企业民主管理制度的一项重要内容，是职工代表大会制度在公司制企业中的延伸和发展，是公司制企业实行民主管理的重要形式，有利于维护职工民主管理权利，保障职工主人翁地位，推进社会主义民主政治建设。

5.有利于从源头上维护职工合法权益。维护职工合法权益、竭诚服务职工群众是工会的基本职责，是工会的性质决定的，是职工群众的要求和期望，是法律赋予工会的神圣使命。工会维护职工合法权益的重要机制之一就是职工董事、职工监事制度。通过建立职工董事、职工监事制度，职工董事、职工监事可以直接参与公司的决策与监督，直接反映职工群众的利益诉求，从而使工会维护职工合法权益更为直接、更为有效，真正从源头上维护职工的合法权益，切实把职工合法权益实现好、维护好、发展好。

6.有利于构建和谐劳动关系。劳动关系是生产关系的重要组成部分，是最基本最重要的社会关系，劳动关系的和谐稳定关系到社会的和谐稳定。建立职工董事、职工监事制度，不仅能拓展职工依法表达利益诉求、有序参与管理和监督的渠道，而且能够丰富和完善企业的管理制度，为企业和职工共同发展搭建共建共享的平台，有利于企业与职工形成利益共同体、事业共同体和命运共同体；有利于增进双方相互理解、相互信任、相互支持，实现劳动关系双方合作共赢；有利于消除隔阂、化解矛盾，推动社会主义和谐劳动关系的建立和完善。

（二）职工董事制度的主要法律依据

法律法规和政策是职工董事履行职责的基本依据。职工董事行使职权、履行职责应当学习了解有关职工董事的法律法规和政策。目前，我国有关职工董事制度的法律依据主要如下。

1.《公司法》相关规定

《公司法》第四十四条规定，两个以上的国有企业或者两个以上的其他国有投资主体投资设立的有限责任公司，其董事会成员中应当有公司职工代表；其他有限责任公司董事会成员中可以有公司职工代表。董事会中的职工代表由公司职工通过职工代表大会、职工大会或者其他形式民主选举产生。

《公司法》第五十一条规定，监事会应当包括股东代表和适当比例的公司职工代表，其中职工代表的比例不得低于三分之一，具体比例由公司章程规定。监事会中的职工代表由公司职工通过职工代表大会、职工大会或者其他形式民主选举产生。

《公司法》第六十七条规定，国有独资公司设董事会，依照本法第四十六条、第六十六条的规定行使职权。董事每届任期不得超过三年。董事会成员中应当有公司职工代表。董事会成员由国有资产监督管理机构委派；但是，董事会成员中的职工代表由公司职工代表大会选举产生。

《公司法》第七十条规定，国有独资公司监事会成员不得少于五人，其中职工代表的比例不得低于三分之一，具体比例由公司章程规定。监事会成员由国有资产监督管理机构委派；但是，监事会成员中的职工代表由公司职工代表大会选举产生。监事会主席由国有资产监督管理机构从监事会成员中指定。

《公司法》第一百零八条规定，股份有限公司设董事会，其成员为五人至十九人。董事会成员中可以有公司职工代表。董事会中的职工代表由公司职工通过职工代表大会、职工大会或者其他形式民主选举产生。

2.《工会法》相关规定

《工会法》第三十九条规定："企业、事业单位、社会组织研究经营管理和发展的重大问题应当听取工会的意见；召开会议讨论有关工资、福利、劳动安全卫生、工作时间、休息休假、女职工保护和社会保险等涉及职工切身利益的问题，必须有工会代表参加。企业、事业单位、社会组织应当支持工会依法开展工作，工会应当支持企业、事业单位、社会组织依法行使经营管理权。"第四十条规定："公司的董事会、监事会中职工代表的产生，依照公司法有关规定执行。"

3.《中共中央 国务院关于构建和谐劳动关系的意见》相关内容

《中共中央 国务院关于构建和谐劳动关系的意见》指出，推行职工董事、职工监事制度。按照公司法规定，在公司制企业建立职工董事、职工监事制度。依法规范职工董事、职工监事履职规则。在董事会、监事会研究决定公司重大问题时，职工董事、职工监事应充分发表意见，反映职工合理诉求，维护职工和公司合法权益。

4.《企业民主管理规定》相关内容

《企业民主管理规定》第四章以专章的形式对职工董事制度作出了明确规定。规定了职工董事的产生、任期、罢免、权利和义务等。

5.国资委颁布的有关规章

2006年3月3日，国务院国有资产监督管理委员会印发《国有独资公司董事会试点企业职工董事管理办法（试行）》明确规定："公司董事会成员中，至少有1名职工董事。"并对职工董事的任职条件，职工董事的提名、选举、聘任，职工董事的权利、义务、责任，职工董事的任期、补选、罢免等作出了明确规定。

2009年3月30日，国资委发布的《董事会试点中央企业职工董事履行职责管理办法》，对职工董事的特别职责、履行特别职责的基本方法、履行特别职责应承担相应义务和履职的工作条件等作出了明确规定。

6.全国总工会颁布的有关文件

2016年12月5日，全国总工会印发的《关于加强公司制企业职工董事制度、职工监事制度建设的意见》，明确提出要依法推进公司建立职工董事制度、职工监事制度，依法规范了职工董事、职工监事履行职责规则，明确了如何正确处理职工董事、职工监事与公司相关组织机构的关系，就切实加强对职工董事制度、职工监事制度建设的组织领导提出意见。

二、依法推进公司建立职工董事制度、职工监事制度

（一）职工董事、职工监事候选人条件和人数比例

1.职工董事、职工监事候选人应符合以下基本条件：与公司存在劳动

关系；能够代表和反映职工合理诉求，维护职工和公司合法权益，为职工群众信赖和拥护；熟悉公司经营管理或具有相关的工作经验，熟知劳动法律法规，有较强的协调沟通能力；遵纪守法，品行端正，秉公办事，廉洁自律；符合法律法规和公司章程规定的其他条件。遵循职工董事、职工监事任职回避原则，坚持公司高级管理人员和监事不得兼任职工董事，公司高级管理人员和董事不得兼任职工监事。公司高管的近亲属，不宜担（兼）任职工董事、职工监事。

2.职工董事、职工监事的人数和具体比例应依法在公司章程中作出明确规定。国有及国有控股公司，其董事会成员中应当有公司职工代表；引导和支持国有及国有控股公司以外的其他公司董事会成员中配备适当比例的职工董事，力促董事会成员中至少有1名职工董事。所有公司监事会中职工监事的比例不低于三分之一。督促公司在设立（或改制）的初始阶段，依照相关法律规定在董事会、监事会中预留职工董事、职工监事的席位，并在公司章程中予以明确规定。

3.职工持股会选派到董事会、监事会的董事、监事，一般不占职工董事、职工监事的名额。

(二) 职工董事、职工监事产生的程序

1.职工董事、职工监事的候选人，可以由公司工会根据自荐、推荐情况，在充分听取职工意见的基础上提名，也可以由三分之一以上的职工代表或者十分之一以上的职工联名推举，还可以由职代会联席会议提名。公司工会主席、副主席一般应作为职工董事、职工监事候选人人选。

2.职工董事、职工监事应由公司职代会以无记名投票方式差额选举，并经职代会全体代表的过半数同意方可当选。尚未建立职代会的，应在企业党组织的领导和上级工会的指导下，先行建立职代会。

3.职工董事、职工监事由职代会选举产生后，应进行任前公示，与其他董事、监事一样履行相关手续，并报上级工会和有关部门（机构）备案。公司工会应做好向上级工会报备的相关工作。

三、依法规范职工董事、职工监事履行职责规则

(一) 职工董事、职工监事的职权、义务和责任

职工董事、职工监事依法享有与公司其他董事、监事同等权利,在董事会、监事会研究决定公司重大问题时,职工董事、职工监事应充分发表意见,履行代表职工利益、反映职工合理诉求、维护职工和公司合法权益的职责与义务,并承担相应责任。

1.职工董事依法行使下列职权:参加董事会会议,行使董事的发言权和表决权;在董事会研究决定公司重大问题时充分发表意见,确定公司高级管理人员的聘任、解聘时,如实反映职代会民主评议高级管理人员情况;对涉及职工合法权益或大多数职工切身利益的董事会议案、方案提出意见和建议;就涉及职工切身利益的规章制度或者重大事项,提出董事会议题,依法提请召开董事会会议,反映职工合理要求,维护职工合法权益;列席与其职责相关的公司行政办公会议和有关生产经营工作的重要会议;要求公司工会、公司有关部门通报相关情况,提供相关资料;向公司工会、上级工会或有关部门如实反映情况;法律法规、规章制度和公司章程规定的其他权利。

2.职工监事依法行使下列职权:参加监事会会议,行使监事的发言权和表决权;参与监督检查公司对涉及职工切身利益的法律法规、规章制度和公司章程的贯彻执行情况;监督检查公司职工工资、劳动保护、社会保险、福利及劳动合同、集体合同等制度规定的落实情况;听取和监督公司的经营管理情况;参与对公司的财务检查和对公司董事会、经理层人员履行职责的监督;就涉及职工切身利益的规章制度或者重大事项,提出监事会议题,提议召开监事会会议;列席董事会会议,可对董事会决议事项提出质询或者建议;列席与其职责相关的公司行政办公会议和有关生产经营工作的重要会议;要求公司工会、公司有关部门通报相关情况,提供相关资料;向公司工会、上级工会或有关部门如实反映情况;法律法规、规章制度和公司章程规定的其他权利。

尚未设立职工董事的公司，遇有董事会制订公司合并、分立、解散和变更公司重大方案，或者制订公司利润分配方案等涉及职工切身利益的重要事项时，职工监事应当按照对职工董事的要求主动担负起相应职责。

3.职工董事、职工监事应当履行以下义务：认真学习党的理论和路线方针政策，学习国家法律法规，积极参加相关培训，提高自身思想政治素质和相关业务素质；遵守法律法规和公司章程及各项规章制度，执行股东会、董事会、监事会的决议，保守公司秘密，认真履行职责；及时了解企业管理和发展状况，经常深入职工群众广泛听取意见和建议，在董事会、监事会上真实准确、全面充分地反映职工的合理诉求；执行职代会的决议，在董事会、监事会会议上，按照职代会的相关决议或在充分考虑职代会决议和意见的基础上发表意见，行使表决权；建立履职档案，对履行职责情况进行书面记录并妥善保存；每年至少一次向公司职代会报告工作，接受监督、质询、民主评议；法律法规和公司章程规定的其他义务。

职工董事、职工监事向公司职代会作述职报告的主要内容包括：（1）全年出席董事会、监事会会议情况，包括未出席会议的原因、次数；（2）在董事会、监事会会议上发表意见和参与表决的情况，包括投出弃权或者反对票的情况及原因；（3）对公司劳动关系重大问题和职工切身利益重要事项进行调查，反映职代会意见和职工利益诉求，与董事会、监事会其他成员及公司管理层进行交流磋商等情况；（4）参加教育培训情况；（5）根据相关法律法规、规范性文件和公司章程，履行职工董事、职工监事权利义务其他需要报告的情况。

4.职工董事、职工监事应担负的责任。董事会、监事会的决议、决定违反法律法规或者公司章程、股东大会决议，致使公司遭受严重损失的，参与决议或决定的职工董事、职工监事应当按照有关法律法规和公司章程的规定，承担相应责任。但经证明在表决时曾表明异议或者代表职代会意见并载于会议记录的，可以免除责任。

职工董事、职工监事在收到董事会、监事会议题议案，审议发现有损害职工利益的内容，或者与已有的职代会意见相悖，必要时应向董事长、监事会主席提出暂缓审议该项议题或议案的建议，并及时向职代会报告。

因故不能参加董事会、监事会会议时，应以书面形式委托其他董事、监事代为反映意见，并在委托书中明确授权范围。

(二) 职工董事、职工监事的任期、罢免和补选

1.职工董事、职工监事的任期与其他董事、监事的任期相同，每届任期不超过三年，任期届满后可以连选连任。职工董事、职工监事因辞职、患病、工作调动等离职的，或因劳动关系变更、终止、解除等不能履行职责时，经职代会通过终止其任职资格。

2.职工董事、职工监事有下列行为之一的，由公司职代会依法罢免：公司职代会对其述职进行无记名民主评议，结果为不称职的；不能如实反映公司职代会的决议、决定，在参与公司决策、履行监督职责时不代表职工利益行使权利，损害职工合法权益的；拒绝向公司职代会报告工作的；有其他不依法履行职工董事、职工监事职责行为的。

罢免职工董事、职工监事，须由三分之一以上职工代表或者十分之一以上职工联名提出罢免议案，并经职代会讨论通过。职代会讨论罢免职工董事、职工监事有关事项时，职工董事、职工监事有权在会上提出申辩理由或书面申辩意见。罢免议案须采用无记名投票方式，经职代会全体代表的过半数同意方获通过。罢免案通过后，公司工会应当将罢免结果报上级工会和有关部门备案。

3.职工董事、职工监事出现空缺的，应当由公司工会尽快组织补选，补选程序与产生程序相同。在新补选职工董事、职工监事就任前，原职工董事、职工监事仍应当依照法律法规和公司章程的规定，履行其职责。

(三) 职工董事、职工监事履行职责的必要保障

履职权益保障。公司应当为职工董事、职工监事依法履行职责提供必要的工作条件，保证其履职所必需的工作时间，其在履行职责期间除享受正常的工资和福利待遇外，履职所发生的费用比照其他董事、监事办理。职工董事、职工监事为履行职责，必要时可聘请律师或会计师等协助其工作，费用应依法参照有关规定由公司或公司工会承担。职工董事、职工监事在任职期间，除法定情形外，公司不得与其解除劳动合同。职工董事、职工监事在任期内和任期届满后，公司不得因其履行职责的原因，对其降

职、减薪或采取其他形式进行打击报复。

工作制度保障。公司工会要推动公司依法完善职工董事制度、职工监事制度相关配套制度，为充分发挥职工董事、职工监事的作用提供制度保障。建立培训制度，公司要在职工董事、职工监事任职前和任职期间组织其参加岗位适应性学习培训，不断提高其业务素质和履职能力。建立调研制度，职工董事、职工监事应通过工会和职代会建立起与广大职工群众联系的渠道，通过召开职工群众座谈会、职工代表团（组）长和职代会专门小组（委员会）负责人联席会议、职工代表巡视检查等形式，直接征求和听取职工群众的意见。

信息服务保障。公司应协助职工董事、职工监事全面了解公司情况，及时向职工董事、职工监事提供公司生产经营管理等方面的资料和信息。职代会下设工作机构要及时向职工董事、职工监事提供职代会的议题、议案和决议等材料，协助其开展专题调研和巡视检查，及时反映职工的有关意见和建议。公司工会要通过各种有效途径，为职工董事、职工监事提供专业意见和相关咨询。

思考题

1. 不断推进职工民主管理的重要意义是什么？
2. 职工代表大会制度有哪些特点？
3. 简述职工代表大会的组织建设。
4. 职工代表大会有哪些职权？
5. 职工代表如何产生？有哪些权利和义务？
6. 如何提高职工代表大会提案质量？
7. 简述厂务公开的内容与形式。
8. 职工董事、职工监事制度的重要意义是什么？
9. 职工董事、职工监事的职权、义务和责任有哪些？
10. 如何保障职工董事、职工监事履行职责？

案例 1

固原"四举措"推动企业民主管理工作走深走实

2023年5月9日　来源：中工网

今年以来，宁夏固原市总工会实施"四项举措"，在全市全力推进基层民主管理工作，全市国有、集体及控股企业、事业单位职代会建制率达100%，非公有制企业达80%以上。全力推进集体协商工作，全市100人以上建会企业建制率达100%。全面推行厂务（院务）公开制度，职工代表对厂务公开工作的满意率达90%以上。

一是民主管理工作基础进一步夯实。按照宁夏厂务公开领导小组要求，固原市全部恢复或调整了厂务公开领导机构，明确了厂务公开领导机构及各成员单位的职责，构建起"党委统一领导、党政共同负责、有关方面齐抓共管、职工群众广泛参与"的领导体制和工作格局。在企业内部形成了党组织统一领导、法人代表负总责、党政工齐抓共管、各业务部门具体承办、职工群众全员参与的工作体制，并列入年度目标奖惩，有效推进了厂务公开制度建设。不少单位厂务公开民主管理的内容已从职工的具体利益向企业生产经营、党风廉政建设等方面延伸，突出了生产经营的主要环节、企业改革的关键环节、职工群众的热点环节，内容更加丰富。

二是职代会制度广泛普及。固原市总工会着力规范职代会制度，建会企业职代会建制率已达87%，基本落实了职工参与企业民主管理的"四权"，企业每年都将生产经营计划、企业财务报告等涉及企业生产经营发展的重大事项提交职工代表大会讨论审议，并听取职工代表的意见；企业制定的重要规章制度、分配方案，特别是企业改革、改制中制定的职工安置方案和凡涉及职工切身利益的重大事项，提交职工代表大会审议通过后才实施；企业已将评议范围扩大到了企业中层干部。

三是集体协商制度更加完善。固原市各级工会正常开展"四季"集中要约行动，层层有规划，年年有目标，因企制宜，整体推进，分类实施。4月下旬，市总工会举行了全市2023年度集体协商集中要约启动仪式，并观摩了快递行业集体协商现场。全市建会企业集体协商建制率达93%以上,其中国有、集体企业建制率达100%,职工的参与率和满意度均达80%以上。

四是创新方式方法成效显著。在健全职代会制度这一企事业单位实行民主管理基本形式的基础上,丰富多层次、多渠道的民主协商形式。原州区总工会坚持在小微非公企业中推行民主议事会制度,形成了小微企业简单、及时、高效的民主管理工作模式。西吉县总工会坚持机关干部包干督导系统、乡镇企事业单位召开职代会,并把帮扶救助、职工文化活动等工作与推行厂务公开、职代会制度结合起来,有效扩大覆盖面。隆德县总工会指导和帮助企业建立民主管理工作清单,健全职代会、厂务公开、集体协商、劳动争议调解等制度。市总工会在试点基础上,出台《关于推行"职工说事"工作制度的实施意见》,推动全市企业普遍建立"职工说事"制度,为畅通职工意愿表达渠道、搭建职企交流平台、推动民主管理制度建设、构建和谐劳动等提供了新路径新模式。(工人日报-中工网记者 马学礼 通讯员 王重和)

案例2

职工民主议事厅:汇聚民智 促进"双赢"

2021年12月23日　来源:中工网

为增强企业职工厂务公开、民主管理工作决策的民主化、科学化、制度化,提高职工议事质量和工作效率,江西同和药业股份有限公司结合公司实际,设立了职工民主议事厅。

据悉,每月25日是公司民主议事日,定期开展职工民主议事。公司实施"五必谈"(新进职工必谈、晋升岗位必谈、职工处分必谈、离职职工必谈、岗位调动必谈),及时了解职工最新的思想动态。职工在议事会上积极发言、共同商议重要事项,将民主管理贯穿到了公司发展的各个环节。

议事会上,大家商议培训计划、社保缴纳、劳动合同、薪酬体系、环境保护、安全隐患等热点、难点问题。公司党支部、工会、人事部针对部分问题进行现场解决,暂时不能解决的问题现场记录,待进一步了解情况后尽快妥善解决。即使在疫情防控时期,"议事厅"也没闲着,而是转到了"线上"。面对防疫物资紧缺,大家想办法众筹;为了不耽误公司按时交货,职工自动发起加班紧急生产;有职工遇到了工作生活上的困难,公司工会也及时跟进、帮助解决。仅2021年,议事厅里共召开了11次现场协商会议,线上协商事件23件,解决了18件与职工息息相关的议题,收集到了合理化建议225条。

职工议事厅为职工和公司之间搭建了沟通、交流的平台,让职工群众更广泛地参与到公司日常管理事务中来,给职工带来了实惠和温暖,让职工感受到了被关爱和尊重,同和药业也发展成为国际原料药业内以产品质量好、管理民主化程度高而闻名的企业。

下一步,同和药业将继续发挥职工民主议事厅在凝聚人心、树立信心、群策群力、攻坚克难方面的独特优势和积极作用,努力增强职工的参与意识,切实保障职工的民主权利,实现企业和职工共建、共享、共赢。
(工人日报-中工网记者 卢翔 通讯员 熊渭林 刘晗)

第七章

大力推行平等协商与集体合同制度

平等协商和集体合同制度是市场经济条件下协调劳动关系的重要法律制度，也是维护职工合法权益的有效机制。推行平等协商和集体合同制度，是工会协调劳动关系、依法维护职工合法权益的重要工作和任务。

第一节 平等协商与集体合同工作概述

一、平等协商与集体合同

平等协商是指用人单位工会代表职工与用人单位就涉及职工合法权益等事项依据法律规定而进行平等商谈的行为。平等协商是集体合同订立的法定程序之一，通常采用协商会议形式。

用人单位工会应当与用人单位之间围绕有关调整劳动关系事宜和集体合同的订立进行平等协商，并建立平等协商制度。

集体合同是指工会代表职工与用人单位根据法律、法规、规章的规定，就劳动报酬、工作时间、休息休假、劳动安全卫生、职业培训、保险福利等事项，通过平等协商签订的书面协议。集体合同一般又分为综合集体合同和专项集体合同。

我国《劳动法》规定："企业职工一方与企业可以就劳动报酬、工作时间、休息休假、劳动安全卫生、保险福利等事项，签订集体合同。""集体合同由工会代表职工与企业签订；没有建立工会的企业，由职工推举的代表与企业签订。"《工会法》规定，工会代表职工与企业、实行企业化管理的事业单位、社会组织进行平等协商，依法签订集体合同。

二、平等协商与集体合同的基本特征

（一）平等协商和集体合同的当事人是特定的

平等协商和集体合同的当事人中，用人单位方面可以是团体，也可以是单个雇主，但劳动者一方必须是团体，一般是具有社团法人资格的工会，未建立工会的，则由职工推举的职工代表担任。

（二）平等协商和集体合同的签订是一种合法的法律行为

双方当事人按照法律法规，经过平等协商达成一致意见，签订集体合同后，互相之间就产生了权利义务关系，这种权利义务关系对双方具有法律约束力，受国家法律保护。任何一方不履行义务，就要承担相应的责任。

（三）当事人双方的义务性质不同

集体合同双方当事人互相承担义务，但又不同于一般的商务合同。集体合同规定用人单位承担的义务都具有法律性质。用人单位不履行义务，责任人就要承担法律责任。而工会承担的义务具有道义性质，一般不承担法律责任。

（四）集体合同是当事人之间有关劳动关系的协议，是劳动合同的依据

从集体合同的内容和目的看，集体合同是有关劳动关系的协议。签订集体合同，从用人单位一方看，有利于调动劳动者的积极性，提高劳动效率；从劳动者一方看，则有利于改善劳动和生活条件。集体合同作为用人单位和劳动者双方的劳动关系协议，是用人单位劳动关系的准则，其法律效力高于劳动合同，因此也就成了劳动合同的依据。

（五）集体合同是要式合同

集体合同签订必须符合国家法律法规的要求。同时，集体合同要以书面形式订立，并经过主管机关登记备案，才具有法律效力。

（六）平等协商和集体合同制度的推行，适用于各类不同所有制企业和企业化管理的事业单位、社会组织

三、平等协商和签订集体合同的原则

（一）合法原则

平等协商和签订集体合同双方主体的资格、程序、内容、形式等必须符合《劳动法》和其他有关法律、法规的规定。

（二）平等合作和协商一致的原则

参与协商的工会组织与用人单位不存在隶属关系，双方法律地位是平等的。任何一方不能倚仗权势，通过胁迫手段把自己的意志强加给对方，订立不平等合同。双方要本着合作的态度，力求协商一致解决问题。

(三) 权利与义务相结合的原则

《劳动法》虽然是以保障劳动者权益为宗旨的，但这种权利是与义务相结合的。因此，参加平等协商的双方既享有权利又承担义务。

(四) 兼顾各方利益的原则

工会在代表职工同用人单位进行协商谈判时，既要维护职工的合法利益，又要从用人单位实际出发，把改善职工劳动、生活条件与本单位的发展结合起来。

(五) 维护正常生产、工作秩序的原则

在平等协商的过程中，双方应保持良好的合作态度。当意见僵持难以形成统一时，可暂时休会。休会期间必须保证生产经营的正常秩序。

第二节 平等协商与集体合同的内容

一、平等协商和集体合同中有关劳动条件和标准方面的内容

(一) 劳动报酬

主要包括：职工工资水平、工资分配制度、工资标准和工资分配方式；工资支付办法；加班、加点工资及津贴、补贴标准和奖金分配办法；工资调整办法；试用期及病假、事假等期间的工资待遇；特殊情况下职工工资（生活费）支付办法，其他劳动报酬分配办法；等等。

(二) 工作时间

主要包括企业的工时制度、加班加点办法、特殊工种的工作时间、劳动定额标准等。

(三) 休息休假

主要包括日休息时间、周休息安排、年休假办法，不能实行标准工时职工的休息休假，其他假期。

(四) 劳动安全卫生

主要包括企业劳动安全卫生责任制、劳动条件和技术措施、安全操作规程、劳动保护用品发放标准、定期健康检查等。

(五) 补充保险和福利

主要包括社会保险的种类和范围、基本福利制度和福利设施、医疗期延长等。

(六) 女职工和未成年工的特殊保护

主要包括女职工和未成年工禁忌从事的劳动、女职工"四期"保护、女职工和未成年工的定期健康检查、未成年工的使用和登记制度。

(七) 职业技能培训

主要包括职业技能培训项目规划及培训计划、职业技能培训费用的提取和使用、保障和改善职业技能培训的措施。

二、平等协商和集体合同中有关劳动管理的内容

(一) 劳动合同管理

主要包括劳动合同签订时间，确定劳动合同期限的条件，劳动合同变更、解除、续订的一般原则及无固定期限劳动合同的终止条件，试用期的条件和期限。

(二) 用人单位裁员

主要包括裁员的方案、裁员的程序、裁员的实施办法和补偿标准。

(三) 用人单位对职工的奖惩

奖惩主要包括劳动纪律、考核奖惩制度、奖惩程序。

三、集体合同本身的一般性规定

1.集体合同必须明确规定集体合同的期限。根据原劳动和社会保障部发布的《集体合同规定》的规定，集体合同的期限为1至3年。

2.订立、变更、解除、终止、续订集体合同的条件和协商程序。

3. 双方履行集体合同的权利和义务。
4. 违反集体合同的责任。
5. 因履行集体合同发生争议时协商处理的约定。
6. 集体合同的监督检查。

四、集体合同中双方认为应当协商约定的其他内容

(一) 劳动争议的预防和处理

包括劳动争议预防的措施、办法和制度，劳动争议调解的组织、制度、程序和处理办法。

(二) 职工民主管理

包括用人单位职工民主管理的组织形式、内容、程序、职权范围及厂务公开制度、职工代表参加董事会和监事会制度等。

(三) 工会工作

根据《劳动法》《工会法》等法律法规的规定，工会代表职工和维护职工的合法权益，依法独立自主地开展工作。

第三节 平等协商与集体合同的签订程序

开展平等协商要严格履行程序，协商过程要充分表达职工群众和企业方的意愿和要求，协商内容要得到双方的一致认可。

一、平等协商前的准备工作

(一) 用人单位工会在协商前要深入本单位广泛调查，摸清情况，收集职工和有关部门对平等协商、集体合同的意见和建议

(二) 平等协商的主体

平等协商的主体是指对有关劳动关系问题享有协商谈判、订立（或变

更、解除）协议的权利，并承担相应责任和义务的当事人。

1. 用人单位一方的主体

（1）用人单位即具有法人资格的企业和实行企业化管理的事业单位，或企业法人根据情况授权委托的分支机构；

（2）雇主或雇主代表组织；

（3）小企业以进行平等协商为目的的区域或行业性企业联合会组织。

2. 职工一方的主体

与用人单位一方主体相对应的全体职工，或全体职工按照法定程序选举推举产生的职工代表。

平等协商是由法律保障的劳动力供需双方实行平等对话、民主决策的机制。《劳动法》第三十三条、《工会法》第二十一条对签订集体合同所作的明确规定，在法律上赋予平等协商双方的平等主体地位。

（三）平等协商代表的产生

平等协商代表应按照规范程序产生。

1. 平等协商代表的构成

平等协商代表是指按照法定程序产生并有权代表本方利益进行平等协商的人员。协商双方代表构成的情况。

（1）平等协商代表每方至少3人，双方协商代表人数应当对等。

（2）协商双方各确定1名首席代表。用人单位的首席代表由单位法定代表人担任或书面委托其他管理人员担任；职工一方的首席代表由工会主席担任或书面委托其他协商代表担任。工会主席空缺的，首席代表由主要负责人担任。未建立工会的，职工一方的首席代表从职工协商代表中民主推举产生。

（3）双方首席代表可以书面委托专家、学者、律师等专业人员作为本方的协商代表，但委托人数不得超过本方代表的1/3。

（4）用人单位协商代表与职工代表不得兼任。

（5）平等协商代表因特殊情况造成空缺，应按上述规定，在空缺之日起15日内产生新的代表。

2.平等协商代表的职责

（1）参加平等协商；

（2）接受本方人员质询，及时向本方人员公布协商情况并征求意见；

（3）提供与平等协商有关的情况和资料；

（4）代表本方参加平等协商争议处理；

（5）监督集体合同或专项集体合同的履行；

（6）保守在平等协商过程中知悉的用人单位的商业秘密以及协商过程中个人意见；

（7）维护本单位正常的生产、工作秩序；

（8）法律、法规和规章规定的其他职责。

3.平等协商代表的保护。

（1）用人单位一方不得以任何借口，对工会干部和职工协商代表进行打击报复；

（2）职工一方的协商代表担任协商代表期间，用人单位无正当理由不得调整其工作岗位；

（3）职工协商代表在其履行协商代表职责期间劳动合同期满的，劳动合同期限自动延长至完成履行其协商代表职责之时。

（四）起草集体合同

集体合同作为一种法律文书，草案可以由平等协商的任何一方协商代表起草，还可以由双方共同组成人员起草。

二、平等协商的进行

（一）提出要约，商定规则

平等协商的双方均可就签订集体合同或专项集体合同以及相关事宜，以书面形式向对方提出进行平等协商的要求。

一方提出平等协商要求的，另一方应当在收到平等协商要求之日起20日内以书面形式给予回应。如果应允，双方应确定协商意向，并共同商定协商时间、地点、参加人员、协商议程等程序性规定。同时，协商双方共同确定1名非协商代表担任平等协商记录员。

(二) 正式协商

平等协商采取协商会议形式，由双方首席代表轮流主持，基本议程如下：

1.宣布议程和会议纪律；

2.协商发起方首席代表提出协商的具体内容和要求，协商受约方首席代表就对方的要求作出回应；

3.协商双方代表本着互相信任、以诚相待和良好的合作态度，就商谈事项发表各自意见，开展充分讨论；

4.双方首席代表归纳意见，就协商一致的意见提出共同确认的表述方法。

(三) 平等协商的结果

平等协商的结果可分为签订集体合同和协商中止两种情况。

1.签订集体合同。可以是专项集体合同，也可以是全面的集体合同。集体合同草案由职工代表大会或职工大会审议通过，由双方首席代表签字盖章，报送登记，公布实施。

2.协商中止。如在平等协商中未能达成一致意见或出现事先未预料的问题时，经双方同意，可以中止协商。中止期限及下次协商时间、地点、内容由双方协商。

三、签订集体合同

(一) 职工代表大会或职工大会审议通过集体合同草案

职工代表大会或职工大会（2/3以上职工代表或者职工出席）审议通过集体合同草案是法定程序，是《劳动法》赋予职工代表大会或职工大会的职权。

区域性行业性集体合同是近年来发展最为迅速的平等协商和集体合同形式。经协商一致的集体合同草案进入职工审议程序时，各地工会一般采取三种方式解决。

一是对于区域性行业性集体合同覆盖范围内的企业已经建立职代会制度的，应将集体合同草案提交企业职代会审议通过。

二是对于未建立职代会的企业，通过全体职工大会讨论通过，或张榜公布，或印发小册子等宣传材料发给职工，直接听取职工的意见和建议，取得职工的认可。

三是适应非公有制企业民主管理制度的发展要求，积极探索建立区域性行业性的联合职代会制度或企业集群职代会制度，来解决这些地区的区域性行业性集体合同草案的审议通过办法和途径，使职代会制度和集体合同制度互为促进，协调发展。

（二）集体合同的签字、审核备案和公布

1. 集体合同草案文本经用人单位职工代表大会或职工大会审议通过，由双方首席代表签字。

2. 集体合同签订或变更后，应自双方首席代表签字之日起10日内，由企业方协商代表将集体合同报送当地劳动保障行政部门审查备案。集体合同审查实行属地管辖，具体管辖范围由省级劳动保障行政部门规定。

集体合同报送的主要内容有：

（1）用人单位基本情况及法人资格证明；

（2）双方协商代表材料、首席代表的基本情况及代表资格证明材料；

（3）集体协商记录；

（4）职代会或职工大会审议意见；

（5）集体合同文本；

（6）对集体协商以及对集体合同的说明；

（7）集体合同附件材料。

劳动保障行政部门对集体合同有异议的，应在收到集体合同报审材料后15日内将《审查意见书》送达双方协商代表。《审查意见书》的内容应包括：集体合同当事人双方的名称和地址、劳动保障行政部门收到集体合同的时间、审查意见、做出审查意见的时间、加盖劳动保障行政部门的印章。劳动保障行政部门自收到集体合同文本之日起15日内未提出异议的，集体合同即行生效。

3.集体合同生效后，由协商代表及时以适当方式向本方全体人员公布。

四、集体合同的变更、解除和终止

（一）变更或解除集体合同的条件

1.用人单位因被兼并、解散、破产等，致使集体合同无法履行的；
2.因不可抗力等致使集体合同无法履行的；
3.集体合同约定的变更或解除条件出现的；
4.法律、法规、规章规定的其他情形。

（二）变更或解除集体合同的程序

变更或解除集体合同的程序与签订集体合同的程序基本相同，即提出建议、召开协商会议、召开职工代表大会或职工大会、备案、协议生效。

（三）集体合同的终止

集体合同的法律关系是当事人之间具有一定时间性的权利义务关系，这种关系不会永远存在下去，任何合同在时间上都是有期限的。当集体合同期满或双方约定的终止条件出现时，集体合同即行终止。在集体合同终止前，要着手做好签订新的集体合同的准备工作。

第四节 集体合同的履行、监督检查及争议的处理

一、集体合同的履行

合同的履行是指合同依法成立后，当事人双方按照合同约定的各项内容，全面地完成各自承担的义务，从而使合同的权利义务得到全部实现的整个行为过程。集体合同的履行是集体合同制度实现的基本形式。集体合同一旦生效，就具有法律效力，合同双方必须遵守执行。

集体合同履行必须坚持以下原则。

（一）全面履行的原则

全面履行是指集体合同生效以后，当事人双方要按照集体合同规定的时间、地点、履行方式以及数量、质量的要求，全面履行义务。

（二）实际履行的原则

实际履行是指当事人按照合同约定的义务履行。合同中约定了什么义务就履行什么义务。

（三）协作履行的原则

协作履行是指当事人之间要团结合作、相互支持、紧密配合，完成集体合同所规定的义务。协作履行是实际履行和全面履行的保证。

二、集体合同的监督检查

（一）集体合同监督检查的概念

集体合同的监督检查是指劳动保障行政部门、上级工会、企业以及职工群众等对已生效集体合同的履行进行检查监督的行为。监督检查是建立和完善集体合同制度、全面履行集体合同的基本保障，也是防止劳动争议发生，加强双方联系与合作的重要手段。

（二）集体合同监督检查的形式

1. 建立联合监督检查小组

为保证集体合同的全面履行，在集体合同生效后，签订集体合同的双方要成立监督检查小组，负责对集体合同的履行情况进行监督检查。监督检查小组由用人单位的代表、工会和职工代表组成。监督检查小组应定期将合同执行情况向区域内职代会、企业职工代表或职工群众报告，及时发现问题、解决问题。

2. 用人单位对集体合同的监督检查

用人单位方面对集体合同的履行负有主要义务。用人单位应当组织生产经营管理人员监督检查集体合同的履行情况，监督各部门履行各自的义务。

3.用人单位工会对集体合同的监督检查

工会对集体合同的监督检查，是工会劳动法律监督的重要组成部分，是工会享有的基本的劳动法律监督权利之一。这种权利包括对用人单位履行集体合同的情况进行监督、参与调查处理、提出意见要求改正、要求劳动监察部门处理、提请仲裁或诉讼。

4.上级工会对集体合同的监督检查

集体合同文本签字后，在报送劳动保障行政部门审查的同时，工会还应将集体合同文本报上一级工会。上级工会要加强对企业工会的指导，并对集体合同的履行情况进行监督检查。

三、平等协商和集体合同争议处理

（一）平等协商和集体合同争议处理的原则

平等协商争议，是指在平等协商的过程中，当事人双方就一些问题不能达成一致意见而发生的争议。在处理平等协商争议和集体合同争议时，应遵循以下原则：

第一，争议双方不得采取过激行为；

第二，注重双方自行协商解决分歧；

第三，遵循"三方原则"；

第四，客观、及时、公正。

（二）平等协商争议处理的机构、程序

1.平等协商争议处理机构

平等协商过程中发生争议，双方当事人不能协商解决的，当事人一方或双方可以书面形式向劳动保障行政部门提出协调处理申请；未提出申请的，劳动保障行政部门认为必要时也可以协调处理。劳动保障行政部门应当组织同级工会和用人单位等三方面的人员，共同协调处理集体协商争议。

2.平等协商争议处理实行属地管辖，具体管辖范围由省级劳动保障行政部门规定

3.平等协商争议处理的期限

协调处理平等协商争议，应当自受理协调处理申请之日起 30 日结束协调处理工作。期满未结束的，可以适当延长协调期限，但延长期限不得超过 15 日。

4.平等协商协调处理程序

（1）受理协调处理申请；

（2）调查了解争议的情况；

（3）研究制订协调处理争议的方案；

（4）对争议进行协调处理；

（5）制作《协调处理协议书》。

《协调处理协议书》的内容如下。

《协调处理协议书》应当载明协调处理申请、争议的事实和协商结果，双方当事人就某些协商事项不能达成一致的，应将继续协商的有关事项予以载明。《协调处理协议书》由平等协商争议处理人员和争议双方首席代表签字盖章后生效。

（三）履行集体合同争议的处理

《劳动法》第八十四条规定："因履行集体合同发生争议，当事人协商解决不成的，可以向劳动争议仲裁委员会申请仲裁；对仲裁裁决不服的，可以自收到仲裁裁决书之日起十五日内向人民法院提起诉讼。"

第五节 区域性行业性平等协商与集体合同

一、区域性行业性平等协商与集体合同

区域性行业性平等协商是指在一定区域和行业范围内，由街道、乡

镇、社区以及行业工会组织，与相应的企业组织或所属企业，依据法律法规，就劳动报酬、工作时间、休息休假、劳动安全卫生、职业培训、保险福利等事项，开展平等协商签订集体合同的行为。

协商范围主要是在小型企业或同行业企业比较集中的乡镇、街道、社区和工业园区开展。

二、区域性行业性平等协商与集体合同的特点

区域性行业性平等协商和集体合同与企业的平等协商和集体合同相比，有以下几个特点。

（一）主体不同

企业平等协商和集体合同的主体一方是企业或企业化管理的事业单位工会，另一方是企业。而区域性行业性平等协商和集体合同的主体一方是地方工会联合会或乡镇、街道工会或行业工会组织，另一方是相应的企业组织或所属企业。

（二）内容不同

虽然两者的内容都是有关劳动标准、职工劳动权益问题，但企业平等协商和集体合同是从企业的实际情况出发，确定本企业的劳动标准，解决本企业职工的劳动问题，内容比较具体、特定。而区域性行业性平等协商和集体合同确定的是带有共性的劳动问题，内容相对宽泛。

（三）作用不同

企业平等协商和集体合同调整本企业的劳动关系，区域性行业性平等协商和集体合同调整本地区或本行业的劳动关系。

（四）效力不同

企业平等协商和集体合同只适用于本企业，对企业劳动关系双方具有约束力。而区域性行业性平等协商和集体合同适用于本地区本行业，本地区本行业的有关企业都应当执行。

三、开展区域性行业性平等协商与集体合同工作的重要性

（一）推行区域性行业性平等协商与集体合同是维护非公企业职工合法权益的需要

由于非公企业大多集中在乡镇、街道、社区、各类经济开发区和工业园区，规模较小，管理不够规范，企业工会力量薄弱，职工权益缺乏保障。由企业单独签订集体合同难度很大，推行区域性行业性平等协商签订集体合同制度就显得重要而且迫切。《劳动合同法》第五十三条的规定为推行区域性行业性集体合同提供了法律依据。区域性行业性平等协商和集体合同已经成为深化平等协商签订集体合同工作，提高建制率、扩大覆盖面、增强实效性、切实发挥其作用的重要形式。

（二）推行区域性行业性平等协商与集体合同是适应区域工业经济结构发展变化的需要

随着经济体制改革的不断深化，区域工业经济结构发生了很大变化，民营经济逐渐成为区（县）域经济的主体。一方面，在政府不直接干预企业经营管理的新形势下，企业经营者为了追求最大利润，不同程度地存在着对职工的侵权现象，而集体合同和劳动合同的缺位给政府职能部门协调劳动纠纷和工会依法维权带来了很多困难；另一方面，区域民营企业大多小而分散，资本处于原始积累阶段，企业工会工作基础较差，企业主对建立集体合同制度怀有一定程度的抵触情绪，依靠基层工会单独推进集体合同制度难度很大。因而需要大力推行区域性行业性平等协商与集体合同。

（三）推行区域性行业性平等协商与集体合同制度是协调劳动关系、促进社会安定团结的客观要求

私营企业、乡镇企业、外商投资企业的劳动关系比较复杂，在这种情况下，单靠各个企业自身调整，力度都很不够。这就需要由有关地方工会组织和行业工会组织，紧紧抓住共性的、带倾向性的、对劳动关系影响较大的问题与相应的企业组织进行协商，签订集体合同，从而指导、规范各企业的劳动关系，预防劳动争议发生。

（四）推行区域性行业性平等协商与集体合同是适应乡镇、街道、社区工会工作发展的需要

通过近几年强化工会组织建设，全国大部分地方已经形成了乡镇、街道工会—社区工会—企业工会小三级工会组织网络体系，目的是加强对基层工会的领导。如何发挥乡镇、街道工会、社区工会在基层工会的前沿管理作用，实现"切实维权"，成为广大工会干部关注的焦点。理论和实践表明：乡镇、街道、社区工会要发挥作用，必须履行维权服务的基本职责。实行区域性集体合同，为协调劳动纠纷、维护职工的合法权益提供了有效的载体。

（五）推行区域性行业性平等协商与集体合同是小三级工会履行职责的需要

乡镇、街道工会—社区工会—企业工会小三级工会如何履行维护职能，工作的着力点不能仅仅停留在个案维权上，必须根据基层企业点多线长面广的特点，指导和帮助乡镇、街道、社区工会签订好区域性集体合同，实现主动维权、整体维权。

四、企业集体合同与区域性行业性集体合同的效力

一般来讲，区域性行业性集体合同的效力优于企业集体合同。在企业集体合同与区域性行业性集体合同内容不一致时，一般应当优先适用后者；但是如果企业集体合同就某一事项作了特别规定，而又不与区域性行业性集体合同基本原则相冲突，则优先适用该规定；如果效力等级相同的区域性行业性集体合同适用于同一劳动关系且内容又相异时，效力发生在前的集体合同作了特别规定，则依其规定；没有特别规定时，适用职业范围较小的集体合同；如果不是关于职业性质规定的，优先适用行业或地方性的范围较大的集体合同。

思考题

1. 平等协商与集体合同的基本特征有哪些？
2. 平等协商和签订集体合同应坚持的原则是什么？

3. 平等协商与集体合同的内容主要有哪些？
4. 签订集体合同的程序是什么？
5. 简述平等协商代表。
6. 集体合同监督检查的形式有哪些？
7. 区域性行业性平等协商与集体合同的特点是什么？

案例1

河南巩义开展"集中要约"行动 集体合同从"新"签出"同心圆"

2023 年 5 月 24 日　来源：中工网

"感谢工会，在单位与职工之间架起一座连心桥，集体合同的签订让我们吃了颗'定心丸'。"河南省巩义市总工会近日举行新就业形态领域集体协商合同签订仪式，韵达快递快递员赵鹏涛作为职工方代表有感而发。

当天，在巩义市总工会、市人社局、市科工信局、市工商联的见证下，中通快递、饿了么、众诚物流等企业方代表与职工方代表签订了集体合同。此次新就业形态领域集体合同的签订，将广泛调动劳动者的积极性，保障他们的合法权益，促进和谐的劳动关系，进一步助推企业的高质量发展。大家纷纷对工会倾听职工群众呼声，推动集体合同发挥实效，切实维护新就业形态劳动者在劳动报酬、合同管理、休假、劳动安全与卫生、保险福利等的合法权益，为行业发展凝聚力量所做的工作表示认同。

今年，巩义市总工会联合多个单位和部门开展了为期两个月的集体协商"集中要约"行动，成立集体协商指导小组，通过强化组织、广泛宣传、深入指导，推进全市各基层集体协商工作整体上台阶。同时，深入部分企业和新就业领域企业实地调研，掌握快递员、外卖小哥等劳动经济权益维护实现情况，了解他们最关心、最直接、最现实的利益问题，有针对性地确定协商议题，维护了广大快递员、外卖小哥等的劳动经济权益，为新业态企业建设和谐劳动关系提供了示范引导，为建设全市和谐劳动关系营造了良好社会氛围，为高质量推进集体协商奠定坚实基础。截至目前，全市企业与用人单位续签及新签订集体合同 62 份，覆盖企业 425 家，覆盖职工 19202 人；其中新就业形态劳动者与用人单位新签订集体合同 10 份，覆盖企业10家，覆盖职工1026人。

巩义市总工会相关负责人表示，将围绕集体协商的内容，以精准需求、科学设置、民主参与为重点，深化推广"民主恳谈、集体协商、职代会审议、协商备案、职代会报告"五大操作法，畅通新就业形态劳动者表达意见诉求的渠道，不断推动集体协商工作提质增效，实现企业与职工利益共享、共同发展，构建规范有序、公正合理、互利共赢、和谐稳定的劳动关系，为巩义加快建设社会主义现代化标杆城市贡献工会力量。（河南工人日报记者 胡艺 通讯员 靳璐璐）

案例2

设立营销创新、服务创优、业绩创收、运营创效等4类奖励，激发职工创新热情

沈阳服务行业签订创新创效专项集体合同

2023年9月12日 来源：中工网-工人日报

近日，辽宁某公司分公司召开职工代表大会，审议通过沈阳市服务行业首份创新创效专项集体合同并举行签约仪式。据悉，专项集体合同明确了营销创新、服务创优、业绩创收、运营创效等方面的奖励办法，有助于引导、激励职工参与到公司经营发展中来。

为更好地助力服务行业高质量发展，今年，沈阳市服务业工会主席王迎带领工会干部调研了解业内多家企业建立创新创效机制的情况，发现一些企业虽然有创新创效奖励政策，但存在职工参与度不高、创新创效激励机制不健全、激励性不足等问题，于是决定选取盛京大奥莱分公司开展创新创效专项集体合同试点，发挥以点带面作用，激发行业职工的创新热情、创效活力。

该分公司于2013年开业，是沈阳唯一一家国有大型商业零售集团，现有一线职工210人，营销人员接近50%。工会主席刘洋介绍说，创新创效专项集体合同旨在建立以公司为主体、职工为主力的经营发展创新体系，激发一线职工在创新创效方面的热情和潜能。

创新创效专项集体合同约定：奖励明确为营销创新、服务创优、业绩创收、运营创效等4类。通过创新形式为公司宣传策划，增加公司与消费者的黏性和互动性，可给予营销创新奖励；服务创优奖设为优质服务奖、突出贡献奖、创新服务奖、见义勇为奖等奖项；在重大活动中业绩有较大提升或阶段性重点工作有突破的，可给予业绩创收奖励；加强职工的学习和培训，提高精细化管理的业务水平，开展多层次的技能大赛并在基础提升、节能减排、安全生产等方面有突出贡献的，可给予运营创效奖励。4类奖项根据公司相关制度（方案）进行评选，可给予最低100元、最高3万元的奖金或等值奖品。该分公司组成评审小组，通过多种维度进行评比，每年于年中或者年底进行1~2次评比。

"我的创新方案被采纳了，能助力公司发展，我很自豪。"生鲜水果部营业员吴彤发现，在为顾客提供新鲜试吃产品的同时，通过对不同时段不同产品密切关注、寻找减损点，在合理订货、先进先出、叶菜当日出清等细节上能够减少公司损耗。目前，她提出的精细化管理方案已经上报至分公司工会，年底将按照创新创效专项集体合同中的规定拿到相应奖励。

王迎表示，工会将广泛推广这一做法，为服务行业维护职工合法权益，构建和谐劳动关系，创新工会工作路径提供借鉴。（工人日报-中工网记者 刘旭）

第八章

加大工资集体协商力度

工资收入是职工的主要的或者唯一的生活来源，关系到职工的核心经济利益和职工队伍的稳定。大力推行工资集体协商制度，是维护职工合法权益的重要机制。工会应充分认识开展工资集体协商的意义和作用，明确协商内容，规范协商程序，了解和掌握工资集体协商的主要参考因素，进一步推进工资集体协商工作。

第一节 工资集体协商概述

一、工资集体协商

工资是指基于劳动关系，用人单位根据劳动者提供的劳动数量和质量，按照法律规定或劳动合同约定，以货币形式直接支付给劳动者的劳动报酬。对劳动者而言，工资是劳动者最基本的生活来源，是劳动消耗的补偿形式，关系到生活水平的改善和职业技能素质的提高，是劳动者权益的重要内容。对企业而言，工资是产品成本的重要组成部分，工资分配是日常生产经营活动的重要内容，工资水平的高低关系到产品成本的高低和企业市场竞争力的强弱，关系到劳动者生产积极性能否得到充分发挥，关系到劳动关系是否和谐稳定。

工资集体协商是指用人单位工会代表职工与用人单位依法就用人单位内部工资分配制度、工资分配形式、工资支付办法、工资标准等事项，为签订工资专项集体合同而进行商谈的行为。工资集体协商是实现劳动关系双方共同参与、共同决定劳动者工资的一种收入分配方式，是工资正常增长机制和支付保障机制中的重要组成部分。

工资专项集体合同是指工会代表职工一方与用人单位专门就工资事项签订的专项集体合同。

工资集体协商的结果既可以形成工资专项集体合同，也可以作为集体合同的一个组成部分或附件，与集体合同具有同等的法律效力。

二、开展工资集体协商的重要意义

（一）开展工资集体协商，是构建和谐社会，全面建设社会主义现代化国家的必然要求

构建和谐社会，全面建成社会主义现代化强国，实现中华民族伟大复

兴的中国梦，首先要确保社会政治稳定，确保治安状况良好，确保经济运行稳健，确保安全生产状况稳定好转，确保社会公共安全，确保人民安居乐业。改革开放以来，我们在取得巨大经济效益的同时，也产生了一些矛盾，比如收入差距扩大、劳资关系紧张等问题。因此，必须采取措施适当提高职工工资收入，提升职工的获得感、幸福感、安全感，构建和谐稳定劳动关系。

（二）开展工资集体协商，是贯彻落实党的二十大关于依法治国精神、推进工会依法治会的内在需要

党的二十大报告强调："我们要坚持走中国特色社会主义法治道路，建设中国特色社会主义法治体系、建设社会主义法治国家，围绕保障和促进社会公平正义，坚持依法治国、依法执政、依法行政共同推进，坚持法治国家、法治政府、法治社会一体建设，全面推进科学立法、严格执法、公正司法、全民守法，全面推进国家各方面工作法治化。"推行企业工资集体协商制度，是《企业法》《工会法》《劳动法》等法律法规的刚性要求。企业工资集体协商作为市场经济条件下一种新的工资分配决定机制，用合同的形式来规范市场主体的权利和义务，符合市场经济的平等性、契约性原则。

（三）开展工资集体协商是深化分配制度改革、建立适应社会主义市场经济要求的企业工资分配机制的关键环节

通过开展工资集体协商，建立适应社会主义市场经济要求的企业工资分配共决机制和正常的调整机制，既能保证职工的合法权益，又能保障企业的经营效益，从而达到维护职工合法权益与促进企业健康发展的"双赢"目标，真正实现在共建中共享，在共享中共建。

（四）开展工资集体协商，是工会维权的重要手段

工会代表职工与企业方进行工资集体协商，不但是时代赋予的重要职责，也是工会维护职工劳动报酬权的重要手段，更是工会安身立命的根本所在。

（五）开展工资集体协商，是进一步落实职工民主权利，加强企业民主管理的现实需要

通过开展工资集体协商这项工作，保障了广大职工在工资决策中与企业经营者平等对话、民主协商的地位，强化职工的主人翁意识，从而增强了企业的凝聚力和向心力，推动企业高质量发展。

三、开展工资集体协商的原则

（一）遵守法律、法规、规章及国家有关规定；
（二）相互尊重、平等协商；
（三）诚实守信、公平合作；
（四）兼顾双方合法权益；
（五）不得采取过激行为。

第二节　工资集体协商的内容

一、工资

从企业来说，工资是一种资本性投入，是企业的人工成本。从职工来说，工资是将劳动力使用权暂时让渡给企业，在企业支配下劳动而获得的一种报酬，是职工的主要经济来源。

在我国，工资分配要坚持按劳分配、同工同酬、工资水平随着经济发展逐步提高的原则。

二、工资集体协商的内容

工资集体协商的内容，是指在工资集体协商中需要协商的并应当在工资专项集体合同中明确规定的双方当事人的权利和义务以及其他问题。它

是工资集体协商的核心问题,也是广大职工非常关心的问题。根据有关规定,工资集体协商主要包括以下内容。

(一) 工资分配制度

工资分配制度是确定和支付职工劳动报酬的原则、形式、办法和规定的总称。我国现行工资分配制度如下。

1.等级工资制。即根据工作的复杂程度、繁重程度、风险程度、精确程度等因素将各类工作进行等级划分并规定相应的工资标准的一种工资制度。主要包括:技术等级工资制、岗位等级工资制、职务等级工资制。

2.结构工资制。是指基于工资的不同职能,将工资总额划分为若干相对独立的工资单元,一般包括六部分,即基本工资、岗位工资、绩效工资、技能工资、浮动工资、年功工资。

3.岗位技能工资制。是以按劳分配为原则,以劳动技能、劳动责任、劳动强度和劳动条件等基本劳动要素评价为基础,以岗位和技能为主要内容的企业基本工资制度。

4.岗位薪点工资制。即在对岗位的劳动责任、劳动技能、劳动强度和劳动条件评价的基础上,用点数和点值来确定职工实际劳动报酬的一种工资分配制度。

5.绩效工资制。即将职工的工资与个人工作业绩挂钩的一种工资制度。

6.提成工资制。提成工资制是企业实际销售收入减去成本开支和应缴纳的各种税费后,剩余部分在企业和职工之间按不同比例分成。提成的方式主要有全额提成和超额提成两种。

(二) 工资分配形式

工资分配形式,也叫工资形式,是对职工实际劳动付出量和相应劳动报酬所得量进行具体的计算与支付的方法。可划分为计时工资和计件工资两种基本形式。

计时工资是最基本的工资形式之一。它是根据劳动者本人的技术、业务等级水平,或者劳动者所在岗位、职务的劳动等级,预先规定相应的工资标准,按照劳动者的实际有效工作时间计付工资的形式。包括小时工资制、日工资制、月工资制和年薪制等具体形式。我国主要实行的是月工资制。

计件工资是企业按照劳动者生产的合格产品的数量和预先规定的计件单价来计发工资的一种形式。计件工资是目前我国大部分企业采用的工资形式。具体形式主要有：直接无限计件工资、有限计件工资、超额计件工资、累进计件工资、间接计件工资。

（三）职工年度平均工资水平及其调整幅度

工资水平是指一定区域和一定时间内劳动者平均工资的高低程度。工资水平按时期分为月工资水平、年工资水平等；按范围分为单位工资水平、部门工资水平、地区工资水平和全国工资水平。

（四）加班加点工资

《劳动法》规定了职工加班加点工资，包括以下方面：

1.用人单位依法安排劳动者在日法定标准工作时间以外延长工作时间的，按照不低于劳动合同规定的劳动者本人小时工资标准的百分之一百五十支付劳动者工资；

2.用人单位依法安排劳动者在休息日工作，而又不能安排补休的，按照不低于劳动合同规定的劳动者本人日或小时工资标准的百分之二百支付劳动者工资；

3.用人单位依法安排劳动者在法定节假日工作的，按照不低于劳动合同规定的劳动者本人日或小时工资标准的百分之三百支付劳动者工资。

（五）最低工资

最低工资是指劳动者在法定工作时间或依法签订的劳动合同约定的工作时间内提供了正常劳动的前提下，用人单位依法应支付的最低劳动报酬。

正常劳动是指劳动者按依法签订的劳动合同约定，在法定工作时间或劳动合同约定的工作时间内从事的劳动。劳动者依法享受带薪年休假、探亲假、婚丧假、生育（产）假、节育手术假等国家规定的休假期间，以及法定工作时间内依法参加社会活动期间，视为提供了正常劳动。

《劳动法》第四十九条规定，确定和调整最低工资标准应当综合参考下列因素：①劳动者本人及平均赡养人口的最低生活费用；②社会平均工资水平；③劳动生产率；④就业状况；⑤地区之间经济发展水平的差异。

《最低工资规定》第十条规定："最低工资标准每两年至少调整一次。"

（六）奖金、津贴、补贴

奖金是一种以货币形式支付的物质奖励形式，是对在劳动中有突出贡献的职工的劳动报酬，是一种工资辅助形式。

津贴是指为了补偿职工额外和特殊的劳动消耗，或为了保障职工的工资水平不受特殊条件影响而给予物质补偿的一种辅助工资形式。补贴也是一种辅助工资形式。一般把属于工作（生产）性质的叫津贴，把属于生活性质的叫补贴。

（七）试用期工资

试用期是指劳动关系还处于非正式状态，用人单位对劳动者是否合格进行考核，劳动者对用人单位是否符合自己要求进行了解的期限，包括在劳动合同期限内。

《劳动合同法》规定，劳动合同期限三个月以上不满一年的，试用期不得超过一个月；劳动合同期限一年以上不满三年的，试用期不得超过二个月；三年以上固定期限和无固定期限的劳动合同试用期不得超过六个月。

《劳动合同法实施条例》第十五条规定，劳动者在试用期的工资不得低于本单位相同岗位最低档工资的80%或者不得低于劳动合同约定工资的80%，并不得低于用人单位所在地的最低工资标准。

（八）工资支付办法

企业工资支付制度主要包括：工资支付项目、工资支付形式、工资支付对象、工资支付时间、工资支付要求、特殊情况下的工资支付。

《劳动法》规定："工资应当以货币形式按月支付给劳动者本人。不得克扣或者无故拖欠劳动者的工资。"

（九）工资专项集体合同的期限

工资专项集体合同的期限，是指工资专项集体合同的有效存续期间。根据《工资集体协商试行办法》规定，工资集体协商一般情况下一年进行一次。因此，工资专项集体合同的期限一般为一年。

(十) 变更、解除工资专项集体合同的程序

变更、解除工资专项集体合同的条件、程序，可以由工会与企业平等协商，在工资专项集体合同中约定。

(十一) 工资专项集体合同的终止条件

工资专项集体合同终止，是指由于一定法律事实的出现而使工资专项集体合同当事人之间的权利义务关系消灭。一般工资专项集体合同终止的主要原因有工资专项集体合同因完全履行而终止、工资专项集体合同期满而终止、工资专项集体合同当事人一方发出解约通知而终止、工资专项集体合同因免除而终止。

(十二) 工资专项集体合同履行情况的监督检查

对集体合同履行情况监督检查的主体、形式以及方式方法可以在工资专项集体合同中约定。

(十三) 工资专项集体合同履行过程中发生争议的处理

通过协商可以在工资专项集体合同中约定因履行集体合同发生争议处理的途径、程序。

(十四) 工资专项集体合同的违约责任

违约责任的形式一般有支付违约金、支付赔偿金、继续履行、行政责任等。

(十五) 双方认为应当协商约定的其他事项

第三节 工资集体协商的程序及策略和技巧

一、工资集体协商代表

工资集体协商代表是指按照法定程序产生并有权代表本方利益进行工资集体协商的人员。工资集体协商由协商代表进行。

(一) 工资集体协商代表的产生和构成

1.工资集体协商代表应依照法定程序产生。工资集体协商双方的代表人数应当对等,每方至少3人,并各确定1名首席代表。

2.职工一方的工资集体协商代表由本单位工会选派。未建立工会的,由上级工会指导本单位职工推举职工为工资集体协商代表,并经本单位半数以上职工同意。

职工一方的首席代表由本单位工会主席担任。工会主席不能参加的,可以书面形式委托其他协商代表代理首席代表。工会主席空缺的,首席代表由工会主要负责人担任。未建立工会的,职工一方的首席代表从职工集体协商代表中民主推举产生。

用人单位一方的工资集体协商代表,由用人单位法定代表人指派,首席代表由用人单位法定代表人担任或由其书面委托的其他管理人员担任。

3.工资集体协商双方首席代表可以书面委托本单位以外的专业人员作为本方协商代表。委托人数不得超过三分之一。首席代表不得由非本单位人员担任。

4.用人单位协商代表与职工协商代表不得相互兼任。

(二) 工资集体协商代表的职责

1.参加工资集体协商;

2.接受本方人员质询,及时向本方人员公布协商情况并征求意见;

3.提供与工资集体协商有关的情况和资料;

4.代表本方参加工资集体协商争议的处理;

5.监督工资专项集体合同的履行;

6.法律、法规和规章规定的其他职责。

(三) 工资集体协商代表的权利和义务

1.工资集体协商代表有以下权利

(1) 提出工资集体协商的要求及协商事项;

(2) 要求对方提供与工资集体协商有关的情况和资料;

(3) 对协商规则等程序性事项提出意见和建议;

（4）依法进行工资集体协商；

（5）代表本方参与订立、变更、解除工资专项集体合同；

（6）接受首席代表委托，代签合同；

（7）企业内的协商代表参加工资集体协商视为提供了正常劳动。

2.工资集体协商代表应当履行下列义务

（1）应当维护本单位正常的生产、工作秩序，不得采取威胁、收买、欺骗等行为；

（2）应当如实向对方提供与工资集体协商有关情况和资料；

（3）应当保守在工资集体协商过程中知悉的用人单位的商业秘密；

（4）依照有关法律、法规和平等合作的原则，从企业的实际情况出发，进行工资集体协商；

（5）尊重对方协商代表的人格，不得采取歧视性、胁迫性行为；

（6）切实代表本方的利益，及时与所代表方沟通工资集体协商的情况；

（7）协商代表和记录员对协商过程中的个人意见保密。

二、工资集体协商程序

（一）提出协商要约

工资集体协商要约，是工资集体协商主体的任何一方依法就签订工资专项集体合同相关事宜，以书面形式向对方提出进行工资集体协商要求的行为。

职工和企业任何一方均可提出进行工资集体协商的要求。工资集体协商的提出方应向另一方提出书面的协商意向书，明确协商的时间、地点、内容等，另一方接到协商意向书后，应于20日内予以书面答复。同意协商的，双方应当约定协商开始的日期。

企业工会提出协商要约有困难的或在其他特殊情况下，其上级工会可依法代替基层工会向企业提出协商要约。工会提出协商要约后，企业方不按期回应或拒绝进行工资集体协商的，上级工会应依法下达"整改建议书"，提出整改建议；对逾期不改的企业，工会可提请劳动保障部门责令其改正，直至追究其行政或法律责任。

（二）做好协商准备

1. 大力宣传，营造氛围；
2. 认真学习，熟悉和掌握有关法律法规；
3. 广泛搜集了解与工资集体协商有关的情况和资料；
4. 充分征求职工的意见；
5. 明确协商代表分工；
6. 制订工资集体协商实施方案；
7. 确定工资集体协商记录员；
8. 起草工资集体协商文本。

（三）正式协商

工资集体协商采取协商会议形式进行，协商会议由双方首席代表轮流主持。协商会议的一般程序是：宣布议程和会议纪律；一方首席代表提出协商的具体内容和要求，另一方首席代表就对方的要求作出回应；协商双方就商谈事项发表各自意见，开展充分讨论；双方首席代表归纳意见；达成一致的，应当形成工资专项集体合同草案，由双方首席代表签字。

协商未达成一致意见或出现事先未预料到的情况时，经双方同意，可以暂时中止协商。具体中止期限及下次协商的时间、地点和内容由双方共同商定。

（四）职工（代表）大会讨论通过

工资专项集体合同草案应当提交职工（代表）大会讨论通过，召开职工（代表）大会讨论工资专项集体合同草案时，会议工作程序与职工（代表）大会召开的程序一样。

（五）首席代表签字

工资专项集体合同草案经职工（代表）大会审议通过后，由工资集体协商双方首席代表在正式文本上签字。

（六）审查备案

工资专项集体合同签订后，应当自双方首席代表签字之日起 10 日内，由用人单位一方将文本一式三份报送劳动保障行政部门审查。劳动保障行政部门对报送的工资专项集体合同应当办理登记手续。同时,由企业工会报送上一级工会备案。

劳动保障行政部门经审查对工资专项集体合同无异议,应及时向协商双方送达《工资专项集体合同审查意见书》,工资专项集体合同即行生效。工资专项集体合同向劳动保障行政部门报送经过15日后,合同双方未收到劳动保障行政部门的《工资专项集体合同审查意见书》,视为已经劳动保障行政部门同意,该工资专项集体合同即行生效。

(七) 公布实施

工资专项集体合同生效后,协商双方应于5日内将工资专项集体合同以适当形式向本方全体人员公布。

三、开展工资集体协商的策略和技巧

从一般意义上讲,工资集体协商通常运用的策略有以下几个方面。

1.双赢策略。在工资集体协商过程中,要达到职工和企业行政双方受益。

2.推进策略。在工资集体协商中,若劳动力市场求大于供,或企业对人工成本投入的获得高于对实物成本或技术成本投放的获得时,职工一方协商代表可根据情况主动提出提升工资待遇的要求。

3.重点切入策略。重点,也就是关键点。不管任何事情,抓住重点就能够事半功倍,抓不住重点就会事倍功半。想要抓住重点,就需要寻找事物的本质,厘清什么是你最终想要的。开展工资集体协商要学会抓主要矛盾,每次协商都要明确要重点解决的问题是什么,要抓住协商的关键,拎住"衣领子"、牵住"牛鼻子",不能不分轻重缓急,"眉毛胡子一把抓"。通过抓好重点带动全局,实现重点突破和整体推进有机结合。这是实践要领。

4.让步策略。要依据企业实际状况,适时做出暂时的让步,换取未来的回报。

5.包容策略。工资集体协商中对不同的观点、意见要理性思考,正确

第八章 加大工资集体协商力度

对待。

工资集体协商的技巧主要有以诚取信、重点突破、分工协作、尊重对方、善于倾听、用事实和数据说话等。

运用协商技巧要注意把握的问题，即扬长避短、调控有度、重在沟通、有的放矢、沉着应对、据理力争等。

思考题

1. 工资集体协商的重要意义是什么？
2. 工资集体协商的原则是什么？
3. 工资集体协商的主要内容有哪些？
4. 工资集体协商的程序有哪些？
5. 工会在开展工资集体协商中需把握的问题是什么？
6. 谈谈工资集体协商策略。

案例1

工资集体协商谈出"甜头"
杨王经济园区工会联合会推动劳资双方互利共赢

2023年3月29日　来源：中工网

通过开展园区企业工资集体协商，上海市奉贤区南桥镇杨王经济园区企业在工会联合会的帮助下，让职工们在集体协商中谈出"甜头"，实现劳资双方互利共赢，进一步推动园区经济健康和谐发展。

签订完成率达100%

杨王经济园区是奉贤的"金海岸"。园区紧紧围绕奉贤"东方美谷+未来空间"产业导向，以先进智能制造、文化创意、汽车配件、建筑装潢等支柱产业为引领。

"推动集体协商工作深入开展，完善集体协商长效机制，才能巩固、发展、维护好企业与职工的现实和长远利益。"园区工会联合会主席姚燕萍介绍道，杨王经济园区已建非公企业独立工会29家，联合工会覆盖企业

27家，共有工会会员2105名。自非公企业工会改革推行以来，园区工会不断规范和推进企业职代会、厂务公开民主管理以及集体协商机制建设，发挥"金海岸"职工之家品牌作用。园区内企业工会集体合同、工资集体协议的签订完成率达到100%。园区工会联合会成功创建奉贤区集体协商五星级单位。

采取全流程协商方式

杨王经济园区工会联合会在上级工会指导下，全面推行工资集体协商制度，实行"金海岸"区域工资集体协商维权帮扶项目，优化协商过程，规范谈判流程，采取事前引导、事中监管、事后跟踪的方式，与区域内29家企业签订了工资集体协商合同。

在开展区域性集体协商前期，工会联合会列出任务清单，了解工资基数、职工医保等福利保障及企业效益情况，摸准各企业实情，依据调查情况做好有针对性的谈判准备。

为推进职工广泛参与，工会联合会一方面通过召开动员会、座谈会、经验交流会等加强政策宣传，使园区企业增强对工资集体协商的认识和支持；另一方面让企业主认识到开展工资集体协商共决劳动分配、尊重员工、保障员工权益对促进企业稳定和谐发展的重要意义，最终达成集体协商的共识。

协商结束后，工会联合会要做好本次谈判后的跟进服务，及时收集"四书五经"资料归档。"四书"是指要约书、应约书、委托书、确认书，"五经"是指职工方代表经选举产生、协商内容经职工商定、合同文本经上级工会预审、合同草案经职代会审议通过、工资专项合同经人社局登记备案。"事后的重点是跟踪督查企业履约，真正发挥好集体合同的作用。"姚燕萍说。

协商，不仅仅是工资

此前，上海永铭电子股份有限公司在工资集体协商中，职工方协商代表提出了两个主要协商议题：一是由各产品事业部根据效益自行调整年终奖金额度；二是调升工龄津贴。听取了职工方的诉求后，行政方考虑到公司员工实行两班倒制度比较辛苦，在协商内容的确定上显示了极大的诚意，最终促成了共识的达成。据了解，该企业2022年职工平均工资增幅在8%左右。

除了工资外，在集体协商中，职工方多人提出了双职工家庭没人接孩子放学的问题。公司会后进行充分调查，了解职工实际困难。就这样，公司的爱心晚托班成立了。根据每个学校的放学时间，公司合理设置了路线，安排车辆、司机、看护阿姨去职工子女学校接孩子放学。不仅如此，晚托班内分别设置了孩子的学习室和活动室，精心制作营养健康晚餐，为职工子女提供"托、管、教、娱"的精准性服务，用安全的活动空间、舒适的环境、健康的晚餐，解决职工后顾之忧，赢得了公司职工的一片赞誉。

这是"金海岸"区域工资集体协商维权帮扶项目成果的一个缩影。通过集体协商，该区域建会企业不仅有效维护了职工的劳动报酬权益，协商后职工工资平均增幅在3%~10%，而且将福利待遇、劳动保护、人文关怀、工资涨幅等内容纳入协商范围，增强了职工的主人翁意识，全方位维护了职工的合法权益。（据劳动报消息 陈恒杨）

案例2

推进"谈薪"解"薪结"
——湖南工会积极探索工资集体协商新模式

2023年7月12日   来源：华声在线

近年来，湖南省各级工会积极整合资源，组织召开联席会议，推动出台优惠政策，联合人社、工商联等相关单位，积极探索工资集体协商新模式，维护职工劳动经济权益，较好解决职工烦"薪"事。

扩面提质，探索"谈薪"模式

马王堆汽配城是长沙市芙蓉区一处大型专业汽车配件及汽车维修综合型市场，拥有汽车配件经营门店400余家、汽车维修门店80余家。芙蓉区总工会将推进工资集体协商覆盖汽修行业作为重点工作，由该区总工会谭钦之任工资集体协商指导员。

"市场内职工人数多，会员单位大都为个体经营户且规模不一，不仅要合理确定行业工资标准，还要考量职工需求，协商工作面临诸多困难。"谭钦之多次走访调研，进行座谈交流，最终以"保障工会福利"为切入点，推动企业方、职工方就最低工资标准、节日福利等达成共识。

浏阳市则探索开展社区区域性集体协商。今年5月24日，该市集里街道新屋岭社区召开一届一次职代会，37名职工代表一致审议通过了此前由社区工会联合会和社区企业协商确定的集体协商合同草案，确立了区域内企业最低工资标准上涨4%、小时工资标准18元，明确了职工体检、女职工特殊福利等具体事项。

典型示范，破解"谈薪"难题

"工资集体协商不仅没增加企业负担，反而帮企业降低职工流失率约30%。"7月11日，郴州市祥通速递公司副总经理谢亚平感慨地说。

2022年9月底，郴州市快递行业职工代表大会通过了包含"快递员每周至少休息1天、月最低工资不低于3100元、工作满一年的快递员全额办理职工医疗互助"等条款的行业集体合同。自此，当地快递行业职工倍感困扰的几乎全年无休、请假难等情况得到有效缓解，职工队伍稳定性明显增强。

在2023年湖南省新就业形态劳动者建会入会工作推进会上，郴州快递行业工资集体协商的经验获评"十大创新案例"。

省总工会注重分类指导、典型引导，联合省直相关单位组织开展工资集体协商典型示范企业、行业评选，让全省企业"学有目标，赶有榜样"。

建强队伍，提高"谈薪"能力

"协商是一场很难的考试。"说起前不久公司举行的工资集体协商会，沅江辣妹子食品股份有限公司职工方代表余亮介绍，公司工会做足准备工作，历时3小时平等协商，促使企、职双方就最低工资标准、年度平均工资水平及调整幅度、奖金及福利待遇等事项达成一致。

"全省工会高度重视工会专职集体协商指导员队伍建设工作，着力建设一支专业化规范化队伍。"省总工会相关负责人介绍，近两年来，全省各级工会积极组织开展工资集体协商指导员培训班，各市州工会均举办了集体协商竞赛活动，让集体协商指导员系统了解法律法规政策知识，熟悉掌握协商程序和技巧，帮助集体协商指导员提升"谈薪"实战能力。

截至目前，湖南省已签订有效期内工资集体协议2.6万多份，覆盖企业7万多家，覆盖职工380多万人，省内已建工会企业工资集体协商建制率动态保持在93%以上。（华声在线全媒体记者 彭雅惠 通讯员 王桂平）

第九章

积极开展工会宣传教育工作

　　工会宣传教育工作是工会工作的重要组成部分，是工会服务于党和国家工作大局、服务于职工群众、服务于工运事业的一项重要工作，也是体现工会"大学校"作用的基本载体，直接关系到工会的软实力建设和社会形象。工会宣教工作在围绕中心、服务大局，引导广大职工积极践行社会主义核心价值体系、为实现中国梦汇聚正能量等方面，提供了精神动力、智力支持、舆论环境和思想保证。

第一节　工会宣传教育工作概述

一、工会宣传教育工作的指导思想

当前，工会宣传教育工作的指导思想是：以马克思列宁主义、毛泽东思想、邓小平理论、"三个代表"重要思想、科学发展观、习近平新时代中国特色社会主义思想为指导，紧紧围绕全面建成社会主义现代化强国、实现中华民族伟大复兴中国梦，认真学习宣传贯彻习近平总书记关于工人阶级和工会工作重要论述，坚持用党的创新理论武装职工，用先进的文化培育职工，用正确的舆论引导职工，用高尚的精神塑造职工，用优秀的作品鼓舞职工，用真诚的服务赢得职工。坚持正确政治方向、舆论导向、价值取向，不断增强"四个意识"、坚定"四个自信"、做到"两个维护"，引导广大职工坚定不移听党话、矢志不渝跟党走。

二、工会宣传教育工作的作用

（一）有利于坚定广大职工的马克思主义信仰和建设中国特色社会主义的信念，巩固职工队伍在党的方针政策指导下团结奋斗的共同思想基础；

（二）有利于进一步贯彻落实新发展理念，团结引导亿万职工为全面建成社会主义现代化强国，全面推进中华民族伟大复兴发挥主导作用；

（三）有利于全面提高职工素质，更好地保持和发展工人阶级先进性，巩固党执政的阶级基础和群众基础，加强党的执政能力建设；

（四）有利于工会更好地履行维护职工合法权益、竭诚服务职工群众的基本职责，推进工会自身建设与改革，保持和增强政治性、先进性、群众性。

第二节 新时代加强和改进思想政治工作

一、新时代加强和改进思想政治工作的指导思想

新时代加强和改进思想政治工作的指导思想是：以习近平新时代中国特色社会主义思想为指导，全面贯彻党的十九大和十九届二中、三中、四中、五中全会精神，增强"四个意识"、坚定"四个自信"、做到"两个维护"，紧紧围绕统筹推进"五位一体"总体布局和协调推进"四个全面"战略布局，坚持稳中求进工作总基调，围绕巩固马克思主义在意识形态领域的指导地位、巩固全党全国人民团结奋斗的共同思想基础这一根本任务，自觉承担起举旗帜、聚民心、育新人、兴文化、展形象的职责使命，把思想政治工作作为治党治国的重要方式，着力固根基、扬优势、补短板、强弱项，提高科学化规范化制度化水平，充分调动一切积极因素，广泛团结一切可以团结的力量，为人民服务，为中国共产党治国理政服务，为巩固和发展中国特色社会主义制度服务，为改革开放和社会主义现代化建设服务。

二、新时代加强和改进思想政治工作的方针原则

新时代加强和改进思想政治工作的方针原则是：坚持和加强党的全面领导，把思想政治工作贯穿党的建设和国家治理各领域各方面各环节，牢牢掌握工作的领导权和主动权。坚持以人民为中心，践行党的群众路线，把人民对美好生活的向往作为奋斗目标，组织群众、宣传群众、教育群众、服务群众，强信心、聚民心、暖人心、筑同心。坚持服务党和国家工作大局，全面贯彻党的基本理论、基本路线、基本方略，坚持系统观念，把思想政治工作与经济建设和其他各项工作结合起来，为党和国家中心工

作提供有力政治和思想保障。坚持遵循思想政治工作规律，把显性教育与隐性教育、解决思想问题与解决实际问题、广泛覆盖与分类指导结合起来，因地、因人、因事、因时制宜开展工作。坚持守正创新，推进理念创新、手段创新、基层工作创新，使新时代思想政治工作始终保持生机活力。

三、把思想政治工作作为治党治国的重要方式

中共中央、国务院《关于新时代加强和改进思想政治工作的意见》强调，要把思想政治工作作为治党治国的重要方式。强化党委（党组）主体责任，各级党委（党组）要切实负起政治责任和领导责任，建立健全思想政治工作责任制，制定思想政治工作责任清单，明确落实措施和推进步骤。党的基层组织要认真贯彻党章党规要求，做好党员和群众的思想政治工作。坚持党要管党、全面从严治党，以党的政治建设为统领，坚持思想建党和制度治党相统一，把思想政治工作落实到党的各项建设之中。加强党对国家和社会的全面领导，善于运用思想政治工作和体制制度优势，推动经济社会发展、管理社会事务、服务人民群众，保证党和国家各项事业始终沿着正确方向前进。

四、深入开展思想政治教育

中共中央、国务院《关于新时代加强和改进思想政治工作的意见》强调，要深入开展思想政治教育。坚持用习近平新时代中国特色社会主义思想武装全党、教育人民，健全用党的创新理论武装全党、教育人民工作体系，增进对习近平新时代中国特色社会主义思想的政治认同、思想认同、理论认同、情感认同。推动理想信念教育常态化制度化，广泛开展中国特色社会主义和中国梦宣传教育，弘扬民族精神和时代精神，加强爱国主义、集体主义、社会主义教育，加强马克思主义唯物论和无神论教育。培育和践行社会主义核心价值观，加强教育引导、实践养成、制度保障，推动社会主义核心价值观融入社会发展和百姓生活。加强党史、新中国史、

改革开放史、社会主义发展史和形势政策教育，引导党员、干部、群众旗帜鲜明反对历史虚无主义，继往开来走好新时代长征路。加强社会主义法治教育，深入学习宣传习近平法治思想，在全社会普遍开展宪法宣传教育，有针对性地宣传普及法律、法规和法理常识，加大党章党规党纪宣传力度。增强忧患意识、发扬斗争精神，广泛开展防范化解重大风险宣传教育，总结新冠疫情防控斗争经验，以自觉的斗争实践打开新天地、夺取新胜利。

五、提升基层思想政治工作质量和水平

中共中央、国务院《关于新时代加强和改进思想政治工作的意见》强调，要提升基层思想政治工作质量和水平。加强企业思想政治工作，把思想政治工作同生产经营管理、人力资源开发、企业精神培育、企业文化建设等工作结合起来，在思想上解惑、精神上解忧、文化上解渴、心理上解压。加强农村思想政治工作，加强农村精神文明和思想道德建设，开展弘扬时代新风和移风易俗行动，抵制腐朽落后文化侵蚀，培养有理想、有道德、有文化、有纪律的新时代农民。加强机关思想政治工作，坚持把带头做到"两个维护"作为机关思想政治工作的首要任务，深化政治机关意识教育，开展模范机关创建活动，开展对党忠诚教育，开展作风建设专项整治行动，努力建设讲政治、守纪律、负责任、有效率的模范机关。加强学校思想政治工作，加快构建学校思想政治工作体系，实施时代新人培育工程，完善青少年理想信念教育齐抓共管机制，培养德智体美劳全面发展的社会主义建设者和接班人。加强社区思想政治工作，健全社区党组织领导基层群众性自治组织开展思想政治工作的相关制度，加强社区思想政治工作网格化建设，统筹发挥社会力量协同作用，使思想政治工作真正深入到群众生产和生活中去。加强网络思想政治工作，深入实施网络内容建设工程，加强网络传播能力建设，依法加强网络社会管理，推动思想政治工作传统优势与信息技术深度融合，使互联网这个最大变量变成事业发展的最大增量。做好各类群体的思想政治工作，开展思想政治引领行动，把广大群众团结凝聚在中国特色社会主义伟大旗帜下。

六、推动新时代思想政治工作守正创新发展

中共中央、国务院《关于新时代加强和改进思想政治工作的意见》强调，要推动新时代思想政治工作守正创新发展。巩固壮大主流思想舆论，坚持正确政治方向、舆论导向、价值取向，把思想政治工作融入主题宣传、形势宣传、政策宣传、成就宣传、典型宣传中，落实到党报党刊、电台电视台、都市类报刊和新媒体等各级各类媒体，不断提高新闻舆论传播力、引导力、影响力、公信力。深化拓展群众性主题实践，充分利用重要传统节日、重大节庆日纪念日，发挥礼仪制度的教化作用，丰富道德实践活动，推动形成适应新时代要求的思想观念、精神面貌、文明风尚、行为规范。更加注重以文化人以文育人，深入实施文艺作品质量提升工程，深入实施中华优秀传统文化传承发展工程，推进城乡公共文化服务体系一体建设，更好满足人民精神文化生活新期待。充分发挥先进典型示范引领作用，深化"时代楷模"、道德模范、最美人物、身边好人等学习宣传，持续讲好不同时期英雄模范的感人故事，探索完善先进模范发挥作用的长效机制，把榜样力量转化为亿万群众的生动实践。切实加强人文关怀和心理疏导，健全党员领导干部联系基层、党员联系群众的工作制度，健全社会心理服务体系和疏导机制、危机干预机制，建立社会思想动态调查与分析研判机制，培育自尊自信、理性平和、积极向上的社会心态。

七、加强新时代职工思想政治教育工作

职工思想政治教育是引导职工群众明确工人阶级历史使命，帮助职工群众提高思想政治水平，树立正确的世界观、人生观、价值观的教育活动。新时代职工思想政治教育工作主要任务是：坚持用习近平新时代中国特色社会主义思想武装职工头脑，统一思想，凝聚力量，深刻领悟"两个确立"的决定性意义，增强"四个意识"、坚定"四个自信"、做到"两个维护"。不断增强职工的国家主人翁意识和责任感，坚定建设中国特色社会主义的共同理想。自觉维护职工队伍和社会政治稳定，最大限度地调

动和发挥广大职工投身改革和建设事业的巨大热情和创造活力，为全面建成社会主义现代化强国、全面推进中华民族伟大复兴提供强有力的精神支撑和思想保证。

职工思想政治教育工作的主要内容如下。（1）系统的政治理论知识学习。对职工进行习近平新时代中国特色社会主义思想宣传教育，进行理想信念教育和社会主义核心价值观教育，进行系统的爱国主义、集体主义、社会主义、共产主义教育，进行党史、新中国史、改革开放史、社会主义发展史和形势政策教育。（2）职业道德教育。职业道德是指人们在职业生活中应遵循的基本道德，即一般社会道德在职业生活中的具体体现。工人阶级是人类历史上最先进的阶级，作为国家的主人，应该具有高尚的道德品质。（3）进行观念变革的教育。要从实际出发，坚持唯物辩证法，引导、帮助职工抛弃对社会生活起阻碍作用的陈旧观念，并在改革和现代化建设中继续发扬勤俭建国、奋发图强、自力更生、艰苦奋斗、大公无私、勇于献身等优良传统。（4）在职工中建立新型的团结、互助的人际关系。在工人阶级内部，大力提倡团结、互助精神，是工会思想政治工作的重要内容。这不仅有助于各项改革政策的贯彻实施，而且有利于在竞争的环境中，通过职工之间的各种互助活动，在构建社会主义和谐社会中发挥工人阶级的整体作用，调动广大职工的积极性，促进社会生产力的发展。

工会开展新时代职工思想政治教育工作的方法和途径主要如下。（1）充分发挥新闻媒体的导向作用。（2）开展形式多样的主题教育。（3）以群众性精神文明创建活动为重要载体。（4）重视和发挥文化的教育功能。（5）注重运用先进典型影响带动职工群众。涌现出来的先进集体和先进人物，体现了时代精神，是职工群众的楷模。要采取多种形式，大力宣传他们的感人事迹和高尚品质。

第三节　工会职工教育工作

一、工会职工教育工作的内容

工会职工教育工作是指工会帮助职工不断提高思想政治素质、职业道德、科学文化水平、业务技术能力等所开展的活动。工会职工教育工作是工会教育职能的体现，是工会发挥"大学校"作用的基本要求。

在思想政治素质和职业道德教育方面，工会要在职工群众中着力开展中国特色社会主义理论、党的路线方针政策、爱国主义、集体主义、社会主义、民主与法治教育，开展社会主义核心价值观和理想信念教育，增强职工的民族自强心和自信心。同时，要经常开展工人阶级优良传统和伟大品格的教育，大力弘扬新时代的劳模精神、劳动精神、工匠精神。

在科学文化知识、业务技术能力教育方面，工会可以通过多种灵活有效的形式把职业教育或技能培训、技能竞赛贯穿于生产实践活动之中，倡导、鼓励、帮助和引导职工群众自主学习、岗位成才、创新立业。

二、工会职工教育工作的基本任务与主要措施

（一）工会职工教育工作的基本任务

1.加强思想道德素质建设。始终把学习贯彻习近平新时代中国特色社会主义思想作为首要政治任务，落实加强和改进新时代产业工人队伍思想政治工作要求，打牢广大职工团结奋斗的共同思想基础，引领职工坚定不移听党话、矢志不渝跟党走。

2.加强科学文化素质建设，提升职工队伍知识化水平。实施全民科学素质行动，弘扬科学精神，增加职工提升学历层次、科学文化素养和从业能力的机会与途径。引导职工养成善于学习、勤于思考的习惯，实现学以

养德、学以增智、学以致用。

3.加强技术技能素质建设,促进优秀技术工人脱颖而出。贯彻尊重劳动、尊重知识、尊重人才、尊重创造方针,推动落实《关于推行终身职业技能培训制度的意见》《关于提高技术工人待遇的意见》,激励更多劳动者特别是青年人走技能成才、技能报国之路,培养更多高技能人才和大国工匠。

4.加强民主法治素质建设,提高职工守法自觉和维权能力。完善工会维权服务工作体系,加强新就业形态群体权益保障,推动健全保障职工主人翁地位的各项制度安排。增强职工法律意识,提高职工依法维权的能力。

5.加强健康安全素质建设,促进安全生产和体面劳动。传播普及健康理念和传染病防控知识,促进群众性安全生产和职业病防治工作,增强职工安全生产、健康生活以及应对突发公共卫生事件的素养和能力。

6.加强社会文明素质建设,培育健康文明、昂扬向上、全员参与的职工文化。深化群众性精神文明创建活动,推动广大职工形成适应新时代要求的思想观念、精神风貌、文明风尚、行为规范。

7.加强工会教育工作者队伍建设,不断提升工会教育工作者的业务水平和工作能力,为实现工会教育工作的整体推进提供坚强的组织保证。

(二)工会职工教育工作的主要措施

1.思想道德素质建设方面

强化理论武装。紧密结合职工生产生活实际,运用传播领域新技术新手段,开展多形式、分层次、广覆盖的习近平新时代中国特色社会主义思想学习宣传教育。通过理论宣讲、演讲比赛、知识竞赛等方式,用职工群众听得懂、听得进的语言,把党的创新理论讲透彻、讲鲜活。建立健全企业班组常态化学习制度,用"小故事"讲"大道理",推动习近平新时代中国特色社会主义思想进企业、进车间、进班组,走近职工身边、走进职工心里。

突出理想信念教育。深化中国特色社会主义和"中国梦·劳动美""网聚职工正能量争做中国好网民"等主题宣传教育活动,壮大网络思政教育力量，推动形势任务、理想信念教育常态化制度化。

加强道德修养。坚持以社会主义核心价值观为引领，结合传统节日、重大节庆，传承勤俭节约、艰苦奋斗等中华民族传统美德，动员职工广泛参与以职业道德建设为重点的"四德"建设，加强家庭、家教、家风建设。开展以劳动创造幸福为主题的宣传教育，选树宣传劳动模范、大国工匠、最美职工，组织"大国工匠进校园""劳模进校园"活动，弘扬劳模精神、劳动精神、工匠精神。

2.科学文化素质建设方面

传播科学思想。充分利用工会媒体，结合科普日、科技周、健康中国行等活动，发挥职工技协作用，开展形式多样的主题科普活动，宣传创新、协调、绿色、开放、共享的新发展理念，宣传节约资源、保护生态、改善环境等知识和观念。倡导科学方法，提升科学素养，抵制愚昧落后。

践行终身学习理念。推动完善现代职业教育制度，促进学历、非学历教育与职业培训衔接互认。利用现有资源及资源服务平台，搭建职工优质网络学习资源公共服务平台，建立网络课程、视频公开课、微课等多种类型的网络资源开放目录，发展在线教育和远程教育。

鼓励职工提升学历。深化农民工"求学圆梦行动"，资助奖励更多职工实现学历与能力双提升。鼓励教育机构为职工提供网上报名、学习、考试、补贴申领等优质便捷的入学和学习方式。

3.技术技能素质建设方面

广泛开展岗位练兵和技能竞赛。围绕"十四五"时期国家重大战略、重大工程、重大项目、重点产业，组织职工广泛深入持久开展各种形式的劳动和技能竞赛。健全完善劳动和技能竞赛机制体系，推动竞赛在促进区域联动、体现产业特色、丰富载体内容、加强机制建设等方面实现新突破，取得新进展。组织职工积极参与"五小"等群众性经济技术创新活动。

落实终身职业技能培训制度。推动各级工会整合培训资源，把学历教育、技能提升、就业培训统一起来，为产业工人提供普惠性、均等化的职业技能培训。实施"互联网+职业技能培训计划"，加强工匠学院、线下培训基地建设，丰富培训形式内容，为职工技能鉴定考试、职业生涯规划提供咨询服务。

促进形成尊重技能的社会风尚。推进高技能人才待遇、技能要素参与分配等纳入工资集体协商范围，推动完善和落实技术工人培养、使用、评价、考核机制，支持劳模和工匠人才（职工）创新工作室创建活动，打造大国工匠品牌。

4.民主法治素质建设方面

加大普法力度。以"八五"普法为抓手，开展"宪法宣传周""法治宣传周"等各种形式的法律宣传活动，重点宣传《宪法》《民法典》《工会法》《劳动法》《劳动合同法》《妇女权益保障法》等法律法规。

扩大法律服务覆盖面。贯彻落实总体国家安全观，完善工会维权服务体系，加强对被拖欠工资农民工的法律援助和生活救助。开展"尊法守法·携手筑梦"服务农民工公益法律服务行动，推动建立健全劳动争议协商解决机制、企业劳动争议调解委员会和行业性、区域性调解组织。建设工会法律服务网上平台，组织开展网上法律服务工作。

组织职工参与民主管理和集体协商工作。健全以职工代表大会为基本形式的企业民主管理制度体系，推进厂务公开制度化、规范化，完善职工董事、职工监事制度。围绕就业培训、工资收入、劳动保护、职工福利、职业培训等劳动关系重要问题开展协商协调。开展形式多样的职工代表提案征集活动，丰富职工民主参与形式。

5.健康安全素质建设方面

开展职业安全健康教育。聚焦重点行业、重点项目、重点人群，加强安全教育培训，围绕安全生产薄弱环节，加大重点行业领域开展"安康杯"竞赛活动力度。

提升健康教育质量。灵活运用各类媒体，通过健康讲堂、讲座等形式，普及传染病防治科学知识，传播公共卫生健康知识，开展增强忧患意识、防范化解重大突发公共卫生风险宣传教育。推广建立企业"心理驿站"，加大对职工的人文关怀，帮助职工缓解心理压力。

推动工会劳动保护工作创新发展。发挥工会劳动保护监督检查员和特聘煤矿群众监督员作用，通过集体协商、职工代表大会等途径，督促用人单位按照《工会法》《安全生产法》《职业病防治法》等法规政策要求，落实劳动保护主体责任。

6.社会文明素质建设方面

打造职工志愿服务品牌。推进以"农民工平安返乡""关爱困难职工"等为主题的"送温暖"职工志愿服务，拓展职工志愿服务内容，推动岗位学雷锋活动覆盖各行各业。发挥产业工会作用，常态化开展以文明礼仪知识普及、法律宣传、普通话推广、扶贫助困、教育医疗服务等为主要内容的职工志愿服务活动，引导职工积极参与文明企业、文明车间、文明班组等群众性精神文明创建活动。

推进职工文化建设。贯彻落实《关于加强新时代职工文化建设的指导意见》，以"五一"特别节目、"中国梦·劳动美"文化活动等为载体，推动特色鲜明、思想性艺术性俱佳的职工文化品牌和精品不断涌现。发挥各类职工文化体育阵地和职工文艺团体作用，传播传承弘扬中华优秀传统文化、革命文化、社会主义先进文化。开展形式多样的线上线下阅读学习活动和"文化送温暖"活动，发展积极健康的工会网络文化。

第四节　工会新闻宣传工作

一、工会新闻宣传工作

工会新闻宣传工作既是党的工运事业的重要组成部分，也是党的新闻宣传工作的重要组成部分。我国各级工会拥有不同形式的从事新闻工作的媒介平台，为工会宣传工作的开展提供了有利条件。实践中，只有正确地把握好宣传工作的思想导向性与新闻工作的客观真实性之间的关系，才能使工会宣传工作取得应有成效。

二、工会新闻宣传工作概述

（一）工会新闻宣传工作的内涵、原则与要求

在工会各项工作中，新闻宣传工作发挥着不可替代的思想政治引领、理想信念教育，弘扬社会主义核心价值观，塑造职工群体特色文化等重要作用。这些作用紧紧围绕着引导职工、影响职工、宣传职工，把职工群众紧密团结在以习近平同志为核心的党中央周围，以高尚的精神、崇高的理想、伟大的事业不断激励各族职工以巨大热情和创造才能投身党和国家的工作大局。

工会新闻宣传工作的原则是：以马列主义、毛泽东思想、邓小平理论、"三个代表"重要思想、科学发展观、习近平新时代中国特色社会主义思想为指导，认真学习宣传贯彻习近平总书记关于工人阶级和工会工作的重要论述，学习宣传贯彻党的二十大精神，以"中国梦·劳动美"为主旨，坚定不移地走中国特色社会主义工会发展道路，推动落实党的全心全意依靠工人阶级根本指导方针，解放思想，实事求是，与时俱进，以高度的道路自信、理论自信、制度自信、文化自信，用科学的思想影响职工，用正确的宣传引领职工，用崇高的信仰鼓舞职工，以优秀的作品感染职工，坚持"团结、稳定、鼓劲和正面宣传为主"的方针，切实遵循宣传工作贴近实际、贴近生活、贴近群众的"三贴近"原则。

工会新闻宣传工作的要求主要是：坚持和贯彻党的路线、方针和政策；深化"中国梦·劳动美"主题教育，大力弘扬劳模精神、劳动精神、工匠精神，发挥工会报刊、职工书屋、互联网平台等宣传阵地作用，增强传播力、引导力、影响力；聚焦社会关注、群体关切、维权服务，突出建会入会，提高工会新闻宣传的指导性、时效性、针对性，加强新就业形态劳动者宣传引导。树立"大宣传"理念，强化组织领导，聚焦主责主业，加强协调配合，突出融合发展，创新方式方法，提升工作本领，引导工会宣传干部走好群众路线，团结动员亿万职工为全面建设社会主义现代化国家、全面推进中华民族伟大复兴作出新的更大贡献。

(二) 工会新闻宣传工作的职责与特点

工会新闻宣传工作的职责主要包括以下方面：

1.引导广大职工积极践行社会主义核心价值观，汇聚为实现中国梦奋斗的正能量，使职工能够自觉把个人愿望与中国梦紧密联系在一起，以领跑者的风貌解读中国梦、以劳动者的佳绩共创中国梦、以创新者的姿态拥抱中国梦；

2.着力壮大新时代主流思想舆论，大力宣传工人阶级和工会工作，深入做好新就业形态劳动者宣传引导工作，做好"最美职工""大国工匠"等宣传品牌，提升工会网上舆论引导能力，坚决维护劳动领域意识形态安全；

3.创新职工宣传思想工作形式，把宣传工作与帮扶和解决职工切身利益问题和实际困难结合起来；

4.加强法治宣传，培养职工树立自尊自信、理性平和、积极向上的社会心态以及应有的社会公德、职业道德、家庭美德和个人品德；

5.以全新的宣传形式激发广大职工创造活力，为全面深化改革、推动高质量发展、全面建设社会主义现代化国家、全面推进中华民族伟大复兴建功立业，唱响"劳动光荣、工人伟大"的时代主旋律，让劳动最光荣、劳动最崇高、劳动最伟大、劳动最美丽在全社会蔚然成风；

6.大力促进广大职工精神生活共同富裕，把提升职工队伍整体素质作为战略任务来抓，打造健康文明、昂扬向上、全员参与的职工文化，打造"工"字系列职工文化特色品牌，发挥好各类职工文化阵地作用；

7.始终把群众路线作为宣传工作的根本路线，牢固树立群众观点，坚持以职工为本，宣传职工、服务职工、引导职工自觉做坚持中国道路的实践者、弘扬中国精神的承载者、凝聚中国力量的主力军；

8.加强工会意识形态工作。落实意识形态责任制，加强阵地建设和管理，严把政治方向关、舆论导向关、价值取向关，牢牢掌握工会意识形态工作领导权；

9.要坚持党对工会宣传教育工作的全面领导，建强工会宣传教育干部人才队伍，构建工会大宣传工作格局；

10.创新方式方法增强工作实效,不断提升工会宣传教育工作质量水平,努力在潜移默化中强化引导、在润物无声中成风化人。

工会新闻宣传工作的特点主要表现在以下方面。一是围绕工会的基本职责来开展,把握正确舆论导向,全面、准确、及时地表达广大职工的意愿与诉求。二是始终聚焦主题,突出热点,直面难点,打造亮点,重点关注职工群众关心的问题。三是拓宽渠道、创新方式,丰富宣传媒介形式,展现工会宣传工作的正能量。四是以人为本,强化宣传工作的针对性、实效性、吸引力和感染力。

(三) 工会新闻宣传工作与媒介传播

工会新闻宣传工作应当有效借助工会自有媒介和社会公共媒介,并通过二者的有机结合推阐自己的宣传理念、导向和主张,以期起到教育职工、影响职工、团结职工和鼓舞职工的社会作用。

三、工会新闻宣传工作的主要途径

(一) 舆论

舆论是公众关于现实社会以及社会中的各种现象、问题所表达的信念、态度、意见和情绪表现的总和。坚持正确的舆论引导,是推动经济社会发展的一项极其重要的任务。舆论是工会宣传工作的重要途径,其特点是工会针对特定的问题或社会现象,通过公开表达某种意见、主张、呼声或态度来反映自己的立场。一般而言,舆论的表达对受众并没有强制性,而是由受众通过对舆论表达是非曲直的客观判断形成自己的看法、评价或观点。

(二) 纸媒体与影视媒体

纸媒体是以纸张为载体发布新闻或者资讯的媒体,如报纸、杂志等。影视媒体是科学技术与艺术发展的结晶,有很强兼容性,是一种以视觉形象为主,时空兼备,声画结合的媒体。长期以来,传统纸媒体始终是工会宣传工作媒介选择的主要途径之一,然而伴随现代传媒科技的发展,影视媒介愈益成为各级工会宣传工作创新拓展的重要领域,并成为工会宣传工作以其生动、鲜活、直观方式贴近职工、影响受众的重要途径。

(三) 网络媒体

网络媒体和传统的电视、报纸、杂志、广播等媒体一样，都是传播信息的渠道，是交流、传播信息的工具、载体。其特点是，信息量大、传播范围广、保留时间长、开放性强、交互性沟通性强、实效性强，而且成本低、效率高。在互联网时代，伴随着网络媒体的深度发展，自媒体应运而生，其特点是公民个人参与度高，成为普通大众经由数字科技与全球知识体系相连后，获得或分享传播者亲历的事实、新闻等信息的便捷途径。在这种背景下，客观上就要求工会的宣传工作能够紧随时代步伐，树立重视使用网络媒体的理念，建设工会网络媒体运行的长效机制，建设工会网络媒体的工会宣传队伍，加强网络信息员队伍建设，建设科学高效的工会网络媒体运行模式，使工会宣传的内容更加理性、客观和公正，更加贴近职工群众的需求，进一步提高工会工作的影响力。

四、工会新闻宣传工作的组织保障

(一) 加强工会新闻宣传工作组织建设

1.高度重视工会宣传工作，不仅应认识到位、目标明确，而且要措施得力、组织健全；

2.应始终关注媒介传播的发展变化，积极主动地应对新传播媒介的挑战；

3.加强对工会新闻宣传工作专兼职干部的教育培训，提高工会宣教干部的政治素养、业务能力、新闻宣传工作能力，建设讲政治、顾大局、善学习、勤思考、精业务的工会宣教队伍。

(二) 做好工会新闻宣传工作的策划

1.科学制订工会宣传工作日常计划，诸如年度、季度、月度工作计划并把握好彼此衔接；

2.为推动完成某项工作而周密地做好配套的宣传工作策划；

3.以创新举措和务实方式设计出内容新颖、针对性强、形式独特、广受欢迎的策划方案；等等。

（三）健全完善工会新闻宣传工作考核标准

健全完善考核标准应把握以下原则：

1. 工会新闻宣传工作应具有针对性且达到预期目标；
2. 工会新闻宣传工作能够为广大职工受众所喜爱、所接受；
3. 工会新闻宣传工作能够与党和国家整体宣传工作的基本要求保持一致；
4. 工会新闻宣传工作能够同工会其他工作相融合，并为工会整体工作推进营造有利条件。

第五节　工会职工文化体育工作

一、职工文化概述

（一）职工文化

职工文化是指以劳模为代表的先进职工群体在长期实践中创造的，被广大职工和企事业认同共享的，由工会提炼和塑造并在职工群众中推广、践行和展示的职工价值理念、职工行为规范和职工精神风貌的总和。职工文化是中国特色社会主义文化的重要组成部分，是强化思想政治引领、凝聚职工奋斗力量的重要内容。职工文化的内容主要包括团队精神、职工道德风尚、职工文化素质、职工文化阵地建设、职工文化体育活动等方面。

文化的本质功能是以文化人。职工文化建设是全面提高职工素质、丰富职工精神文化生活、激发职工劳动热情和创造活力的重要载体。加强职工文化建设，对维护职工精神文化权益、促进劳动关系和谐稳定发展、推动社会主义文化大发展大繁荣具有十分重要的意义。2018年10月29日，习近平总书记在同中华全国总工会领导班子成员集体谈话时强调，要坚持以社会主义核心价值观引领职工，深化"中国梦·劳动美"主题教育，打造健康文明、昂扬向上、全员参与的职工文化。

为深入贯彻落实习近平总书记关于新时代中国特色社会主义文化建设、关于工人阶级和工会工作的重要论述精神，打造健康文明、昂扬向上、全员参与的职工文化，推动新时代职工文化繁荣发展，助力实现2035年建成文化强国的奋斗目标，全国总工会办公厅印发了《关于加强新时代职工文化建设的指导意见》（以下简称《意见》），对新时代职工文化建设的指导思想、基本原则、任务目标、重大举措等提出了明确要求。

(二) 职工文化的特点

职工文化的特点主要体现在：

1.职工文化的本质是"文化"，职工文化是由先进职工群体创造的；

2.职工文化具有先进性，即以劳模为代表的先进职工群体的先进价值理念是职工文化的灵魂；

3.职工文化具有有效性，是培养和塑造先进职工群体的一种有效手段；

4.职工文化具有管理属性，是在企业认同和支持下开展的职工群众自我教育、自我管理和自我提升的一种方式；

5.职工文化是由工会提炼和塑造的，是工会宣传教育工作的核心内容；

6.职工文化是职工群众的文化，源于职工、作用于职工。

(三) 职工文化建设的主要内容

1.塑造职工价值理念

职工价值理念是指职工群众的人生目标、伦理观念、理想信念、个人信仰和审美情趣等价值观念的总和。其主要特点表现在：

（1）内生性，即职工价值理念是先进职工群体在长期的成功实践中自然形成的；

（2）实用性，即职工价值理念对提升职工群众整体素质具有较强的指导意义和实用价值；

（3）有个性，即职工价值理念是不同职工群体间差异的本质特征，职工价值理念的内容主要涉及职工的责任、职工理想和职工信念等方面。

2.形成职工行为规范

职工行为规范是将职工价值理念具体化为职工群众日常行为应遵循的相关制度和规范。推动形成职工行为规范应把握的主要原则有：

(1) 发挥职工价值理念的指导作用；

(2) 营造良好的职工文化氛围；

(3) 体现职工群众的主体作用；

(4) 明确职工行为规范的内容。

3.展示职工精神风貌

职工精神风貌是指职工群众的行为风格、精神气质、道德修养、心理状态、生活志趣、业余爱好、身心素质的总和。

塑造职工精神风貌应遵循的原则主要包括：

(1) 以铸魂为核心；

(2) 以素质提升为手段；

(3) 以化人为目标。

在上述原则指导下，职工精神风貌的内容主要涉及：职工行为习惯、职工道德品质、职工文体特长等。

(四) 职工文化与企业文化的关系

1.地位对等

企业的发展寓于职工文化和企业文化相互结合与转换之中。也就是说，职工文化包含着企业文化的内容，同样企业文化也包含着职工文化的内容。这是因为，职工是企业的，企业也是职工的；职工离不开企业，企业更离不开职工。因此，职工文化与企业文化是并列关系，二者地位对等。

2.内容互补

职工文化建设是职工提高职业技能素质、丰富精神文化生活、激发劳动热情和创造活力的重要载体，企业文化建设是体现企业形象特点、增强凝聚力、提高竞争力的必要手段。可见，职工文化建设提高职工素质的核心在于为职工立魂，引导职工实现其人生追求和展现其应有的精神风貌；企业文化建设提高企业核心竞争力的关键则在于为企业立心，描绘企业蓝图和统一职工的思想观念。

3.相得益彰

实践表明,企业文化历百年而不衰的"长寿"基因不仅在于企业文化,还在于职工文化。职工文化是企业"长寿"基因的基石,企业文化是企业"长寿"基因的动因。职工文化助职工成功,企业文化促企业成功,只有二者共同成长、协调发展、相得益彰,企业方能保持可持续发展。

4.目标一致

两种文化在发展重点上各有侧重,分别以提升企业职工群众整体素质和提高企业市场竞争力为战略重点,但二者在终极目标上是一致的,都是为了实现企业高质量的发展。

二、工会在职工文化建设中的主要任务与活动方式

(一) 工会在职工文化建设中的主要任务

1.加强职工思想政治引领;

2.发现、选树、表彰和培养劳动模范和先进典型人物;

3.挖掘和提炼先进职工文化;

4.宣传和推广先进职工文化;

5.推动实施和建设先进职工文化。

(二) 工会在职工文化建设中的活动方式

1.活动平台,诸如组织职工群众开展融学习、创新、娱乐于一体的知识竞赛、演讲比赛、体育比赛、文艺演出等多种文体活动;

2.阵地平台,诸如工人文化宫、俱乐部、职工书屋、体育馆、健身房等职工文化活动阵地;

3.品牌平台,努力打造"工"字品牌,诸如发挥职工文化基地的示范作用,实施职工素质建设工程,举办各种健康向上的职工艺术节、职工运动会、职工书屋等以培育各具特色的职工文化品牌;

4.人才平台,诸如培养和扶持职工群众中涌现出的各类职工文化人才和积极分子,形成专业文化工作者和职工文化积极分子专兼结合的职工文

化建设队伍。

三、加强新时代职工文化建设

(一) 基本原则

1.坚持党的领导。各级工会党组织要切实担负起政治责任，加强对职工文化建设的政治领导、思想领导、组织领导。

2.坚持正确导向。职工文化建设必须始终把坚持正确方向、价值取向和艺术导向放在首位，充分发挥思想政治引领作用，促进广大职工在理想信念、价值理念、道德观念上紧紧团结在一起。

3.坚持公益性方向。职工文化阵地是国家公共文化服务体系的有机组成部分。要始终坚持把社会效益放在首位，推动建立政府、工会、企业、社会等多渠道的资金保障体系，使其充分履行公益性服务职能。

4.坚持共建共享。坚持党委领导、行政支持、工会运作、职工参与的职工文化共建机制，坚持力量和资源向基层倾斜，使发展成果惠及更多职工。

5.坚持改革创新。适应新时代的发展和要求，充分运用互联网技术，推进职工文化建设理念思路、内容形式、方法手段改革创新，提升职工文化感召力和影响力。

(二) 任务目标

根据全国总工会《意见》精神，新时代职工文化建设的任务目标是：坚持中国特色社会主义文化发展道路，坚持弘扬中华优秀传统文化、革命文化和社会主义先进文化，加强职工思想政治引领，培育践行社会主义核心价值观，积极推进职业道德建设，繁荣发展职工文艺，团结带领广大职工听党话跟党走。推动党委领导、行政支持、工会运作、职工参与的职工文化共建机制不断健全，布局合理、契合需求、作用突出、公益彰显的职工文化阵地管理、运行和保障机制日趋完善，特色鲜明、思想性艺术性俱佳的职工文化品牌和精品不断涌现，专业化、社团化、志愿化相结合的职工文化人才队伍优化壮大，职工群众文化获得感显著增强，经过5年的努力，推出一批职工文化阵地建设示范典型，打造一批职工文化创作培训基地，培育一批德艺双馨、具有一定社会影响力的职工文化建设领军人才，创作一批思想性强、艺术性高、社会影响大、群众口碑好的精品力作。

(三) 重大举措

1.坚持正确导向。坚持用习近平新时代中国特色社会主义思想教育引导职工，通过接地气、易于被职工接受的方式推动党的创新理论进企业、进车间、进班组，引导广大职工坚定理想信念，树立正确的国家观、历史观、民族观、文化观和人生观、价值观，深刻领悟"两个确立"的决定性意义，增强"四个意识"、坚定"四个自信"、做到"两个维护"。

2.着力打造"中国梦·劳动美"系列职工文化品牌。持续深化"中国梦·劳动美"品牌内涵，创新载体和形式，广泛开展"中国梦·劳动美"主题全国职工演讲比赛、知识竞赛、摄影、视频和书画大赛、全健排舞比赛以及各类群众性健身活动，不断提升吸引力和感染力。

3.鼓励地方广泛开展"工"字特色职工文化活动。探索项目制培育创作带有"工"字特征、体现"工"字内涵、彰显"工"字精神的优秀职工文化活动和作品。

4.丰富职工文化产品供给。把满足职工精神文化需求作为职工文化建设的出发点和落脚点，因地制宜、因时制宜，采用职工群众喜闻乐见的方式，提供丰富多样的文化服务。

5.加强职工文化阵地建设。深入落实《公共文化服务保障法》，落实《中华全国总工会关于加强和规范工人文化宫管理的意见（试行）》等文件精神，推进工人文化宫、职工书屋等职工文化阵地建设，积极争取当地政府将工人文化宫、职工书屋建设纳入地方公共文化服务体系建设范围，在建设资金、场地、税费减免等方面给予优惠扶持，以购买服务、项目补贴、定向资助、贷款贴息等方式，对工人文化宫、职工书屋提供公共文化服务给予支持。

6.构建面向社区园区便利化、普惠化的文化设施网络。着力优化职工文化阵地布局，聚焦中小企业和农民工、新就业形态职工，积极争取政府部门支持，发挥企业积极性，在街道社区、产业园区、商圈楼宇等职工聚集区建设职工文化场馆、职工书屋等，构建"企业—产业园区—社区—镇街—楼宇"圈层式文化服务网络，打造布局合理、覆盖广泛、资源集成、服务共享的职工文化服务体系，让职工就近、便捷、高效地得到文化服务。

7.提升职工文化阵地管理和服务水平。工人文化宫、职工书屋等各类职工文体活动场馆，以及职工文艺院团、文化团体是意识形态的重要阵地，各级工会要严格落实意识形态工作责任制，按照谁主管谁负责和属地管理原则，管好导向、管好阵地、管好队伍，做到守土有责、守土担责、守土尽责。

8.推动职工文化与新技术、新模式、新媒体有机融合，提高网络文化产品制作和供给能力。

9.推动职工文体活动线上线下齐头并进。推广健康文明的网络文体活动，广泛开展网上健步走比赛、工间操网络展播，以及网上摄影书画展、文艺会演、微视频展播、"随手拍"、云上演出等线上线下并行的灵活多样、趣味便利、大众化文体活动。

四、职工体育工作

体育是社会发展与人类文明进步的标志，体育事业发展水平是一个国家综合国力和社会文明程度的重要体现。职工体育是在企业、事业单位、机关、社会组织等单位职工中开展的体育锻炼活动。职工体育是国家群众体育的重要组成部分，是职工群众广泛参与的体育活动。职工体育以职工喜闻乐见的运动项目和适合职业岗位劳动特点的各种有益于健身和娱乐的锻炼项目为主。目的是提高职工健康水平，调节情绪，增强对各种环境的适应能力和防止职业病。

（一）职工体育工作的主要任务

1.制定职工体育工作的发展规划，充分调动职工群众参与体育活动的积极性，最大限度地满足广大职工体育健身需求，提高职工身体素质，达到全民健身的目标；

2.改善职工体育健身的条件与环境，为职工群众参加体育健身活动提供必要的设施和良好的服务；

3.依托各级职工文化体育协会，推进职工体育工作机制创新，健全职工体育活动组织。

（二）职工体育工作的途径和方式

1.以中国职工文化体育协会为龙头，健全完善职工文化体育工作体系；

2.开展不同层次、不同类型、丰富多彩的职工文体活动；

3.通过评比表彰，选树职工文体工作优秀单位，促进工会文体工作整体水平不断提高。

思考题

1.工会宣教工作的作用有哪些？
2.新时代加强和改进思想政治工作的指导思想、方针政策是什么？
3.如何提升思想政治工作的质量和水平？
4.如何加强新时代职工思想政治教育工作？
5.工会职工教育的基本任务是什么？
6.工会宣传工作的职责与特点是什么？
7.职工文化建设的主要内容是什么？
8.工会在职工文化建设中的主要任务与活动方式是什么？
9.如何加强新时代职工文化建设？
10.职工体育工作的主要任务是什么？

案例1

烟台市总工会：职工思想政治引领"走新"更"入心"

2023年6月18日　来源：工人日报客户端

日前，山东省烟台市总工会开展"阅读经典好书、争当时代工匠"阅读活动，依托"齐鲁工惠"APP·烟台站，通过好书推荐、短视频展示、阅读分享等形式，吸引全市5万多人次参与，力争将思想政治引领贯穿于职工日常生产生活中。

近年来，烟台市总工会把加强职工思想政治引领作为推进产业工人队伍建设改革的首要任务，聚焦队伍、阵地、形式、品牌四大建设靶向发力，走出了一条"先模引领、阵地赋能、多维宣传"的新路径。

总工会围绕突出政治性、体现广泛性、把握灵活性、注重时效性四个特性，通过组建"劳模工匠百人宣讲团"，集合"资深专家教授+区市总工会主要负责人+基层党组织书记+红色基地宣讲员+各级工会骨干+职工艺术团+心理关爱服务志愿者+法律援助律师"八大队伍，广泛组织开展"一团八队"宣讲进企业、厂矿、车间，让党的创新理论飞入寻常百姓家。目前，全市1800多名最美一线职工、职工职业道德标兵、技术创新能手和女职工建功立业标兵等，常年活跃在企业车间、厂矿班组、社区学校，开展各类宣讲1.3万多场次。

2021年6月30日，烟台市"光荣传统——胶东根据地工运陈列馆"开馆。作为全国首批职工爱国主义教育基地，也是目前全国首个根据地工人运动专题陈列馆，该馆特色鲜明，成为教育职工坚定不移听党话、跟党走的生动教材。目前，已开展线上线下活动800多场次，40多万人次接受红色教育。

"在胶东根据地工运陈列馆的带动下，全市已命名30家'新时代职工思想政治引领教育基地'，实现了红色基地区市连点成线全覆盖。"烟台市总工会党组书记、常务副主席陈海涛介绍，烟台工会将教育阵地建设延伸到职工书屋、妈妈小屋、工友创业园区、工匠孵化基地、疗休养基地等3400多个工会服务阵地中，形成市、县、镇街（园区）三级阵地体系。同时，结合职工工作生活实际，将宣讲场所搬到车间走廊、企业班车、职工公寓中，"红心快递""红色巴士"穿梭城乡，"口袋书屋""红色长廊"遍布企业厂区，"思政大街道""红色工地"等扎根一线，让职工随时随地接受感染熏陶。

为让思想政治引领工作更广泛、更深入、更入心，烟台市总工会积极创新思路方法，不断丰富活动载体，坚持"多维度宣传"，在文明城市创建、乡村振兴、法律援助、文化活动等工作中"借力"宣传。今年以来，烟台市总工会"尊法守法·携手筑梦"服务农民工公益法律服务队深入镇街、社区、工地等农民工聚集场所讲解民法典、工会法等法律知识150多场次，并印发法律宣传明白纸5万余份，引导职工增强法律意识。以持续推进党的二十大精神学习宣传贯彻落实为主线，开展以阅读分享、文化类比赛、主题宣讲等为内容的教育活动，团结动员广大职工群众坚定信心、自信自强，立足岗位、建功立业。截至目前，全市各级工会组织先后开展各类宣传教育活动410多场次，60多万人次打卡参与。

同时，烟台市总工会坚持把思想政治引领有效融入一线职工疗休养、心理关爱、走访慰问等，探索渗透式、融合式教育模式，每年开展"情系基层·服务职工"走访慰问、劳模工匠红色疗休养、"向日葵"心理关爱等普惠活动500多场。举办职工喜爱的"公益乐学"课堂1600多期，"齐鲁工惠"APP烟台站常年组织开展健身、旅游、文化休闲等活动2000多场次。（工人日报－中工网记者 杨明清 通讯员 宋洁 崔力元）

案例2

安徽省总工会打造职工素质建设工程品牌项目

2023年6月16日　来源：中工网

近年来，安徽省总工会加强职工思想道德素质、科学文化素质建设，突出增加职工提升学历层次、科学文化素养和从业能力的机会与途径，广泛开展劳模工匠大师进校园等文明实践活动，为广大产业工人及其生力军种下"劳动的种子"。

求学圆梦行动　培养农民工成为"四有"工人

安徽省教育厅、省总工会联合印发省"求学圆梦行动"实施方案，遴选确定26所高等学校、职业院校，按照宽进严出的原则，对通过成人高校全国统一考试的农民工考生，实行省最低录取控制线下降50分择优录取。

根据农民工个性发展规律和工作岗位需要，安徽各级总工会与企业共同研制工学结合人才培养方案。蚌埠市总工会联合蚌埠技师学院、安徽柳工起重机等公司，扶持校企合作培育"金牌蓝领"。由工会协调，在农民工集中的代表性行业开设定向培养班，安徽财贸轻纺烟草工会在安徽国际商务职业学院，每班招收60位行业内农民工。依托安徽继续教育网络园区，开发适合农民工需求的在线教育资源。

2018年安徽省政府办公厅下发《关于新形势下进一步支持工会工作的通知》，再次明确重申，企业要按规定足额提取职工教育培训经费。全省各级工会结合实际，以全额或部分补贴方式逐步加大农民工学历提升经费投入。近年来合肥市总工会依托合肥职工大学全额资助2000多名农民工上大学。在各级工会推动下，省农民工通过学历和能力提升，正逐渐发展为有地位、有作为、有技术、有奔头的"四有"工人。

劳模工匠大师进校园　打造高校思政教育品牌

安徽省总工会积极争取把劳模工匠大师进校园纳入"文化名家暨非遗进校园"等全省"五进校园"活动，与省委宣传部、省委教育工委等多家单位部门建立常态化工作联系制度，共同制订、实施活动方案。

省总工会建立"劳模工匠宣讲人才库"，甄选与学校办学特色、专业设置和学生学习生活相贴近的劳模工匠典型，为全省70余所职业院校提供针对性的宣讲人、宣讲主题。由省委教育工委向劳模工匠大师颁发校外导师聘书，劳模工匠大师和学生签订对口专业"师带徒协议"。推动校企共建共享"劳模创新工作室"，创造条件组织学生进"劳模创新工作室"实地锤炼技能技艺。

2018年安徽省劳模工匠大师进校园首场活动以来，全省各级工会联合相关部门先后开展了"劳模伴我成长""明日工匠""劳模大讲堂""青春对话劳模""开学第一课"等上规模的活动年均200余场次，以创新型"劳模思政课"，面向职业院校学生掀起了一场向劳模工匠学习热。

新时代职工文明实践中心　搭建职工教育新平台

安徽省县以上工会组建劳模（工会干部、职工）宣讲团165个，围绕不同主题，以"讲、诵、演、访、唱、展"等职工喜闻乐见的方式，开展劳模工匠大师"五进"宣讲活动年均1000余场次、线上观看达1000万人次、点赞数百万次。

全省各级工会统筹发挥劳模等先进典型来自各行各业作用,建设新时代职工文明实践劳模志愿服务队1100余支,常态化开展志愿服务活动。各级工会在各种实践活动中结合"我为群众办实事",深入职工群众问需问计,开展职工文艺小分队慰问、职工免费体检、公交出行补贴、"送清凉""送温暖"等工会特色活动。(中工网记者 王鑫 姚怡梦)

第十章

努力做好工会劳动保护工作

　　加强劳动保护,搞好安全生产,保护职工的生命安全和身体健康,是工会的重要任务。企业工会要充分认识劳动保护工作的重要性和紧迫性,认真履行职责,采取有效措施,加大劳动保护力度,切实保障职工生命安全和身体健康。

第一节　劳动保护概述

一、劳动保护

劳动保护，也叫劳动安全卫生，是指为了防止生产安全事故和职业病的发生，保护劳动者在劳动过程中的安全与健康所采取的各种措施。加强劳动保护，有利于保障人民群众生命和财产安全，推动社会生产力的发展，促进社会和谐。《劳动法》规定，劳动者有获得劳动安全卫生保护的权利。

二、劳动保护的作用

加强劳动保护，事关人民群众的生命和财产安全，国民经济全面、协调、可持续发展以及社会稳定的大局，是我们党和国家的一项基本政策，也是企业管理的一项基本原则。劳动保护的作用主要如下。

（一）有利于保障人民群众生命和财产安全，维护劳动者的合法权益

劳动者是社会物质财富和精神财富的创造者，是生产力中最积极、最活跃的因素，也是生产安全事故的最直接、最严重的受伤害对象。劳动者在从事生产经营活动中存在着许多不安全因素和不确定状态，如果不具备安全生产条件，不采取安全保护措施，或者违反安全操作规程，往往容易引发安全生产事故，造成人身伤亡。这不仅给劳动者和他们的家庭带来很大痛苦，而且也会给国家和社会造成很大危害。因此，在劳动过程中，必须随着经济发展和科技进步，不断改善劳动条件，切实搞好安全生产，最大限度地减少伤亡事故的发生，从而保障人民群众的生命和财产安全。

(二) 有利于确保生产经营活动的正常进行，促进社会生产力的发展

社会主义的根本任务是发展社会生产力。而发展社会生产力，首先要保护生产力，最主要是保护劳动者。科学发展，首先要安全发展。习近平总书记曾明确指出，人命关天，发展决不能以牺牲人的生命为代价。这必须作为一条不可逾越的红线。只有高度重视劳动保护，不断改善劳动条件，消除劳动生产中的各种不安全因素，防止伤亡事故的发生，才能保障劳动者的安全，才能保障生产经营活动的正常进行。同时，加强劳动保护是和采用先进技术、实现生产过程的机械化、自动化以及改进操作方法等密切相连的，这样，不仅可以大大改善劳动条件，也能促进劳动生产率的提高。而且，加强劳动保护，改善劳动条件，还有利于激发广大劳动者的劳动热情和劳动积极性，促进社会生产力的发展。

(三) 有利于保持社会稳定，并在此基础上保证社会和谐

社会稳定是社会和谐的基础，是改革发展的前提条件。如果生产安全事故不断发生，劳动者生命得不到保障，将会使广大劳动者感到不满，严重时还可能使人民群众对党和政府为人民服务的根本宗旨产生疑虑和动摇。生产安全事故的发生，不但给国家和用人单位带来经济损失，而且给劳动者本人造成伤害和痛苦，给其家庭带来不幸，也会给社会带来不安定因素。因此，只有切实加强安全生产，防止生产安全事故的发生，才能从根本上消除这些影响安定团结的因素。

三、我国安全生产的方针、原则和工作机制

(一) 安全生产工作的方针

根据安全生产法规定，安全生产工作应当坚持安全第一、预防为主、综合治理的方针，从源头上防范化解重大安全风险。

1.安全第一

在生产经营活动中，在处理保证安全与实现生产经营活动的其他各项目标的关系上，要始终把安全特别是从业人员、其他人员的人身安全放在

首要位置，实行"安全优先"的原则。在确保安全的前提下，努力实现生产经营的其他目标。当安全工作与其他活动发生冲突和矛盾时，其他活动要服从安全，绝不能以牺牲人的生命、健康为代价换取发展和效益。安全第一，体现了以人为本的发展思想，是预防为主、综合治理的统帅，没有安全第一的思想，预防为主就失去了思想支撑，综合治理就失去了整治依据。

2.预防为主

预防为主，是安全生产工作的重要任务和价值所在，是实现安全生产的根本途径。预防为主，就是要把预防生产安全事故的发生放在安全生产工作的首位。对安全生产的管理，主要不是在发生事故后去组织抢救，进行事故调查，找原因、追责任、堵漏洞，而要谋事在先、尊重科学、探索规律，采取有效的事前控制措施，千方百计预防事故的发生，做到防患于未然，将事故消灭在萌芽状态。

3.综合治理

综合治理，就是要综合运用法律、经济、行政、科技等手段，从发展规划、行业管理、安全投入、科技进步、经济政策、教育培训、安全文化以及责任追究等方面着手，建立安全生产长效机制。综合治理，秉承"安全发展"的理念，从遵循和适应安全生产的规律出发，运用法律、经济、行政等手段，多管齐下，并充分发挥社会、职工、舆论的监督作用，形成标本兼治、齐抓共管的格局。综合治理，是一种新的安全管理模式，它是保证"安全第一，预防为主"的安全管理目标实现的重要手段和方法，只有不断健全和完善综合治理工作机制，才能有效贯彻安全生产方针。

4.从源头上防范化解重大安全风险

要健全风险防范化解机制、坚持从源头上防范化解重大安全风险，真正把问题解决在萌芽之时、成灾之前。实践一再表明，许多事故的发生，都经历了从无到有、从小到大、从量变到质变的动态发展过程。因此，从以事故处置为主的被动反应模式向以风险预防为主的主动管控模式转变，是一种更经济、更安全、更有效的应急管理策略。具体而言，就是要严格安全生产市场准入，经济社会发展要以安全为前提，严防风险演变、隐患升级导致生产安全事故发生。

(二) 安全生产工作的基本原则

《安全生产法》中规定"三个必须"原则，进一步明确了各方面的安全生产责任，健全完善了安全生产综合监管与行业监管相结合的工作机制，有利于加强协作、形成合力，建立比较完善的责任体系。"三个必须"原则明确了政府部门的安全监管职责。管行业必须管安全，明确了负有安全监管职责的各个部门，要在各自的职责范围内，对所负责行业、领域的安全生产工作实施监督管理。同时，"三个必须"原则也明确了生产经营单位的决策层和管理层的安全管理职责。管业务必须管安全，管生产经营必须管安全，具体到生产经营单位中，就是主要负责人是安全生产的第一责任人，其他负责人都要根据分管的业务，对安全生产工作承担一定的职责，负担一定的责任。在厘清责任、分清界限的同时，"三个必须"原则还要求负有安全监管职责的部门之间要相互配合、齐抓共管、信息共享、资源共用，依法加强安全生产监督管理工作，切实形成监管合力。

(三) 安全生产工作机制

根据安全生产法的规定，安全生产工作要建立生产经营单位负责、职工参与、政府监管、行业自律和社会监督的机制。

1.生产经营单位负责

做好安全生产工作，落实生产经营单位主体责任是根本。生产经营单位负责，就是要求落实生产经营单位的安全生产主体责任，生产经营单位必须严格遵守和执行安全生产法律法规、规章制度与技术标准，依法依规加强安全生产，加大安全投入，健全安全管理机构，加强对从业人员的培训，保持安全设施设备的完好有效。

2.职工参与

一方面，职工是生产经营活动的直接操作者，安全生产首先涉及职工的人身安全。保障职工对安全生产工作的参与权、知情权、监督权和建议权，是我国基层民主的重要组成部分和建立现代企业制度的要求，是保障职工切身利益的需要，也有利于充分调动职工的积极性，发挥其主人翁作用。另一方面，做好安全生产工作需要职工积极配合，承担遵章守纪、按章操作等义务。没有职工的参与和配合，不可能真正做好安全生产工作。职工参与，就是通过安全生产教育，提高广大职工的自我保护意识和安全生产意识，职工有权对本单位的安全生产工作提出建议。对本单位安全生产工作中存在的问题，有权提出批评、检举和控告，有权拒绝违章指挥和强令冒险作业。要认真落实工会组织在安全生产方面的职权，充分发挥工会组织在安全生产方面的作用。

3.政府监管

在强化和落实生产经营单位主体责任、保障职工参与的同时，还必须充分发挥政府在安全生产方面的监管作用，以国家强制力为后盾，保证安全生产法律、法规以及相关标准得到切实遵守，及时查处、纠正安全生产违法行为，消除事故隐患。政府监管，就是要切实履行监管部门安全生产管理和监督职责。健全完善安全生产综合监管与行业监管相结合的工作机制，强化应急管理部门对安全生产的综合监管，全面落实行业主管部门的专业监管、行业管理和指导职责。各部门要加强协作，形成监管合力，在各级政府统一领导下，严厉打击违法生产、经营等影响安全生产的行为，对拒不执行监管监察指令的生产经营单位，要依法依规从重处罚。

4.行业自律

在市场经济条件下，必须充分发挥行业协会等社会组织的作用，加快形成政社分开、权责明确、依法自治的现代社会组织体制，强化行业自律，使其真正成为提供服务、反映诉求、规范行为的重要社会自治力量。行业自律，主要是指行业协会等行业组织要自我约束。一方面各个行业要遵守国家法律、法规和政策，另一方面行业组织要通过行规行约制约本行业生产经营单位的行为。通过行业间的自律，促使相当一部分生产经营单位能从自身安全生产的需要和保护从业人员生命健康的角度出发，自觉开展安全生产工作，切实履行生产经营单位的法定职责和社会责任。

5.社会监督

安全生产工作涉及方方面面，必须充分发挥包括工会、基层群众自治组织、新闻媒体以及社会公众的监督作用，实行群防群治，将安全生产工作置于全社会的监督之下。任何单位和个人有权对违反安全生产的行为进行检举和控告。发挥新闻媒体的舆论监督作用。有关部门和地方要进一步畅通安全生产的社会监督渠道，通过设立举报电话，接受人民群众的公开监督。

四、我国职业病防治方针、机制、原则

《职业病防治法》明确规定了我国职业病防治方针、机制、原则。

（一）职业病防治方针

根据《职业病防治法》规定，我国职业病防治的方针是：预防为主、防治结合。

1.预防为主

预防为主是指在职业病防治工作中，要把预防职业病的发生作为根本的目的和首要措施，控制职业病危害源头，并在一切职业活动中尽可能消除和控制职业病危害因素的产生，使工作场所职业卫生状况达到不损害劳动者健康的水平。

2.防治结合

在突出预防为主的同时，要坚持防治结合。"防"是为了不产生职业病危害，"治"是为了在职业病危害产生后，尽可能降低职业病危害的后果和损失。

（二）职业病防治机制

根据《职业病防治法》规定，我国职业病防治"建立用人单位负责、行政机关监管、行业自律、职工参与和社会监督的机制"。

1.用人单位负责。职业活动是以用人单位为基础进行的，职业活动中产生的职业病危害因素是用人单位所能控制的。因此，用人单位是职业病防治的主体，应认真落实预防、控制措施，加强职业健康管理和职业病人救治，规范用工行为等主体责任。《职业病防治法》规定："用人单位的主要负责人对本单位的职业病防治工作全面负责。"

2.行政机关监管。职业卫生监督管理机关应按照职责分工，依法履行职业卫生监管职责。

3.行业自律。通过行业规范约束行业内的企业行为，促使企业从自身健康发展的需求和保护劳动者健康的角度出发，自觉开展职业病防治工作。

4.职工参与。职工对违反职业病防治法律、法规以及危及生命健康的行为有权提出批评、检举和控告。《职业病防治法》规定："工会组织依法对职业病防治工作进行监督，维护劳动者的合法权益。用人单位制定或者修改有关职业病防治的规章制度，应当听取工会组织的意见。"

5.社会监督。任何单位和个人有权对违反《职业病防治法》的行为进行检举和控告。

（三）职业病防治原则

职业病防治工作应当贯彻分类管理和综合治理的原则。

1.分类管理

分类管理是指在职业病防治工作中，根据不同的职业病危害的致病性质、严重程度等，采取不同的管理措施。在《职业病防治法》中，分类管理的原则主要体现在以下几方面。

（1）法定职业病的目录管理。职业病有广义和狭义之分。广义的职业病是指所有与职业活动有关的疾病，狭义的职业病是指特定的职业病目录上列明的职业病。《职业病防治法》明确规定了职业病的定义和名单管理的原则。

（2）建设项目的分类管理。《职业病防治法》将建设项目分为可能产生职业病危害的建设项目和职业病危害严重的建设项目两类。规定建设项目可能产生职业病危害的，建设单位应当在可行性论证阶段提交职业病危害预评价报告，并经过卫生行政部门审核同意。在竣工验收前，应当进行职业病危害控制效果评价和竣工验收。对于职业病危害严重的建设项目，除上述规定外，还规定其防护设施设计，应当经卫生行政部门进行卫生审查，符合国家职业卫生标准和卫生要求的，方可施工。

（3）特殊职业病危害的管理。《职业病防治法》规定，国家对从事放射性、高毒等作业实行特殊管理。特殊管理办法由国务院制定。

2.综合治理

《职业病防治法》所规定的综合治理原则，主要有以下几方面。

（1）在职业病防治活动中应当采取一切有效的管理和技术措施，包括立法、行政、经济、科技、民主管理和社会监督等。

（2）职业病防治工作是一项复杂的社会工程，应当建立全面的社会管理体系。卫生行政部门统一负责，各有关部门在各自的职责范围内分工合作，实现职业病防治工作的有效管理。

（3）用人单位在职业病防治工作中，要通过建立健全管理制度、采用无害替代工艺、采取工程防护设施、配备个人防护用品、提高劳动者防护意识等各种措施，达到预防和控制职业病危害的目的。

第二节 劳动者在劳动安全卫生方面的权利和义务

一、劳动者在劳动安全卫生方面的权利

（一）劳动合同保障权

劳动合同是劳动者和用人单位之间为了确立劳动关系、明确双方权利和义务的协议。为了保障劳动者在劳动过程中的人身安全和身体健康，明确责任，用人单位与劳动者订立的劳动合同应当载明有关安全卫生事项。还应当载明，用人单位应当依法为劳动者办理工伤保险的事项。

（二）知情权

劳动者有权了解其作业场所和工作岗位存在的危险因素、职业病危害因素、防范措施及事故应急措施。

（三）建议权

劳动者有权对本单位劳动安全卫生工作提出建议，这不仅体现了劳动安全卫生工作的民主性，而且有利于减少用人单位在劳动安全卫生工作中

的失误，有效地防止生产安全事故和职业病的发生。

（四）批评、检举、控告权

对用人单位在劳动安全卫生工作中存在的问题，劳动者有权提出批评、检举、控告。这有利于有关部门及时了解、掌握用人单位劳动安全卫生工作中存在的问题，采取措施，制止和查处用人单位违反劳动安全卫生法律、法规的行为，保障劳动者生命安全和身体健康。

（五）拒绝权

所谓拒绝权，是指劳动者有拒绝违章指挥、强令冒险作业或者没有防护措施进行作业的权利。

（六）紧急避险权

劳动者发现直接危及人身安全的紧急情况时，有权停止作业或者在采取可能的应急措施后撤离作业场所。

（七）劳动安全卫生教育权

用人单位应当对劳动者进行劳动安全卫生教育和培训，保证劳动者具备必要的劳动安全卫生知识，熟悉有关劳动安全卫生规章制度和操作规程，掌握本岗位的劳动安全卫生操作技能。未经劳动安全卫生教育和培训的劳动者，不得上岗作业。

（八）健康检查权

劳动者有获得职业健康检查、职业病诊疗、康复等职业病防治服务的权利。

（九）获得赔偿权

因生产安全事故或者职业病受到损害的劳动者，除依法享有工伤社会保险外，依照有关民事法律尚有获得赔偿的权利的，有权向本单位提出赔偿要求。

二、劳动者在劳动安全卫生方面的义务

（一）劳动者应当严格遵守劳动安全卫生法律法规和本单位的安全卫生规章制度及操作规程；

（二）劳动者应当服从管理；

（三）劳动者应当接受劳动安全卫生教育和培训；

（四）劳动者应当正确佩戴和使用劳动防护用品；

（五）劳动者发现事故隐患和职业病危害事故隐患或者其他不安全、不卫生因素，应当及时报告。

第三节　工会劳动保护

一、工会劳动保护

工会劳动保护是指工会依据国家法律法规赋予的职权，监督用人单位和有关部门贯彻国家有关劳动安全卫生的法律法规，发动职工群众参与劳动安全卫生工作，督促用人单位不断改善劳动安全卫生条件，保障职工在生产劳动过程中的生命安全和身体健康。工会劳动保护工作是我国整个劳动保护工作的重要组成部分，是工会维护职工合法权益的重要内容，是工会服从服务于党和国家大局、促进经济社会高质量发展的基本要求。

二、工会劳动保护方针

工会劳动保护工作方针是"安全第一、预防为主、群防群治、防治结合"。

三、工会劳动保护监督检查三个条例

工会劳动保护监督检查三个条例是各级工会开展工会劳动保护工作的主要依据。

（一）工会劳动保护监督检查员工作条例

工会劳动保护监督检查员是全国总工会、地方总工会、产业工会开展

劳动保护监督检查的骨干力量，在工会劳动保护工作中发挥着重要的作用。

1. 工会劳动保护监督检查员的设立

在县（含）以上总工会、产业工会中设立工会劳动保护监督检查员。可聘请有关方面熟悉劳动保护业务的人员担任兼职工会劳动保护监督检查员。

中华全国总工会，省、自治区、直辖市总工会，全国产业工会，省辖市总工会对工会劳动保护监督检查员有审批任命权。省、自治区、直辖市总工会，全国产业工会和中华全国总工会有关部门的工会劳动保护监督检查员由中华全国总工会审批任命。省辖市总工会、省产业工会的工会劳动保护监督检查员由省、自治区、直辖市总工会、全国产业工会审批任命，报中华全国总工会备案。县级总工会的劳动保护监督检查员由省辖市总工会审批任命，报省、自治区、直辖市总工会备案。

工会劳动保护监督检查员在其所隶属的工会组织领导下工作，代表工会组织依法实施劳动保护监督检查；也可受任命机关委托，代表任命机关执行监督检查任务。

工会劳动保护监督检查员应具有大专以上文化程度、具有一定的生产实践经验，并从事工会劳动保护工作一年以上，应有较高的政策、业务水平，熟悉和掌握有关劳动安全卫生法律法规和劳动保护业务；科级以上、从事五年以上劳动保护工作的工会干部也可以担任工会劳动保护监督检查员。工会劳动保护监督检查员任命前必须经过劳动保护岗位培训，考核合格。

2. 工会劳动保护监督检查员的职权

工会劳动保护监督检查员代表工会组织行使下列职权。

（1）参与劳动安全卫生法律法规、标准和重大决策、措施的制定，监督劳动安全卫生法律法规和政策的贯彻执行。

（2）监督检查本地区、行业和企事业的劳动安全卫生工作，对劳动安全卫生状况进行分析，对危害职工劳动安全与健康的问题进行调查，向政府及有关部门、企事业单位反映需要解决的问题，提出整改治理的建议。

（3）制止违章指挥、违章作业。在监督检查时，发现存在事故隐患、职业危害和违反国家劳动安全卫生法律法规的问题，有权要求企事业进行整改，监督企事业采取防范事故和职业危害的措施；发现严重存在事故隐患或职业危害的，提请所隶属的工会组织向企事业单位发出书面整改建议，并督促企事业单位解决；对拒不整改的，提请政府有关部门采取强制性措施。

（4）在生产过程中发现明显重大事故隐患和严重职业危害，并危及职工生命安全的紧急情况时，有权向企事业行政或现场指挥人员要求采取紧急措施，包括立即从危险区内撤出作业人员。同时支持或组织职工采取必要的避险措施并立即报告。

（5）依法参加职工伤亡事故的调查和处理，监督企事业单位采取防范措施，对造成伤亡事故和经济损失的责任者，提出处理意见。对触犯刑律的责任者，建议追究其法律责任。

（6）参加新建、扩建和技术改造工程项目劳动安全卫生设施的设计审查和竣工验收，对劳动条件和安全卫生设施存在的问题提出意见和建议。

（7）监督和协助企事业单位严格执行国家劳动安全卫生规程和标准，建立、健全劳动安全卫生制度；监督检查劳动安全卫生设施；监督检查技术措施计划的执行及经费投入、使用的情况；监督检查企事业单位的安全生产状况。

（8）支持基层工会劳动保护监督检查委员会和工会小组劳动保护检查员开展工作，在劳动保护业务上给予指导。

3.工会劳动保护监督检查员的义务

（1）严格执行国家法律法规和政策，实事求是，坚持原则，联系群众，依法监督；

（2）宣传国家劳动安全卫生法律法规和政策，教育职工遵守国家有关劳动安全卫生的各项法律法规和企事业单位的规章制度，推广先进的安全管理方法、预防事故和职业危害技术；

（3）与政府有关部门密切合作；

（4）学习相关知识，提高自身素质，适应工会劳动保护监督检查工作的要求。

工会劳动保护监督检查员执行任务时，应出示《工会劳动保护监督检查员证》。实施监督检查时，企事业单位应予以配合，提供方便。对拒绝或阻挠监督检查员工作的单位和个人，提请有关部门严肃处理。

（二）基层工会劳动保护监督检查委员会工作条例

1.基层工会劳动保护监督检查委员会的设立

《基层工会劳动保护监督检查委员会工作条例》规定："企事业工会及所属分厂、车间工会设立工会劳动保护监督检查委员会（或工会劳动保护监督检查小组，下同）。乡镇工会、城市街道工会及基层工会联合会也可设立工会劳动保护监督检查委员会。工会劳动保护监督检查委员会在同级工会领导下开展工作。"

工会劳动保护监督检查委员会委员由同级工会提名，报上级工会备案。

工会劳动保护监督检查委员会设主任委员1人，副主任委员1~2人，委员若干人，女职工相对集中的单位，应设女职工委员。主任委员应由工会委员会主席或副主席担任。

工会劳动保护监督检查委员会委员由熟悉劳动保护业务、热心劳动保护工作的工会干部和生产一线的职工担任。工会劳动保护监督检查委员会委员也可聘请行政管理人员担任，但不得超过委员会总人数的三分之一。

根据需要，工会劳动保护监督检查委员会的工作可与职工（代表）大会的专门委员会的工作相结合。

2.工会劳动保护监督检查委员会的职权

（1）监督和协助本单位贯彻执行国家劳动安全卫生法律法规，监督落实安全生产责任制和规章制度，参加涉及职工劳动安全与健康规章制度的制定，参与本单位劳动安全卫生措施、计划和经费投入等方案的制订和实施，对劳动安全卫生的决策、措施提出意见和建议。

（2）定期分析研究劳动安全卫生状况，向企事业单位和有关方面反映职工对劳动安全卫生工作的意见、建议和要求。督促和协助企事业单位解决劳动安全卫生方面存在的问题，改善劳动条件和作业环境。

（3）参与本单位集体合同中关于劳动安全卫生、工作时间、休息休假和工伤保险等条款的协商与制定，维护职工劳动安全卫生的权利、休息休假的权利和享受工伤保险的权利。对集体合同、劳动合同中劳动安全卫生条款的执行情况进行监督检查。

（4）制止违章指挥、违章作业。组织或协同行政进行安全生产检查，组织职工代表对劳动安全卫生工作进行督查。对事故隐患和职业危害作业点建立档案，监督整改和治理，并督促企事业单位防范事故和职业危害。

（5）对违反国家法律法规、不符合劳动安全卫生标准规定的问题，提出整改意见；问题严重的，向企事业行政提出书面整改意见，对拒不整改的，要求政府有关部门采取强制性措施。

（6）监督检查新建、扩建和技术改造工程项目的劳动安全卫生设施与主体工程同时设计、同时施工、同时投产使用。

（7）参加职工伤亡事故调查和处理，查清事故原因和责任，提出对事故责任者的处理意见，监督和协助企事业单位采取防范措施。对发生的职工伤亡事故和职业病进行研究、分析，总结教训，提出建议。

（8）在生产过程中发现明显重大事故隐患和严重职业危害，并危及职工生命安全的紧急情况时，要求企事业行政或现场指挥人员采取紧急措施，包括立即从危险区内撤出作业人员。同时支持或组织职工采取必要的避险措施并立即报告。

（9）宣传国家劳动安全卫生法律法规、政策及企事业的规章制度，结合实际情况，组织和发动职工开展安全生产活动，教育职工遵章守纪，提高职工的安全意识和技能。

（10）督促企事业单位按国家有关规定发放劳动安全卫生防护用品、用具，监督企事业单位定期对职工进行健康检查。监督企事业单位履行对职业病人的诊断、治疗和康复的责任，督促落实工伤待遇及职业病损害赔偿。监督和协助企事业单位落实女职工和未成年工特殊保护的有关规定。

企事业单位对工会劳动保护监督检查委员会的工作应给予支持，并提供相应的工作条件。对阻挠监督检查工作的单位和个人，有权要求有关部门严肃处理。

上级工会组织支持基层工会劳动保护监督检查委员会的工作，对工作成绩显著的劳动保护监督检查委员会给予表彰和奖励。

（三）工会小组劳动保护检查员工作条例

1. 工会小组劳动保护检查员的设立

《工会小组劳动保护检查员工作条例》规定："在工、交、财贸、基本建设等行业的企事业生产班组中，设立工会小组劳动保护检查员。工会小组劳动保护检查员经民主推选产生，在基层工会劳动保护监督检查委员会领导下工作。"

工会小组劳动保护检查员应具有一定的劳动安全卫生知识，敢于坚持原则，责任心强。

2. 工会小组劳动保护检查员的职权

（1）协助班组长落实国家劳动安全卫生法律法规及企事业规章制度，创建安全生产合格班组；

（2）查询工作场所存在的职业危害和企事业单位相应的防范措施；

（3）督促和协助班组长对本班组人员进行安全教育，提高安全生产意识和技术技能；

（4）制止违章指挥、违章作业；

（5）对生产设备、防护设施、工作环境进行监督检查，发现隐患及时报告，督促解决；

（6）发现明显危及职工生命安全的紧急情况时，应立即报告，并组织职工采取必要的避险措施；

（7）发生伤亡事故，迅速参加抢险、急救工作，协助保护事故现场，并立即上报；

（8）监督企事业单位提供符合国家规定的劳动条件、按规定发放个体防护用品。向企事业单位提出不断改善劳动条件和作业环境的建议；

（9）因进行正常监督检查活动而受到打击报复时，有权上告，要求严肃处理。

工会组织对工会小组劳动保护检查员的工作应予以支持。对作出贡献的工会小组劳动保护检查员，上级工会组织给予表彰和奖励。

四、工会劳动保护的基本任务

（一）立法和决策参与

1. 立法参与

工会的立法参与包括两个层面：一是国家立法参与，即参与国家有关劳动安全卫生法律和行政法规的制定；二是地方立法参与，即地方工会要加强与同级人大、政府的协作与沟通，积极参与地方有关劳动安全卫生法规与标准的制定和修订，健全劳动安全卫生法律监督制度。

2. 决策参与

工会决策参与分宏观决策参与和基层决策参与。宏观决策参与主要是工会通过以下几个途径参与有关劳动安全卫生的决策：

（1）提交全国、地方各级人大、政协劳动安全卫生方面的提案议案；

（2）参加各级安全生产委员会；

（3）参加与同级政府的联席会议，通过联席会议来解决劳动保护工作中的重大问题。

基层决策参与，主要是基层工会参与企事业单位有关劳动保护方面的管理制度、作业规程、奖惩办法等的制定和修订工作。特别是通过平等协商、集体合同制度和职工代表大会制度进行民主管理和民主监督。

（二）安全检查

1. 安全检查的基本要求

开展安全检查的基本要求是：必须明确安全检查的目的、要求和具体计划；必须明确安全检查的组织、人员的责任；必须明确安全检查的形式、要求、内容和评价标准；必须坚持领导干部、专业人员和职工群众相结合的原则；必须坚持边检查边整改的原则；必须坚持注重实效的原则。

2. 安全检查的主要内容

（1）安全生产法律、法规、政策的执行情况；

(2) 安全管理制度落实情况。

3.安全检查的方法

安全检查应当成立相应的组织机构。安全检查的具体方式方法很多，如深入现场实地观察、召开汇报会、座谈会、调查会以及个别访问职工、问卷调查、查阅有关文件和资料等，都是常用的行之有效的方法，可以根据具体情况，灵活适用。

（三）参与"三同时"监督

"三同时"原则是指按照法律规定，新建、改建、扩建的基本建设项目（工程）、技术改造项目（工程）和引进的建设项目，其劳动安全卫生设施必须与主体工程同时设计、同时施工、同时投入生产和使用。

《安全生产法》规定："工会有权对建设项目的安全设施与主体工程同时设计、同时施工、同时投入生产和使用进行监督，提出意见。"《工会法》规定："工会依照国家规定对新建、扩建企业和技术改造工程中的劳动条件和安全卫生设施与主体工程同时设计、同时施工、同时投产使用进行监督。对工会提出的意见，企业或者主管部门应当认真处理，并将处理结果书面通知工会。"工会进行"三同时"审查的原则是：根据国家和地方有关劳动安全卫生和安全技术规定、标准，结合我国国情和现有技术水平，既要坚持按标准严格要求，又要坚持实事求是的原则。工会进行"三同时"审查应当采用我国现行的劳动安全卫生国家标准及行业标准。

（四）参加生产安全事故调查处理

参加生产安全事故的调查处理是工会劳动保护工作的重要组成部分，也是法律赋予工会的重要职责。《安全生产法》规定："工会有权依法参加事故调查，向有关部门提出处理意见，并要求追究有关人员的责任。"《工会法》规定："职工因工伤亡事故和其他严重危害职工健康问题的调查处理，必须有工会参加。工会应当向有关部门提出处理意见，并有权要求追究直接负责的主管人员和有关责任人员的责任。对工会提出的意见，应当及时研究，给予答复。"

工会在参加生产安全事故的调查处理时，要重点监督以下方面：

(1) 是否有瞒报、漏报事故的情况；

(2) 调查分析事故原因和确定、处理事故责任时，是否全面、公正；

(3) 职工是否依法获得工伤保险待遇和用人单位的民事赔偿。

工会参加安全生产事故调查处理，要坚持"四不放过"原则，即在调查处理生产安全事故时，必须坚持事故原因未查清不放过、责任人员未处理不放过、整改措施未落实不放过、有关人员未受到教育不放过。

(五) 开展各种劳动保护群众活动

1. 开展各种形式的安全竞赛

发动、组织职工开展各种形式的安全竞赛，如安康杯竞赛、百日安全竞赛、班组安全竞赛、反违章竞赛、专业工种安全竞赛等。

2. 开展群众性的"反违章、查隐患、堵漏洞、排险情、保安全"活动

各级工会要经常组织开展自下而上与自上而下相结合的"反违章、查隐患、堵漏洞、排险情、保安全"群众性劳动保护监督检查活动。对于较大、重大事故隐患，要按照有关法律、法规和工会劳动保护监督检查三个条例的要求，使用《事故隐患限期整改通知书》和《建议撤离危险岗位通知书》，避免和防止群死群伤事故的发生。

3. 班组安全建设

班组安全管理的基本内容包括：建立健全班组安全管理的规章制度；安全目标管理；开展班组安全检查；安全教育与训练；班组标准化作业；建立班组安全原始记录和台账。

班组可结合本单位、本班组的实际情况，开展一些行之有效的活动，如创建安全合格班组活动、百日安全无事故活动、安全合理化建议活动、安全碰头会、班组安全活动日、文明生产活动、排除不安全因素活动等。

(六) 劳动保护教育培训

工会劳动保护教育培训的主要对象是各级工会劳动保护干部和广大职工。工会可以独立开展劳动保护教育培训，也可以会同政府有关部门或单位行政联合开展劳动保护教育培训。

工会劳动保护教育培训的主要内容是安全意识、国家有关劳动安全卫生的法律、法规、政策和标准，劳动安全卫生规章制度，劳动安全卫生知识，操作技能，工会劳动保护三个条例，等等。

（七）为职工劳动保护争议提供法律支持

为了妥善处理劳动保护争议，切实维护职工在劳动安全卫生方面的合法权益，工会应当积极参与劳动保护争议的处理，为职工劳动保护争议处理提供法律支持和帮助。

思考题

1. 劳动保护的作用是什么？
2. 我国安全生产的方针、原则和工作机制是什么？
3. 我国职业病防治的方针、机制、原则是什么？
4. 简述劳动者在劳动安全卫生方面的权利和义务。
5. 工会劳动保护监督检查员的职权是什么？
6. 基层工会劳动保护监督检查委员会的职权是什么？
7. 工会小组劳动保护检查员的职权是什么？
8. 简述工会劳动保护的基本任务。

案例1

福建上杭县总工会：
筑牢安全生产"防护墙" 提升职工劳动保护水平

2022年8月16日 来源：中工网

今年以来，福建省上杭县总工会充分发挥工会劳动保护监督检查作用，通过"四强化""四提升"，切实保障职工劳动安全权益。

强化安全教育培训，提升职工安全技能水平。依托县总工会职工培训学校，开展线上、线下相结合的安全生产技能培训，把隐患点较多、职业病危害因素较重的岗位职工作为重点培训对象，针对不同岗位、不同工种职工，科学设置培训内容，着力提高职工安全意识和操作技能，筑牢安全生产"防护墙",杜绝重特大事故的发生。今年举办焊工安全、电工安全、应急管理等安全技能培训40余场,1000余名职工、农民工参加。

强化"安康杯"竞赛活动,提升职工劳动保护意识。县总工会开展"安康杯"竞赛活动,以非公有制企业为主体,以高危行业为重点,截至目前,已有30家企业15000余人参加。各企业工会根据本单位实际情况,组织职工认真学习安全生产法律法规,学习岗位安全知识,遵守安全操作规程,开展"查隐患、纠违章、保安全"竞赛、"安全隐患随手拍"、职工网上安康课堂等活动,充分调动职工群众参与的积极性。

强化安全生产知识宣传力度,提升职工安全防范底线。多渠道宣传安全生产、防暑降温法规政策,普及高温防护、中暑急救等知识,进园区、进企业、进基层开展强化工会劳动保护监督工作,发放安全生产法、劳动法律监督提示函、防暑降温工作提示函等相关宣传材料2000余份。协调有关部门做好职工的安全健康卫生知识、企业复工疫情防控健康教育知识普及工作,引导职工群众学习安全知识、强化安全意识,推动企业和职工增强安全意识和建设安全文化。

强化"送清凉"慰问活动,提升职工健康保障。县总工会赴全县重点工程、重点行业、重点企业、各高速路口交通检疫点开展"夏送清凉"慰问活动,共走访慰问高温一线职工1000余人,发放防暑降温用品共计16万余元。组织工作人员赴工业园区10余家企业车间查看劳动保护设施、职业病防治的规章制度,详细询问职工安全生产情况,督促企业落实防暑降温措施。各基层工会筹集资金150万元,慰问职工近万人。(杭工文)

案例2

四川甘孜州总工会"115工作法"开启劳动保护新模式

2023年9月25日　来源:中工网

四川甘孜州总工会立足实际,开启"115工作法"(创建一套组织体系,搭建一个网络平台,重点开展五项活动),切实发挥工会组织的劳动保护作用,提高广大职工的安全意识,真正做好职工人身安全和身体健康保障工作。

近年来，甘孜州总工会陆续被评为"全州安全生产先进单位""民族团结进步示范单位""平安甘孜暨全国市（州）域社会治理现代化示范州"等先进单位，多次被全总、省总评为"安康杯"知识竞赛优秀组织单位。

建立健全组织体系

甘孜州总工会将安全生产工作列入重要议程日程，把安全生产法律法规列入例会前学习内容，专题研究和听取安全生产工会汇报，建立了以党组书记、常务副主席任组长，州总工会党组成员、副主席任副组长，机关各部室负责人为成员的工会劳动法律领导体系。并委派安全生产监督检查员，在各企业、各行业发挥监督作用，形成工会"专职干部＋企业兼职人员"的监督体系。

与此同时，畅通信息渠道，运用大数据、云计算、区块链等信息技术，在"川工之家"APP甘孜频道，开发"安全生产预警"H5小程序，职工通过"安全生产随手拍"功能上传参与生产过程，对可能发生的安全隐患进行"一键"上报，让广大职工群众参与安全隐患排查，推动安全监督和防范关口前移，有效推动企业落实主体责任，加强隐患排查治理投入，建立健全台账，实现隐患排查治理闭环机制。

据悉，甘孜州总工会还与州应急管理局对接，实现与甘孜州安全生产综合监管平台无缝对接，充分发挥行政管理部门的监督作用。

活动促进工作实效

抓好"安康杯"竞赛活动，通过竞赛强化安全生产管理、提升安全生产意识、提升职工安全生产知识水平和能力，不断推进企事业单位的安全生产工作和安全文化建设，扩大社会影响，提高全民安全生产意识，降低各类事故的发生率和各类职业病的发病率。

为此，甘孜州总工会与州应急管理、卫健委相关职能部门协同配合，组建"安康杯"竞赛活动组委会，制定《甘孜州"安康杯"竞赛活动实施方案》，针对国家重点项目、重大工程项目建设单位开展竞赛活动。同时，督促指导各县（市）、企业总工会组织开展"安全生产月""安全生产天府行""全国消防宣传月""青年安全生产示范岗"创建、"全国交通安全日"、安全生产法律法规常态化宣传、安全文化建设示范企业创建等活动，有效营造安全氛围。

抓实"送清凉"活动。聚焦重点区域、重点工程建设项目中的高温作业和高温天气作业岗位，聚焦新就业形态劳动者群体，开展职工防暑降温工作暨夏季送清凉活动。今年，全州累计开展送清凉进企业、进工地活动118场，走访慰问货车司机、重点项目参建人员、新就业形态劳动者5714人，发放慰问物资价值40万元。

督查教育双管齐下

突出抓好安全生产检查活动。聚焦重点时段，突出重点领域，加强安全隐患排查，甘孜州总工会在元旦、春节、国庆等时段，联合安委会成员单位走进企业职工群众中开展安全生产体检检查活动，采取"四不两直"方式，压实专项整治责任以"1+2+10"三年行动计划为总纲，突出道路交通、建筑施工、非煤矿山、危险化学品等10大行业领域，组织和参与开展安全生产"排险除患"集中整治和安全生产大排查大整治、安全生产大检查等专项整治。

为贯彻落实全国总工会《关于工会在生产安全事故调查处理中充分发挥作用的指导意见》，甘孜州总工会建立健全工会系统安全生产领导机构和事故信息报送机制，充实工会劳动保护干部、工会劳动保护专家、工会劳动监督检查员三支队伍，配齐工作力量，全面落实指导意见提出的各项工作任务。

成立甘孜州工会系统安全生产工作活动领导小组，并下发《关于成立甘孜州工会系统安全生产工作领导小组的通知》。近两年来，甘孜州总工会配合甘孜州安全生产委员会办公室累计排查全州各类企业安全隐患41452项、整改38691项、整改率93%。据统计，今年上半年，甘孜州总工会业已开展重点行业领域、重大工程项目、安全生产月专项监督宣传检查、开展监督检查企业8次，派出参与监督检查的工会干部40人次。检查发现重点事故隐患4个，完成整改4个，覆盖职工2400人。

抓好安全生产警示教育活动。按照全省工会系统"安全生产月"工作要求，全力配合州安办"人人讲安全、个个会应急"安全生产月主题活动，甘孜州总工会以维权流动车进企业为契机,建立"维权流动车+安全生产月工作"工作机制,集中开展企业安全生产检查,督促企业主要负责人履行安全生产职责。组织企业职工观看《生命重于泰山》《生命之鉴——全省安全事故警示教育片》,集中开展安全生产政策法规、应急避险、自救互救方法等内容宣传,组织企业职工"绘制一张逃生路线图",参加应急演练、"安全隐患随手拍"等活动,积极引导广大职工参与"安康杯"竞赛。

此外,甘孜州总工会还积极抓实普法宣传活动,运用"五一"劳动节、"12·4"国家宪法日、"安全生产月""职业病防治宣传周"等重要活动节点,发挥"甘孜州职工维权律师团"公益律师和"尊法守法·携手筑梦"服务农民工公益法律服务行动志愿者团队的作用,加大安全生产法普法宣传力度,把安全生产相关法律法规植入到企业和职工心中,形成人人学安全、人人抓安全、人人要安全的良好氛围。据统计,截至目前,甘孜州总工会已联合甘孜州电视台、康巴传媒网等官方媒体,开展"安康杯"竞赛活动直播,运用"川工之家"APP、"甘孜工会"微信公众号,线上线下相结合开展"安康杯"主题有奖知识竞答活动36场,向参赛职工发放宣传品5万份,覆盖职工群众20万人。(四川工人日报)

第十一章

切实做好工会生活保障工作

工会生活保障工作的主要任务是维护职工的劳动经济权益。即实现好、维护好和发展好广大职工的劳动就业权、劳动报酬权、社会保障权等，并通过发挥工会自身优势，协助党和政府努力解决困难职工生产生活方面的实际困难和问题，促使广大职工共享社会经济发展的成果。

第一节　工会生活保障工作的职责和任务

一、工会生活保障工作的职责

工会生活保障工作的基本职责是维护职工的劳动经济权益。职工劳动经济权益是职工在社会生产过程中作为劳动者所应享受的劳动就业、收入分配和社会保障等方面权益的总称。因此，工会生活保障工作的职责，具体地说，就是要实现好、维护好、发展好广大职工的劳动就业权、劳动报酬权、社会保障权等各项劳动经济权益，促使广大职工共享经济社会发展成果，从而充分调动广大职工的积极性、主动性和创造性，为全面建设社会主义现代化国家、全面推进中华民族伟大复兴建功立业。

二、工会生活保障工作的任务

（一）综合研究国民经济和社会发展过程中与职工劳动经济权益密切相关的问题，研究工会生活保障工作的有关理论和政策，制定和提出工会生活保障工作的总体规划、工作目标和工作任务，总结推广典型经验，更好地开展工会生活保障工作；

（二）参与政府有关职工劳动就业、收入分配、社会保险、社会救助、社会福利以及涉及职工切身利益等方面的法律法规政策的研究与制订，充分反映职工的意见、要求和建议，从源头上维护广大职工的劳动经济权益；

（三）开展调查研究，推动并监督有关职工就业、工资、社会保险、社会救助、社会福利等方面法律法规政策的贯彻执行，并及时了解和掌握职工群众相关权益的实现和保障状况，提出相应的对策和建议；

（四）发挥工会自身优势，通过多种形式和途径，组织开展困难职工帮扶工作，努力为广大职工办实事做好事，帮助职工解决在劳动就业、收入分配、社会保险、子女教育、家庭住房以及基本生活保障等方面的突出困难，协助党和政府解决困难职工的生产生活问题。

第二节 劳动就业工作

劳动就业工作是指工会在促进就业和维护劳动者在劳动合同、劳动定员定额、工时休假、教育培训等方面依法享有的平等权利所开展的活动或工作。

一、劳动就业

劳动就业是指具有劳动能力的人，运用生产资料从事合法社会劳动，并获得相应劳动报酬或经营收入的经济活动。党的二十大报告指出："就业是最基本的民生。强化就业优先政策，健全就业促进机制，促进高质量充分就业。"劳动就业是劳动者最基本的权利。关注广大职工的就业状况，维护劳动者的就业权益，是工会组织本身的基础性和经常性的工作。工会维护劳动者就业权益的主要任务包括以下方面。

（一）参与就业法律法规政策的制定

通过源头参与，更好地维护职工的劳动就业权益，完善公平就业机制，将免费服务的范围扩展到全体农民工，保障城乡劳动者平等享有与劳动相关的各项社会保障和公共服务。

（二）推动就业法律法规政策的落实

工会要发挥监督作用，督促检查、推动就业政策在企业等基层组织的贯彻和落实。发挥职工代表大会在保护职工就业权益方面的作用，促进劳动法律法规落到实处，促进企业实行合理的用工方式和用工政策。

（三）开展就业领域的社会对话

随着我国劳动关系三方协商机制的普遍建立，使得就业领域中的一些政策问题，如促进就业、工资分配、社会保障、企业裁员、劳动争议的处理、职业安全卫生和劳动执法监察，等等，在按照《劳动法》所规定的劳动标准加以调整的同时，可在三方相互协商的框架内协调解决，有利于在宏观层面协调劳动关系，更好地维护劳动者的合法权益。

(四) 开展职业介绍服务，形成工会就业服务体系

各级工会要充分利用工会组织网络健全、信息丰富的优势，大力举办职业培训和职业介绍机构，促进形成工会就业服务体系，以协助政府落实关于就业、再就业的政策；要通过筹集再就业资金、建立再就业基地或再就业经济实体、实施小额信贷计划、组织劳务输出等多种途径，帮助和扶持下岗失业人员再就业；要趋利避害，审慎分析，灵活面对挑战。积极倡导"就业优先"的社会主张，促进政府和企业扩大就业、稳定就业岗位、减少失业，帮助职工提高就业竞争能力。

二、劳动定员和劳动定额

劳动定员和劳动定额涉及劳动者的工作量、劳动时间、劳动强度和工资报酬等，是劳动标准的重要组成部分。

劳动定员是根据企业确定的产品方向和生产规模及先进合理的劳动定额，按照生产工作需要，以提高工效、节省人力为原则，确定企业各岗位人员的数量。

劳动定额是指在一定的生产技术组织条件下，为生产合格产品所预先规定的劳动时间标准。劳动定额有两种表现形式：工时定额和产量定额。工时是劳动定额的基本单位。工时定额是为生产合格产品所预先规定的劳动时间标准。产量定额是规定单位时间内生产合格产品的数量标准。工时定额与产量定额成反比。

工会通过集体协商和签订集体合同，根据本单位的生产实际需要，协商确定劳动定额和劳动定员，并对企业的定额定员管理及履行情况实施监督检查。

三、促进完善职业培训体系

职业培训是指对从业人员或就业前人员从事某种岗位或某种职业所需要的专业知识、职业技能和管理能力所进行的有目的的培养和训练活动。职业培训体系由职业技能培训体系和职业技能鉴定体系构成。职业技能培训体系包括职业技能培训的范围、层次结构和实施机构。工会维护劳动者的职业培训权，需要促进加强和完善职业培训的立法和执法，参与职业培训体系的建立和完善。以健全农民工职业教育和技能培训体系为重点，加大投入，逐步将农村义务教育扩大到中等职业学校，大幅提高技术熟练型的农民工比重。

第三节　工资分配工作

工资是职工的劳动报酬，是职工赖以生存的基础，是职工养家糊口的基本保障，是职工最关心、利益最直接的现实问题，也是劳动关系中最核心的内容之一。党的二十大报告指出："坚持按劳分配为主体、多种分配方式并存，构建初次分配、再分配、第三次分配协调配套的制度体系。努力提高居民收入在国民收入分配中的比重，提高劳动报酬在初次分配中的比重。"

维护职工的工资权，是社会主义市场经济条件下，工会维护职工权益，协调劳动关系，更好地保护和调动广大职工的积极性、创造性，促进经济发展和企业效益提高的重要工作内容。

一、工资概述

(一) 工资

1.工资是职工因其付出劳动而获得的劳动报酬，工资的支付方式是货币形式，即货币工资，不能用实物或有价证券支付工资。工资是工资率与工作时间的乘积。

2.工资率又叫工资标准，是按单位时间支付的工资数额。工资率可以按小时、日、周、月、年分别规定。

3.工资总额是指企业在一定时期内实际支付给全部职工的劳动报酬总额。按照国家统计局的规定，工资总额主要包括：计时工资、计件工资、奖金、各种津贴和补贴、加班加点工资以及特殊情况下支付的工资。

(二) 工资的形式

工资的形式包括工资的基本形式和工资的辅助形式。

1.工资的基本形式

工资的基本形式包括：计时工资和计件工资。计时工资是根据职工的工作时间长短及劳动复杂程度支付工资的形式。计件工资是按照劳动者生产合格产品的数量和预先规定的计件单价计量和支付劳动报酬的一种工资形式。

2.工资的辅助形式

工资的辅助形式包括：（1）奖金；（2）津贴和补贴；（3）加班加点工资；（4）特殊工资。

二、影响工资确定的因素

(一) 劳动力的供求关系

在市场经济条件下，工资是劳动力的市场价格，它的确定是由劳动力需求和供给之间的相互作用达到均衡的结果。当劳动力供给大于需求时，均衡工资率会降低；当劳动力供给小于需求时，均衡工资率将会上升。

(二) 劳动者个人及其家庭的生活费用

保证劳动者及家庭获得维持基本生活费用的工资，是制定工资率最基本的考虑，特别是在最低工资的制定和修订中，劳动者及其家庭的生活费用是一个主要的依据。

（三）劳动生产率的绝对及相对水平

从静态或一个较短的时期来看，劳动生产率的绝对水平越高，工资率也就越高。从动态或一个较长的时期来看，工资率的增长速度又首先取决于劳动生产率的增长速度。

（四）部门或企业的效益状况和工资支付能力

在市场经济条件下，一个部门或企业的工资支付能力主要取决于生产率和利润率。企业的利润率高，企业效益好，才有可能将工资率确定在较高的水平上。

（五）地区或行业的工资水平

企业所在地或所属行业的工资收入水平对于工资的确定具有相当大的影响。企业在制定或修改工资标准时，应进行本地区和本行业中的工资水平调查，以了解企业的外部工资环境。

（六）劳动力的潜在替代物

这种替代物可能是机器设备，也有可能是其他类型的劳动力。当劳动力的价格过高时，企业倾向于用机器设备来替代劳动力。另外，在劳动力市场上，还存在着愿意接受低工资的临时工作者。

（七）工会与集体协商

随着工会规模的扩大、工会势力的壮大和影响力的提高，劳动力工资率由集体协商确定或被其影响的情况日益增加。

三、发挥工会在工资分配中不可替代的作用

党的二十大报告指出："坚持多劳多得，鼓励勤劳致富，促进机会公平，增加低收入者收入，扩大中等收入群体。""完善个人所得税制度，规范收入分配秩序，规范财富积累机制，保护合法收入，调节过高收入，取缔非法收入。"为了使收入分配更合理、更公平、更有序，切实维护职工工资权益，工会应当发挥积极作用。

（一）积极推动开展工资集体协商

工资集体协商是指工会或职工代表与企业代表依法就企业内部工资分

配制度、工资分配形式、工资收入水平等事项进行平等协商，在协商一致的基础上签订工资协议的行为。工资协议可以作为集体合同的附件，与集体合同同等效力。积极稳妥推行工资集体协商和行业性、区域性工资集体协商，形成"企业协商谈增长，行业协商谈标准，区域协商谈底线"的多元协商模式。企业的经济效益是职工劳动的成果，把促进企业发展与维护职工劳动报酬权有机地结合起来，通过共同协商确定职工工资水平增长的合理有效方案，以工资集体协议的形式建立职工工资的正常增长机制和支付保障机制，切实保障广大职工分享企业与社会发展的经济成果。

（二）从源头上维护职工收入分配权益

首先，各级工会积极配合劳动保障部门建立健全欠薪报告制度，强调企业工会应每月对本企业工资支付情况进行查询，发现确因生产经营困难需要延期支付工资时，必须督促企业行政向职代会报告延期支付工资的原因、涉及职工人数、金额及偿还计划，讲明情况，征得同意，并将清偿计划列入厂务公开的内容，同时向当地劳动保障部门和上级工会报告；其次，全总及地方工会继续推动《企业工资条例》《企业工资集体协商条例》等相关法律法规的出台，将工资集体协商的内容写入法律法规，争取从源头上维护职工收入分配权益。

（三）推动最低工资保障制度的实施

最低工资标准，是指劳动者在法定工作时间或依法签订的劳动合同约定的工作时间内提供了正常劳动的前提下，用人单位依法应支付的最低劳动报酬。最低工资标准有利于规范企业工资支付行为、保障职工的合法权益、促进经济发展和社会稳定。以促进经济发展、合理提高劳动者工资水平为原则，工会积极推动劳动保障部门完善最低工资正常调整机制；在集体合同或专项工资集体合同中对最低工资等作具体规定，用人单位同个人签订的工资标准不得低于集体合同的规定，推动和监督企业严格执行最低工资制度。

（四）积极推动解决工资拖欠问题

2009年12月，全国总工会发出《关于进一步推动解决农民工工资拖欠问题的通知》，要求各级工会把解决拖欠农民工工资问题列入当前工会工作的重点，采取有效措施，切实推动解决农民工工资拖欠问题取得明显进展。在全总的积极推动下，2011年《刑法》修正案（八）将通过的"恶意欠薪"正式列罪："以转移财产、逃匿等方法逃避支付劳动者的劳动报酬或者有能力支付而不支付劳动者的劳动报酬，数额较大，经政府有关部门责令支付仍不支付的，处三年以下有期徒刑或者拘役，并处或者单处罚金；造成严重后果的，处三年以上七年以下有期徒刑，并处罚金。"

第四节　社会保险工作

社会保险是社会保障体系中最核心的部分，其对象主要是城镇工薪收入劳动者。具体内容包括养老保险、医疗保险、失业保险、工伤保险和生育保险。随着改革的全面深化，城镇社会保障的覆盖面不断扩大。工会作为职工利益的表达者和维护者，在保障工作中积极参与和推动社会保险制度的建立、运行，并促使其充分发挥作用。

一、社会保险基本知识

社会保险是由国家通过立法形式，为依靠劳动收入生活的工作人员及其家庭成员保持基本生活条件，促进社会安定而设定的保险。社会保险是社会保障制度的核心内容。

社会保险的特征包括三方面：一是社会保险是一种强制保险；二是社会保险费通常由个人、企业和政府三方负担；三是社会保险以保障劳动者的基本生活水平为标准。

《社会保险法》规定："社会保险制度坚持广覆盖、保基本、多层次、可持续的方针，社会保险水平应当与经济社会发展水平相适应。"

（一）养老保险

养老保险（或养老保险制度）是国家和社会根据一定的法律和法规，

为解决劳动者在达到国家规定的解除劳动义务的劳动年龄界限，或因年老丧失劳动能力退出劳动岗位后的基本生活而建立的一种社会保险制度。

1. 基本养老保险制度

基本养老保险是按国家统一的法规政策强制建立和实施的社会保险制度，是多层次的养老保险体制中的核心。企业和职工依法缴纳养老保险费，在职工达到国家规定的退休年龄或因其他原因而退出劳动岗位并办理退休手续后，社会保险经办机构向退休职工支付基本养老保险金（也称"退休金"）。基本养老金由基础养老金和个人账户养老金组成。基本养老金主要目的在于保障广大退休人员的晚年基本生活。

2. 企业年金与职业年金

企业年金，也叫企业补充养老保险，是指企业及其职工在依法参加基本养老保险的基础上，自愿建立的补充养老保险制度。

职业年金，是指机关事业单位及其工作人员在参加机关事业单位基本养老保险的基础上，建立的补充养老保险制度。机关事业单位自 2014 年 10 月 1 日起开始实施职业年金制度。

3. 个人储蓄性养老保险

职工个人储蓄性养老保险是我国多层次养老保险体系的一个组成部分，是由职工自愿参加、自愿选择经办机构的一种补充保险形式。由社会保险机构经办的职工个人储蓄性养老保险，由社会保险主管部门制定具体办法，职工个人根据自己的工资收入情况，按规定缴纳个人储蓄性养老保险费。

（二）医疗保险

医疗保险是又一项重要的社会保险制度，是指劳动者及其家庭成员因患病接受医疗机构的医疗服务产生的医疗费用给予保障的制度。

由于疾病风险和医疗服务需求的特殊性，医疗保险具有以下特点。

1. 支付方式为非定额的费用补偿

医疗保险是一种医疗费用补偿机制。参加保险的患者为恢复健康，接受相应的医疗服务所获得的费用补偿与缴费多少无关，主要取决于病情、疾病发生的频率以及实际需要。

2.补偿期短，受益时间长

由于疾病的发生具有随机性、不可预见性，医疗保险提供的补偿具有不确定性，但参加社会医疗保险的人员终身受益。

3.涉及部门多，关系复杂

医疗保险涉及政府、用人单位、医疗机构、社会保险机构、医药机构和患者个人等多方面，各方复杂的权利义务关系需要形成一种制衡机制以兼顾各方利益主体的权益。

4.医疗服务消费的不确定性和被动性

医疗保险的费用支出受限于患者的实际医疗费用，事先无法确定，很难控制；医疗服务提供者始终处于主动地位，导致患者的医疗消费是被动性的。因此，医疗保险的管理既要对医疗保险基金的收支进行管理，也要对医疗服务提供者及医药服务的项目、内容等进行管理。

（三）失业保险

失业保险是指劳动者由于非本人原因暂时失去工作，致使工资收入中断而失去维持生计来源，并在重新寻找新的就业机会时，从国家或社会获得物质帮助以保障其基本生活的一种社会保险制度。

失业保险待遇与促进就业支出构成了失业保险基金的主要用途。失业保险待遇一般包括失业保险金、失业补助和附加补助金。促进就业支出包括开展职业培训方面、抑制失业及开发、就业岗位、职业介绍等部分的支出。

失业保险的特点包括四方面。一是强制性。失业保险由国家通过颁布有关法律，对失业保险的适用范围、资金来源、待遇标准、资格条件、管理机构以及法律责任等内容做出规定，以国家法律和行政的强制力保证失业保险制度的实施。二是互济性。失业保险基金主要来源于社会筹集，由单位、个人和国家三方共同负担。缴费比例、缴费方式相对稳定，筹集的失业保险费，不分来源渠道，不分缴费单位的性质，全部并入失业保险基金，在统筹地区内统一调度使用以发挥互济功能。三是社会性。失业保的建立，目的是保障整个社会的劳动者在遭受失业风险的情况下能够维持基本的生活需要，以促进劳动力资源优化配置和统一劳动力市场的形式。四是福利性。失业保险属于国家国民收入再分配的一种制度，它有利于劳动者在丧失收入的情况下，获得基本的物质帮助和再就业帮助。

（四）工伤保险

工伤保险，也称职业伤害保险，是指劳动者在工作中或在规定的某些特殊情况下，因遭受意外伤害或患职业病，保障劳动者及其家属生活的社会保险制度。通常包括两个方面：一是劳动者本人因工伤造成暂时或永久丧失劳动能力时，可以从国家和社会获得医疗救治、职业康复、经济补偿等物质帮助；二是劳动者本人因工伤死亡时，其遗属可以从国家和社会获得遗属抚恤、丧葬补助等物质帮助。

1.工伤保险的主要内容

工伤保险工作的主要内容包括工伤范围的认定、工伤鉴定、工伤保险待遇、工伤保险基金、工伤预防与职业康复。

2.工伤保险待遇

工伤保险待遇包括医疗待遇、伤残待遇、死亡待遇。

3.工伤补偿与工伤预防、职业康复相结合

工伤保险首要的任务是工伤补偿，但并不是唯一的任务，工伤补偿、工伤预防与职业康复密切相连。加强安全生产，减少事故发生和发生事故及时抢救治疗，帮助劳动者尽快恢复健康更有意义。

（五）生育保险

生育保险是国家通过立法，在怀孕和分娩的妇女劳动者暂时中断劳动时，由国家和社会提供医疗服务、生育津贴和产假的一种社会保险制度，其宗旨在于保障她们因生育而暂时丧失劳动能力时的基本经济收入和医疗保健，帮助生育女职工恢复劳动能力，重返工作岗位，从而体现国家和社会对妇女在这一特殊时期给予的支持和爱护。

生育保险在社会保险体系中，具有扩大再生产性，就基金规模来说是一个小险，就支付期限来说是一项短险。生育保险按属地原则组织，由企业向社会保险经办机构缴纳，建立起生育保险基金。其缴费比例最高不得超过职工工资总额的百分之一。职工个人不缴纳生育保险费。生育保险待遇包括生育津贴、生育医疗服务和生育产假。

二、工会社会保险工作的主要内容

（一）注重源头参与，工会代表职工参与政策法规的研究和制定

工会代表广大职工在参与国家有关社会保险方面的法律、法规和政策的研究制定过程中，切实反映广大职工的意愿与呼声。工会的源头参与，为制定起草和修改国家和地方的社会保险法规政策奠定了群众基础，推动了各级政府决策的科学化、民主化。

（二）多渠道参与，监督政策法规的贯彻落实和社会保险基金的管理使用

工会参与社会保险监督，主要通过职工代表大会对用人单位履行劳动合同、集体合同、依法缴纳社会保险费情况进行监督；参加社会保险监督委员会，对社会保险法规政策的实施情况和社会保险基金的管理运营情况进行全过程监督，保障社会保险基金的充足、安全有效运行和按时足额发放社会保险待遇。各级工会通过参与人大、政协及政府有关部门的联合督察组、社会保险监督委员会、职工代表大会、厂务公开等渠道，积极开展有关社会保险的监督检查，有力地促进了社会保障政策法规落实。

（三）构建职工互助保障体系，成为社会保障体系的补充

职工互助保障是职工自愿参加、资金以职工个人缴费为主、职工互助互济性质的一种保障形式，是对国家法定社会保障的一种补充形式。职工互助保障主要包括职工养老互助保障、医疗互助保障、伤残互助保障以及综合性的互助保障等项目。

（四）协助政府共同做好退休职工管理服务工作

各级工会在党委的领导下，与政府有关部门密切配合，积极开展退休职工管理服务工作，不断改善和提高退休职工的社会保障待遇。

第五节　生活保障工作

生活保障工作是工会通过各种途径和形式，对在生活方面遇到困难和问题的职工及时给予帮扶，使他们尽快摆脱困境的一项重要工作。它是工会直接联系和服务职工的一项基础性工作，是中国特色社会保障制度的有效补充，是我国综合性社会救助体系的重要组成部分。

一、社会救助和社会福利

（一）社会救助和社会福利概述

1.社会救助

社会救助，是指国家和社会对由于各种原因而陷入生存困境的公民，给予财物接济和生活扶助，以保障其最低生活需要的制度。社会救助作为社会保障体系的一个组成部分，具有不同于社会保险的保障目标。社会保险的目标是防劳动风险，而社会救助的目标则是缓解生活困难。《社会救助暂行办法》于2014年2月21日以国务院令第649号发布，自2014年5月1日起施行。

2.社会福利

广义的社会福利，是指国家为改善和提高全体社会成员的物质生活和精神生活所提供的福利津贴、福利设施和社会服务的总称。狭义的社会福利，是指国家向老人、儿童、残疾人等社会中需要给予特殊关心的人群提供的必要的生活保障。

（二）社会救助的主要内容

根据《社会救助暂行办法》规定，目前我国社会救助主要内容包括最低生活保障、特困人员供养、灾害救助、医疗救助、教育救助、住房救助、就业救助、临时救助等。

1.最低生活保障

最低生活保障是一种社会保障制度类型，国家对家庭人均收入低于当地政府公告的最低生活标准的人口给予一定现金资助，以保证该家庭成员基本生活所需。《社会救助暂行办法》第九条规定：国家对共同生活的家庭成员人均收入低于当地最低生活保障标准，且符合当地最低生活保障家庭财产状况规定的家庭，给予最低生活保障。最低生活保障是中国社会救助工作发展的一个重要标志。

2.特困人员供养

特困人员供养是指国家对无劳动能力、无生活来源且无法定赡养、抚养、扶养义务人，或者其法定赡养、抚养、扶养义务人无赡养、抚养、扶养能力的老年人、残疾人进行供养。《社会救助暂行办法》第十四条规定：国家对无劳动能力、无生活来源且无法定赡养、抚养、扶养义务人，或者其法定赡养、抚养、扶养义务人无赡养、抚养、扶养能力的老年人、残疾人以及未满16周岁的未成年人，给予特困人员供养。

3.临时救助

临时救助制度指国家对遭遇突发事件、意外伤害、重大疾病或其他特殊原因导致基本生活陷入困境，其他社会救助制度暂时无法覆盖或救助之后基本生活暂时仍有严重困难的家庭或个人给予的应急性、过渡性的救助。《社会救助暂行办法》对临时救助的范围、申请等相关事项作出了规定。2014年10月24日国务院发布了《国务院关于全面建立临时救助制度的通知》，要求临时救助制度实行地方各级人民政府负责制。

4.灾害救助

灾害救助是国家或社会对因遭遇各种灾害而陷入生活困境的灾民进行抢救和援助的一项社会救助制度，其目的是通过救助，使灾民摆脱生存危机，同时使灾区的生产、生活等各方面尽快恢复正常秩序。《社会救助暂行办法》第二十条规定："国家建立健全自然灾害救助制度，对基本生活受到自然灾害严重影响的人员，提供生活救助。"

5.住房救助

住房救助是指政府向最低收入家庭和其他需要保障的特殊家庭提供租

金补贴或直接提供住房的一种社会救助项目。其特点是由政府承担住房市场费用与居民支付能力之间的差额，解决部分居民住房支付能力不足的问题。《社会救助暂行办法》规定：国家对符合规定标准的住房困难的最低生活保障家庭、分散供养的特困人员，给予住房救助。

6.医疗救助

医疗救助是社会救助的主要形式之一，它是指由政府多方筹资，为有特殊困难或特殊疾病的人员，给予一定医疗费用救济的医疗保障制度。医疗救助是基本医疗保险制度的重要补充。

7.教育救助

教育救助是指国家或社会团体、个人为保障适龄人口获得接受教育的机会，在不同阶段向贫困地区和贫困学生提供物质和资金援助的制度。其特点是通过减免、资助等方式帮助贫困人口完成相关阶段的学业，以提高其文化技能，最终解决他们的生计问题。《社会救助暂行办法》规定，国家对在义务教育阶段就学的最低生活保障家庭成员、特困供养人员，给予教育救助。

8.司法救助

司法救助，又称诉讼救助，是指国家对遭受犯罪侵害或民事侵权，无法通过诉讼获得有效赔偿的当事人，采取的一项辅助性的救济措施。国家司法救助以支付救助金为主要方式，并与思想疏导相结合，与法律援助、诉讼救济相配套，与其他社会救助相衔接。

（三）促进职工福利的改善

1.福利津贴

职工在中班、夜班、高温、低温、有毒、有害等特殊工作环境条件下享有津贴补助。

2.住房公积金

住房公积金是单位及其在职职工缴存的长期住房储金，是住房分配货币化、社会化和法治化的主要形式。住房公积金制度是国家法律法规的重要的住房社会保障制度，具有强制性、互助性、保障性。单位必须依法履行缴存住房公积金的义务。职工个人缴存的住房公积金以及单位为其缴存的住房公积金，实行专户存储，归职工个人所有。住房公积金的福利性体现在除职工缴存的住房公积金外，单位也要为职工交纳一定的金额，而且住房公积金贷款的利率低于商业性贷款。

3.福利设施

工会为职工提供的福利设施，丰富职工的文化生活，主要包括文化宫、俱乐部、图书馆、体育场、健身房、游乐室等。

4.福利服务

工会为职工提供的福利服务包括定期的职工体检、特殊工种的体检与健康疗休养和女职工的年体检，及逢年过节给职工发放的福利，也包括职工生日礼物等。根据全国总工会规定，基层工会逢年过节可以向全体会员发放节日慰问品。

二、工会生活保障的主要内容

工会送温暖工程、困难职工帮扶（服务）中心、金秋助学是工会生活保障工作的重要平台和载体。工会通过这些平台，为困难职工群众做了大量的好事和实事，解决了许多难事，为职工队伍稳定，构建和谐劳动关系，发挥了重要作用。

（一）健全困难职工家庭常态化帮扶机制

积极参与社会救助制度顶层设计，促进困难职工帮扶与社会救助体系相衔接。巩固拓展解困脱困工作成果，健全困难职工家庭生活状况监测预警机制和常态化帮扶机制。积极争取各级财政、社会资源、工会经费等多渠道投入帮扶资金，对深度困难、相对困难、意外致困等不同困难类型的困难职工家庭精准帮扶、分类施策，形成层次清晰、各有侧重、有机衔接的梯度帮扶工作格局。推进"以工代赈"式救助帮扶，强化物质帮扶与扶志、扶智相结合，有效激发困难职工家庭解困脱困的内生动力。

（二）送温暖工程

实施送温暖工程是工会履行维护职责、帮扶困难职工的一项品牌工程。送温暖工程已成为政府支持、职工认可、社会欢迎的民心工程。

送温暖工程的主要内容包括以下方面。(1) 开展送温暖活动。(2) 完善特困职工档案制度。(3) 建立送温暖工程基金。(4) 推行领导干部联系困难职工制度。(5) 积极协助政府做好下岗、失业人员再就业工作。(6) 大力开展职工互助互济工作。工会送温暖工程是政府社会保障制度的有效补充。

工会送温暖工程的工作重心逐步从保障困难职工的生活向帮扶困难职工群体摆脱贫困转移。

(三) 工会困难职工帮扶 (服务) 中心

工会困难职工帮扶 (服务) 中心是新形势下工会组织履行基本职责，协助党政组织解决好困难职工生产、生活问题，直接面向困难职工创立的一站式综合服务机构。是工会围绕中心、服务大局、服务职工的有效工作载体，是送温暖工程经常化、制度化、社会化的有效途径。

1. 帮扶 (服务) 中心的帮扶内容

根据困难职工的需要设置，主要包括职业介绍、就业培训、生活救助、法律援助、大病医疗救助、金秋助学、信访接待等内容。

2. 帮扶 (服务) 中心的基本职能

(1) 帮困职能。救急济难、拾遗补阙、保障生活。

(2) 维权职能。反映诉求、保障权益、促进稳定。

(3) 服务职能。服务职工、提高素质、共建和谐。

3 项职能有机联系、相互促进、相互补充，在不同的地域和不同的发展阶段各有侧重。

3. 帮扶中心的工作流程

(1) 收集困难职工信息。调查研究，摸清底数，了解帮困现状。

(2) 建立健全困难职工数据库。及时了解困难职工及其家庭的信息资料，及时更新信息，更有效地帮助困难职工。

(3) 和政府衔接帮困。工会不仅要帮扶困难职工，还要争取把符合条件的困难职工纳入低保、特困人员供应等。协助政府做好离退休人员养老金按时足额发放，并不断改善提高。

(四) 金秋助学活动

金秋助学是各级工会组织积极协助各级党委、政府解决困难职工和农民工子女上学难问题而开展的一项帮扶活动，它在国家助学体系中发挥了拾遗补阙的重要作用。

（五）实施提升职工生活品质行动

以精准服务为导向，以满足职工美好生活需要为目标，制订实施工会提升职工生活品质行动方案，推行工会服务职工工作项目清单制度；建立工会帮扶工作智能化平台，健全工会服务职工满意度评价机制。开展帮扶中心赋能增效和幸福企业建设试点工作，提升职工服务中心（困难职工帮扶中心）综合服务职工功能，深入推进职工生活幸福型企业建设工作，精准对接社会资源与职工需求，培育一批服务项目，引导企业改善职工生产生活条件。

思考题

1. 工会生活保障工作的任务是什么？
2. 工会如何维护劳动者的劳动就业权益？
3. 工会如何在工资分配中发挥不可替代的作用？
4. 工会社会保险工作的主要内容是什么？
5. 简述社会救助的主要内容。
6. 工会如何做好生活保障工作？

案例 1

安徽省望江县总工会：多举措帮扶困难职工

2023 年 1 月 3 日　来源：中工网

2022 年，安徽省安庆市望江县总工会多措并举，创新方式，截至目前，共救助困难职工 109 户，超额完成年度目标任务，累计打卡发放救助金 69.7364 万元。

提高政治站位　夯实工作基础

在《安庆市总工会困难职工帮扶民生工程绩效实施办法》下发后，望江县总工会高度重视，与县政府签订 2022 年民生工程目标责任书。第一时间成立困难职工帮扶民生工程领导小组，下设办公室负责困难职工帮扶民生工程日常工作。多次组织召开民生工作推进会，对基层工会负责人进行困难职工帮扶业务培训。

做到精准识别　确保应助尽助

望江县总工会仔细核对了困难职工家庭信息，详细询问了困难职工的生活状况和工作情况，聆听了他们的真实想法和对帮扶工作的意见建议，对他们亟待解决的实际问题进行记录。同时与有关部门对接，做好困难职工信息比对，同步完善纸质档案和网上档案；对不符合条件的职工及时告知，并填写困难职工解困脱困联系卡。

主动超前谋划　助力学子圆梦

高考结束后，望江县总工会提前摸清全县困难职工建档立卡贫困户子女升学底数，及时将考生信息反馈到各基层工会，由各基层工会配合县总工会帮扶责任人进行摸底核查，在考试成绩公布后上报县总工会，实施精准助学；同时将今年的助学金额提升到每户5640元，调动了大家的申报积极性。2022年该县计划助学10人，实际完成41人，完成率410%。

深入基层走访　做到精准帮扶

望江县总工会由班子成员带队，分批次深入全县各个乡镇、经开区、县直相关单位、改制企业，上门入户逐一核查，当月审核，当月办结，确保帮扶资金准确、及时发放到位，解困难职工燃眉之急。在入户走访的过程中，积极宣传普及困难职工帮扶调查问卷的相关知识。

加大宣传力度　营造浓厚氛围

望江县总工会通过在官网开设困难职工帮扶专栏、制作宣传册、上门入户、微信、QQ群、电话回访等方式，面向广大困难职工，广泛宣传帮扶的条件和范围、申请程序及联系方式，着力提高对困难职工帮扶民生工程的知晓率。

强化资金管理　确保落地见效

望江县总工会严格规范帮扶资金的管理和使用，实行"专户管理、专款专用"，做到资金"统一拨、统一管、一卡发"，无截留、滞留等现象；做到收支平衡，无跨年度使用、超范围使用等现象，确保帮扶资金安全。

（施玲）

第十二章

高度重视工会女职工工作

工会女职工工作是工会工作和妇女工作的重要组成部分。党的十八大以来,党中央对工会工作和妇女工作作出了一系列重要指示,为我们在新时代推进工会女职工工作进一步指明了方向。坚持和发展中国特色社会主义,全面建成社会主义现代化强国、全面推进中华民族伟大复兴,对包括广大女职工在内的工人阶级赋予了新的历史使命,对女职工工作也提出了新任务和新要求。

第一节 工会女职工工作概述

一、做好工会女职工工作的重要性和必要性

女职工是指从事一定经济和社会活动,以工资形式获得收入的女性劳动者。在全面建成社会主义现代化强国、全面推进中华民族伟大复兴的伟大历史进程中,女职工作为工人阶级的重要组成部分,作为妇女群众的骨干力量,在物质文明建设、政治文明建设、精神文明建设和生态文明建设中都发挥着十分重要的作用。做好女职工工作,不仅是实现全面建成社会主义现代化强国、全面推进中华民族伟大复兴奋斗目标的要求,也是工会女职工组织自身发展的需要,是广大女职工的期望。

(一)实现中国梦,要依靠广大女职工的力量

为实现中华民族伟大复兴的中国梦而奋斗是我国工人运动的时代主题,是工人阶级崇高的历史使命,是我国工会组织光荣而艰巨的时代重任。在实现中华民族伟大复兴的中国梦进程中,女职工作为工人阶级的重要组成部分,是参与者、建设者和共享者,广大女职工的积极支持、开拓进取和勇于奉献是实现中国梦的基础,实现中国梦离不开她们的热情、智慧和创造力。凝聚广大女职工的智慧和力量,为全面建成社会主义现代化强国、全面推进中华民族伟大复兴作出新贡献。

(二)女职工工作是党的群众工作的重要组成部分

工会是工人阶级的群众组织,女职工是工人阶级的重要组成部分,工会女职工组织是广大女职工合法权益和特殊利益的代表者和维护者。最大限度地把女职工组织到工会中来,维护好她们的权益,调动她们的积极性、主动性和创造性,充分发挥广大女职工的作用,从而促进工人阶级队伍的整体作用的发挥。因此,加强女职工工作是工会工作不可或缺的内

容，对推动社会发展和巩固扩大党的阶级基础与群众基础都具有十分重要的意义。

二、工会女职工组织的性质

（一）工会女职工组织具有民主性

其民主性主要体现在三个方面。第一，工会女职工组织既然是女职工自己的组织，女职工的事情就应当根据女职工的特点和意愿，由她们当家作主，这是女职工作为会员应当享有的权利。女职工组织通过广泛而深入的民主生活，才能让女职工切实感受到女职工组织是自己的组织。第二，工会女职工组织通过民主的方式集中女职工的意见，充分表达女职工的意愿要求，组织女职工在国家社会事务和企事业单位内进行民主参与和民主监督，使工会女职工组织成为广大女职工参与管理最有效的组织渠道。第三，工会女职工组织可通过女职工大会或女职工代表大会选举产生。

（二）工会女职工组织具有代表性

其代表性主要体现在两个方面。第一，工会女职工组织其成员涵盖了城市妇女的大多数和几乎所有的从业妇女；第二，工会女职工组织是全体女会员的代表者和维护者。其基本职责是代表和维护女职工的合法权益和特殊利益、竭诚为女职工服务。有权代表和组织女职工依照法律规定，参加本单位的民主管理和民主监督，参与平等协商、签订集体合同和女职工权益保护等专项集体合同工作，并参与监督执行。参与涉及女职工特殊利益的劳动关系协调和劳动争议调解。

（三）工会女职工组织是工会内设机构

《工会女职工委员会工作条例》第二条规定，工会女职工委员会是在同级工会委员会领导下和上一级工会女职工委员会指导下的女职工组织，根据女职工的特点和意愿开展工作。女职工委员会不能独立于工会组织而存在，其基本职能、主要任务和工作方针的确立要以工会的职能、任务和工作方针为依据。

（四）工会女职工组织具有群众性

其群众性是由工会组织的群众性决定的。《工会法》规定，在中国境内的企业、事业单位、机关、社会组织（以下统称用人单位）中以工资收入为主要生活来源的劳动者，不分民族、种族、性别、职业、宗教信仰、教育程度，都有依法参加和组织工会的权利。女职工一般是指以从事一定经济和社会活动，以工资形式获得收入的女性劳动者。由此，无论是知识分子，还是企业职工及进城从业的农民或者新就业形态劳动者，只要是"以工资形式获得收入"的女职工，都是女职工组织的成员。

三、工会女职工工作的特征

工会女职工工作作为工会工作中不可分割的一个重要组成部分，它体现着工会工作的一般规律，又有着鲜明的自身特点，主要表现在以下三个方面。

（一）女职工工作的特殊性

女职工工作的特殊性体现在其生理、心理上的特点。工会作为职工群众的组织，除了反映和解决男女职工的共同要求外，还必须专门关心和研究女职工的特点和特殊需求，帮助她们解决实际问题，从而调动她们的积极性和创造性。因此，工会女职工组织要在研究女职工特点的基础上，总结女职工工作的规律。

（二）女职工工作的综合性

女职工工作的综合性体现在三方面，一是女职工工作与国家有关部门的工作和工会各业务部门的工作有着密切联系，女职工工作不能孤立地进行，而要放到大局中去思考和部署；二是涉及女职工各方面利益的工作内容广、领域宽，应根据其性别特征帮助她们在参与社会生产、生活的各个方面遇到的一些特殊问题；三是凡是有女职工的地方，都有女职工工作。

（三）女职工工作的相对独立性

女职工工作的特殊性决定了它工作的相对独立性。独立性，体现在女职工中有一系列特殊问题，需要建立专门的女职工组织机构来独立负责，有针对性地开展工作。相对独立性，则体现在女职工组织要在工会委员会的领导下独立开展工作，这样才能进行系统调查研究和综合分析，总结经验，找出规律，以便更全面、更有效地代表和维护女职工的合法权益和特殊利益。

以上三个特点是工会女职工工作的一般规律。在不同的历史时期，女职工工作又体现出时代特征。基层工会女职工组织要不断适应形势发展的变化，针对女职工工作的特点与时俱进地做好女职工工作。

第二节 基层工会女职工组织建设

健全的组织机构、组织制度和工作制度，是开展女职工工作的保障和基础。基层工会要按照《工会法》《中国工会章程》《工会女职工委员会工作条例》的有关规定，建立和健全工会女职工组织，并完善女职工组织的各项制度。

一、工会女职工组织机构

工会女职工组织机构大致可以分为全国性机构、地方性机构、产业性机构和基层组织。全国性女职工组织机构为中华全国总工会女职工委员会，是中华全国总工会领导下的全国性的女职工组织，是由各省、自治区、直辖市总工会和中央直属机关、中央国家机关工会联合会与各全国产业工会的女主席（或副主席）或女职工委员会主任，中共中央、国家有关部门及全国总工会机关相关业务部门的负责人，社会女专家学者等组成，是各地方工会女职工委员会和全国各产业工会女职工委员会的领导机关。地方性女职工组织机构为地方各级工会女职工委员会，是所属基层或产业工会女职工组织的领导机关。地方工会女职工委员会的日常工作机构是地方总工会的女职工部。产业性女职工组织机构为产业工会女职工委员会。除全国铁路工会、中国民航工会、中国金融工会所属女职工委员会受其产业工会领导外，地方产业工会女职工委员会实行以地方工会女职工委员会领导为主，同时接受上级产业工会女职工委员会指导。基层工会女职工组织为县以下基层企事业单位的工会女职工委员会。

二、工会女职工委员会的组织制度

《工会女职工委员会工作条例》对工会女职工委员会的组织制度作出了具体规定。

第一，女职工委员会应与工会委员会同时建立。县和县以上各级地方工会、产业工会依法建立女职工委员会。企业、事业单位、机关和其他社会组织等工会中有女会员十名以上的应建立女职工委员会，不足十名的可以设女职工委员。基层工会女职工委员会主任、副主任与工会委员会同时报上级工会审批。

第二，省、自治区、直辖市、地级总工会女职工委员会，实行垂直领导的产业工会女职工委员会，大型企业、事业单位、机关和其他社会组织等工会女职工委员会应设立办公室（女职工部），负责女职工委员会的日常工作；县级工会和中、小企事业单位、机关等工会女职工委员会根据工作需要设专职或兼职的工作人员，也可以设立办公室（女职工部）。

第三，女职工委员会委员由同级工会委员会提名，在充分协商的基础上产生，也可召开女职工大会或女职工代表大会选举产生。县和县以上工会女职工委员会根据工作需要可聘请顾问若干人。

第四，县和县以上工会女职工委员会常务委员会由主任一人、副主任若干人、常委若干人组成。

第五，在工会代表大会、职工代表大会、教职工代表大会中，女职工代表的比例应与女职工占职工总数的比例相适应。

第六，工会女职工委员会是县或县以上妇联的团体会员，通过县以上地方工会接受妇联的业务指导。

三、基层工会女职工组织的建设

工会女职工组织建设的基础在基层，因此要把加强基层组织的建设放在重要的位置。

（一）基层工会女职工委员会的组建程序

第一，工会组建女职工委员会时，由工会筹备组或工会委员会以书面形式向上级工会和同级党组织提出组建女职工委员会的请示报告。内容包括：单位性质、女职工状况、筹建准备情况等。上级工会女职工委员会应对筹建准备工作给予指导。

第二，经上级工会女职工委员会同意后，工会筹备组或基层工会委员会组织召开女职工代表大会选举新一届女职工委员会。女职工委员会委员也可以由同级工会委员会提名，在充分协商的基础上产生。

第三，选举结束后，或者协商产生后，工会委员会应将新一届女职工委员会的选举结果或协商结果以书面形式报上级工会和女职工委员会。

第四，选举产生或协商产生的女职工委员会经上级工会委员会批准后，应在女职工代表大会或工会代表大会上予以宣布。

(二) 基层工会女职工组织建设的重点

第一，要最大限度地把女职工组织到工会女职工组织中来，坚持哪里有工会，哪里就要建立工会女职工组织的原则。

第二，坚持以工会组织建设带动工会女职工组织建设的原则。在组建工会的同时建立女职工委员会，并配备好相应的专、兼职干部，落实好干部待遇。

第三，在基层组织建设中，不同企业应有不同的侧重点。公有制企业组织建设的重点是巩固组织基础，激发组织活力，使之更好地发挥作用；改制企业组织建设的重点是在重组工会的同时，同步建立健全工会女职工组织；党政机关、科教文卫系统组织建设工作的重点是进一步扩大覆盖面。

当前，基层工会女职工组织体系要覆盖的重点领域是新经济组织、新社会组织，重点是把新经济组织、新社会组织中的女职工组织到工会中来。

四、基层工会女职工干部队伍建设

(一) 基层工会女职工干部配备

女职工200人以上的企业、事业单位的工会女职工委员会，应配备专职或兼职女职工工作人员。

女职工委员会主任由同级工会女主席或女副主席担任，也可按照相应条件配备专职女职工委员会主任，享受同级工会副主席待遇。女职工委员会主任应提名为同级工会委员会或常务委员会委员候选人。

女职工委员会委员与同级工会委员会委员任期相同。在任期内，由于委员工作变动等因素需要调整时，应按程序及时予以替补、增补。

(二) 基层工会女职工干部的素质要求

作为一个工会女职工干部，既是广大女职工活动的组织者和领导者，又是一个社会工作者，是职工队伍的中坚力量。工会女职工干部自身素质的高低，是工会女职工组织能否有效发挥作用的关键。新时代工会女职工干部应当具备以下基本素质。

1.较好的政治思想素质

第一，要具有坚定的共产主义政治信仰，这是做好工会女职工工作的基本条件。我国工会组织是在党的领导下开展工作的，作为新时代的基层工会干部，只有自身具有坚定的政治信仰，才能够坚持党的领导，在党的领导下做好职工的思想政治工作，帮助他们树立起正确的世界观、人生观、价值观和坚定的政治信仰。第二，认真学习贯彻习近平新时代中国特色社会主义思想，深刻领悟"两个确立"的决定性意义，增强"四个意识"，坚定"四个自信"，做到"两个维护"。第三，具有对职工高度负责、全心全意为职工服务的思想觉悟，这是赢得职工信任和拥护的关键。第四，要有与时俱进、开拓创新、不畏艰苦的工作精神。第五，要具有遵纪守法、坚持原则、严于律己、宽以待人的人格魅力，使自己成为职工值得信赖和尊敬的人。

2.广博的知识和较高的政策水平

由于工会工作处于不断发展的社会环境中，面对的服务对象对干部素质要求不断提高，从而决定了工会女职工干部的工作内容、工作方式和工作质量，在深度和广度上，必须在传统的群众工作基础上向前发展，向着规范化、科学化方向前进。这就要求工会女职工干部，必须具有相关的业务专长，除了了解和掌握工会工作业务知识外，还要不断地学习哲学、历史、教育学、心理学、社会学、伦理学和美学等一些基本常识，学习党和国家的方针政策法律法规等。一个工会女职工干部首先要尊法、学法、守法，这样才能正确运用法律法规，更好地维护女职工的合法权益和特殊利益。

3.强烈的责任感和执着的事业心

责任感首先是指政治责任感，是对党、对群众、对组织负责的态度，把做好工会女职工工作当作一项政治任务来抓，赋予使命感。事业心，对于工会女职工干部来说，就是要把提高职工觉悟、促进社会经济发展、维护职工合法权益、保护男女平等等各项具体工作真正当作一项为之奋斗的事业来干，具有执着追求精神、吃苦奉献精神和爱岗敬业精神。特别是要发挥工会女职工干部在解决女职工问题上的优势，作为女性本身，女干部有来自社会和家庭的压力，针对女职工的生理特点和心理特点，做好工作要付出更大的代价。工会女职工干部只有献身于工会女职工事业，脚踏实地工作，增强事业心和责任感，才能最大限度地发挥聪明才智。

4.熟悉工会女职工工作业务

工会女职工干部要想在工作中有所作为，除了具备良好的敬业精神外，还必须熟悉工会基本理论、业务知识和有关女职工的法律法规，掌握工会女职工工作规律。要造就一支政治过硬、懂管理、通法律、能参与企业决策、善于代表和维护女职工群众合法权益的工会女职工工作领导人才队伍。工会女职工干部必须经常深入基层、深入实际，了解职工的思想、学习、生活情况，善于调查研究，从而掌握事物的本质，找到解决问题的根本办法。

五、工会女职工委员会的工作制度

工会女职工委员会的工作制度主要包括以下几方面的内容：

第一，女职工委员会实行民主集中制。凡属重大问题，要广泛听取女职工意见，由委员会或常务委员会进行充分的民主讨论后作出决定；

第二，女职工委员会根据工作需要制定有关制度，每年召开一至二次常务委员会和委员会会议，也可临时召开会议；

第三,工会女职工委员会要定期向同级工会委员会和上级工会女职工委员会报告工作;

第四,县以上各级工会女职工委员会要把工作重心放在基层,增强基层女职工组织的活力,为广大女职工服务。

工会女职工组织机构健全,工作制度规范。建立向同级工会委员会和上级工会女职工委员会报告工作制度;建立本级工会女职工委员会例会制度;建立工作目标管理制度,工作有计划、有总结、有考核;建立工作档案动态管理制度,及时了解、掌握女职工工作相关情况;建立教育培训制度,对工会女职工干部定期开展培训。

第三节　工会女职工组织的基本任务

根据《工会女职工委员会工作条例》《中华全国总工会关于加强新时代工会女职工工作的意见》规定,工会女职工委员会的基本任务如下。

一、加强对女职工思想政治引领

坚持用习近平新时代中国特色社会主义思想武装女职工,不断增进广大女职工对新时代党的创新理论的政治认同、思想认同、情感认同。强化理想信念教育,深化中国特色社会主义和中国梦宣传教育,引导女职工坚定不移听党话、矢志不渝跟党走。大力弘扬劳模精神、劳动精神、工匠精神,组织开展巾帼劳模工匠论坛、宣讲等活动,进一步发挥先进典型示范引领作用。加强新时代家庭家教家风建设,倡导开展"培育好家风——女职工在行动"主题实践活动,推动社会主义核心价值观在家庭落地生根。

二、深化提升素质建功立业工程

贯彻落实产业工人队伍建设改革各项部署,充分发挥技能强国——全国产业工人学习社区、工匠学院等阵地作用，落实科技创新巾帼行动，加强女职工数字技能培训，培育女职工创新工作室，助力女职工成长成才。引导女职工积极参与"建功'十四五'、奋进新征程"主题劳动和技能竞赛，广泛深入持久开展具有女职工特色的区域性、行业性劳动和技能竞赛，推动竞赛向新产业新业态新组织拓展。

三、维护女职工的合法权益和特殊利益

《工会女职工委员会工作条例》规定，工会女职工委员会"依法维护女职工在政治、经济、文化、社会和家庭等方面的合法权益和特殊利益，同一切歧视、虐待、摧残、迫害女职工的行为作斗争"。

（一）维护女职工的合法权益

女职工的合法权益是指女职工除享受《宪法》及其他法律规定的公民、职工应当享有的同等权益外，还享有国家对妇女和女职工规定的合法权益。

1.维护女职工的政治权益

主要是积极参与女职工合法权益和特殊利益相关的法律法规和政策的研究制定，代表女职工参政议政。组织女职工参与国家事务和企业、事业单位的民主管理。坚持在使用和提拔干部上男女平等，在女职工较多的行业和部门配备一定数量的女领导干部，选拔和培养女干部等。

2.维护女职工的文化教育权益

依据有关法律法规的规定，为女职工提供较多的学习培训机会，为女职工提高文化技术素质创造条件，全面提高女职工的整体素质。

3.维护女职工的劳动权益

主要是维护女职工的劳动经济权利，配合和监督企业做好保障女职工就业、工资、社会保险等各项权益的实施和落实。

4.维护女职工的财产和婚姻家庭权益

主要是教育和帮助女职工学习和掌握法律知识，维护自己在家庭和婚姻中的合法权益，发挥女职工在家庭文明建设中的重要作用。

5.维护女职工的人身权益

主要是通过积极参与侵害女职工生命健康权、人身自由权、名誉权、肖像权、隐私权、荣誉权、人格尊严权等人身权利案件的调查处理，配合、督促有关行政、司法部门严格处理有关女职工的侵权案件，及时了解女职工的呼声，帮助解决女职工所遇到的困难，使女职工的各项人身权益得到切实保障。

（二）维护女职工的特殊利益

女职工的特殊利益是指女职工除享受国家规定的妇女应享有的合法权益外，还享有国家针对女职工生理、心理特点而制定的特殊利益保护措施。

第一，女职工有与男职工不同的特殊生理特征，因此女职工在劳动中需要特殊保护。一方面，男女两性在生理上的差别，决定了女职工不宜从事特别繁重的体力劳动；另一方面，女性生理机能决定了女职工有经期、孕期、产期、哺乳期（简称"四期"）的生理变化，在此期间需要进行特殊保护。

第二，由于女职工扮演双重社会角色，家务劳动和社会劳动一肩挑，使女职工的精力和体力承受特殊压力。

第三，现实生活中还存在性别歧视现象，女职工权益被侵害的现象还时有发生。女职工的这种特殊性，决定了女职工有特殊利益和特殊要求。

（三）工会女职工组织维护女职工合法权益和特殊利益的有效机制

《工会女职工委员会工作条例》规定，工会女职工委员会参与有关保护女职工权益的法律、法规、规章、政策的制定和完善，监督、协助有关部门贯彻实施。代表和组织女职工依法依规参加本单位的民主管理和民主监督。参与平等协商、签订集体合同和女职工权益保护等专项集体合同工作，并参与监督执行。指导和帮助女职工与用人单位签订并履行劳动合同。参与涉及女职工特殊利益的劳动关系协调和劳动争议调解，及时反映侵害女职工权益问题，督促和参与侵权案件的调查处理。做好对女职工的关爱服务，加强对困难女职工的帮扶救助。

四、加强女职工劳动保护工作

女职工劳动保护是我国整个劳动保护工作的重要内容之一,也是工会群众劳动保护工作的重要组成部分。基层女职工劳动保护工作是维护女职工权益的具体体现。

(一)女职工劳动保护工作的内容

基层女职工劳动保护主要内容包括:一是保护女职工的劳动权利;二是防止女职工从事有害女性生理机能的工作;三是做好女职工"四期保护"。

1.保护女职工的劳动权利

(本节"维护女职工的合法权益和特殊利益"中已专门论述,此处略。)

2.防止女职工从事有害女性生理机能的工作

在安排女职工工作时要充分考虑女性生理机能,不能安排女职工从事超过国家规定标准的有毒有害和禁忌从事的劳动。《女职工劳动保护特别规定》中明确了有害女性生理机能的工作包括以下两类。

第一,特别繁重的体力劳动、有发生恶性意外事故危险的作业和单一体位作业的劳动。如:井下作业、高空作业、石油钻探、森林采伐、装卸、搬运等。这些工种劳动强度过大,容易引起月经量过多、痛经、闭经、子宫脱垂等多种妇科疾病;未成年女工可引起骨盆狭窄;孕妇引起流产、早产乃至影响胎儿的正常发育。

第二,有毒有害工种,如防护不好会损害女职工的生理机能。如:月经失调、影响生育机能、影响胎儿发育、影响授乳机能或毒化乳汁、影响婴儿健康成长。所以,不宜分配未婚、未育女工从事有毒有害工种。已经从事有毒有害工种的女工,应做好她们的劳动保护工作;一经发现女工怀孕,应立即调离;实行定期轮换作业,定期进行健康检查。

3.做好女职工"四期保护"工作

"四期保护"即经期、孕期、产期、哺乳期的劳动保护。根据《女职工劳动保护特别规定》，主要内容如下。

第一，经期保护。主要内容如下。禁忌冷水作业分级标准中规定的第二级、第三级、第四级冷水作业；禁忌低温作业分级标准中规定的第二级、第三级、第四级低温作业；禁忌体力劳动强度分级标准中规定的第三级、第四级体力劳动强度的作业；禁忌高处作业分级标准中规定的第三级、第四级高处作业。

第二，孕期保护。主要内容如下。①女职工在怀孕期间，所在单位不得降低其基本工资或解除劳动合同。②禁忌从事的劳动范围是：作业场所空气中有毒物质浓度超过国家卫生标准的作业；从事抗癌药物、己烯雌酚生产，接触麻醉剂气体等的作业；非密封源放射性物质的操作，核事故与放射事故的应急处置；高处作业分级标准中规定的高处作业；冷水作业分级标准中规定的冷水作业；低温作业分级标准中规定的低温作业；高温作业分级标准中规定的第三级、第四级的作业；噪声作业分级标准中规定的第三级、第四级的作业；体力劳动强度分级标准中规定的第三级、第四级体力劳动强度的作业；在密闭空间、高压室作业或者潜水作业，伴有强烈振动的作业，或者需要频繁弯腰、攀高、下蹲的作业。③不得在正常劳动日以外延长其劳动时间，对不能承担原劳动的应予以减轻或安排其他劳动，对怀孕7个月以上的女职工不得安排其从事夜班劳动，并应当在劳动时间内安排一定的休息时间。④定期进行产前检查，检查所用时间算作劳动时间，检查费由所在单位负担，参加生育保险的单位由保险机构支付。

第三，产期保护。产期包括产前和产后两个时期。主要内容如下。①女职工产期，所在单位不得降低其基本工资或解除劳动合同。参加生育保险的单位，由保险机构按有关规定支付生育津贴。②女职工分娩时的接生费、手术费、住院费、医药费，由所在单位负担，参加生育保险的单位由生育保险基金支付。③女职工产假为98天，其中产前可以休假15天。难产的，增加产假15天。多胞胎的，每多生育1个婴儿，增加产假15天。④女职工怀孕不满4个月流产的，享受15天产假；怀孕满4个月流产的，享受42天产假。⑤产假期间工资应照常发放。

第四，哺乳期保护。哺乳期是指胎儿娩出后至婴儿满1周岁。主要内容如下。①女职工在哺乳期，所在单位不得降低其基本工资或解除劳动合同。②禁忌从事的劳动范围是：作业场所空气中有毒物质浓度超过国家卫生标准的作业；非密封源放射性物质的操作，核事故与放射事故的应急处置；体力劳动强度分级标准中规定的第三级、第四级体力劳动强度的作业；作业场所空气中锰、氟、溴、甲醇、有机磷化合物、有机氯化合物等有毒物质浓度超过国家职业卫生标准的作业。③女职工在哺乳期内，所在单位不得延长其劳动时间和从事夜班劳动。④有不满1周岁婴儿的女职工，所在单位每天劳动时间内为哺乳期女职工安排1小时的哺乳时间；女职工生育多胞胎的，每多哺乳1个婴儿每天增加1小时哺乳时间。⑤女职工较多的单位，根据国家有关规定应设立哺乳室等。

(二) 当前女职工劳动保护工作的重点

1. 维护好女职工劳动权利

杜绝性别和年龄歧视；严格执行国家有关法律法规的规定，与女职工签订劳动合同时不能避开孕期、产期、哺乳期等有关女职工特殊保护内容；杜绝不与女职工签订劳动合同或者随意解除女职工劳动合同的行为。

2. 做好女职工劳动卫生、职业安全及健康保健工作

基层工会女职工组织应监督企事业单位对国家有关女职工劳动卫生和职业安全的法律法规的执行。女职工劳动保护费用和劳动保护用品应按时发放，完善劳动保护设施，保护好女职工的生命安全和身体健康。

3. 落实"四期"保护工作

基层女职工组织监督企事业单位针对女职工"四期"保护措施是否到位。

五、提升女职工生活品质

落实国家生育政策及配套支持措施，支持有条件的用人单位为职工提供托育服务，推动将托育服务纳入职工之家建设和企业提升职工生活品质

试点工作，推进工会爱心托管服务，加强女职工休息哺乳室建设，做好职工子女关爱服务，创建家庭友好型工作场所。高度关注女职工劳动保护和身心健康，加大女职工劳动安全卫生知识教育培训力度，推动特定行业、企业等开展女职工职业病检查；扩大宫颈癌、乳腺癌筛查受益人群和覆盖范围，加强女职工人文关怀和心理疏导工作。深化工会婚恋交友服务，教育引导职工树立正确婚恋观，开展更加符合职工需求及特点的婚恋交友活动。

六、开展家庭文明建设工作

开展家庭文明建设工作，围绕尊老爱幼、男女平等、夫妻和睦、勤俭持家、邻里团结等内容，充分发挥女职工在弘扬中华民族家庭美德、树立良好家风方面的独特作用。

七、营造有利于女职工全面发展的社会环境

工会女职工委员会推动营造有利于女职工全面发展的社会环境，发现、培养、宣传和推荐优秀女性人才，组织开展女职工先进集体和个人表彰或表扬，规范完善"五一巾帼奖"评选管理工作；在全国五一劳动奖章等评选表彰中重视并保障女职工比例。

八、会同工会有关部门和社会有关方面共同做好女职工工作

工会女职工委员会会同工会有关部门和社会有关方面共同做好女职工工作。在有关方面研究决定涉及女职工利益问题时，积极提出意见建议。

第四节　女职工工作的方法

一、女职工工作的基本方法

群众路线的方法是女职工工作的基本方法。群众路线的方法包含了两个方面：一是一切为了群众，一切依靠群众；二是从群众中来，到群众中去。这两个方面紧密相连，不可分割。女职工干部在掌握和运用群众路线的工作方法时，关键是要做到尊重职工，信任职工，服务于职工，全心全意依靠职工群众。

（一）尊重、信任、服务于女职工。广大的女职工在遇到困难时，对我们女职工干部充满了热切的期盼，希望我们女职工干部为她们说话办事，排忧解难。因此在女职工工作中要把女职工放在第一位。

（二）依靠广大女会员和积极分子做好女职工工作。女职工工作是群众工作，面广、内容多、情况复杂，仅仅依靠少数的专职女职工干部难以完成，必须依靠广大积极分子来一起做。在工作中不仅要给积极分子压担子，而且要教工作方法，提高她们的工作能力。要关心她们的工作、学习和生活，工作有成绩要表扬和鼓励，生活有困难要支持和帮助，把她们紧紧团结在工会的周围，发挥她们的积极性、创造性。

二、女职工工作的具体方法

（一）调查研究的方法。深入实际，调查研究，才能了解女职工的愿望和要求，掌握女职工的思想脉搏，才能了解女职工工作的薄弱环节，工作中的不足，开展女职工工作才能更具有针对性。

（二）协调关系的方法。在女职工工作中，面临着组织内外、上下等各种复杂的关系，只有协调好各种关系，才能提高女职工工作的效率。在目前女职工工作主要是对内协调调动好工会各个部门的关系和力量,对外要主动协调好与妇联、劳动、教育、卫生、政法等部门的关系,取得有关部门的支持,共同做好女职工工作。

(三)以身作则的方法。作为女职工干部,只有不断提高自身的素质、提高工作能力,在工作中严格要求自己、以身作则,才能获得女职工的信任和支持。

(四)典型引路的方法。基层女职工干部要善于发现、总结和宣传各种先进人物的先进事迹和典型经验,用先进典型的事迹来引导女职工自觉投身于全面建设社会主义现代化国家、全面推进中华民族伟大复兴的伟大实践中。

三、女职工工作方法的创新

目前,基层女职工干部相对偏少,而女职工工作的任务繁重,女职工工作要取得成效,就要不断创新工作方法。

(一)创新工作手段,开展女职工工作要充分运用先进的通信工具,如网络、电话等提高工作效率;

(二)程序创新,做好女职工工作要尽量避免形式化,复杂化的工作程序,工作程序要精简,高效,从实际出发;

(三)载体创新,女职工活动要坚持结合单位生产经营,开展一些主题鲜明,形式多样,内容丰富,思想健康,喜闻乐见的活动,活动形式的选择要新颖,有时代感。

思考题

1. 如何理解工会女职工委员会的性质?
2. 工会女职工工作的特点有哪些?
3. 工会女职工委员会的组织制度有哪些?
4. 如何加强基层工会女职工干部队伍建设?
5. 简述工会女职工委员会的基本任务。

6.基层工会女职工组织如何维护女职工的合法权益和特殊利益？

7.如何加强女职工劳动保护？

8.女职工工作的基本方法和具体方法有哪些？

案例1

牡丹江市总工会努力构建女职工维权服务新屏障

2023年3月21日　来源：中工网

邀请"五师一室"志愿者围绕女职工劳动纠纷维权、《民法典》婚姻编、女职工心理健康疏导和女职工专项集体合同等重点内容开展线上集中宣讲，不断提升女职工的维权意识和法律素养；广泛发动全市女职工参与各类法律知识竞赛，取得以赛促学的良好效果；在企业，组织女职工开展形式多样的宣讲普法活动，营造广大女职工尊法学法守法用法的良好氛围；在户外，邀请法律援助志愿者为职工群众现场讲解女职工劳动保护、女职工权益保障等相关法律法规，努力扩大普法宣传面……

近年来，黑龙江牡丹江市总工会女职工委员会深入学习宣传贯彻落实党的二十大精神，着力打造普法学习、志愿维权、心理关爱、集体协商等四位一体工作格局，以抓志愿服务队伍、建设维权长效机制为工作重点，凝聚合力，努力构建女职工维权服务新屏障。

在大力加强普法宣传，着力提高女职工维权意识上，以"情系女职工·法在您身边""尊法守法·携手筑梦"为主题，坚持开展女职工维权月行动，着力提高女职工懂法、守法、用法意识。以每年3月为集中维权月，结合实际，整合资源，搭建平台，通过线上线下宣传专栏、专题讲座、巡讲培训、以案释法等形式，开展普法宣传活动。截至2022年年底，牡丹江市总工会共编辑印发10000册《学习〈黑龙江省女职工劳动保护条例〉应知应会口袋本》、《职工维权手册》2000份，下发《黑龙江省女职工劳动保护条例》折页4000份，共组织开展专家解读1次、专题辅导讲座5场、学习交流座谈会10场、知识竞赛2场，进企业、车间、班组等一线宣传104次，覆盖女职工20000余人。

在着力建好三支队伍，加强女职工维权人才支撑上，针对女职工特点和需求，着力建好心理服务、专项集体合同签订和劳动维权调解员队伍，加强女职工维权人才智力支持。

将心理咨询师、家庭亲子阅读指导师、热心工会工作的女工干部纳入女职工心理健康志愿服务队伍。以"玫瑰书香·阅见美好"为主题，大力开展女职工阅读活动、征文活动、手办制作等，加强女职工的情绪疏导，建立和谐家庭关系。截至目前，共开展各类阅读分享活动20余场，印发《巾帼风采·情暖雪城》征文作品集500册，培育最美女职工阅读者50名，阅读组织20个。将心理健康辅导培训纳入职工疗休养日程，为8期劳模疗休养活动派出16名志愿者开展法律和心理健康知识讲座。

高度重视女职工权益保护专项集体合同工作，选聘专兼职集体协商指导员77人，建立微信学习交流群，每周进行一次学习讨论交流。2022年7月，以全市养老院护工护理员工作现状调查分析为基础，开展护理行业的女职工专项集体协商竞赛，来自全市养老院、家政培训机构等行业的10支队伍参加比赛，通过竞赛，加快锤炼一支高素质、善沟通、会协商、有担当的集体协商队伍。目前，牡丹江市（含各县区）已建工会组织的企业2317家，在职职工7万余人，其中，有2155家企业签订女职工权益保护专项集体合同，其中国有企业55家，非公企业1970家，家政、快递、保安等新就业形态领域行业130家，占应签单位总数的93%，覆盖女职工3万余人。

结合女职工劳动特点，以及家政、护工护理员、女性农民工等行业特点，持续招募女职工劳动调解员，新招募工会调解员83名，出台工会调解专家和调解员名册。共接受女职工委托办理法律援助案件25件，调解涉及女职工权益纠纷60件，为职工挽回劳动报酬等经济损失100余万元。

在建设联动协调机制，凝聚女职工维权服务合力上，坚持以女职工"五期"保护为重点，将心理咨询师、劳动调解员队伍陆续入驻全市爱心托管班、母婴爱心屋和爱心驿站，制作志愿服务联系卡，女职工在爱心屋或驿站休息期间，可通过联系卡联系志愿者，接受规范的咨询服务。目前，各志愿服务队伍全部入住女职工流动较多的政务服务大厅、客运站、机场、旅游服务中心等工会阵地33家，切实把女职工维权服务带到女职工身边。联合市人社局、市卫生健康委、市医保局，开展女职工产假等权益专项执法行动检查，通过查阅用人单位女职工保障、工资表（卫生费）、考勤表（孕期、哺乳期延长工作时间和夜班）、劳动合同、集体合同等资料，现场查看女职工卫生室、孕妇休息室、哺乳室等设施，以及召开女职工座谈等方式开展专项执法检查行动。共参加专项执法检查行动7次，共检查女职工较多的企业152家，涉及女职工3155人次，督促5家用人单位制定女职工劳动保护措施及相关制度，不断提高女职工维权服务实效，让牡丹江市广大女职工享受到实实在在的实惠。

　　撑起一片伞，保护半边天！牡丹江市总工会女职工委员会将继续切实维护女职工合法权益，激发女职工参与经济建设的积极性、主动性和创造性，在全面建设社会主义现代化牡丹江中巾帼建功。（据黑龙江省总工会微信公众号消息　韩琦）

案例2

贵州工会落实"她服务" 情暖"半边天"

2023年3月20日　来源：中工网

　　据贵州省总工会微信公众号"81号工馆"消息，3月17日，记者从贵州省总工会女工委七届四次全委扩大会上获悉，2022年，全省工会女职工组织积极回应女职工新需求新期盼，通过不断拓展工会爱心托管服务、开展公益性"两癌"筛查等，持续提升女职工获得感、幸福感、安全感。仅去年，全省工会自行或联合其他部门投入资金1449万元，为12.85万名女职工开展"两癌"筛查。

　　在权益保护方面，以《贵州省女职工劳动保护特别规定》（以下简称《特别规定》）正式颁布实施为契机，组织编写《贵州省女职工维权微手册》《特别规定释义》，制作发布《特别规定》动画宣传视频，开展《特别规定》网上知识竞答活动、"情系女职工　法在你身边"知识竞赛，普及女职工劳动权益和特殊利益等相关法律知识。活动期间，开展集中维权普法宣传和培训230余场次，发布维权宣传资料近8万份，19.5万余人次参与活动，帮助5000余名女性劳动者解决现实问题，为3357名女职工提供义诊等健康体检活动。

在关爱服务方面，组织开展女职工素质提升培训活动，全省5万余名女职工参与；继续深入开展"护工就业行动"技能培训，举办培训班29期培训1483人，近千人实现就业，开辟了女职工和女务工人员创业就业"快车道"；筹集发放慰问资金730多万元，慰问幼儿园、学校980所，儿童9.7万人；投入资金374余万元新建"工会爱心之家"55个；不断探索工会爱心托管服务，创建家庭友好型工作场所，对申报的23家"工会爱心托管班"进行评审，优选12家共补助资金12万元；持续推进"母婴温馨小屋"建设，从全省申报的120个"母婴温馨小屋"中择优评选出省级小屋86个，投入补助资金25.8万元。

在做优品牌方面，主动适应单身青年职工群体多元化需求，提升"爱在工会·缘来是你"婚恋交友服务品牌质量，开展单身青年职工婚恋交友状况专题调研，形成综合成果上报全总；开展单身职工现场交友联谊活动128场（次），举办集体婚礼1场，参与职工近万人；扩大"两癌"筛查覆盖面，推动用人单位组织女职工体检，提供重点面向困难企业女职工、新就业形态女性劳动者等群体的公益性"两癌"筛查服务，12.85万女职工受益。

同时，推动形成女职工普惠服务新格局，充分利用"贵州工会云"平台，定期发布女职工身心健康、科学育儿等资讯内容，目前已发布母婴小屋建设信息200余条，知识图文近300条，小屋地图标识300余个。在"专家课程"栏目发布16期，板块浏览量达3万人次，为广大女职工普及健康知识提供更为方便快捷的服务。

下一步，全省工会女职工组织将继续延伸触角，在开展"六一"儿童节慰问、做好女职工健康关爱、深化职工子女爱心托育托管服务、加强"母婴温馨小屋"等女职工休息哺乳室建设、解决广大单身职工婚恋交友问题等多个方面下功夫，让女职工有更多的获得感幸福感安全感。（劳动时报全媒体记者 程瑞林）

第十三章

进一步深化职工之家建设

进一步深化职工之家建设活动是工会各项工作落实到基层的重要手段,是加强基层工会组织建设的重要载体。新时代开展建设职工之家活动,就是适应工会依法履行维护职工合法权益、竭诚服务职工群众的基本职责要求,着力加强调整劳动关系机制建设,努力把基层工会建设成为组织健全、维权到位、工作规范、作用明显、职工信赖的职工之家,把广大基层工会干部锤炼成为听党话、跟党走、职工群众信赖的"娘家人"。

第一节　基层工会建设职工之家概述

一、职工之家建设

职工之家是工会组织同职工群众保持密切联系，体现工会的阶级性和群众性，反映工会的性质、宗旨和新时代工会工作方针、履行工会职能、充分发挥工会作用、让职工在单位有"家"的感觉的一种形象的说法。职工之家建设体现了中国工会的性质、宗旨和特点，体现了职工群众与工会的密切联系，承载着党对工会的重托，表达了职工群众对工会的期望和信赖。

二、基层工会建设职工之家活动的特点及重要意义

（一）基层工会建设职工之家活动的特点

1.综合性。建家活动包含了基层工会工作的各个方面，是带动基层工会工作上水平的综合载体。对职工之家的考核是基层工会工作的综合评定，具有丰富的工作内容和完整的体系，是对工会工作的整体推进。

2.广泛性。建家活动是在党组织和行政的支持下，由全体职工群众参与的"党政工同唱一台戏，共建一个家"的活动。

3.基础性。建家活动在工会工作全局中具有基础性的地位和作用，目的是夯实工会的组织基础、工作基础，激发基层工会组织的活力，进而促进整个工会组织提高工作水平。

4.长期性。建家活动是工会组织的一项战略性任务，随着我国政治、经济、社会发展的需要和基层单位的实际情况，不断调整和完善活动内容和方式，与时俱进，常抓不懈，常抓常新。

（二）开展建设职工之家活动的重要意义

1.开展建设职工之家活动是工会工作服务于党和国家工作大局的现实要求

在新时代，各级工会要牢牢把握为实现中国梦而奋斗的工运时代主题，动员广大职工团结一心、努力奋斗，为全面建成社会主义现代化强国、全面推进中华民族伟大复兴贡献力量。工会基层组织是直接的承载者和实践者，在全国工会基层组织中深入开展建设职工之家活动，更好地把工会履行维权服务的基本职责和立足新发展阶段、贯彻新发展理念、构建新发展格局，推动高质量发展统一起来，促进经济社会协调发展，是新时代工会工作服务于党和国家工作大局的现实要求。

2.开展建设职工之家活动是增强基层工会活力的需要

基层工会组织是工会全部工作和战斗力的基础，是工会组织密切联系职工群众，开展工会各项工作的承载者、实践者；工会的各项工作任务都要通过基层工会组织来落实，工会的作用最终要通过基层工会组织来体现。因此，工会要眼睛向下、面向基层，强化大抓基层的鲜明导向，坚持落实到基层、落实靠基层，把工作重点放在基层，努力使基层组织的工作活跃起来，要以基层组织是否具有活力作为检查考核工会工作的一个重要标准。近几年来，随着我国社会主义市场经济体制的逐步建立完善尤其是非公有制经济的迅速发展，全国组建工会和发展会员工作取得了突破性进展。适应新时代工会工作发展的需要，深入开展建家活动，把建会建制建家紧密结合起来，对于推动工会基层组织特别是非公有制企业工会进一步健全组织，加强规范化建设，建立和完善维权服务的有效机制，切实发挥基层工会的作用，增强基层工会的活力，有着非常重要的作用。

3.开展建设职工之家活动是工会服务职工的有效形式

竭诚服务职工群众是工会的性质决定的，是工会的基本职责。各级工会组织和工会干部应当牢固树立服务意识，把竭诚为职工服务作为一切工作的出发点和落脚点。要不断提高服务能力，拓展服务领域，丰富服务内容，提高服务质量，创新服务形式。开展建设职工之家活动，就是工会服务职工的一种最有效的形式，通过开展建家活动，发挥基层工会直接联系职工群众的优势，关注基层一线，密切工会与职工群众的联系，广泛听取职工群众的意见，理解民意、体察民情，把职工群众的需求作为第一信号，采取有效措施，有针对性地做好服务工作，把服务工作做深、做细、做实、做强，把服务送到家门上、心坎上，让职工感受到"家"的温暖，增加工会组织吸引力和凝聚力。

4.开展建设职工之家活动是推进工会工作创新发展的根本要求

时代在发展，事业在创新，工会工作也要发展、也要创新。各级工会组织要担负起团结引领职工群众听党话跟党走的政治责任，全面履行各项社会职能，圆满完成新时代赋予工会的各项任务，为全面建成社会主义现代化强国、全面推进中华民族伟大复兴贡献力量，开创新时代我国工运事业和工会工作新局面，必须不断加强工会自身建设，深入推进工会改革创新。工会组织按照党中央关于群团改革的部署要求，有力有序推进改革，要把保持和增强政治性先进性群众性作为工会工作的根本标尺和长期任务，按照增"三性"、去"四化"、强基层、促创新的总体思路，着力在建机制、强功能、增实效上下功夫，持续深化工会改革创新。形成上下联动、左右互动、整体推动的改革局面，以激发基层活力为关键，推动工会改革向基层延伸，开展强基层、补短板、增活力活动，实现工会基层组织建起来转起来活起来。长期的实践证明，深入开展建家活动是推动工会各项工作落实到基层的重要手段，是加强基层工会组织建设的有效载体，是加强工会自身建设和创新的着力点。各级工会组织一定要从战略的高度，进一步强化对建设职工之家重要性的认识，着眼于夯实工会组织的基础，切实把建家作为一项经常性、长期性的工作来抓，与时俱进，开拓创新，努力把建家活动提高到新水平，推动新时代工会工作高质量发展，更好地在党和国家工作大局中发挥作用。

(三) 开展建设职工之家活动的必要性和紧迫性

当前，建家工作面临着新的形势、新的任务，也面临着新的发展机遇。

1.党中央一系列重要指示对建设职工之家提出新的更高的要求。工会组织必须按照党中央的要求，着眼于抓好基层、打牢基础，坚持把建会、建制、建家紧密结合，切实加强和改进工会自身建设，不断赢得广大职工群众的信赖。

2.基层工会面临的新情况新问题对建家工作提出了新任务新要求。随着各类基层工会组织的迅速发展,特别是大量非公有制企业工会组建之后,对夯实基础工作、发挥工会作用提出了新的要求,迫切要求在坚持抓好组建工作的同时,进一步把工作着力点放在发挥基层工会作用上,充分运用建家这一有效载体,推动各个领域、各种类型基层工会全面开展建家活动,做到哪里有职工哪里就要建立工会组织,哪里有工会组织哪里就要开展建家活动,最广泛地把建家活动覆盖到每个基层工会组织,最充分地激发出每个基层工会的活力。

第二节 基层工会开展职工之家建设

一、建设职工之家的指导思想、目标、基本要求

(一)开展建设职工之家活动的指导思想

开展建设职工之家活动的指导思想是各级工会组织开展建设职工之家活动的理论体系和理论基础。新时代深入开展建家活动的指导思想是:以马克思列宁主义、毛泽东思想、邓小平理论、"三个代表"重要思想、科学发展观、习近平新时代中国特色社会主义思想为指导,紧密围绕企业、事业单位、机关的中心任务,坚定不移地推动党的全心全意依靠工人阶级根本指导方针的贯彻落实,依法规范工会基层组织建设,切实履行工会维权服务的基本职责,努力把工会的重点工作落实到基层,不断增强工会基层组织的凝聚力和吸引力,提高基层工会组织的整体工作水平,促进企事业等基层单位的改革、发展、稳定。

(二)开展建设职工之家活动的原则

1.服务大局的原则

工会组织和工会干部要树立大局观念,把建家活动摆到党和国家工作大局中去思考、去把握、去部署、去实施。要围绕中心,促进发展,正确

把握开展建家活动与推进企业、事业单位和机关建设发展的关系,把广大职工的智慧和力量凝聚到为搞好企业,加强事业单位和机关建设做贡献上来。

2. 突出维权服务的原则

围绕工会履行维护职工合法权益、竭诚服务职工群众的基本职责,把推进工会重点工作的落实,作为建家活动的重要内容。

3. 依靠群众的原则

突出职工群众在建家活动中的主体地位,充分依靠职工群众开展建家活动,把职工和会员群众是否满意作为衡量建家活动成效的基本标准。

4. 创新发展的原则

建家活动要体现时代性、把握规律性、富于创造性,尊重基层的实践,不断赋予建家新内容,拓展新领域,注入新活力。

5. 齐抓共建的原则

努力形成党组织统一领导、行政积极支持、工会具体实施、职工热情参与的合力建家工作格局。

(三) 开展建设职工之家活动的目标

深入开展建家活动的目标是:以习近平新时代中国特色社会主义思想为指导,适应工会依法履行维护职工合法权益、竭诚服务职工群众基本职责的要求,深入贯彻习近平总书记关于工人阶级和工会工作的重要论述,着力加强调整劳动关系机制建设,突出抓好为职工群众办实事办好事,大力推进基层工会的群众化、民主化、法治化,努力把基层工会建设成为组织健全、维权到位、工作规范、作用明显、职工信赖的职工之家。

(四) 开展建设职工之家活动的基本要求

1. 健全组织体系。基层工会委员会、经费审查委员会、女职工委员会组织健全,按时换届选举,单独设置工会工作机构,依法独立自主开展工作;依法进行工会法人资格或工会法人代表变更登记;工会主席(副主席)的产生、配备符合有关规定,职工200人以上的单位依法配备专职工会主席;按不低于职工人数3‰的比例配备专职工会干部;加强工会积极分子队伍建设；加强会员会籍管理，职工（含农民工、劳务派遣工）入会率达到85%以上。

2.促进高质量发展。立足新发展阶段、贯彻新发展理念、构建新发展格局，围绕推动高质量发展，大力弘扬劳模精神、劳动精神、工匠精神。深入开展以劳动创造幸福为主题的宣传教育，弘扬社会主义核心价值观，加强新时代劳动教育。加强劳模选树管理，创新劳模服务工作，推动落实劳模政策。组织开展"建功'十四五'、奋进新征程"主题劳动和技能竞赛。围绕国家重大战略、重大工程、重大项目、重点产业开展劳动和技能竞赛，在广泛、深入、持久上下功夫、求实效，积极探索新途径、扩大覆盖面、提高参与度。充分发扬企业职工的首创精神，健全以创新能力、质量、实效、贡献为导向的人才评价体系，拓展小发明、小创造、小革新、小设计、小建议等群众性创新活动内涵，提升广大职工创新创造活力。

3.履行维权职责。建立和完善以职工代表大会为基本形式的民主管理制度，推行厂务（院务、校务）公开，公司制企业依照有关规定选举职工代表进入董事会和监事会，参与企业管理；深化"共同约定"行动，建立平等协商和签订集体合同制度，协商解决涉及职工切身利益的重大问题；指导和帮助职工签订劳动合同，依法妥善处理劳动争议，提供法律援助，构建和谐劳动关系；协助和督促企业落实国家各项涉及职工权益的法律法规，遵守劳动安全卫生等规定，安全生产无事故；维护女职工的特殊权益；等等。

4.提高职工素质。落实《全国职工素质建设工程五年规划》，发挥工会"大学校"作用，深入开展"共筑理想信念、共促高质量发展"主题教育，弘扬中国工人阶级伟大品格，用社会主义核心价值体系引领职工群众；开展"创建学习型组织、争做知识型职工"活动，培育"四有"职工队伍；开展群众性精神文明创建和文化体育活动，满足职工群众精神文化需求，推动职工文化和企业文化建设。

5.服务职工群众。以职工最关心、最直接、最现实的利益为重点，认真倾听职工呼声，积极反映职工意愿，提出政策建议和主张；关心职工生产生活问题，指导帮助职工就业，进一步叫响做实"职工有困难找工会"，努力为职工办实事、做好事、解难事；开展"送温暖""金秋助学"等活动，履行帮扶困难职工"第一知情人""第一报告人""第一协调人""第一监督人"的职责。

6.加强自身建设。坚持民主集中制，密切联系群众，廉洁自律；健全各项组织制度、民主制度、工作制度，基础资料齐全；坚持会员（代表）大会制度，完善会员代表常任制，实行会务公开，接受会员群众民主评议和监督，保障会员民主权利；开展"创建学习型工会、争做知识型工会干部"活动，加强思想、作风、能力建设，提高工会自身建设科学化水平，建设学习型、服务型、创新型工会；建立单独工会财务账户，独立使用工会经费，收好管好用好工会经费，保护好工会资产；工会工作有创新、有特色。

（五）建设职工之家活动与基层工会工作基本任务的关系

加强基层工会建设和增强基层工会活力是事关工会工作全局的重要任务，二者相互依存、相辅相成。没有巩固的基层工会组织，就谈不上发挥基层工会组织作用；基层工会组织不发挥作用，巩固基层工会组织就毫无意义。开展建设职工之家活动就是要从基层工会工作的这两大任务出发，不断加强基层工会组织的自身建设和改革，不断发挥基层工会组织的作用。因此，开展建家活动是基层工会工作的基本形式、基本手段、基本方法，其目标是把基层工会组织建设成为职工之家。

二、开展建设职工之家活动的方法措施

2014年《中华全国总工会关于新形势下加强基层工会建设的意见》提出，建设职工之家，要以会员是否满意为基本标准，建立健全基层工会建设综合考核评价体系。围绕实践"两个信赖"，深入开展"深化建家达标创优"活动，探索建立各层级模范职工之家创建、申报、考核、表彰、复查等制度，提升职工之家品牌影响力。坚持依靠会员办工会，深化"工会组织亮牌子、工会主席亮身份"活动，推进会员评家、会务公开以及会员代表常任制等工作，落实会员的知情权、参与权、选举权和监督权。探索

推进联合职工之家、网上职工之家建设。基层单位及其党政负责人拟推荐申报工会系统评选表彰的各层级五一劳动奖状、五一劳动奖章等荣誉称号的，其工会组织应荣获相应层级的模范职工之家称号。

（一）建立完整、规范的工作体系

建立开展建家活动的工作体系，是指建家要有一套工作标准和工作要求，有一套评定办法，根据活动的内容、条件、标准，制定考核办法并进行评定和比较，定期对建家活动进行考核、检查、评比。基层工会要根据新的形势和新的要求，制订建家工作计划，调整工作部署，不断创新建家工作格局和运行机制。建家规划在兼顾全面工作的同时要突出重点，考核内容和标准不求全、不求高，每年或每个阶段都要有新的重点、亮点，使之与时俱进，富有新鲜感。

（二）形成党政工齐抓共建格局

基层工会要主动取得党组织的领导，把建家活动纳入党组织的重要议事日程；积极争取行政支持，为开展建家创造条件；工会内部要建立由领导负责、有关部门参加的建家工作领导机构，充实建家工作力量，努力形成党政工齐抓共建的格局。围绕发展这个第一要务，牢固树立建家就是建企业、就是促进劳动关系和谐发展、就是提高工会工作整体水平的思想，自觉围绕本单位中心工作开展建家活动，把基层的难点、热点作为建家活动的重点，使建家成为党政工工作的一个结合点，形成合力抓建家的工作氛围。

（三）建立会员评家机制

建立会员评家机制是推动建家活动深入发展的重要举措。基层工会要以职工群众是否认可和满意作为考核建家成效的重要标准，建立健全会员评家机制，依靠会员群众建家、评家、管家，不断提高广大会员参与基层工会建设的能力与水平，增强工会组织的凝聚力和吸引力。会员评家主要通过会员大会或会员代表大会进行。由工会主席报告开展工会工作及建家活动情况，由会员或会员代表对建家情况进行评议，对所获职工之家荣誉称号是否认可做出表决，促进建家水平不断提高。

（四）建立激励和表彰机制

要建立激励机制，充分调动基层工会开展建家活动的积极性。评选"先进职工之家""模范职工之家"是表彰基层工会工作的综合荣誉称号，也是唯一的奖励，应与评选优秀工会工作者、评选文明单位等结合起来。通过建家活动推动工会重点工作的落实，重点工作的落实为建家注入活力。要实行精神奖励和物质奖励相结合，逐步提高和扩大其社会影响。

（五）实行分类、分层次指导

分类指导应突出针对性，适应不同所有制、不同规模企业和不同类型基层工会的特点与实际，提出不同的建家标准，不搞一个模式。提倡非公有制企业逐步开展创建"合格职工之家"活动，并逐步提高建家水平；推动开展"示范乡镇（街道）工会""示范村（社区）工会"活动，并与建设职工之家活动有机结合，把不同类型基层工会的活力激发出来。

（六）加强建家管理工作

职工之家分别设有"合格职工之家""先进职工之家"和"模范职工之家"3种荣誉称号。各层次职工之家的考核条件都应尽量细化、量化，使之便于操作和考核。评选表彰各级模范、先进职工之家，创建合格职工之家，要坚持建家标准，不搞终身制，严格进行复查验收。同时，改进复查方式，可以实行分片交叉复查的方式，推动其严格约束自己；可以在不同层次的模范、先进职工之家中开展联谊活动，加强横向交流，强化其先进意识，不断攀登新的台阶。

（七）要注意处理好两个关系

一是正确处理建"大家"与建"小家"的关系。基层工会委员会建"大家"与工会分会、工会小组建"小家"是相辅相成、互相促进的。一方面，基层工会"大家"建设好了，在更大的范围内发挥作用，才能有力地指导和带动工会分会、工会小组建"小家"；另一方面，工会分会、工会小组"小家"建设好了，搞活工会组织细胞，为建"大家"奠定厚实的基础，才能解决上热下冷的问题，进而推进建家的全面发展。二是正确处理"硬件"与"软件"建设的关系。建家的"硬件"是指建设必要的工会活动室、图书室、文化体育场所及设施、经过改善的职工生产（工作）、生活休息环境等；建家的"软件"是指工会本质性的工作，如维护职工权益、民主管理、思想政治工作等。建家的"硬件"一般作为建设职工之家的突破口，它仅是建家工作的开始；建家的"软件"是内容，即通过建家把工会工作搞好，使基层工会真正成为组织健全、维权到位、工作活跃、作用明显、职工信赖的职工之家。

（八）致力推进"会、站、家"一体化建设

"会、站、家"一体化建设，是指以加强基层工会组织建设和制度建设为基础，把组建工会、创办职工服务站、建设职工之家有机结合起来，依法规范基层工会组织建设，增强基层工会活力。

致力推进"会、站、家"一体化建设，以依法建会为基础，以创办职工服务站（点）为抓手，以建设职工之家为目标，把组建工会、创办职工服务站（点）、建设职工之家三者统一起来，整合服务资源、提升服务能力、激发组织活力，使基层工会办事有人、帮扶得力、服务到位，打通联系和服务职工群众的"最后一公里"，增强工会组织对职工群众的吸引力和凝聚力。

（九）深入调研、不断创新

要加强调查研究，认真总结分析，坚持以理论创新推动工作创新、实践创新，及时抓住制约和影响建家工作的突出问题，研究解决的办法，提出指导性意见，不断探索建家规律，推动建家工作创新发展。

第三节　建设职工之家的几种具体形式

一、建设职工小家

广泛开展建设职工小家活动，是建家活动的延伸和发展。在车间（科室）、班组开展建设职工小家活动，是加强工会分会和工会小组建设的有

效形式和方法，是对基层基础性工作的加强。基层工会要积极开展建设职工小家活动。

(一) 建设职工小家的基本要求

1.加强工会分会、工会小组建设，由会员直接选举工会分会负责人和工会小组长，建立一支热心为职工群众服务的工会积极分子队伍；

2.建立健全班组民主管理、民主协商、民主参与、民主监督制度，定期召开民主管理会议，坚持各项公开制度，积极反映职工群众的意愿和要求；

3.发扬团结友爱和集体主义精神，搞好互助互济，帮助职工解决实际困难；

4.组织职工进行政治业务学习，不断提高思想觉悟和职业技能，开展群众性经济创新活动，努力完成生产工作任务；

5.严格监督执行各项安全生产、劳动保护制度，不断改善职工生产工作环境，做好女职工特殊权益保护工作；

6.加强职工小家阵地建设，因地制宜，开展形式多样、丰富多彩的文体活动，满足职工的精神文化需求。

(二) 建设职工小家的基本内容

1.建立民主管理制度。要建立健全以工会小组长和民主管理员进行考核的班组民主管理机构和民主管理等制度，坚持各项制度公开，使奖金分配权、民主评议权、重大问题审议权等落实到车间（科室）和班组。通过建设职工小家，使职工直接参与民主管理，培养职工热爱企业、关心企业的良好氛围。

2.加强思想政治工作和生活互助。建设职工小家要体现群众性的特点，充分发挥工会小组中的党员、团员和党小组长、班组长、工会小组长的作用，促进职工群众间的相互影响、相互启发和相互学习。要通过小组生活会、班组民主会、讲评会等各种群众自我教育的民主管理形式，沟通思想，化解矛盾，建设团结、和谐、友爱的集体。

3.建设优美的生产生活环境。职工小家是职工群众的"第二家庭"，是职工工作、学习、活动的场所。建设职工小家，要在企业、事业和机关单位现有条件下，通过会员自己动手，自力更生，改善环境，修整休息室、建设活动室、活动角，改善生产、工作和休息条件，营造舒适、整洁、温暖、优美的环境，增强职工小家的吸引力。

4.开展创建学习型组织活动。学习提高是企事业单位发展的保障，也是职工个人发展的基本条件。要树立终身学习的理念，大力开展职工素质提升工程，做到学习工作化、工作学习化。作为职工小家要有基本的学习场地和设施，有开展学习、交流活动的载体。有切实可行的班组学习制度与激励机制，形成全员学习的氛围。有较好的学习环境，坚持开展形式多样、内容丰富的岗位练兵活动，积极开展劳动和技能竞赛、技术创新、导师带徒、合理化建议等活动，不断提高职工的业务技术水平。

（三）建设职工小家的关键环节

1.搞好宣传教育。建设职工小家是一项涉及面广、难度大的工作。要通过学习典型、借鉴经验和沟通讨论，提高工会干部对建设职工小家的认识，克服不理解和畏难情绪。要宣传好建设职工小家活动对车间（科室）、班组建设等方面的积极作用，争取党政领导的支持。要通过形式多样、深入浅出的教育，提高广大职工参与建家的积极性。

2.抓好组织建设。要把工会小组建设好，重要的是调整选配好班组长、工会小组长及班组的组织员、宣传员、民管员、安全员等"几大员"，形成建家领导核心，从组织上保证建设职工小家活动的顺利开展。

3.严格考核验收。要健全考核细则和激励机制，坚持考核验收制度，使建设职工小家活动有章可循，不断创新发展。要采取车间"科室"工会分会、班组工会小组自检和集中检查等方式，定期对职工小家建设进行考核、检查、验收，经验收合格的职工小家要予以颁发荣誉证书。

二、"双爱双评"活动

基层工会要建立健全会员评家机制，以职工群众是否认可和满意作为考核建家成效的重要标准。因此，为适应非公有制企业协调劳动关系的需要，全国各级工会组织积极探索非公有制企业开展工会工作的有效载体和活动方式，普遍开展了以"双爱双评"为主要内容的建设职工之家活动。

"双爱双评"活动即"企业爱职工，职工爱企业；评爱企业的优秀职工，评爱职工的优秀经理（厂长）"。在新时代，深入开展"双爱双评"活动，对于贯彻落实"组织起来、切实维权"的工作方针，促进非公有制企业健康发展，建立经营者和劳动者新型的社会主义和谐稳定的劳动关系，维护职工队伍和社会稳定，具有十分重要的意义。

（一）开展"双爱双评"活动的基本内容和条件

1.开展"双爱双评"活动的基本内容

（1）企业职工依法建立工会组织，工会组织健全，领导班子得力，建立了各项工作制度和民主制度，工会工作富有成效并得到职工群众的拥护。

（2）《劳动法》《工会法》赋予职工的各项权利得到有效的落实，建立以职代会为基本形式与企业实际相适应的职工民主管理、厂务公开制度，企业实行了劳动合同制度，并建立了稳定协调的劳动关系。

（3）依据《劳动法》《工会法》的规定，工会主席依法参加或列席董事会，企业建立了平等协商、集体合同制度，建立了劳动争议调解委员会并发挥作用。企业依法拨缴工会经费，支持工会工作的开展。

（4）职工关心企业生产经营，认真做好本职工作，积极参加劳动和技能竞赛、合理化建议和技术革新等经济技术创新活动。

（5）企业关心职工生活，注意安全生产。随着企业的发展，职工生活条件、劳动条件、作业环境不断得到改善。

2.关爱员工优秀经营管理者、热爱企业优秀员工条件

关爱员工优秀经营管理者条件如下：

（1）尊重职工的政治地位和民主权利，建立以职代会为基本形式与本企业实际相适应的职工民主管理、厂务公开制度，建立职工董事监事制度，工会参与研究决定涉及职工切身利益的问题，保障职工依法行使知情、参与、监督等民主权力；

（2）依法与职工签订劳动合同，建立平等协商、集体合同制度和劳动争议调解组织，建立正常合理的工资增长机制，无压低、克扣职工工资、

强迫职工加班加点等侵犯职工合法权益的问题;

(3) 关心职工身体健康和生命安全,严格执行国家劳动安全卫生法律法规,改善职工劳动、生活条件和作业环境,保护女职工特殊权益,无安全生产事故和职业病危害;

(4) 依法经营,照章纳税,保护环境,积极履行社会责任,依法为职工缴纳养老、工伤、医疗、失业、生育等社会保险;

(5) 建立健全企业党组织和工会组织,为其提供办公场所和活动条件,依法拨缴工会经费,不干涉工会内部事务。

热爱企业优秀员工条件如下:

(1) 关心企业生产经营,爱岗敬业,努力完成生产、科研和经营任务;

(2) 支持企业依法经营管理,恪守职业道德,遵守劳动纪律,认真执行劳动安全卫生规章制度;

(3) 为企业开展建言献策,积极参加技术革新、劳动和技能竞赛和合理化建议等经济技术创新活动;

(4) 勤奋学习,刻苦钻研,努力提高业务技能,参与企业文化建设,争做知识型职工。

(二) 开展"双爱双评"与建设职工之家活动的关系

在非公有制企业深入开展以"双爱双评"为主要内容的建家活动,是建家活动在非公有制企业中的创新,是全国建家工作的组成部分,总体上应该以全国建家工作的基本要求为依据,但在落实建家基本要求的内容和标准上,可以与公有制企业有所区别,逐步提高建家水平,达到建家标准。全国建家活动应在坚持总体要求的前提下,从不同所有制、不同类型基层工会的实际出发,分类指导,发挥公有制企业工会建家的骨干作用,逐步带动非公有制企业工会提高建家水平。全国总工会非常重视在非公有制企业开展"双爱双评"活动,把它纳入全国评选表彰"全国模范职工之家"范围之中,被省级工会评为"双爱双评"先进单位的非公有制企业工会,达到"全国模范职工之家"标准的,才能申报"全国模范职工之家",以此激励更多的非公有制企业提高建家和工作水平。

(三) 进一步深入开展"双爱双评"活动

1.要充分调动企业经营者和职工两者的积极性

企业经营管理者和职工群众是开展"双爱双评"活动的主体，只有把两者的积极性、主动性、创造性发挥出来，才能激发开展"双爱双评"活动的活力。要发挥典型示范作用，把典型示范与普遍号召结合起来，不断扩大开展活动的覆盖面，增强活动的有效性。要加强调查研究，认真听取企业经营管理者和职工群众的意见，切实解决开展活动中遇到的问题。

2.要采取有效的激励措施

各级工会要把"双爱双评"活动作为非公有制企业工会工作的重要内容和考核条件，每年都要评选在开展活动中涌现出来的热爱企业的优秀员工，推荐关爱职工的企业优秀经营管理者，树立典范，奖励先进。工会委员会每年都要把"双爱双评"活动开展情况作为向会员（代表）大会报告工作的一项重要内容，提请会员（代表）评议，经会员（代表）认可后，向上一级工会写出书面报告，作为上级工会考核、评比、表彰基层工会工作的依据。各级工会在评选模范或先进职工之家时，应命名表彰一批在开展"双爱双评"活动中取得显著成绩、符合建家条件、得到职工认可和拥护的非公有制企业工会为各级模范或先进职工之家。

3.要切实加强组织领导

非公有制企业应在党组织领导下，建立和完善党组织、行政、工会负责人组成的"双爱双评"活动领导小组，负责企业开展"双爱双评"活动的组织领导工作。工会每年都要按照"双爱双评"的基本内容，结合本单位的实际，经会员（代表）大会讨论制订年度"双爱双评"活动计划，并积极开展活动。

4.要坚持从实际出发，分类指导

基层工会要从非公有制企业的特点出发，根据上级工会的要求，围绕企业的中心工作，按照职工群众的意愿，确定活动的内容，注重实效，防止形式主义。要以贯彻落实《劳动法》《工会法》等法律法规作为重点，把依法维护职工合法权益、共谋企业健康发展贯穿活动的始终。上级工会要针对不同所有制、不同规模、不同类型基层工会的不同情况，加强调查研究，施行分类指导，突出重点，兼顾一般，逐步提高"双爱双评"活动的实效。

三、开展建设职工之家活动的四个等级

开展建设职工之家的等级，原则上分为"合格职工之家""先进职工之家"、省部级"模范职工之家"和全国"模范职工之家"四个等级。

（一）合格职工之家

"合格职工之家"，是按照地方总工会的考核标准，组织考核验收。凡考核验收合格的，颁发由地方总工会统一印制的"合格职工之家"证书。"合格职工之家"的日常管理工作由地方总工会负责。

（二）先进职工之家

"先进职工之家"每两年考核评比一次。具体考核评比内容、标准和方法，由地方总工会制定。"先进职工之家"的日常管理工作由地方总工会负责。

（三）省部级模范职工之家

省部级"模范职工之家"实行申报制，每两年考核评比一次，由省部级总工会组织实施。"省部级模范职工之家"的日常管理工作由省部级总工会负责。

（四）全国模范职工之家

全国"模范职工之家"每五年评比一次。由省部级总工会按照全国总工会的要求具体组织实施。基层工会在获得省部级模范职工之家的基础上申报"全国模范职工之家"。"全国模范职工之家"的日常管理工作由省部级总工会和地方总工会共同负责，以地方总工会为主。

四、广泛开展"争创模范职工之家、争做职工信赖娘家人"活动

根据全国总工会《关于在全国基层工会广泛开展"争创模范职工之

家、争做职工信赖娘家人"活动的通知》，通过开展"双争"活动，促进工会组织覆盖面明显扩大，服务职工能力明显提高，工会干部队伍素质明显提升，工会组织吸引力凝聚力战斗力明显增强，推动工会工作再上新台阶，让职工群众真正感受到工会是职工之家，工会干部是最可信赖的"娘家人"。

在"双争"活动中，立足基层工会职能，围绕七个方面加强和推进基层工会工作。

（一）做依法规范建会的模范。各类企事业特别是非公有制经济组织、社会组织要依法规范建立工会组织，小微企业通过基层工会联合会或联合基层工会实现覆盖。要以"六有"工会建设为基础，提高基层工会规范化建设水平，不断增强基层工会组织的代表性。

（二）做组织服务农民工的模范。积极开展农民工入会集中行动，把农民工吸引到工会中来，吸引到工会活动中来。加强对农民工特别是青年农民工的人文关怀，帮助农民工融入城市。深入了解农民工的现实诉求，在对农民工的思想引领、技能提升、权益维护和困难帮扶等方面，让广大农民工实实在在地感受到工会组织的关心和帮助。

（三）做教育引导职工群众的模范。在广大职工群众中培育和践行社会主义核心价值观，开展以职业道德为重点的"四德"教育，深化"中国梦·劳动美"主题教育，大力弘扬劳模精神、劳动精神、工匠精神和工人阶级伟大品格，团结动员广大职工通过辛勤劳动、诚实劳动、创造性劳动托起中国梦。加强社会主义精神文明建设，创新思想政治工作方式方法，加强人文关怀和心理疏导，丰富职工精神文化生活，形成健康文明、昂扬向上、全员参与的职工文化。

（四）做团结动员职工群众建功立业的模范。组织开展具有行业特色的劳动和技能竞赛和经济技术创新活动，通过技术革新、技术协作、小发明小创造等活动，引导职工为企业高质量发展贡献力量，投身大众创业、万众创新。引导职工树立终身学习理念，立足岗位成长成才，不断学习新知识、掌握新技术、增长新本领，努力成为知识型、技术型、创新型职工。

（五）做维护职工合法权益的模范。大力构建和发展和谐劳动关系，坚持"促进企事业和社会组织发展、维护职工权益"的原则，认真落实劳动合同、集体合同和职工代表大会制度，依法保障职工基本权益。以一线职工、农民工、困难职工等为重点群体，突出维护职工的劳动报酬、休息休假、劳动安全卫生、社会保险、职业技能培训等劳动经济权益。深入开展和谐劳动关系创建活动，最大限度增加和谐因素，最大限度减少不和谐因素，促进社会和谐稳定。

（六）做服务职工群众的模范。坚持把群众路线作为工会工作的生命线和根本工作路线，把工作重心放在最广大普通职工身上，全心全意为职工群众服务。

按照"会、站、家"一体化工作思路，以职工需求为导向，构建覆盖广泛、快捷有效的服务职工工作体系，提供更多普惠性服务，让职工群众更多更公平地分享改革发展的成果，有更多获得感，把党和政府的关怀送到职工群众的心坎上，赢得职工群众的信赖和支持。

（七）做"绝对忠诚党的事业、竭诚服务职工群众"的模范。以"绝对忠诚党的事业、竭诚服务职工群众"作为工会干部的价值追求，坚定不移走中国特色社会主义工会发展道路，模范履行工会组织的政治责任，带领职工群众坚定不移听党话、跟党走。把"三严三实"作为修身做人用权律己的基本遵循，干事创业的行为准则，自觉规范言行，崇尚实干，求真务实。加强学习研究，增强工作本领，提高履职能力，增强责任担当，始终走在职工群众前列，真正成为职工群众信赖的"娘家人"。

思考题

1. 基层工会建设职工之家活动的重要意义是什么？
2. 建设职工之家的指导思想、目标和基本要求是什么？
3. 建设职工之家的方法措施有哪些？
4. 建设职工小家的基本内容是什么？
5. 建设职工小家的关键环节有哪些？
6. 开展"双爱双评"活动的基本内容是什么？
7. 如何广泛开展"争创模范职工之家、争做职工信赖娘家人"活动？

案例1

陕西：打造网上职工之家　让工会服务一键直达

2023年7月19日　来源：中工网

7月13日，陕西榆能化学材料有限公司职工周东智打开"陕西工会"APP，登录"求学圆梦"板块，按步骤在线提交相关信息和材料，很快就走完了"农民工求学圆梦行动"学历补贴申报流程。

这是陕西省网上工会建设的一个缩影。近年来，陕西工会紧扣互联网发展新形势，坚持以职工为中心，以移动互联网为手段，按照"需求导向、迭代推进、创新转型、协同发展"的建设思路和"政治性、公益性、服务性、参与性"的工作定位，把网上工作作为工会联系职工、服务职工的重要平台，建设形成了"三大入口、十三个平台、一个中心、二个商城"的具有陕西特色的智慧工会架构。

平台于2020年10月21日上线，目前APP下载量超过800万次，注册用户150余万人，发稿量72849条，阅读量达6611.6万，初步构建了工会基础数据全省统一、工会基本业务全省通办、工会普惠服务全省共享的陕西工会网上服务职工工作体系。平台连续三年被中央网信办和全国总工会评选为全国工会省级十佳"互联网+普惠服务"优秀平台。

加强网上思想政治引领

五年来，陕西工会策划开展了"三忆改革发展史不忘初心感党恩""学党史、感党恩，我与祖国共成长"等网上活动，传递奋斗最美丽的时代强音。

省总工会还围绕劳模精神、工匠精神、梦桃精神等主题，策划多个宣传专题，制作"身边的劳动者"系列短视频，大力弘扬劳模精神、劳动精神、工匠精神，百余篇好文被"陕西发布""全国总工会"等微信公众号转载。

"陕西工会"APP中开设的"致敬劳动者，'陕'耀新时代"五一专题报道，"喜迎二十大奋发向未来""中华人民共和国工会法"等重大宣传主题活动收获了职工热情洋溢的留言，"七一"做好30件小事、"红星'陕'闪放光彩"红色寻访活动吸引职工广泛热情参与……省总统筹、各级推动、职工参与，陕西省网上工会正在凝聚起强大的合力。

2021年起，陕西工会启用舆情监测系统，先后出台《陕西省总工会网络舆情突发事件应急预案》《陕西工会网络舆情应对处置办法》等制度文件，规范工作流程和责权范围，加强和改进网络舆情突发事件处理与信息发布工作。

汇聚网络正能量，打造"工"字号活动品牌是陕西工会网上工会建设工作的重要一环。省总工会持续在全省工会系统内开展职工好网民培育"12351+"计划，连续多年开展职工网上健步走活动，参与职工达到519万人次；多次承办全国"网聚职工正能量微电影"征集活动、全国"正能量职工网络达人征集"活动等，获奖作品达200余件。

陕西工会开展的多项活动受到中央网信办、全总和省委网信办表彰。"陕西工会"头条号被中央网信办、全国总工会评为"网络正能量新媒体工会十佳账号"，"陕西工会"微信公众号被中央网信办、全国总工会评为"网络正能量新媒体省级十佳账号"，"红星'陕'闪放光彩"红色寻访活动"致敬劳动者，'陕'耀新时代"五一网上系列活动、"春节系列惠工活动"分别被中央网信办、全国总工会评为"网络正能量创新活动'同心圆'特别活动""二等优秀活动"。

探索普惠服务新模式

陕西省网上工会建设以"网络强会，服务职工"为目标，突出"工"字特色，聚焦职工所需所想所盼，通过流程再造，上线工会业务功能模块，同时链接第三方服务功能，实现工会网上服务常态化、精准化、智能化。

"陕西工会"APP、陕西工会微信公众号、省总工会门户网站服务大厅构建起服务职工的综合体，提供包含网上入会转会、法律维权、互助保障、心灵驿站、就业服务、技能培训等30多项在线服务，方便职工随时随地找资讯、找组织、找服务、找援助、找专家、找工作、找活动。

货车司机王力就是通过"陕西工会"APP加入工会的，他说："如果不是通过网上入会的方式，我很难有一天的时间去咨询，或者去某个地方填一个表格，那样太费时了。"

与此同时，"陕西工会"APP链接了学习强会、劳模馆、工匠馆、工人疗养院等多种工会资源,"工人疗养院"提供疗休养出行优惠、在线抢购职工福利价温泉券;"健康服务"提供预约挂号及健康咨询等多种优质医疗资源;"陕西工运史电子博物馆"接入西安市劳模精神展示馆,实现在线 VR 浏览;全新的职工书屋,为广大职工提供畅销图书 50000 册、电子期刊 3500 种,还有讲座、绘本、文化慕课等免费资源。

结合职工需求,工会福利柜将自动贩售机、职工福利体系创新集成,工会会员可以通过"陕西工会"APP,参加各级工会线上活动获取积分,线下兑换种类多样、物美价廉的商品及消费帮扶产品;求学圆梦报名系统,为农民工会员提供学历补贴申请入口,助力他们逐梦远航。

"我最喜欢的是职工书屋板块,上千部的儿童绘本,不仅可以播放图画内容,更能播放语音,我的孩子特别喜欢听读这些故事,给我们的亲子时光增加了很多乐趣。"一位网名叫"清风徐来"的职工会员留言。

依托"陕西工会"APP,省总工会盘活工会数据、融合政务数据、链接社会资源,用工会资源撬动社会资源,扩大普惠职工覆盖面,提升工会普惠服务水平。

"陕西工会"APP 上线以来,月月有活动、逢节送福利。连续三年春节开展系列惠工活动,打造"礼赞劳动乐享出行"五一品牌活动,结合"三八""六一""七一"等节庆,多次开展 1 元观影、亲子门票免费领、党史知识竞答等活动……撬动社会资金 5000 余万元,累计开展活动 180 余项,惠及职工 700 多万人次,多种多样的普惠活动让职工时刻感受到工会就在身边。

为了助力脱贫攻坚,陕西省网上工会打造了定制化消费帮扶商城,累计推出 100 余种年节大礼包,投入专项消费帮扶资金分批次向全省职工会员发放优惠券,同时开展 1 元抢油、0.99 元抢面粉等活动,先后抽取发放 200 部手机回馈广大职工会员。

截至目前,商城线上交易额已突破 2 亿元,职工在享受工会福利的同时也为消费帮扶、乡村振兴贡献了力量。

"没想到'陕西工会'APP 的功能这么强大,工会的服务这么智能,原来咱们工会的工作还可以这么开展!"来自杨凌农科集团工会的刘娜在系统了解了"陕西工会"APP后感慨地说。

"往职工中走，往心里做，往实处落"是陕西省总工会服务职工的宗旨，也是陕西工会网上工会建设一直以来的方向标。"陕西工会网上服务平台"连续三年被评为全国"互联网+工会普惠服务"省级十佳平台。未来，省总工会还将积极探索普惠新模式，打造工"惠"生态圈，把普惠服务工作做到职工心坎上。

形成网上工作大生态

陕西工会按照"省总统筹、分级运营"的多级运营思路，通过搭建子站、功能模块化、数据打包输出等措施建设网上工作服务平台，同时赋能各级工会二次开发和特色工会品牌打造能力，实现工会平台共建、工会资源共享，逐渐形成"省总主导、地市跟进、产业参与、协同互动、线上线下有机结合"的网上平台。

依托"陕西工会"APP，为各市（区）总工会、各省级产业工会、各单列单位工会开通子站27个，各单位可通过平台赋予的权限，自主开发功能模块、发布新闻资讯、开展特色运营活动，构建起强大的工会组织宣传服务矩阵。

西安市总工会打造"指尖工会"，开展的"喜迎二十大、建功新时代"答题活动，累计9万多人次参与；宝鸡市总工会充分发挥组织力量，大力进行宣传，仅2个多月，就实现了20余万会员的下载认证量；咸阳市总工会开发了网上换届、困难帮扶、工会财务等业务模块，还创新实现了"微心愿"认领功能。

平台互通互享，工会会员通过手机不仅可以一键直达"陕西工会"APP首页，享受省总工会的各项服务，还可订阅各级工会的子站，全省上下互联互通、信息共享的网上工作大生态正在形成。

与此同时，陕西省网上工会强大的管理后台也在日益健全。陕西省网上工会工作平台、基层工会网上工作平台，覆盖全省各级工会，用于网上工作的运维管理，实现线上业务分配及部分业务办理线上化。省总工会视频会议系统平台，实现了会议、培训的全过程线上直播。协同办公（OA）系统，覆盖省市县三级、各省级产业及其下属单位、各单列单位，让日常工作更加畅通高效。新媒体平台，实现对"陕西工会"APP、网站、微信公众号等各类新媒体内容的一体化运营和一键发布。工会大数据可视化分析展示平台实现各类数据资源的汇聚、清洗、转换、存储和展示，为各级工会领导制定工会工作目标及业务发展规划提供支持。

2022年8月，"陕西工会"APP上线了新就业形态劳动者入会功能，畅通了全省新就业形态劳动者网上入会渠道，入会流程更简化、审核程序更优化，使更多群体加入工会的大家庭中。截至目前，系统内共有实名制会员819.47万人，工会组织14.48万个，新业态入会人员12.89人，越来越多的职工成为陕西省网上工会大家庭的一员。

下一步，省总工会将继续认真贯彻网络强国战略，落实省总工会主席郭大为"网络强会，服务职工"的要求，坚持走有陕西工会特色的"互联网+工会"之路，推动工会工作创新发展，在服务大局服务职工中彰显工会担当作为。（陕西工人报记者 郝佳伟）

第十四章

加快推进工会法治化建设

推进工会法治化建设,就是贯彻党的"依法治国"方略,构建工会法律体系,依法建会、依法治会、依法履职、依法维权,建设法治工会,使工会各项工作都走上法律化、制度化、规范化的轨道,全面履行各项社会职能,让工会组织在国家和社会政治生活中更好地发挥应有的作用。

第一节　推进工会法治化建设

一、工会法治化建设的重要意义

依法建会、依法治会、依法履职、依法维权，建设法治工会，正是贯彻党的"依法治国"方略对工会工作提出的核心要求和实质内涵。推进工会工作法治化，就是要求我国工会在中国共产党的领导下，严格依照宪法、法律和工会章程的规定，独立自主地开展活动，依法维护职工和工会组织的权益，用法律规范工会自身行为，切实加强各项民主制度建设，使工会各项工作都能逐步走上法律化、制度化、规范化的轨道。

推动工会法治化建设，把工会工作融入全面依法治国的伟大实践，是社会主义市场经济发展对工会工作的客观要求，是工会适应深化改革，全面履行工会各项社会职能，在国家和社会政治生活中更好地发挥工会组织应有作用的必然要求。

二、推进工会法治化建设的基本要求

（一）工会必须遵守和维护宪法，以宪法为根本的活动准则，自觉接受党的领导，这是工人阶级作为领导阶级当家作主的切实保障。中国工会是职工按照《工会法》和《中国工会章程》的规定自愿结合的工人阶级的群众组织，这本身就是宪法赋予公民结社自由权在劳动关系中的具体体现。依法成立的工会与工人阶级先锋队——中国共产党利益高度一致，是党的阶级基础、群众基础。

（二）把中国特色社会主义工会发展道路纳入法治化轨道。工会组织要加大理论研究和实践探索的力度，推动构建中国特色社会主义工会法治理论体系，使之成为中国特色社会主义法治理论体系重要组成部分。

（三）把工会工作融入全面推进依法治国的伟大实践，发挥好工会组织在推进科学立法、严格执法、公正司法、全民守法中的积极作用。

（四）工会要通过广泛公开地听取职工的意愿和诉求，积极组织和代表职工参与立法和政策制定，促进劳动立法更加民主、更加科学，劳动法律体系不断健全完善，在源头上代表和维护好职工权益；要在法律授权的范围内，依照法定程序，旗帜鲜明地代表和维护广大职工合法权益。

（五）加强工会劳动法律监督，健全职工利益表达机制和劳动关系协商沟通机制，确保法定劳动标准条件实现和依照法定规则争取合理利益发展。同时应积极支持、配合并监督行政执法机构和司法审判机关更加严格执法、公正司法，加大对劳动违法行为的监督和处罚，保障职工各项合法权益在权利平等、机会平等、规则平等和法律面前人人平等的基础上真正落实；要充分发挥工会组织优势，借助法律专业人才的力量，依法健全预防和化解劳动纠纷机制，创新发展劳动争议调解仲裁和诉讼制度，不断扩大对职工的法律服务和法律援助，解决好职工最关心最直接最现实的利益问题。

（六）大力弘扬社会主义法治精神，充分地宣传普及法律知识，特别是劳动法律知识，不断提高职工的法律意识和依法维权能力，有效督促企业经营管理者依法理性管理并承担社会责任，积极引导职工依法理性表达利益诉求和主张权益，促进劳动关系在合法的基础上，合理、和谐地有序发展。引导职工群众学法、知法、守法，让法治意识深入人心，让职工养成依法、守法的良好习惯，工会推动法治化建设才具备了相应的土壤。

（七）以强化依法维权能力为着力点，以构建和谐劳动关系为落脚点，依法加强组织建设、制度建设，全面提高依法维权能力和水平，全面推进法治工会建设。这要求从成立工会组织到工会的活动开展，从工会的经费收缴到工会组织和干部的权益保护；从工会维护职工的劳动权益到维护职工的民主权利，从监督法定标准实现到争取合理利益发展，都必须做到依法建会，依法管会，依法履职，依法维权。

（八）要努力增强工会干部运用法治思维和法治方式开展工作的素质和能力，不断提高工会工作法治化水平。法治思维法治方式就是要求各级工会组织和工会干部遇到问题、解决问题时首先要思考有没有法律规定、有哪些法律规范，法律法规有哪些规定和要求；其次是要清楚由谁负责、在什么时间、按什么程序去处理。在市场经济条件下，劳动法对劳动关系的调整方式表现为明确法定标准，如最低就业年龄、最低工资标准、最长工作时间等，突破这些法定标准即为违法，就必须加以纠正，予以处罚。

（九）培养一支值得职工信赖、法治素养高的工会干部队伍。努力提高各级工会干部的素质，为依法实施维权活动创造条件。工会干部是维护职工合法权益的主体，他们的法治意识、维护能力、依法办事和依法规范自身行为自觉性的高低，直接决定工会法治化建设的进程。

第二节　工会法律制度

一、工会法律制度的概念

工会法律制度是以《工会法》为基本法的调整工会与国家、用人单位以及职工和会员的关系的法律规范的总称。

二、工会法的主要内容

（一）工会的性质、地位、任务及活动准则

通过法律来规范工会的性质是工会法的核心内容。根据工会的性质和地位的要求，工会法又进一步明确了工会的任务、基本职责和活动准则。

（二）工会组织

工会法对于工会的组织原则、组织系统、组织制度，都有相应的规定。工会法同时规定了工会组织建立与撤销的法定条件和程序。

（三）工会的权利和义务

工会的权利和义务是工会法的基本内容，也是工会法主要组成部分，其中工会的权利又是工会法的基本重点。工会的权利主要包括代表权、维护权、参与权、协商谈判权和监督权等。

（四）基层工会组织

基层工会组织是工会权利义务最主要的承担者。工会法对不同性质的企业基层工会的职能分别进行了规范。

（五）工会的经费和财产

工会法对工会的经费和财产的来源、工会经费的使用、管理和监督都做了具体的规定，并对工会经费和财产的保护也做了规定。

（六）违反工会法的法律责任

违反工会法的法律责任也是工会法中不可缺少的重要组成部分，是工会法实施和权威的重要保障。

三、工会的权利和义务

工会的权利是指法律规定工会所享有的权利和利益，表现为工会有权作出或不作出一定的行为和要求他人作出相应的行为。工会的义务是指法律要求工会必须履行的责任，表现为工会必须作出一定的行为或不得作出一定的行为。

（一）工会的权利

《工会法》对我国工会的权利作了明确的规定，主要包括代表和维护权、参与权、监督权、财产权和诉讼权。

1.代表和维护权

工会有依法代表和维护职工合法权益的权利。体现在以下四个方面。

（1）代表和维护职工的民主权利。企业、事业单位、社会组织违反职工代表大会制度和其他民主管理制度，工会有权要求纠正，保障职工依法行使民主管理的权利。法律、法规规定应当提交职工大会或者职工代表大会审议、通过、决定的事项，企业、事业单位、社会组织应当依法办理。对于妨碍工会组织职工通过职工代表大会和其他形式依法行使民主权利的，工会有权提出要求予以纠正。

（2）代表和维护职工的劳动权益。在企事业单位、社会组织违反劳动法律规定克扣或拖欠职工工资的；不提供劳动安全卫生条件的；随意延长劳动时间的；侵犯女职工和未成年工特殊权益的；其他严重侵犯职工劳动权益等情形，工会应当代表职工与企业、事业单位、社会组织交涉，要求企业、事业单位、社会组织采取措施予以改正，企业、事业单位、社会组织应当予以研究处理，并向工会作出答复。

（3）代表职工协商签订集体合同。工会组织代表职工与企业、实行企业化管理的事业单位、社会组织开展平等协商、签订集体合同。

（4）帮助和指导职工签订劳动合同。

2.参与权

工会有代表职工参与国家和社会事务的管理以及参与企事业管理的权利。包括宏观参与权和微观参与权。

（1）宏观参与权。指工会在国家、政府这一宏观层面参与决策，源头上维护职工合法权益。即参与制定法律、法规、规章的权利；参与制定国民经济和社会发展计划的权利；参与政府及其有关部门研究制定涉及职工切身利益的政策、措施的权利；参与政府、企业、工会共同研究解决劳动关系方面重大问题的三方协商机制的权利。

（2）微观参与权。指工会参与企事业单位管理的各项权利。即参与企事业经营决策权；参与职工伤亡事故和严重职业病的调查处理权；参与紧急情况处置权；参与停工、怠工事件调处权；参与劳动争议调解、仲裁权。

3.监督权

工会通过监督来落实工会的代表维护权、参与权。监督权包括以下方面。

（1）监督企事业单位、社会组织执行职工代表大会决议情况的权利。企业、事业单位、社会组织实行民主管理的基本形式是职工代表大会，基层工会是职工代表大会的工作机构。工会监督有关民主管理制度的执行，是工会组织义不容辞的职责。

（2）对企事业单位、社会组织侵犯职工合法权益的情况进行调查的权利。工会有权对企业、事业单位、社会组织侵犯职工合法权益的问题进行调查，有关单位有义务予以协助。

（3）监督企事业单位、社会组织执行劳动法律、法规情况的权利。

（4）监督劳动合同和集体合同的执行情况的权利。

（5）监督企事业单位、社会组织处分职工的权利。企业、事业单位、社会组织处分职工，工会认为不适当的，有权提出意见。用人单位单方面解除职工劳动合同时，应当事先将理由通知工会，工会认为用人单位违反法律、法规和有关合同，要求重新研究处理时，用人单位应当研究工会的意见，并将处理结果书面通知工会。职工认为用人单位侵犯其劳动权益而申请劳动争议仲裁或者向人民法院提起诉讼的，工会应当给予支持和帮助。

（6）监督新建、扩建企业和技术改造工程中的劳动条件与安全卫生设施与主体工程同时设计、同时施工、同时投产使用情况的权利。

（二）工会的义务

工会的义务包括：遵守和维护宪法和法律的义务，支持协助人民政府开展工作的义务，促进经济与社会发展的义务，推动产业工人队伍建设改革，为职工服务，协助行政做好相关工作的义务，教育职工提高素质的义务，关心职工文化、体育生活的义务。

四、工会会员的权利和义务

（一）工会会员的权利

1.选举权、被选举权和表决权。

2.对工会工作进行监督，提出意见和建议，要求撤换或者罢免不称职的工会工作人员。

3.对国家和社会生活问题及本单位工作提出批评与建议，要求工会组织向有关方面如实反映。

4.在合法权益受到侵犯时，要求工会给予保护。

5.工会提供的文化、教育、体育、旅游、疗休养、互助保障、生活救助、法律服务、就业服务等优惠待遇；享受工会给予的各种奖励。

6.在工会会议和工会媒体上，参加关于工会工作和职工关心问题的讨论。

(二) 工会会员的义务

1.认真学习贯彻习近平新时代中国特色社会主义思想，学习政治、经济、文化、法律、科技和工会基本知识等；

2.积极参加民主管理，努力完成生产和工作任务，立足本职岗位建功立业；

3.遵守宪法和法律，践行社会主义核心价值观，弘扬中华民族传统美德，恪守社会公德、职业道德、家庭美德、个人品德，遵守劳动纪律；

4.正确处理国家、集体、个人三者利益关系，向危害国家、社会利益的行为作斗争；

5.维护中国工人阶级和工会组织的团结统一，发扬阶级友爱，搞好互助互济；

6.遵守工会章程，执行工会决议，参加工会活动，按月交纳会费。

五、工会干部的任职保障

(一) 工会干部的设置

工会干部，包括专职的和非专职的工会主席、副主席或者工会委员。《工会法》规定，职工二百人以上的企业、事业单位、社会组织的工会，可以设专职工会主席。工会专职工作人员的人数由工会与企业、事业单位、社会组织协商确定。这样规定，有利于企业、事业单位、社会组织按照实际需要设置工会专职干部，也有利于工会专职干部设置的科学化、合理化。

(二) 工会干部的任职保障

1.调动工会主席或副主席工作的组织程序

（1）工会主席、副主席任期未满，不得随意调动其工作；

（2）因工作需要调动时，应当征得本级工会委员会和上一级工会的同意。

2.罢免工会主席或副主席的程序

（1）对不履行工会职责，违反《工会法》规定，损害职工或工会权益的工会主席或副主席，会员有提出罢免的权利；

（2）罢免工会主席、副主席必须召开会员大会或者会员代表大会讨论；

（3）非经会员大会全体会员或者会员代表大会全体代表过半数通过，不得罢免。

3.工会干部的劳动合同期限的自动延长

（1）基层专职工会主席、副主席或者委员自任职之日起，其劳动合同期限自动延长，延长的期限相当于其任职期间；

（2）非专职主席、副主席或者委员自任职之日起，其尚未履行的劳动合同期限短于任期的，劳动合同期限自动延长至任期期满；

（3）任职期间个人严重过失或者达到法定退休年龄的，合同期限不得自动延长。

4.非专职工会委员从事工会活动的时间保证

基层工会非专职委员为了使工会活动能够得以顺利完成，需要占用一定的生产时间，只要每月没有超过三个工作日，企业、事业单位、社会组织就应当按规定发给其工资，而且其他待遇不受影响。只是应当事先征得企业、事业单位、社会组织的同意。

5.工会专职工作人员的工资及其待遇的保证

工会基层专职工作人员的工资，由所在单位支付。

六、基层工会组织

基层工会是工会组织的细胞，是工会组织体系的基本单位，是工会组织开展各项工作的基础。

（一）基层工会委员会的设立

1.用人单位有会员二十五人以上的，应当建立基层工会委员会；不足二十五人的，可以单独建立基层工会委员会，也可以由两个以上单位的会员联合建立基层工会委员会。也可以选举组织员一人，组织会员开展活动。这样规定主要是方便基层工会的建立，解决工会组建难的问题。

2.女职工人数较多的，可以建立工会女职工委员会。女职工人数较少的，可以在工会委员会中设女职工委员。

3.企业职工较多的乡镇、城市街道，可以建立基层工会的联合会。

（二）基层工会组织的建立程序

1.基层工会组织的建立，必须报上一级工会批准；

2.上级工会可以派员帮助和指导企业职工组建工会。

（三）基层工会的撤销程序

1.工会是依法建立的社会组织，国家法律保护其合法权益，任何组织和个人不得随意对其撤销、合并；

2.基层工会所在的用人单位终止或者被撤销，该工会组织相应撤销，并报告上一级工会。

（四）基层工会组织的法人资格

基层工会组织具备民法典规定的法人条件的，依法取得社会团体法人资格。

七、工会经费和财产来源

（一）工会经费的来源

1.工会会员缴纳的会费；

2.建立工会组织的用人单位按每月全部职工工资总额的百分之二向工会拨缴的经费；

3.工会所属的企业、事业单位上缴的收入；

4.人民政府的补助；

5.其他收入。

上述第2项规定的企业、事业单位、社会组织拨缴的经费在税前列支。企业、事业单位、社会组织无正当理由拖延或者拒不拨缴工会经费，基层工会或者上级工会可以向当地人民法院申请支付令；拒不执行支付令的，工会可以依法申请人民法院强制执行。

(二) 工会财产的来源

1.由政府和用人单位行政直接拨给；
2.工会经费购置。

第三节　劳动法律制度

劳动法律制度主要是指以调整劳动关系以及与劳动关系密切联系的其他社会关系为主要对象的法律规范的总称。

劳动法的主要内容

（一）促进就业

促进就业是指国家应尽可能采取措施，创造就业条件，为劳动者提供尽可能多的就业机会，保持较高就业率，控制失业率的增长。促进就业直接关系到劳动者的基本生活以及经济发展和社会稳定，是一项重要的劳动法律制度。

在促进就业问题上，明确了"劳动者自主择业、市场调节就业、政府促进就业"的就业方针；规定了实现就业的途径；地方政府发展职业介绍和就业服务事业的职责；就业机会均等和对特殊群体的就业保护等。2008年1月1日起施行的《就业促进法》，进一步丰富和完善了我国劳动保障法律体系，对于促进劳动者就业、构建社会主义和谐社会，具有重要而深远的意义。

（二）劳动合同

劳动合同是劳动者与用人单位为确立劳动关系，明确双方权利义务而签订的协议。

1.劳动合同的订立

《劳动合同法》规定：用人单位自用工之日起即与劳动者建立劳动关

系；建立劳动关系，应当订立书面劳动合同；用人单位与劳动者在用工前订立劳动合同的，劳动关系自用工之日起建立；劳动合同应当在建立劳动关系的一个月内订立。

2.建立劳动关系的附随义务

（1）用人单位应当依法建立和完善劳动规章制度；

（2）劳动合同当事人如实告知的义务；

（3）用人单位招用劳动者时，禁止扣押证件、要求担保或收取财物；

（4）用人单位建立职工名册。

3.劳动合同条款

必备条款

（1）用人单位的名称、住所和法定代表人或者主要负责人；

（2）劳动者的姓名、住址和居民身份证或者其他有效身份证件号码；

（3）劳动合同期限；

（4）工作内容和工作地点；

（5）工作时间和休息休假；

（6）劳动报酬；

（7）社会保险；

（8）劳动保护、劳动条件和职业危害防护；

（9）法律、法规规定应当纳入劳动合同的其他事项。

可备条款

主要包括：试用期；服务期；商业秘密保护及竞业限制；补充保险和福利待遇等。

4.劳动合同的解除

劳动合同的解除是指劳动合同订立后，尚未全部履行以前，由于某种原因导致劳动合同一方或双方当事人提前消灭劳动关系的法律行为。劳动合同既可以由双方协商解除，也可以由单方依法解除。单方依法解除包括劳动者单方依法解除和用人单位单方依法解除。

（1）劳动者依法解除合同的情形

①提前通知解除：劳动者提前三十日以书面形式通知用人单位，可以解除劳动合同。劳动者在试用期内提前三日通知用人单位，可以解除劳动合同。劳动者的这项权利，通常称为"辞职权"。

②随时通知解除：用人单位未按照劳动合同约定提供劳动保护或者劳动条件的；未及时足额支付劳动报酬的；未依法为劳动者缴纳社会保险费的；用人单位的规章制度违反法律、法规的规定，损害劳动者权益的；无效或部分无效劳动合同；法律、行政法规规定劳动者可以解除劳动合同的其他情形。

③无须通知立即解除：用人单位以暴力、威胁或者非法限制人身自由的手段强迫劳动者劳动的，或者用人单位违章指挥、强令冒险作业危及劳动者人身安全的。

（2）用人单位解除劳动合同的情形

①随时解除：在试用期间被证明不符合录用条件的；严重违反用人单位的规章制度的；严重失职，营私舞弊，给用人单位造成重大损害的；劳动者同时与其他用人单位建立劳动关系，对完成本单位的工作任务造成严重影响，或者经用人单位提出，拒不改正的；以欺诈、胁迫的手段或者乘人之危，使用人单位在违背真实意思的情况下订立或者变更劳动合同的；被依法追究刑事责任的。

②预告通知解除：有下列情形之一的，用人单位提前三十日以书面形式通知劳动者本人或者额外支付劳动者一个月工资后，可以解除劳动合同：劳动者患病或者非因工负伤，在规定的医疗期满后不能从事原工作，也不能从事由用人单位另行安排的工作的；劳动者不能胜任工作，经过培训或者调整工作岗位，仍不能胜任工作的；劳动合同订立时所依据的客观情况发生重大变化，致使劳动合同无法履行，经用人单位与劳动者协商，未能就变更劳动合同内容达成协议的。

③企业经济性裁员：经济性裁员也称非过失性辞退，是指用人单位由于经济性原因一次性辞退部分劳动者的行为。经济性裁员属于用人单位解除劳动合同的一种情形，为保障劳动者的合法权益，平衡用人单位与劳动者的权利义务，劳动合同法严格规定了经济性裁员的范围和程序。

（3）用人单位不得解除劳动合同的情形

从事接触职业病危害作业的劳动者未进行离岗前职业健康检查，或者疑似职业病病人在诊断或者医学观察期间的；在本单位患职业病或者因工负伤并被确认丧失或者部分丧失劳动能力的；患病或者非因工负伤，在规定的医疗期内的；女职工在孕期、产期、哺乳期的；在本单位连续工作满十五年，且距法定退休年龄不足五年的；法律、行政法规规定的其他情形。

5.劳动合同的终止

劳动合同的终止，是指劳动合同的法律效力依法被消灭，亦即劳动合同所确立的劳动关系由于一定法律事实的出现而终结，劳动者与用人单位之间原有的权利和义务不复存在。

劳动合同终止的条件包括：劳动合同期满的；劳动者开始依法享受基本养老保险待遇的；劳动者死亡，或者被人民法院宣告死亡或者宣告失踪的；用人单位被依法宣告破产的；用人单位被吊销营业执照、责令关闭、撤销或者用人单位决定提前解散的；法律、行政法规规定的其他情形。

（三）集体合同

集体合同是工会或职工代表代表职工与企业根据法律规定，就劳动报酬、工作时间、休息休假、劳动安全卫生、保险福利等事项在平等协商一致的基础上签订的书面协议。

集体合同是调整劳动关系的重要机制。

（四）工时制度

1.工作时间

工作时间是指劳动者为用人单位从事生产和工作的时间。工作时间是法定的，用人单位安排劳动者工作的时间不能突破法律的限制。

2.延长工作时间的法律规定

（1）正常情况下延长工作时间。延长工作时间需具备以下四个条件：第一，由于生产经营需要；第二，必须与工会协商；第三，必须与劳动者协商；第四，延长工作时间的长度必须符合法律规定。也就是说，只有在征得工会同意后且劳动者自愿的情况下，方可延长工作时间。延长劳动者的工作时间一般每日不得超过一小时，特殊情况下也不得超过三小时，但每月不得超过三十六小时。

（2）非正常情况下延长工作时间。是指依据《劳动法》第四十二条的规定，遇到法律规定需要紧急处理和必须及时抢修的情况，用人单位延长工作时间可以不受正常情况下延长工作时间的限制。

（3）延长工作时间的工资支付。安排劳动者延长工作时间的，支付不低于工资的百分之一百五十的工资报酬；休息日安排劳动者工作又不能安排补休的，支付不低于工资的百分之二百的工资报酬；法定休假日安排劳动者工作的，支付不低于工资的百分之三百的工资报酬。

（五）工资制度

1.工资分配的基本原则

（1）按劳分配原则；

（2）同工同酬原则；

（3）在经济发展的基础上逐步提高工资水平；

（4）国家对工资总量实行宏观调控。

2.最低工资保障制度

最低工资是指劳动者在法定工作时间内提供了正常劳动的前提下，其所在单位应支付的最低劳动报酬。国家实行最低工资保障制度，用人单位支付劳动者的工资不得低于当地最低工资标准。

3.工资支付及其保障

工资支付保障是为保障劳动者劳动报酬权的实现，防止用人单位滥用工资分配权而制定的有关工资支付的一系列规则。有如下内容。

（1）工资应以法定货币支付，不得以实物及有价证券代替货币支付。

（2）工资应在用人单位与劳动者约定的日期支付。工资一般按月支付，至少每月支付一次。实行周、日、小时工资制的，可按周、日、小时支付。

（3）劳动者依法享受年休假、探亲假、婚假、丧假期间，以及依法参加社会活动期间，用人单位应按劳动合同规定的标准支付工资。

（4）工资应支付给劳动者本人，也可由劳动者家属或委托他人代领，用人单位可委托银行代发工资。

（5）工资应依法足额支付，除法定或约定允许扣除工资的情况外，严禁非法克扣或无故拖欠劳动者工资。

（6）对代扣工资的限制。用人单位不得非法克扣劳动者工资，有下列情况之一的，用人单位可以代扣劳动者工资：用人单位代扣代缴的个人所得税；用人单位代扣代缴的应由劳动者个人负担的社会保险费用；用人单位依审判机关判决、裁定扣除劳动者工资。依照人民法院判决、裁定，用人单位可以从应负法律责任的劳动者工资中扣除其应负担的扶养费、赡养费、抚养费和损害赔偿等款项；法律、法规规定可以从劳动者工资中扣除的其他费用。

（7）对扣除工资金额的限制。

①因劳动者本人原因给用人单位造成经济损失的，用人单位可以按照劳动合同的约定要求劳动者赔偿其经济损失。经济损失的赔偿，可从劳动者本人的工资中扣除，但每月扣除金额不得超过劳动者月工资的20%；若扣除后的余额低于当地月最低工资标准的，则应按最低工资标准支付。

②用人单位对劳动者违纪扣款，一般不得超过本人月工资标准的20%。

（8）用人单位依法破产时，劳动者有权获得其工资。在破产清偿顺序中用人单位应按企业破产法规定的清偿顺序，首先支付本单位劳动者的工资。

（六）劳动安全卫生制度

我国《劳动法》中的劳动安全卫生制度，是以保护劳动者的生命安全和身体健康为目的而设立的劳动保护法律制度。根据劳动法及其有关法律、法规的规定，用人单位必须建立、健全劳动安全卫生制度，严格执行国家的劳动安全卫生规程和标准，规范化、科学化地安排生产作业，对劳动者进行劳动安全卫生教育，积极采取切实有效的劳动安全卫生措施，防止劳动过程中的事故，减少职业危害。用人单位如果没有达到国家规定的安全卫生技术标准要求，职工有权提出异议，并要求用人单位改正、改进。对于危害生命安全和身体健康的劳动条件，劳动者有权对用人单位提出批评，并可以向有关主管部门检举和控告。

（七）女职工和未成年工特殊劳动保护

1.女职工的特殊劳动保护

（1）对女职工在劳动过程中的特殊保护，包括妇女禁忌从事矿山井下作业；森林业伐木、归楞及流放作业；第Ⅳ级体力劳动强度的作业；建筑业脚手架的组装和拆除作业；高处架线作业；连续负重作业。

（2）对妇女生理变化过程中的保护，包括对女职工的经期、孕期和哺乳期的保护。经期禁忌从事高处、低温及冷水作业；第Ⅲ级体力劳动强度的作业。孕期禁忌从事有毒有害作业，强体力劳动、高处作业等。对怀孕7个月以上的女职工，所在单位不得安排其延长劳动时间和夜班劳动。女职工均享有法定的产假。女职工在哺乳期内，享有法定喂养不满1周岁婴儿的时间，并且所在单位不得安排其延长劳动时间和夜班劳动。

（3）女职工在孕期、产期、哺乳期，用人单位不得解除劳动合同。

2.未成年工特殊劳动保护

（1）最低就业年龄的规定。我国最低就业年龄为16周岁，严禁招收未满16周岁的童工；

（2）对未成年工实行缩短工作时间制度，适当延长休息时间；

（3）不得安排未成年工从事矿山井下、有毒有害、国家规定的第Ⅳ级体力劳动强度的劳动和法律法规禁忌从事的其他劳动；

（4）要求用人单位对未成年工进行定期健康检查等保护工作。

（八）职业培训

1.职业培训的概念

职业培训是指为适应经济和社会发展的需要，对要求就业和在职劳动者以培养和提高素质及职业能力为目的的教育和训练活动。加强职业培训有利于加速培养技术业务骨干和熟练工人，以满足国民经济发展对专门人员的需要；有利于提高劳动者的文化素质和技术水平，促进劳动生产率和经济效益的提高。

2.国家发展职业培训的措施

（1）国家通过各种途径，采取各种措施，发展职业培训事业。包括推动教育与就业相结合；改革职业培训机制；增加培训经费投入；强化师资，加强教材建设等。国家确定职业分类，制定职业技能标准，实行职业资格证书制度。

（2）各级人民政府把发展职业培训纳入社会经济发展的规划，鼓励和支持有条件的企业、事业组织、社会团体和个人进行各种形式的职业培训。

（3）用人单位建立职业培训制度，按照国家规定提取和使用培训经费，有计划地对劳动者进行职业培训。企业职工教育的经费，大致可按工资总额的 1.5%～2% 提取使用，可以合理增加提取和使用的培训经费标准。

（九）社会保险

社会保险是国家通过立法强制征集专门资金，用于保障劳动者在丧失劳动能力或劳动机会时基本生活需求的一种物质保障制度。社会保险具有强制性、共济性和普遍性等特征。其内容包括：养老保险、失业保险、医疗保险、工伤保险和生育保险。社会保险是国家对劳动者承担的一项义务，是劳动者享受的宪法赋予的一项权利。用人单位和劳动者必须依法参加社会保险，缴纳社会保险费。

（十）劳动者基本权利和义务

1.劳动者基本权利

（1）平等就业和选择职业的权利；

（2）取得劳动报酬的权利；

（3）休息休假的权利；

（4）获得安全卫生保护的权利；

（5）接受职业技能培训的权利；

（6）享受社会保险和福利的权利；

（7）提请劳动争议处理的权利；

（8）法律规定的其他劳动权利。

2.劳动者基本义务

（1）完成劳动任务；

（2）提高自身职业技能；
（3）执行劳动安全卫生规程；
（4）遵守劳动纪律；
（5）遵守职业道德。

第四节　工会法律援助与劳动法律监督

一、工会法律援助

（一）工会法律援助概述

1.法律援助

法律援助是国家建立的为经济困难公民和符合法定条件的其他当事人无偿提供法律咨询、代理、刑事辩护等法律服务的制度，是公共法律服务体系的组成部分。法律援助是一项扶助贫弱、保障社会弱势群体合法权益的社会公益事业，同时也是依法治国、建设社会主义法治国家的重要举措。法律援助有以下特征。

（1）法律援助是国家的责任、政府的行为，由政府设立的法律援助机构组织实施。它体现了国家和政府对公民应尽的义务。

（2）法律援助是法律化、制度化的行为，是国家社会保障制度中的重要组成部分。

（3）受援对象为经济困难者、残疾者、弱者，或者经人民法院指定的特殊对象。

（4）法律援助机构对受援对象减免法律服务费，法院对受援对象减、免案件受理费及其他诉讼费用。

（5）法律援助的形式，既包括诉讼法律服务，也包括非诉讼法律服务。主要采取以下形式：刑事辩护和刑事代理；民事、行政诉讼代理；非诉讼法律事务代理；公证证明。

2.工会法律援助

工会法律援助，是指工会组织及其法律援助机构根据《工会法》《工会法律援助办法》等法律法规和工会规章的规定，为符合法定条件的职工、工会工作者和工会组织无偿提供法律服务，保障其合法权益得以实现的法律制度。工会法律援助是国家法律援助制度的必要补充和重要组成部分。

《工会法》第三十条规定："县级以上各级总工会依法为所属工会和职工提供法律援助等法律服务。"

《工会法律援助办法》规定："工会建立法律援助制度，为合法权益受到侵害的职工、工会工作者和工会组织提供无偿法律服务。"

（二）工会法律援助机构和人员

根据《工会法律援助办法》规定，县级以上地方工会和具备条件的地方产业工会设立法律援助机构，在同级工会领导下开展工作。

地方工会可以与司法行政部门协作成立工会（职工）法律援助工作站，也可以与律师事务所等机构合作，签订职工法律援助服务协议。

工会设立法律援助机构应当符合有关法律、法规的规定。

工会法律援助机构可以单独设立也可以与困难职工帮扶中心合署办公，法律援助机构负责人及相关管理人员由同级工会委派或者聘任。

法律援助工作人员可以从下列人员中聘请。

1.工会公职律师、专兼职劳动争议调解员、劳动保障法律监督员等工会法律工作者；

2.法律专家、学者、律师等社会法律工作者。

（三）工会法律援助的范围

1.劳动争议案件；

2.因劳动权益涉及的职工人身权、民主权、财产权受到侵犯的案件；

3.工会工作者因履行职责合法权益受到侵犯的案件；

4.工会组织合法权益受到侵犯的案件；

5.工会认为需要提供法律援助的其他事项。

（四）工会法律援助的形式

1. 普及法律知识；
2. 提供法律咨询；
3. 代写法律文书；
4. 参与协商、调解；
5. 仲裁、诉讼代理；
6. 其他法律援助形式。

（五）工会法律援助的条件

职工符合下列条件之一的，可以向工会法律援助机构申请委托代理法律援助。

1. 为保障自身合法权益需要工会法律援助，且本人及其家庭经济状况符合当地工会提供法律援助的经济困难标准。

2. 未达到工会提供法律援助的经济困难标准，但有证据证明本人合法权益被严重侵害，需要工会提供法律援助的。农民工因请求支付劳动报酬或者工伤赔偿申请法律援助的，不受本办法规定的经济困难条件的限制。

（六）工会法律援助的申请与承办

1. 申请

职工申请法律援助应当向劳动合同履行地或者用人单位所在地的工会法律援助机构提出。工会工作者和工会组织申请工会法律援助应当向侵权行为地或者用人单位所在地的工会法律援助机构提出。

职工申请工会法律援助机构代理劳动争议仲裁、诉讼等法律服务，应当以书面形式提出，并提交下列材料：

（1）身份证、工作证或者有关身份证明；

（2）所在单位工会或者地方工会（含乡镇、街道、开发区等工会）出具的申请人经济困难状况的证明；

（3）与法律援助事项相关的材料；

（4）工会法律援助机构认为需要提供的其他材料。

提交书面申请确有困难的，可以口头申请。工会法律援助机构应当当场记录申请人基本情况、申请事项、理由和时间,并经本人签字。

工会工作者、工会组织申请工会法律援助机构参与协商、调解、代理仲裁、诉讼等法律服务,应当以书面形式提出,并分别提交下列材料:

(1) 工会工作者所在单位工会或者工会组织所在地方工会出具的情况证明或说明;

(2) 与法律援助事项相关的材料;

(3) 工会法律援助机构认为需要提供的其他材料。

2.承办

工会法律援助机构自收到申请之日起 7 日内按规定的条件进行审查。对符合条件的,由工会法律援助机构负责人签署意见,作出同意提供法律援助的书面决定,指派法律援助承办人员,并通知申请人。对申请人提交的证件、证明材料不齐全的,应当要求申请人作出必要的补充或者说明,申请人未按要求作出补充或者说明的,视为撤销申请。对不符合条件的,作出不予提供法律援助的决定,以口头或者书面形式通知申请人。

工会法律援助机构对法律咨询、代写法律文书等法律服务事项,应当即时办理;复杂疑难的可以预约择时办理。

法律援助承办人员接受工会法律援助机构的管理和监督,依法承办法律援助机构指定的援助事项,维护受援人合法权益。

法律援助承办人员在援助事项结案后,应当向工会法律援助机构提交结案报告。法律援助事项结案后,工会法律援助机构应当按规定向承办人员支付法律援助办案补贴。补贴标准由县级以上地方工会根据本地实际情况确定。

法律援助承办人员接受指派后,无正当理由不得拒绝、延迟或者中止、终止办理指定事项。

法律援助承办人员未按规定程序批准,不得以工会法律援助机构名义承办案件。

法律援助承办人员应当遵守职业道德和执业纪律,不得收取受援人任何财物。

二、工会劳动法律监督

(一) 工会劳动法律监督概述

1.法律监督

法律监督有广义、狭义两种解释。狭义的法律监督指有关国家机关依法定职权和程序对立法、执法、司法等法制运作过程的合法性进行的监察和督促;广义的法律监督指一切国家机关、政治或社会组织和公民对法的全部运作过程的合法性所进行的监察和督促。

法律监督的主体包括国家机关、政治或社会组织和公民三类。

法律监督的对象主要指运用国家权力的国家机关及其公职人员,也包括运用公共权力、具有政治优势地位的政治或社会组织。

法律监督在内容上主要指向监督对象的行为和结果的合法性,一定范围内也指向行为和结果的合理性。

法律监督的依据是宪法和法律。

法律监督的方式因监督主体和对象不同而有所不同。

2.工会劳动法律监督

工会劳动法律监督,是工会依法对劳动法律法规执行情况进行的有组织的群众监督,是我国劳动法律监督体系的重要组成部分。工会劳动法律监督是《工会法》《劳动法》等法律法规赋予工会组织的权利,是工会代表广大职工参与管理国家和社会事务的重要形式,是协调劳动关系、促进企事业高质量发展的保障,是我国劳动法律监督体系的重要组成部分,也是调动保护劳动者积极性、维护社会稳定的制度。

《劳动法》规定:"各级工会依法维护劳动者的合法权益,对用人单位遵守劳动法律、法规的情况进行监督。"

(二) 工会劳动法律监督原则

工会劳动法律监督工作应当遵循依法规范、客观公正、依靠职工、协调配合的原则。

(三) 工会劳动法律监督的职责

1.工会劳动法律监督的权利

根据《工会劳动法律监督办法》规定，工会开展劳动法律监督，依法享有下列权利：

（1）监督用人单位遵守劳动法律法规的情况；

（2）参与调查处理；

（3）提出意见要求依法改正；

（4）提请政府有关主管部门依法处理；

（5）支持和帮助职工依法行使劳动法律监督权利；

（6）法律法规规定的其他劳动法律监督权利。

2.工会劳动法律监督的范围

根据《工会劳动法律监督办法》规定，工会对用人单位的下列情况实施监督：

（1）执行国家有关就业规定的情况；

（2）执行国家有关订立、履行、变更、解除劳动合同规定的情况；

（3）开展集体协商，签订和履行集体合同的情况；

（4）执行国家有关工作时间、休息、休假规定的情况；

（5）执行国家有关工资报酬规定的情况；

（6）执行国家有关各项劳动安全卫生及伤亡事故和职业病处理规定的情况；

（7）执行国家有关女职工和未成年工特殊保护规定的情况；

（8）执行国家有关职业培训和职业技能考核规定的情况；

（9）执行国家有关职工保险、福利待遇规定的情况；

（10）制定内部劳动规章制度的情况；

（11）法律法规规定的其他劳动法律监督事项。

工会重点监督用人单位恶意欠薪、违法超时加班、违法裁员、未缴纳或未足额缴纳社会保险费、侮辱体罚、强迫劳动、就业歧视、使用童工、损害职工健康等问题。对发现的有关问题线索，应当调查核实，督促整改,并及时向上级工会报告;对职工申请仲裁、提起诉讼的,工会应当依法给予支持和帮助。

(四) 工会劳动法律监督组织

1.工会劳动法律监督委员会

县级以上总工会设立工会劳动法律监督委员会,在同级工会领导下开展工会劳动法律监督工作。工会劳动法律监督委员会的日常工作由工会有关部门负责。

基层工会或职工代表大会设立劳动法律监督委员会或监督小组。工会劳动法律监督委员会受同级工会委员会领导。职工代表大会设立的劳动法律监督委员会对职工代表大会负责。

工会劳动法律监督委员会任期与本级工会任期相同。

县级以上工会劳动法律监督委员会委员由相关业务部门的人员组成,也可以聘请社会有关人士参加。

基层工会劳动法律监督委员会委员或监督小组成员从工会工作者和职工群众中推选产生。

2.工会劳动法律监督员

工会劳动法律监督委员会可以聘任若干劳动法律监督员。工会劳动法律监督委员会成员同时为本级工会劳动法律监督员。

工会劳动法律监督员应当具备以下条件:

(1) 具有较高的政治觉悟,热爱工会工作;

(2) 熟悉劳动法律法规,具备履职能力;

(3) 公道正派,热心为职工群众说话办事;

(4) 奉公守法,清正廉洁。

工会劳动法律监督员实行先培训合格、后持证上岗制度。工会劳动法律监督员由县级以上总工会负责培训,对考核合格的,颁发《工会劳动法律监督员证书》。证书样式由中华全国总工会统一制定。

各级工会应当建立有关制度和信息档案,对工会劳动法律监督员进行实名制管理,具体工作由工会有关部门负责。

工会可以聘请人大代表、政协委员、专家学者、社会人士等作为本级工会劳动法律监督委员会顾问，也可以通过聘请律师、购买服务等方式为工会劳动法律监督委员会提供法律服务。

(五) 工会劳动法律监督的实施

基层工会对本单位遵守劳动法律法规的情况实行监督，对劳动过程中发生的违反劳动法律法规的问题，应当及时向生产管理人员提出改进意见；对于严重损害劳动者合法权益的行为，基层工会在向单位行政提出意见的同时，可以向上级工会和当地政府有关主管部门报告，提出查处建议。

职工代表大会设立的劳动法律监督委员会，对本单位执行劳动法律法规的情况进行监督检查，定期向职工代表大会报告工作，针对存在的问题提出意见或议案，经职工代表大会作出决议，督促行政方面执行。

工会建立健全劳动法律监督投诉制度，对实名投诉人个人信息应当予以保密。

上级工会收到对用人单位违反劳动法律法规行为投诉的，应当及时转交所在用人单位工会受理，所在用人单位工会应当开展调查，于三十个工作日内将结果反馈职工与上级工会。对不属于监督范围或者已经由行政机关、仲裁机构、人民法院受理的投诉事项，所在用人单位工会应当告知实名投诉人。

用人单位工会开展劳动法律监督工作有困难的，上级工会应当及时给予指导帮助。

工会在处理投诉或者日常监督工作中发现用人单位存在违反劳动法律法规、侵害职工合法权益行为的，可以进行现场调查，向有关人员了解情况，查阅、复制有关资料，核查事实。

工会劳动法律监督员对用人单位进行调查时，应当不少于2人，必要时上级工会可以派员参与调查。

工会劳动法律监督员执行任务时，应当将调查情况在现场如实记录，经用人单位核阅后，由调查人员和用人单位的有关人员共同签名或盖章。用人单位拒绝签名或盖章的，应当在记录上注明。

工会劳动法律监督员调查中应当尊重和保护个人信息，保守用人单位商业秘密。

工会主动监督中发现违反劳动法律法规、侵害职工合法权益行为的,应当及时代表职工与用人单位协商,要求整改。对于职工的投诉事项,经调查认为用人单位不存在违反劳动法律法规、侵害职工合法权益行为的,应当向职工说明;认为用人单位存在违反劳动法律法规、侵害职工合法权益行为的,应当代表职工协商解决。

工会对用人单位违反劳动法律法规、侵害职工合法权益的行为,经协商沟通解决不成或要求整改无效的,向上一级工会报告,由本级或者上一级工会根据实际情况向用人单位发出工会劳动法律监督书面意见。

用人单位收到工会劳动法律监督书面意见后,未在规定期限内答复,或者无正当理由拒不改正的,基层工会可以提请地方工会向同级人民政府有关主管部门发出书面建议,并移交相关材料。

思考题

1. 全面推进依法治国的总目标是什么?
2. 推进工会法治化建设的基本要求是什么?
3. 工会的权利和义务有哪些?
4. 对工会干部的任职保障有哪些规定?
5. 劳动合同包括哪些条款?
6. 劳动者依法解除劳动合同的情形有哪些?
7. 用人单位解除劳动合同的情形有哪些?
8. 简述延长工作时间的规定。
9. 工资支付及其保障的规定有哪些?
10. 劳动者基本权利和义务有哪些?
11. 工会法律援助的范围与形式是什么?
12. 工会劳动法律监督的权利有哪些?
13. 工会劳动法律监督的范围是什么?
14. 工会劳动法律监督组织如何设立?
15. 工会劳动法律监督如何实施?

案例1

深圳工会：阵地建设"无死角" 法援服务"全链条"

2023年1月8日 来源：中工网-工人日报

凌晨，中铁二局深圳公司会议室灯火通明。为参加深圳市第二届集体合同协商比赛，公司专职工会干部贾玲和另外3名队员聚在一起，紧张备赛。从行业背景调查、企业经营情况分析，到员工主要诉求拆解、角色设定、协商方案确定和技巧打磨等，队员们模拟练习，以求高度还原案例。

2022年的深圳市集体协商竞赛，各参赛队伍以给定案例为背景，针对工资水平、福利待遇、劳动保护、技能培训等与职工权益密切相关的协商议题，分职工方、企业方协商代表，进行现场模拟集体协商，以赛代训，提升企业方和职工方代表协商的能力水平。

集体协商是深圳工会"3+N"工会法律服务体系内容之一。自2008年起，深圳市总工会就率先在全国开展社会化维权，与律师事务所合作，为工会组织和职工提供免费法律援助。近年来，职工总量增长明显，职工队伍结构发生变化，利益诉求日益多元化，对工会法律服务供给能力和水平提出了新挑战。

对此，深圳市总工会多次开展实地走访、座谈研讨、专题研究，充分听取各方意见建议，就进一步加强工会法律服务工作形成了《关于进一步加强深圳工会法律服务工作的实施方案》《深圳市总工会法律服务工作管理制度》《深圳工会法律援助办法》等一揽子法律服务规范。

根据一揽子法律服务规范，深圳市总工会依托"智慧工会"平台，探索建立以"1+11+N"工会法律服务阵地为基础，以工会法律援助、工会法律顾问和集体协商三项内容为核心，以源头参与、劳动争议调处、劳动法律监督、法治宣传教育等N项内容为抓手的"3+N"工会法律服务体系。

在深入挖掘职工需求方面，深圳市总工会拓宽法律援助覆盖面，力争4年法律援助职工1万名。一方面，调整服务对象为"合法权益受到侵害的职工、工会工作者和工会组织"，进一步调低律师代理援助案件的对象条件审查标准；另一方面，对申请认定工伤、请求工伤事故人身损害赔偿、进城务工人员申请支付劳动报酬等案件，提供无门槛受理、全链条式服务。

在优化工会法律顾问项目方面，从原来"律师入企"转向为企业工会、工会联合会提供专业法律顾问。

"将工会法律服务投入最需要的地方，根据工联会分类分级分层，为一级、二级工联会提供法律顾问，提升工联会运作规范化、专业化水平；逐步为三级至五级工联会和重点企业工会配备工会法律顾问。"深圳市总有关负责人表示，力争4年提供基层工会法律顾问服务300家。

同时，深圳市总工会为工会开展集体协商工作提供专业支持，力争4年打造集体协商示范工会100个。辖区内重点行业、区域工会和重点企业工会开展集体协商，可以向市、区总工会申请获得集体协商方面的法律服务，依靠律师专业力量，推动集体协商工作实质性开展。

在服务阵地建设方面，力求触达职工"无死角"。深圳市总工会提出，依托市区职工服务中心搭建法律服务窗口，推动街道职工服务中心、社区（园区、楼宇）职工服务站和有条件的企业工会建立"工会法律服务站"，计划4年建成工会法律服务站200个。

记者了解到，深圳市总工会还开启了互联网+法律服务工作模式，将"智慧工会"法律服务平台与线下实体性法律服务站相结合，推动工会法律服务工作由传统线下形式向数字化模式转型，方便职工线上工会维权咨询、反映维权诉求、申请工会法律援助，实现线上线下互动融合。

此外，通过对劳动风险隐患较集中重点区域的组织覆盖和资源投入，深圳将基层工会打造成为组织职工群众参与企业民主协商、基层社区治理的重要枢纽平台。力争用4年左右的时间，对1万家企业开展法律监督、帮助企业妥善调处劳资矛盾突发事件，辅导200家非公企业协调劳动关系体系建设。

据介绍，14年来，深圳工会法律援助累计共受理法律援助案件8578件，涉及职工2万多人，为职工追回经济损失1.7亿元。2013年至今，工会律师团队共为751家企业工会提供"律师入企"服务，覆盖职工近360万人次。（工人日报-中工网记者 刘友婷 通讯员 焦慧茹）

第十五章

依法妥善处理劳动争议

劳动争议是劳动关系不协调的一种表现,是劳动关系矛盾的反映。依法、妥善处理劳动争议,矫正被扭曲的劳动关系,对保护劳动关系双方当事人的合法权益,构建和发展和谐稳定的劳动关系,促进社会主义和谐社会的建设,具有非常重要的意义。

第一节 劳动争议概述

一、劳动争议

劳动争议,也称"劳动纠纷""劳资争议",指劳动关系双方当事人因实现劳动权利和履行劳动义务所发生的纠纷。也包括用人单位与劳动者的组织即工会因集体劳动权利、集体劳动义务发生的争议。

二、劳动争议的特点

(一)劳动争议主体具有特定性

劳动争议的发生以劳动关系为基础。劳动争议产生的前提必须是双方当事人之间存在着一定的劳动关系。发生争议的双方当事人必须是用人单位和与其有劳动关系的职工或劳动者的团体。

(二)劳动争议内容具有限定性

劳动争议的内容,是有关劳动权利、义务方面的。劳动权利和劳动义务是依据劳动法、集体合同和劳动合同具体规定的。

(三)劳动争议的客体具有特殊性

劳动争议的客体,是劳动争议权利和义务共同指向的对象,有行为、现金、物的表现形式。如劳动合同争议的标的主要是行为;劳动报酬争议的标的则为现金;劳动安全卫生争议的标的主要表现为物。

三、劳动争议的分类

(一)国内劳动争议和涉外劳动争议

按劳动争议是否有涉外因素划分,劳动争议可分为国内劳动争议和涉外劳动争议。

(二) 个人争议、集体争议和团体争议

根据劳动争议劳动者一方当事人人数的多少或者是否为工会来划分，劳动争议可分为个人劳动争议、集体劳动争议和团体劳动争议。

个人劳动争议，也叫个别劳动争议，是指单个劳动者（人数限于1~9人）与用人单位之间的劳动争议。集体劳动争议指劳动者一方当事人人数在10人以上且有共同理由的劳动争议。集体劳动争议的劳动者一方当事人可以推举代表参加调解、仲裁或者诉讼活动。集体合同争议，也叫团体争议，是指工会与用人单位或其团体之间因集体合同的订立、履行、变更或者解除、终止发生的争议。团体争议由工会主席为法定代表人参加争议的处理。

(三) 权利争议和利益争议

按照劳动争议的性质可划分为权利争议和利益争议。权利争议，是指对现行法律、法规、集体合同、劳动合同所规定的权利，在实施或解释上所发生的争议。利益争议，是指在集体协商时双方为订立、续订或变更集体合同条款而产生的争议。一般指因主张待定权利义务发生的争议。

第二节 《劳动争议调解仲裁法》的立法宗旨、适用范围、原则和程序

近年来，随着市场经济体制的建立和发展，我国劳动关系发生了深刻的变化，劳动关系日趋多样化和复杂化，劳动争议数量也随之大幅度上升，同时出现劳动争议类型、主体诉求增多，群体性劳动争议增多等一些新特点。因此，劳动争议处理法治的建立和完善，是有效、及时妥善处理劳动争议的重要环节。我国于2007年12月29日十届人大常委会第三十一次会议审议通过了《劳动争议调解仲裁法》，于2008年5月1日正式实施。这部法律的颁布和实施，系统地规定了劳动争议处理程序和制度，也成为处理劳动争议时的主要依据，对于依法、公正、及时处理劳动争议，保护当事人特别是劳动者的合法权益，促进劳动关系的和谐和稳定起到了重要的作用。

一、《劳动争议调解仲裁法》的立法宗旨

《劳动争议调解仲裁法》共四章五十四条。在其第一章第一条开宗明义地阐述了该法的立法宗旨。即"为了公正及时解决劳动争议,保护当事人合法权益,促进劳动关系和谐稳定,制定本法"。可分为三方面。

(一) 公正及时地解决劳动争议

公正及时是解决劳动争议的一项基本原则。《劳动争议调解仲裁法》从性质上说是程序法,通过规范劳动争议调解仲裁的具体程序制度,使劳动争议得到公正及时的处理。因此,劳动争议处理机构应当公正执法、依法保障双方当事人的合法权益,对当事人在适用法律上一律平等,不得偏袒或者歧视任何一方;同时,处理时应注意及时处理,防止久拖不决。

(二) 保护当事人的合法权益

劳动争议的双方当事人为劳动者和用人单位,劳动争议调解仲裁法作为处理劳动争议的专门法、程序法,既保护劳动者的合法权益,也保护用人单位的合法权益。但考虑到劳动争议双方当事人的实际地位不平等,劳动者作为弱势一方,在"对调解协议申请支付令""一裁终局"等一些具体的程序上予以适当倾斜性的保护。

(三) 促进劳动关系和谐稳定

劳动法、劳动合同法是从实体上,《劳动争议调解仲裁法》则是从程序上维护劳动关系当事人的合法权益,促进劳动关系的和谐稳定。

二、《劳动争议调解仲裁法》对劳动争议案件的适用范围

《劳动争议调解仲裁法》第二条明确了对劳动争议案件的适用范围。

(一) 因确认劳动关系发生的争议

劳动关系是指用人单位招用劳动者为其成员,劳动者在用人单位的管理下提供有报酬的劳动而产生的权利义务关系。因确认劳动关系是否存在而产生的争议属于劳动争议,适用劳动争议调解仲裁法。

（二）因订立、履行、变更、解除和终止劳动合同发生的争议

用人单位与劳动者的劳动关系，涉及订立、履行、变更、解除和终止劳动合同的全过程。对于这一过程任何一个环节发生的争议，都可以适用《劳动争议调解仲裁法》来解决。

（三）因除名、辞退和辞职、离职发生的争议

这类争议是由于解除和终止劳动关系而引发的争议。《企业职工奖惩条例》现在已经废止。但实践中会因上述规定引发争议。

（四）因工作时间、休息休假、社会保险、福利、培训以及劳动保护发生的争议

为了保护劳动者的权利，关于工作时间、休息休假，社会保险等国家都有强制性的规定，但是有的用人单位往往无视国家法律，从而引发争议。

（五）因劳动报酬、工伤医疗费、经济补偿或者赔偿金等发生的争议

实践中常因试用期工资、同工同酬工资、加班加点工资等引发争议。工伤医疗费、经济补偿或者赔偿金等发生的争议是劳动争议双方当事人都关注的焦点，也是近年来典型的劳动争议。处理这类劳动争议主要法律依据是《劳动法》《劳动争议调解仲裁法》。

（六）法律、法规规定的其他劳动争议

除了上述劳动争议事项外，法律、行政法规或者地方性法规规定的其他劳动争议，也要纳入劳动争议调解仲裁法的调整范围。

三、处理劳动争议的基本程序

《劳动争议调解仲裁法》第四条规定："发生劳动争议，劳动者可以与用人单位协商，也可以请工会或者第三方共同与用人单位协商，达成和解协议。"第五条规定："发生劳动争议，当事人不愿协商、协商不成或者达成和解协议后不履行的，可以向调解组织申请调解；不愿调解、调解不成或者达成调解协议后不履行的，可以向劳动争议仲裁委员会申请仲裁；对

仲裁裁决不服的，除本法另有规定的外，可以向人民法院提起诉讼。"据此规定，处理劳动争议的程序是协商、调解、仲裁和诉讼。在这些程序中，协商和调解是争议当事人自愿选择的程序，而仲裁则是解决劳动争议的必经程序，法院的诉讼是最终程序。

（一）协商

劳动争议的协商是指发生争议的劳动者与用人单位通过自行协商，或者劳动者请工会或者其他第三方（可以是本单位的人员，也可以是本单位以外的，双方都信任的人员）共同与用人单位进行协商，使矛盾得以化解，自愿就争议事项达成协议，使劳动争议及时得到解决的一种活动。协商和解成功后，当事人双方应当签订和解协议。协商完全是建立在双方自愿的基础上，任何一方，或者第三方都不得强迫另一方当事人进行协商。如果当事人不愿协商、协商不成或者达成和解协议后不履行的，另一方当事人仍然可以向劳动争议调解组织申请调解，或者向劳动争议仲裁机构申请仲裁。

根据《关于进一步加强劳动人事争议协商调解工作的意见》，要指导建立内部劳动人事争议协商机制。培育用人单位和劳动者的劳动人事争议协商意识，推动用人单位以设立负责人接待日、召开劳资恳谈会、开通热线电话或者电子邮箱、设立意见箱、组建网络通信群组等方式，建立健全沟通对话机制，畅通劳动者诉求表达渠道。指导用人单位完善内部申诉、协商回应制度，优化劳动人事争议协商流程，认真研究制订解决方案，及时回应劳动者协商诉求。要协助开展劳动人事争议协商。工会组织统筹劳动法律监督委员会和集体协商指导员、法律援助志愿者队伍等资源力量，推动健全劳动者申诉渠道和争议协商平台，帮助劳动者与用人单位开展劳动人事争议协商，做好咨询解答、释法说理、劝解疏导、促成和解等工作。各级地方工会可设立劳动人事争议协商室，做好劳动人事争议协商工作。企业代表组织指导企业加强协商能力建设，完善企业内部劳动争议协商程序。鼓励、支持社会力量开展劳动人事争议协商咨询、代理服务工作。

(二) 调解

发生劳动争议,当事人不愿协商、协商不成或者达成和解协议后不履行的,可以向劳动争议调解组织申请调解。当事人不愿调解的,可以直接向劳动争议仲裁委员会申请仲裁;如果自劳动争议调解组织收到调解申请之日起十五日内未达成调解协议,或者达成调解协议后在协议约定的期限内,一方当事人不履行的,另一方当事人可以向劳动争议仲裁委员会申请仲裁。

(三) 仲裁

发生劳动争议,当事人不愿调解、调解不成或者达成调解协议后不履行的,可以向劳动争议仲裁委员会申请仲裁。对仲裁裁决不服的,除《劳动争议调解仲裁法》另有规定的外,当事人可以向人民法院提起诉讼。可见仲裁是劳动争议处理的一个必经程序。

(四) 诉讼

《劳动争议调解仲裁法》规定,当事人对劳动争议仲裁委员会的仲裁裁决不服的,除法律另有规定的外,可以自收到仲裁裁决书之日起十五日内向人民法院提起诉讼;期满不起诉的,裁决书发生法律效力。《劳动争议调解仲裁法》没有对人民法院审理劳动争议案件的程序进行具体规定。按照现行的体制,诉讼是一项统一的制度,要遵守民事诉讼法的统一规定。人民法院对劳动争议案件的受理、审判和执行都是按照民事诉讼法的规定执行。

第三节 劳动争议调解

一、劳动争议调解

劳动争议调解,是指在劳动争议调解组织的主持下,通过宣传劳动法律、法规、规章,采取说服教育的方法,使劳动争议当事人双方在查明事实、分清是非和民主协商的基础上达成一致的协议，消除纷争的一种活动。调解虽然不是劳动争议处理的必经程序，但却是劳动争议处理制度中的"第一道防线"，对解决劳动争议起着很大的作用，是我国劳动争议处理制度的重要组成部分。

劳动争议调解组织应当依照法律、法规，遵循双方当事人自愿原则进行调解。即在申请调解、接受调解、调解过程、达成调解协议、调解协议的履行都要体现争议当事人的自愿。经调解达成协议的，制作调解协议书，双方当事人应当自觉履行；调解不成的，或者自劳动争议调解组织收到调解申请之日起十五日内未达成调解协议的，当事人在规定的期限内，可以向劳动争议仲裁委员会申请仲裁。

二、劳动争议调解组织

根据《劳动争议调解仲裁法》第十条的规定，我国劳动争议调解组织有以下三种。

（一）企业劳动争议调解委员会

企业劳动争议调解委员会是设在企业内部处理劳动争议的群众性组织。

1.劳动争议调解委员会的设立及组成

根据人社部发布的《企业劳动争议协商调解规定》的规定，大中型企业应当依法设立调解委员会，并配备专职或者兼职工作人员。有分公司、分店、分厂的企业，可以根据需要在分支机构设立调解委员会。总部调解委员会指导分支机构调解委员会开展劳动争议预防调解工作。调解委员会可以根据需要在车间、工段、班组设立调解小组。

小微型企业可以设立调解委员会，也可以由劳动者和企业共同推举人员，开展调解工作。

调解委员会由劳动者代表和企业代表组成，人数由双方协商确定，双方人数应当对等。劳动者代表由工会委员会成员担任或者由全体劳动者推举产生，企业代表由企业负责人指定。调解委员会主任由工会委员会成员或者双方推举的人员担任。

2. 企业劳动争议调解委员会职责

根据人社部发布的《企业劳动争议协商调解规定》，调解委员会履行下列职责：

(1) 宣传劳动保障法律、法规和政策；

(2) 对本企业发生的劳动争议进行调解；

(3) 监督和解协议、调解协议的履行；

(4) 聘任、解聘和管理调解员；

(5) 参与协调履行劳动合同、集体合同、执行企业劳动规章制度等方面出现的问题；

(6) 参与研究涉及劳动者切身利益的重大方案；

(7) 协助企业建立劳动争议预防预警机制。

3. 调解员的职责

调解员履行下列职责：

(1) 关注本企业劳动关系状况，及时向调解委员会报告；

(2) 接受调解委员会指派，调解劳动争议案件；

(3) 监督和解协议、调解协议的履行；

(4) 完成调解委员会交办的其他工作。

调解员应当公道正派、联系群众、热心调解工作，具有一定劳动保障法律政策知识和沟通协调能力。调解员由调解委员会聘任的本企业工作人员担任，调解委员会成员均为调解员。

(二) 依法设立的基层人民调解组织

基层人民调解组织是我国解决民间纠纷的组织。人民调解委员会是村民委员会和居民委员会下设的调解民间纠纷的群众性组织，在基层人民政府和基层人民法院指导下进行工作。人民调解委员会由委员三至九人组成，设主任一人，必要时可以设副主任。

为了充分利用现有的资源，节约成本，发生劳动争议，当事人可以向基层人民调解组织申请调解。

(三) 在乡镇、街道设立的具有劳动争议调解职能的组织

《工会参与劳动争议处理试行办法》规定，区域性劳动争议调解指导委员会是县以上地方总工会在城镇和乡镇企业集中的地方设立的劳动争议调解组织。由三部分代表组成。(1) 工会代表，可以由地方总工会派代表兼任，也可由区域内企业工会推举产生。(2) 劳动行政部门的代表，经地方总工会邀请由劳动行政部门指派。(3) 社会有关人士代表，应当有用人单位的代表，还可以有专家、学者、律师。社会有关人士代表经地方总工会邀请参加，用人单位的代表可以由区域内用人单位推举产生。主任由地方总工会派出的代表担任。

区域性劳动争议调解指导委员会指导本区域内劳动争议调解委员会的调解工作，并调解未设调解组织的用人单位的劳动争议。

(四) 市、县级劳动人事争议仲裁院调解中心和工会法律服务工作站

推动在有条件的市、县级劳动人事争议仲裁院（以下简称仲裁院）内设劳动人事争议调解中心（以下简称调解中心），通过配备工作人员或者购买服务等方式提供劳动人事争议调解服务。调解中心负责办理仲裁院、人民法院委派委托调解的案件，协助人力资源社会保障部门指导辖区内的乡镇（街道）、工会、行业商（协）会、区域性等调解组织做好工作。探索推进工会组织在劳动人事争议案件较多、劳动者诉求反映集中的仲裁院、人民法院设立工会法律服务工作站，具备条件的地方工会可安排专人入驻开展争议协商、调解和法律服务工作，建立常态化调解与仲裁、诉讼对接机制。

三、劳动争议调解组织的调解员

担任劳动争议调解组织的调解员，应当为人公道正派、联系群众、热心调解工作；具有一定的法律知识、政策水平和文化水平；并且应当是年满18周岁的中华人民共和国公民。

四、劳动争议调解程序

根据《劳动争议调解仲裁法》和《企业劳动争议协商调解规定》的规定，劳动争议调解程序如下。

（一）申请调解。发生劳动人事争议，当事人可以口头或者书面形式向调解组织提出调解申请。

（二）受理调解申请。调解组织接到调解申请后，应当及时对调解申请进行审查，在3个工作日内作出是否受理的决定。

（三）开展调解。调解组织根据案情指定调解员或者调解小组进行调解，调解应当自收到调解申请之日起15日内结束。但是，双方当事人同意延期的可以延长。

（四）调解协议的仲裁审查确认。达成调解协议的，双方当事人可以自调解协议生效之日起15日内共同向劳动人事争议仲裁委员会提出仲裁审查确认申请。

（五）告知申请仲裁的权利。当事人不愿调解、调解不成或者达成调解协议后未经仲裁审查确认且不履行的，可以向劳动人事争议仲裁委员会申请仲裁。

五、劳动争议调解的效力

《劳动争议调解仲裁法》第十四条规定："调解协议书由双方当事人签名或者盖章，经调解员签名并加盖调解组织印章后生效，对双方当事人具有约束力，当事人应当履行。"调解不是强制性的程序，不具有强制执行的法律效力。达成调解协议后，一方当事人在协议约定期限内不履行调解协议的，另一方当事人可以依法申请仲裁。《劳动争议调解仲裁法》第十六条规定："因支付拖欠劳动报酬、工伤医疗费、经济补偿或者赔偿金事项达成调解协议，用人单位在协议约定期限内不履行的，劳动者可以持调解协议书依法向人民法院申请支付令。人民法院应当依法发出支付令。"支付令是人民法院根据债权人的申请，督促债务人履行债务的程序，是民事诉讼法规定的一种法律制度。

根据《企业劳动争议协商调解规定》，生效的调解协议对双方当事人具有约束力，当事人应当履行。双方当事人可以自调解协议生效之日起15日内共同向仲裁委员会提出仲裁审查申请。仲裁委员会受理后，应当对调解协议进行审查，并对程序和内容合法有效的调解协议，出具调解书。

双方当事人未按前条规定提出仲裁审查申请，一方当事人在约定的期限内不履行调解协议的，另一方当事人可以依法申请仲裁。仲裁委员会受理仲裁申请后，应当对调解协议进行审查，调解协议合法有效且不损害公共利益或者第三人合法利益的，在没有新证据出现的情况下，仲裁委员会可以依据调解协议作出仲裁裁决。

当事人不愿调解、调解不成或者达成调解协议后，一方当事人在约定的期限内不履行调解协议的，调解组织应当做好记录，由双方当事人签名或者盖章，并书面告知当事人可以向仲裁委员会申请仲裁。

第四节　劳动争议仲裁

一、劳动争议仲裁概述

(一) 劳动争议仲裁

劳动争议仲裁指劳动争议仲裁委员会对用人单位与劳动者之间发生的劳动争议，在查明事实、明确是非、分清责任的基础上，依法做出裁决的活动。

(二) 劳动争议仲裁的特征

劳动争议仲裁除具有处理程序简便、灵活、快速，注重调解，不收费等劳动争议处理的一般特点外，还具有如下几个特征。

1.三方性

三方原则是指在劳动领域，由政府、工会和雇主协会三方分别代表国家、劳动者和用人单位利益共同参与劳动关系的协调、劳动政策法规的制定、劳动争议的处理的一项基本原则。三方原则是国际社会为协调劳动关系而普遍采用的一种行之有效的方法。劳动争议处理实行三方原则有利于国家、用人单位和劳动者三方利益的均衡和劳动关系的协调稳定；有利于发挥劳动行政部门、工会和经济综合管理部门各自的优势，增强仲裁的权威性；有利于三方相互配合、相互制约，保证仲裁的公正性。

2.强制性

劳动争议仲裁实行特殊的强制原则。第一，劳动争议仲裁是劳动争议处理的必经程序，不经劳动争议仲裁委员会裁决，当事人不能向人民法院提起诉讼；第二，劳动争议仲裁无须双方自愿，只要争议一方当事人提出仲裁申请即能引起劳动争议仲裁程序的开始。

3.仲裁结果具有强制执行的法律效力

无论是仲裁调解书，还是仲裁裁决书，只要双方签字盖章并未在法定期限内向人民法院起诉，便产生强制执行的法律效力，当事人一方不履行的，另一方可向人民法院申请强制执行。

4.及时性

仲裁庭裁决劳动争议案件，自劳动争议仲裁委员会受理仲裁申请之日起四十五日内结束。这有利于劳动争议及时得到处理。

二、劳动争议仲裁的原则

劳动争议仲裁的基本原则包括以下内容。

（一）先行调解原则

先行调解原则是指在仲裁裁决之前，应当先进行调解。先行调解并非强行调解，而是要求仲裁前必须做调解工作，若当事人坚决拒绝调解或调解无效的，不能勉强或强迫达成协议。调解必须在双方自愿的基础上达成协议才有效。调解必须及时进行，达不成协议的应及时裁决。

（二）三方原则

劳动争议仲裁实行三方原则是国际上的惯例，这是指劳动争议的仲裁组织由三方组成,分别是劳动行政部门的代表、同级工会的代表和企业方面的代表。

(三) 独立仲裁原则

即劳动争议仲裁委员会处理劳动争议案件具有独立性,不受其他任何组织和个人的干涉。是我国劳动争议仲裁制度的根本原则。

(四) 一次裁决原则

一次裁决原则,是指任何一级劳动争议仲裁委员会的裁决都是最终裁决,当事人不服裁决的,不能向上一级仲裁委员会再次申请仲裁,只能在规定的期限内向人民法院起诉。

(五) 回避原则

回避原则,是指仲裁委员会成员或仲裁员在仲裁劳动争议案件时,认为具有法定回避情况不宜参加本案审理,或当事人认为仲裁员具有法定回避情节的,可能影响公正裁决,都可以自动或申请回避。是否回避则由仲裁委员会决定。

(六) 合议原则

合议原则,是我国民主集中制原则在劳动争议仲裁中的具体体现。除了简单劳动争议案件可以由一名仲裁员独任仲裁外,劳动争议仲裁委员会裁决劳动争议案件实行仲裁庭制度,而仲裁庭由三名仲裁员组成。仲裁庭裁决劳动争议案件,实行少数服从多数的原则。

(七) 区分举证责任原则

举证责任指在劳动争议处理中当事人提出证据的责任。《劳动争议调解仲裁法》第六条规定:"发生劳动争议,当事人对自己提出的主张,有责任提供证据。与争议事项有关的证据属于用人单位掌握管理的,用人单位应当提供;用人单位不提供的,应当承担不利后果。"该条仍然建立在"谁主张谁举证"的基本原则之上,只是规定"与争议事项有关的证据属于用人单位掌握管理的"才由用人单位负责提供。第三十九条中又规定:"当事人提供的证据经查证属实的,仲裁庭应当将其作为认定事实的根据。劳动者无法提供由用人单位掌握管理的与仲裁请求有关的证据,仲裁庭可以要求用人单位在指定期限内提供。用人单位在指定期限内不提供的，应当承担不利后果。"此种情形属于法律对提供证据责任的合理分配，"用人单位负责提供证据"与"用人单位负责举证"完全是两个概念，并不能等同。劳动关系有隶属性或人身依附性的特征，许多证据掌握在用人单位一方，而作为被管理者或行为承受者的劳动者对这些证据是不可能具有举证能力的，专属被用人单位掌握的证据材料自然应由用人单位提供，用人单位提供这些证据可以用来证明自己的主张，也可能这些证据在提供后被劳动者用作证据，这些证据包括有利于用人单位的证据，也应包括有利于劳动者的证据。这里的"不利后果"也不完全是"举证不能的不利后果"，即用人单位不提供本来应由用人单位提供的证据的不利后果。

三、劳动争议仲裁组织

劳动争议仲裁组织，是国家法律授权专门处理劳动争议的机构。包括劳动争议仲裁委员会及其办事机构和仲裁庭。根据人社部发布的《劳动人事争议仲裁组织规则》规定，劳动人事争议仲裁委员会（以下简称仲裁委员会）由人民政府依法设立，专门处理争议案件。

（一）仲裁委员会的设立、组成、职责

1. 设立

仲裁委员会按照统筹规划、合理布局和适应实际需要的原则设立，由省、自治区、直辖市人民政府依法决定。

2. 组成

仲裁委员会由干部主管部门代表、人力资源社会保障等相关行政部门代表、军队文职人员工作管理部门代表、工会代表和用人单位方面代表等组成。仲裁委员会组成人员应当是单数。

仲裁委员会设主任一名，副主任和委员若干名。仲裁委员会主任由政府负责人或者人力资源社会保障行政部门主要负责人担任。

3. 职责

仲裁委员会依法履行下列职责：

(1) 聘任、解聘专职或者兼职仲裁员；
(2) 受理争议案件；
(3) 讨论重大或者疑难的争议案件；
(4) 监督本仲裁委员会的仲裁活动；
(5) 制定本仲裁委员会的工作规则；
(6) 其他依法应当履行的职责。

(二) 仲裁院

仲裁委员会下设实体化的办事机构，具体承担争议调解仲裁等日常工作。办事机构称为劳动人事争议仲裁院，设在人力资源社会保障行政部门。仲裁院对仲裁委员会负责并报告工作。

仲裁委员会组成单位可以派兼职仲裁员常驻仲裁院，参与争议调解仲裁活动。

(三) 仲裁庭

仲裁委员会处理争议案件实行仲裁庭制度，实行一案一庭制。仲裁委员会可以根据案件处理实际需要设立派驻仲裁庭、巡回仲裁庭、流动仲裁庭，就近就地处理争议案件。

处理下列争议案件应当由三名仲裁员组成仲裁庭，设首席仲裁员：

1. 十人以上并有共同请求的争议案件；
2. 履行集体合同发生的争议案件；
3. 有重大影响或者疑难复杂的争议案件；
4. 仲裁委员会认为应当由三名仲裁员组庭处理的其他争议案件。

简单争议案件可以由一名仲裁员独任仲裁。

仲裁庭组成不符合规定的，仲裁委员会应当予以撤销并重新组庭。

仲裁委员会应当有专门的仲裁场所。仲裁场所应当悬挂仲裁徽章，张贴仲裁庭纪律及注意事项等，并配备仲裁庭专业设备、档案储存设备、安全监控设备和安检设施等。

(四) 仲裁员

1. 仲裁员的聘任

仲裁员是由仲裁委员会聘任、依法调解和仲裁争议案件的专业工作人员。仲裁员分为专职仲裁员和兼职仲裁员。专职仲裁员和兼职仲裁员在调解仲裁活动中享有同等权利，履行同等义务。兼职仲裁员进行仲裁活动，所在单位应当予以支持。

仲裁委员会应当依法聘任一定数量的专职仲裁员，也可以根据办案工作需要，依法从干部主管部门、人力资源社会保障行政部门、军队文职人员工作管理部门、工会、企业组织等相关机构的人员以及专家学者、律师中聘任兼职仲裁员。

仲裁员聘期一般为五年。仲裁委员会负责仲裁员考核，考核结果作为解聘和续聘仲裁员的依据。

仲裁委员会应当设仲裁员名册，并予以公告。

2.仲裁员的权利和义务

仲裁员享有以下权利：

（1）履行职责应当具有的职权和工作条件；

（2）处理争议案件不受干涉；

（3）人身、财产安全受到保护；

（4）参加聘前培训和在职培训；

（5）法律、法规规定的其他权利。

仲裁员应当履行以下义务：

（1）依法处理争议案件；

（2）维护国家利益和公共利益，保护当事人合法权益；

（3）严格执行廉政规定，恪守职业道德；

（4）自觉接受监督；

（5）法律、法规规定的其他义务。

3.仲裁员的解聘

仲裁员有下列情形之一的，仲裁委员会应当予以解聘：

（1）聘期届满不再续聘的；

（2）在聘期内因工作岗位变动或者其他原因不再履行仲裁员职责的；

（3）年度考核不合格的；

（4）因违纪、违法犯罪不能继续履行仲裁员职责的；

(5) 其他应当解聘的情形。

四、仲裁的相关规定

(一) 仲裁的时效制度、仲裁时效的中止和中断

1.仲裁时效具体来说就是指权利人于一定期间内不行使请求劳动争议仲裁机构保护其劳动权利的请求权，就丧失该请求权的法律制度。劳动争议申请仲裁的时效期间为一年。仲裁时效期间从当事人知道或者应当知道其权利被侵害之日起计算。

2.仲裁时效中断。仲裁时效因当事人一方向对方当事人主张权利，或者向有关部门请求权利救济，或者对方当事人同意履行义务而中断。从中断时起，仲裁时效期间重新计算。

按照《劳动人事争议仲裁办案规则》规定，在申请仲裁的时效期间内，有下列情形之一的，仲裁时效中断：

(1) 一方当事人通过协商、申请调解等方式向对方当事人主张权利的；

(2) 一方当事人通过向有关部门投诉，向仲裁委员会申请仲裁，向人民法院起诉或者申请支付令等方式请求权利救济的；

(3) 对方当事人同意履行义务的。

3.仲裁时效中止。因不可抗力，或者有无民事行为能力或者限制民事行为能力劳动者的法定代理人未确定等其他正当理由，当事人不能在规定的仲裁时效期间申请仲裁的，仲裁时效中止。从中止时效的原因消除之日起，仲裁时效期间继续计算。

4.劳动关系存续期间因拖欠劳动报酬发生争议的，劳动者申请仲裁不受仲裁时效期间的限制；但是劳动关系终止的，应当自劳动关系终止之日起一年内提出。

(二) 仲裁庭的仲裁期限与先行裁决

1.仲裁期限

仲裁庭裁决劳动争议案件，应当自劳动争议仲裁委员会受理仲裁申请

之日起四十五日内结束。案情复杂需要延期的，经劳动争议仲裁委员会主任批准，可以延期但延长期限不得超过十五日。逾期未作出仲裁裁决的，当事人可以就该劳动争议事项向人民法院提起诉讼。

2. 先行裁决

仲裁庭裁决追索劳动报酬、工伤医疗费、经济补偿或者赔偿金的案件，根据当事人的申请，如果这一部分事实已经清楚，可以就该部分先行裁决、先予执行，移送人民法院执行。

仲裁庭裁决先予执行的，应当符合：（1）当事人之间权利义务关系明确；（2）不先予执行将严重影响申请人的生活。劳动者申请先予执行的，可以不提供担保。

3. 一裁终局

适用一裁终局的劳动争议的范围：下列劳动争议除《劳动争议调解仲裁法》另有规定者外，仲裁裁决为终局裁决。裁决书自作出之日起发生法律效力。（1）追索劳动报酬、工伤医疗费、经济补偿或者赔偿金，不超过当地月最低工资标准十二个月金额的争议；（2）因执行国家规定的劳动标准在工作时间、休息休假、社会保险等方面发生的争议。劳动者对上述仲裁裁决不服的，可以自收到仲裁裁决书之日起十五日内向人民法院提起诉讼。这是指劳动者对一裁终局的仲裁裁决不服的，可以向法院提起诉讼的规定。一裁终局的裁决发生法律效力后，用人单位不得就同一争议事项再向仲裁委员会申请仲裁或向法院起诉。用人单位有证据证明上述仲裁裁决有下列情形之一，可以自收到仲裁裁决书之日起三十日内向劳动争议仲裁委员会所在地的中级人民法院申请撤销裁决：（1）适用法律、法规确有错误的；（2）劳动争议仲裁委员会无管辖权的；（3）违反法定程序的；（4）裁决所根据的证据是伪造的；（5）对方当事人隐瞒了足以影响公正裁决的证据的；（6）仲裁员在仲裁该案时有索贿受贿、徇私舞弊、枉法裁决行为的。人民法院经组成合议庭审查核实裁决有上述规定情形之一的，应当裁定撤销。仲裁裁决被人民法院裁定撤销的，当事人可以自收到裁定书之日起十五日内就该劳动争议事项向人民法院提起诉讼。

对一裁终局以外的其他劳动争议，对仲裁裁决不服的，可以自收到裁决书之日起十五日内向人民法院提起诉讼；期满不起诉的，裁决书发生法律效力。

（三）劳动争议仲裁管辖

《劳动争议调解仲裁法》第二十一条规定："劳动争议仲裁委员会负责管辖本区域内发生的劳动争议。劳动争议由劳动合同履行地或者用人单位所在地的劳动争议仲裁委员会管辖。双方当事人分别向劳动合同履行地和用人单位所在地的劳动争议仲裁委员会申请仲裁的，由劳动合同履行地的劳动争议仲裁委员会管辖。"

根据《劳动人事争议仲裁办案规则》规定，劳动合同履行地为劳动者实际工作场所地，用人单位所在地为用人单位注册、登记地或者主要办事机构所在地。用人单位未经注册、登记的，其出资人、开办单位或者主管部门所在地为用人单位所在地。双方当事人分别向劳动合同履行地和用人单位所在地的仲裁委员会申请仲裁的，由劳动合同履行地的仲裁委员会管辖。有多个劳动合同履行地的，由最先受理的仲裁委员会管辖。劳动合同履行地不明确的，由用人单位所在地的仲裁委员会管辖。案件受理后，劳动合同履行地或者用人单位所在地发生变化的，不改变争议仲裁的管辖。

仲裁委员会发现已受理案件不属于其管辖范围的，应当移送至有管辖权的仲裁委员会，并书面通知当事人。对上述移送案件，受移送的仲裁委员会应当依法受理。受移送的仲裁委员会认为移送的案件按照规定不属于其管辖，或者仲裁委员会之间因管辖争议协商不成的，应当报请共同的上一级仲裁委员会主管部门指定管辖。

当事人提出管辖异议的，应当在答辩期满前书面提出。仲裁委员会应当审查当事人提出的管辖异议，异议成立的，将案件移送至有管辖权的仲裁委员会并书面通知当事人；异议不成立的，应当书面决定驳回。当事人逾期提出的，不影响仲裁程序的进行。

第五节　劳动争议诉讼

　　劳动争议诉讼是指劳动争议当事人不服劳动争议仲裁委员会的裁决处理，在法定期限内，依法向人民法院起诉，或者对仲裁委员会不予受理或逾期未作出决定的，申请人向人民法院起诉，人民法院按照法定的程序进行审理和判决的活动。《劳动争议调解仲裁法》没有对劳动争议诉讼进行具体规定，按照现行的体制，人民法院对劳动争议案件的受理、审判和执行都按照《中华人民共和国民事诉讼法》的规定执行。

思考题

1. 劳动争议有哪些特点？
2. 《劳动争议调解仲裁法》对劳动争议案件的适用范围是如何规定的？
3. 我国劳动争议处理基本程序是什么？
4. 劳动争议调解组织有哪些？
5. 简述劳动争议的调解程序。
6. 劳动争议调解员应该具备哪些条件？
7. 担任仲裁员应符合哪些条件？
8. 仲裁员有哪些权利和义务？
9. 简述劳动争议仲裁时效制度。

案例1

湖北南漳县"法院+工会+人社"劳动争议调解工作室为农民工讨要6万元赔偿

2023年3月30日　来源：中工网

　　"感谢工会'娘家人'和法院人社'铁靠山'，也感谢工会调解员对我的关心和帮助，事情解决了，我非常满意。"近日，湖北省南漳县域内某企业农民工郭某到"法院+工会+人社"劳动争议调解工作室连声感谢和称赞！

农民工郭某自2021年11月入职到某科技公司化浆车间从事生产工作以来，该公司未与郭某签订书面劳动合同，但被告公司每月为其发放工资，有工资流水明细证明。2022年5月，郭某在工作过程中，因公司他人操作不当，用铁锤砸伤郭某右手小指多处，致骨折，已构成伤残。为赔偿事宜各方争执不下，郭某后向县人民法院提起诉讼，诉请确认双方存在劳动关系并要求未签书面劳动合同双倍工资差额。2023年2月法院收到诉讼材料后，委托"法院+工会+人社"劳动争议诉裁调对接工作室对本案进行诉前调解。

工作室接到此案后，安排由县总工会调解员张道军律师牵头调解此案。调解员立即到法院查阅案件的来龙去脉，到仲裁庭了解相关案情，弄清事实及收集证据，同时找出双方争议的焦点，确定调解工作中两个关键问题：劳动关系及赔偿数额。根据事实查阅《最高人民法院关于审理工伤保险行政案件若干问题的规定》等法律法规找出法律依据，耐心地多次找双方当事人诠释法律依据并提供生效案例，得到用人单位认同。有针对性地寻找案件双方当事人能接受的调解突破点，提出调解建议。经过努力，双方终于就劳动关系确认、工伤赔偿、双倍工资差额给付等问题达成一揽子协议。

2023年3月27日上午，南漳县"法院+工会+人社"劳动争议诉裁调对接工作室就"郭某诉南漳县某科技公司劳动争议"一案召开调解现场会，调解会由县总工会经审主任刘孝华主持，县法院民一庭庭长罗学斌参与指导，三方单位相关人员参与调解。会上，双方当事人自愿达成调解协议，签订调解协议书，由某科技公司现场支付郭某工伤赔偿金6万元。并将此调解协议在县人民法院进行了司法确认，双方当事人握手言和，该起劳动争议得到圆满化解。

南漳县总工会建立的"法院+工会+人社"诉裁调对接模式，为老百姓解决多元纠纷开通了"绿色之门"，最大限度降低劳资双方维权时间和经济成本，有效化解劳动争议纠纷，为企业分忧，也依法维护了劳动者合法权益，将更多的矛盾纠纷化解在"第一时间"和"第一现场"。实现让劳动争议案件提质增效，从源头上减少诉讼增量的目标任务，节约了社会资源，优化了营商环境。同时，该机制着力解决企业和职工的"急难愁盼"，成为工会更好地为群众做好事、办实事、解难事有力抓手，不断增强群众获得感幸福感安全感。（段波）

案例 2

处理加班费争议，如何分配举证责任

2021 年 8 月 27 日　　来源：最高人民法院

基本案情

林某于 2020 年 1 月入职某教育咨询公司，月工资为 6000 元。2020 年 7 月，林某因个人原因提出解除劳动合同，并向劳动人事争议仲裁委员会（简称仲裁委员会）申请仲裁。林某主张其工作期间每周工作 6 天，并提交了某打卡 APP 打卡记录（显示林某及某教育咨询公司均实名认证，林某每周一至周六打卡；每天打卡两次，第一次打卡时间为早 9 时左右，第二次打卡时间为下午 6 时左右；打卡地点均为某教育咨询公司所在位置，存在个别日期未打卡情形）、工资支付记录打印件（显示曾因事假扣发工资，扣发日期及天数与打卡记录一致，未显示加班费支付情况）。某教育咨询公司不认可上述证据的真实性，主张林某每周工作 5 天，但未提交考勤记录、工资支付记录。

申请人请求

请求裁决某教育咨询公司支付加班费 10000 元。

处理结果

仲裁委员会裁决某教育咨询公司支付林某加班费 10000 元（裁决为终局裁决）。

案例分析

本案的争议焦点是如何分配林某与某教育咨询公司的举证责任。

《中华人民共和国劳动争议调解仲裁法》第六条规定："发生劳动争议，当事人对自己提出的主张，有责任提供证据。与争议事项有关的证据

属于用人单位掌握管理的，用人单位应当提供；用人单位不提供的，应当承担不利后果。"《最高人民法院关于审理劳动争议案件适用法律问题的解释（一）》（法释〔2020〕26号）第四十二条规定："劳动者主张加班费的，应当就加班事实的存在承担举证责任。但劳动者有证据证明用人单位掌握加班事实存在的证据，用人单位不提供的，由用人单位承担不利后果。"从上述条款可知，主张加班费的劳动者有责任按照"谁主张谁举证"的原则，就加班事实的存在提供证据，或者就相关证据属于用人单位掌握管理提供证据。用人单位应当提供而不提供有关证据的，可以推定劳动者加班事实存在。

本案中，虽然林某提交的工资支付记录为打印件，但与实名认证的APP打卡记录互相印证，能够证明某教育咨询公司掌握加班事实存在的证据。某教育咨询公司虽然不认可上述证据的真实性，但未提交反证或者作出合理解释，应承担不利后果。故仲裁委员会依法裁决某教育咨询公司支付林某加班费。

典型意义

我国劳动法律将保护劳动者的合法权益作为立法宗旨之一，在实体和程序方面都作出了相应规定。在加班费争议处理中，要充分考虑劳动者举证能力不足的实际情况，根据"谁主张谁举证"原则、证明妨碍规则，结合具体案情合理分配用人单位与劳动者的举证责任。（责任编辑：刘凡）

第十六章

加强和规范工会财务与经审工作

收好、管好、用好工会经费，对于确保工会各项重点工作开展、增强工会服务职工工作的物质基础、更好地发挥工会在党和国家工作大局中的作用具有非常重要的意义。当前，党和政府对工会工作支持力度不断加大，切实加强工会经费收缴、管理、使用、监督等各个环节的工作，是工会财务和经审工作的重中之重。

第十六章 加强和规范工会财务与经审工作

第一节 工会财务工作概述

工会财务工作,是指在工会经济活动中,对资金进行合理的计划、组织、调节、控制和监督的工作,并对工会资金运动中所体现的经济关系进行正确的处理,是工会整体工作必不可少的重要组成部分。

一、工会财务工作的特点

工会财务工作具有三个特点:独立自主的经费管理体制、法律确定的经费来源渠道和法律明确的工会经费用途。

(一)独立自主的经费管理体制

1.全国总工会有自行制定经费使用办法的权利。《工会法》第四十三条中规定:"经费使用的具体办法由中华全国总工会制定。"并且根据《会计法》《工会法》等国家有关法律、行政法规,制定了中国工会财务会计制度。

2.工会经费独立。根据《工会法》第四十五条规定:"工会应当根据经费独立原则,建立预算、决算和经费审查监督制度。"各级工会应根据《工会法》及全国总工会有关文件精神,依法做好工会经费独立核算工作。

3.形成工会独立的财务管理体制。需要注意的是,工会经费的独立性是相对的独立,主要是指工会对依法取得的资金与财产,享有所有权、使用权、受益权、处分权。工会对所拥有的资金和财产自成系统,自定制度,自主管理,独立核算,自收自支,结余自留。然而工会资金还无法做到完全的自给自足,在某些方面仍需要国家财政的资助;独立管理是在国家法律、法规、政策、制度制约下的独立管理。

(二)法律确定的经费来源渠道

《工会法》第四十三条对工会经费的来源作出了明确规定:一是工会

会员缴纳的会费；二是建立工会组织的用人单位按每月全部职工工资总额的百分之二向工会拨缴的经费；三是工会所属的企业、事业单位上缴的收入；四是人民政府的补助；五是其他收入。第四十六条规定："各级人民政府和用人单位应当为工会办公和开展活动，提供必要的设施和活动场所等物质条件。"根据这一规定，目前县以上工会的经费主要来源于用人单位向工会拨缴的工会经费，其次是同级财政等部门拨给工会组织的有关专项经费。此外，根据《工会法》第四十九条的规定，目前，县级以上各级工会的离休、退休人员的待遇，与国家机关工作人员同等对待。法律还规定了企业、事业单位、社会组织拨缴的经费在税前列支。

（三）法律明确的工会经费用途

根据《工会法》第四十三条关于工会经费主要用于为职工服务和工会活动的规定。目前，工会经费开支除县以上工会在职人员的经费外，其余经费全部用于职工服务和工会活动等事项，体现了工会经费的使用方向。

二、工会财务工作的作用

（一）物质保证作用

工会为了进行日常工作，开展群众活动，都需要有一定的物质条件给予保证。而物质条件是通过财务活动取得的，又是通过编制财务计划或财务预算等活动，把各方面的资金需要与财力结合起来，统筹安排，完善财务制度，节约使用经费，有效地保证工作开展。

（二）财务监督作用

工会财务工作的监督作用，主要体现在对工会及其所属事业、企业单位的收入、支出进行法律、政策与制度的监督。工会财务工作的监督作用贯穿于筹集、分配、使用、管理资金和财产的全过程，开展财务检查是财务监督的重要手段。

（三）密切联系群众的作用

通过向职工宣传党和国家有关方针政策，了解职工群众的要求，依靠职工收好、用好经费，管好工会财产，定期公布账目，增加工会工作的透明度，使工会经费收支和工会工作都处在职工群众的监督之下，更好地发挥联系群众的作用。

（四）经济决策的作用

工会财务工作是整个工会工作的重要组成部分，承担着工会的全部经济管理工作，应当起到事前计划预测，事中监督检查，事后总结分析的作用，并能提出行之有效的意见。综上所述，工会财务工作的作用，是相辅相成、互相联系的统一体。

三、工会财务监督的形式

（一）内控监督

内控监督是指财务部门按照有关政策制度，通过编制、执行本级收支预决算和审批本级事业单位预决算，实行监督。各核算单位的会计机构中设置复核工作岗位，在资金收付中对财务制度的执行进行监督，并随时纠正违规事项。在内控监督中，应注意实行多时段的监督，即进行事前监督、事中监督和事后监督。

1.事前监督。主要是对本级工会及所属事业单位在编制、审核、批准预算及作出重大财务活动决策时进行监督，把监督做到预算、计划制订时资金支付前，防患于未然。

2.事中监督。就是日常监督，是对日常经济活动、财务活动所进行的监督。这种监督主要由本单位财会人员通过对各种财务收支的审查、复核、结算等工作来实现。通过对经济事项办理过程中和预算执行过程中的监督，可以保证各项开支的合理性。

3.事后监督。是指对单位预算执行结果，或某一项经济活动结束之后所进行的监督。一般是通过对财务报表、账簿、会计凭证等资料的检查进行的。监督重点是检查被查单位预算、财务收支计划完成情况，资金使用效果，财务收支内容是否符合规定。通过监督，从中查找问题，纠正错误事项，并督促制定改正措施，以提高财务工作水平。

（二）多重监督

1.经审监督。主要由经费审查委员会办公室（经费审查委员会的日常办事机构）具体负责日常工作。经审会及其办公室，是独立于工会财务部门，专门对工会经费进行审查监督的组织。经审组织对工会经费及资产进行审查监督，是依法履行职能的行为，各级工会必须接受其审查监督。

2.国家和社会监督。《工会法》第四十五条规定："工会经费的使用应当依法接受国家的监督。"这种监督主要是由政府有关部门对工会资产中政府财政所拨资金进行审计监督，以及必要时对工会经审使用情况进行监督检查。此外还有社会审计对工会业务中的有关项目进行审计监督。

（三）民主监督

工会财务接受民主监督，这是工会财务工作区别于企事业财务工作的一个显著特点，是由工会经费的性质所决定的。由于工会经费来自职工，用之于职工，因此要接受职工群众的民主监督。这种民主监督的一般形式，是工会经费收支情况向会员代表大会报告，基层工会组织还要定期向会员代表大会或者全体会员公布会费收支情况。

第二节　工会财务管理体制

工会财务管理，是指在工会经济活动中，对客观存在的资金运动，进行合理的计划、组织、调节、控制和监督的工作。工会财务管理体制是工会系统财务管理上职责权限划分和财力分配的制度。是确立上级工会和下级工会之间，地方工会和产业工会之间经济关系的制度。也可以说，工会财务管理体制是工会在组织领导财务工作，处理各种经济关系时，划分财务管理层级及各层级的经费分成比例和职责权限，确定财务管理形式的基本规则和基本制度。

《中国工会章程》第三十九条规定，工会资产是社会团体资产，中华全国总工会对各级工会的资产拥有终极所有权。各级工会依法依规加强对工会资产的监督、管理，保护工会资产不受损害，促进工会资产保值增值。根据经费独立原则，建立预算、决算、资产监管和经费审查监督制度。实行"统一领导、分级管理"的财务体制,"统一所有、分级监管、单位使用"的资产监管体制和"统一领导、分级管理、分级负责、下审一级"的经费审查监督体制。工会经费、资产的管理和使用办法以及工会经费审查监督制度,由中华全国总工会制定。

一、工会财务管理体制的意义

(一) 可以确切地划分工会财务管理层级

工会财务体制通过划分工会财务管理的层级,使工会财务形成一个与工会组织相适应的完整的管理体系,保证了各级工会开展活动的资金需要,促进工会组织的巩固和完善,而工会组织的完善与协调,又为工会财务管理体系的协调创造了条件。

(二) 可以合理地划分各级工会的财务管理权限

工会财务管理体制通过划分财务管理权限,明确职权范围,责权利相结合,因时制宜地处理自己职责范围内的事务,并且通过这些权限的行使,职责的履行,实现增收节支,达到提高经费使用效率。因此,正确制定工会财务管理体制,可以使各级工会享有一定的自主权,从而调动各级工会的积极性与主动性,独立负责地完成本级工会的财务管理任务。

(三) 可以明确地划分各级工会经费分成比例

确定经费分成比例,就是工会内部财力的分配。它不仅涉及广大会员的切身利益,也关系着工会上下级组织之间、地方工会与产业工会之间、工会机关与工会事业之间的经济利益关系。因此,经费分成比例的确定,是工会财务体制的核心问题,只要经费分成比例划分合理,才能为理顺工会内部经济关系奠定可靠的基础,从而为完成工会财务管理任务创造有利条件。

二、工会经费独立原则

经费独立原则是工会经费的基本原则,工会独立管理经费是历史形成的,是由工会组织的性质和工作特点决定的。

工会经费独立原则，主要表现为工会经费使用与管理的具体办法由中华全国总工会制定，建立自己独立的预算、决算和经费审查监督制度。

三、统一领导、分级管理的工会财务管理体制

（一）统一领导

统一领导，就是中华全国总工会（以下简称全国总工会）对全国各级工会的财务工作实行统一领导，通过制定统一的工会财务工作方针、政策，统一的财务制度和纪律，实行严格规范的财务监督，实现其领导职责。各级工会组织及其所属单位，要严格执行、自觉接受统一领导，以保证工会组织的完整性和统一性。

统一领导还应体现在各级工会委员会（常委会）对财务工作实行集体领导，严格执行核定的年度预算收支计划，凡财务工作中的重大问题和重大开支项目要经集体讨论决定。

（二）分级管理

分级管理，就是在全国总工会统一制定的财会工作政策、制度、纪律制约下，对地方总工会和按产业系统管理经费的产业工会，确定财务管理层级，经费分成比例以及各层级工会财务管理的职责权限。各级工会在职权范围内享有自主权，但必须执行全国总工会统一的政策和规定，必须履行自己的职能，独立负责地开展财务管理工作。

（三）统一领导与分级管理的关系

1. "统一领导，分级管理"是对立统一关系在工会财务管理体制中的具体表现。统一领导是分级管理的前提，坚持统一领导，才能保证各级工会的均衡发展，才能保持工会组织的完整性和统一性；分级管理是统一领导的基础，坚持分级管理也就是坚持实事求是的原则。

2. "统一领导，分级管理"是民主集中制原则在工会财务管理上的具体运用。"统一领导"是在"分级管理"的基础上的"统一领导"，就是说全国总工会制定的工会财务工作的方针、政策、规章制度，必须从"分级管理"的实际情况出发，必须适应"分级管理"的需要。"分级管理"

是在统一的政策、规章制度制约下的分级管理。

3."统一领导，分级管理"是全局和局部的对立统一关系在工会财务管理上的实际体现。"统一领导"是从全局的高度出发，在政策上、制度上领导和服务于局部；"分级管理"是从局部的角度，服从、贯彻落实全局和整体。

四、工会财务的归口管理

工会财务的归口管理，是指涉及工会经费的收入和支出、财产等工会财务方面的业务，只能由工会的一个职能部门去管理。每一级工会的财务工作和经费，由本级工会财务部门统一归口管理。

工会财务归口管理具体内容有以下八项：

一是工会经费的收支业务由专门的工会财务会计机构或指定的会计人员独家办理；

二是工会财务管理的一切规章制度由工会或工会财务部门独家制定；

三是工会的经费和财产，由工会或工会财务部门独家管理；

四是全国总工会和地方各级总工会财务部门独家对口同级财政部门，基层工会独家对口行政财务部门；

五是其他业务部门、企业方面，不得独自在自己签发的文件中夹叙有关规定工会财务的事项；

六是工会所属企事业的工会财务管理制度要报请主管工会审批；

七是下级工会不得越权、越级改变上级工会制定的财务规章制度；

八是工会经费支出要坚持实行集体领导下的一支笔审批制度，就是在预算批准后，经费开支由财务主管领导人审批或授权批准，以防止多头审批，造成违纪及浪费。

五、工会财务管理的层级及经费分成比例

工会财务管理层级是根据工会组织体制划分的工会财务管理的层面（级次）。为保证每一级工会正常开展工作，需要确定每一级的经费分成比例。

(一) 工会财务管理层级的划分

1.《中国工会章程》第十一条规定："中国工会实行产业和地方相结合的组织领导原则。"根据这一组织领导原则，全国工会财务管理层级实行五级经费管理单位。具体管理层级如下：

（1）全国总工会为一级经费管理单位；

（2）省、自治区、直辖市总工会和按产业系统独立管理经费的全国性产业工会为二级经费管理单位；

（3）地市（州、盟）级总工会或垂直管理经费的省级产业工会为三级经费管理单位；

（4）县（旗、市）级工会或垂直管理经费的地市级产业工会为四级经费管理单位；

（5）基层工会为五级经费管理单位。

近年来，由于经济、社会的发展，行政区划变化，行政体制中存在如乡镇、街道的层面，因此，在财务管理层级的划分上，出现了乡镇（街道）、村工会是否作为一个工会财务管理层级的问题。由于这个问题尚无定论，实践中为解决乡镇（街道）、村工会开展工作的经费需求问题，一般由省一级工会根据自身情况，从实际出发，采取适当方式加以解决。

2.跨省、组织层次较多的大型企业工会，经总部所在地省级工会同意，报全国总工会批准后，可按企业系统管理工会财务，该企业工会为三级经费管理单位。

3.在一个省区内有二级机构的大型联合企业与省级产业工会，可经当地省级工会批准，作为三级经费管理单位。

4.工会机关及其直属事业单位，是以本级工会经费拨款或自身业务收入解决开支问题，不参与经费分成，不单独算作一个财务管理层级。

(二) 经费分成比例

工会经费，是指工会依法取得并开展正常活动所需的费用。经费分成按照"统一领导，分级管理"的原则，全国总工会对基层行政方面向工会拨缴的经费，规定自下而上逐级上解形成各级工会的经费来源。

第三节 加强基层工会经费收支管理

一、基层工会经费收支管理原则

根据2017年12月15日中华全国总工会颁发的《基层工会经费收支管理办法》的规定,基层工会经费收支管理应遵循以下原则。

(一)遵纪守法原则。基层工会应依据《工会法》的有关规定,依法组织各项收入,严格遵守国家法律法规,严格执行全国总工会有关制度规定,严肃财经纪律,严格工会经费使用,加强工会经费收支管理。

(二)经费独立原则。基层工会应依据全国总工会关于工会法人登记管理的有关规定取得工会法人资格,依法享有民事权利、承担民事义务,并根据财政部、中国人民银行的有关规定,设立工会经费银行账户,实行工会经费独立核算。

(三)预算管理原则。基层工会应按照《工会预算管理办法》的要求,将单位各项收支全部纳入预算管理。基层工会经费年度收支预算(含调整预算)需经同级工会委员会和工会经费审查委员会审查同意,并报上级主管工会批准。

(四)服务职工原则。基层工会应坚持工会经费正确的使用方向,优化工会经费支出结构,严格控制一般性支出,将更多的工会经费用于为职工服务和开展工会活动,维护职工的合法权益,增强工会组织服务职工的能力。

(五)勤俭节约原则。基层工会应按照党中央、国务院关于厉行勤俭节约反对奢侈浪费的有关规定,严格控制工会经费开支范围和开支标准,经费使用要精打细算,少花钱多办事,节约开支,提高工会经费使用效益。

(六)民主管理原则。基层工会应依靠会员管好用好工会经费。年度工会经费收支情况应定期向会员大会或会员代表大会报告，建立经费收支信息公开制度，主动接受会员监督。同时，接受上级工会监督，依法接受国家审计监督。

二、工会经费收入

基层工会经费收入范围包括以下内容。

（一）会费收入。会费收入是指工会会员依照全国总工会规定按本人工资收入的5‰向所在基层工会缴纳的会费。

（二）拨缴经费收入。拨缴经费收入是指建立工会组织的用人单位按全部职工工资总额2%依法向工会拨缴的经费中的留成部分。

（三）上级工会补助收入。上级工会补助收入是指基层工会收到的上级工会拨付的各类补助款项。

（四）行政补助收入。行政补助收入是指基层工会所在单位依法对工会组织给予的各项经费补助。

（五）事业收入。事业收入是指基层工会独立核算的所属事业单位上缴的收入和非独立核算的附属事业单位的各项事业收入。

（六）投资收益。投资收益是指基层工会依据相关规定对外投资取得的收益。

（七）其他收入。其他收入是指基层工会取得的资产盘盈、固定资产处置净收入、接受捐赠收入和利息收入等。

三、工会经费支出

基层工会经费主要用于为职工服务和开展工会活动。基层工会经费支出范围包括：职工活动支出、维权支出、业务支出、资本性支出、事业支出和其他支出。

（一）职工活动支出

职工活动支出是指基层工会组织开展职工教育、文体、宣传等活动所发生的支出和工会组织的职工集体福利支出。包括以下内容。

1.职工教育支出。用于基层工会举办政治、法律、科技、业务等专题培训和职工技能培训所需的教材资料、教学用品、场地租金等方面的支出,用于支付职工教育活动聘请授课人员的酬金,用于基层工会组织的职工素质提升补助和职工教育培训优秀学员的奖励。对优秀学员的奖励应以精神鼓励为主、物质激励为辅。授课人员酬金标准参照国家有关规定执行。

2.文体活动支出。用于基层工会开展或参加上级工会组织的职工业余文体活动所需器材、服装、用品等购置、租赁与维修方面的支出以及活动场地、交通工具的租金支出等,用于文体活动优胜者的奖励支出,用于文体活动中必要的伙食补助费。文体活动奖励应以精神鼓励为主、物质激励为辅。奖励范围不得超过参与人数的三分之二;不设置奖项的,可为参加人员发放少量纪念品。文体活动中开支的伙食补助费,不得超过当地差旅费中的伙食补助标准。

基层工会可以用会员会费组织会员观看电影、文艺演出和体育比赛等,开展春游秋游,为会员购买当地公园年票。会费不足部分可以用工会经费弥补,弥补部分不超过基层工会当年会费收入的三倍。基层工会组织会员春游秋游应当日往返,不得到有关部门明令禁止的风景名胜区开展春游秋游活动。

3.宣传活动支出。用于基层工会开展重点工作、重大主题和重大节日宣传活动所需的材料消耗、场地租金、购买服务等方面的支出,用于培育和践行社会主义核心价值观,弘扬劳模精神和工匠精神等经常性宣传活动方面的支出,用于基层工会开展或参加上级工会举办的知识竞赛、宣讲、演讲比赛、展览等宣传活动支出。

4.职工集体福利支出。用于基层工会逢年过节和会员生日、婚丧嫁娶、退休离岗的慰问支出等。基层工会逢年过节可以向全体会员发放节日慰问品。逢年过节的年节是指国家规定的法定节日(即新年、春节、清明节、劳动节、端午节、中秋节和国庆节)和经自治区以上人民政府批准设立的少数民族节日。节日慰问品原则上为符合中国传统节日习惯的用品和职工群众必需的生活用品等,基层工会可结合实际采取便捷灵活的发放方式。

工会会员生日慰问可以发放生日蛋糕等实物慰问品，也可以发放指定蛋糕店的蛋糕券。工会会员结婚生育时，可以给予一定金额的慰问品。工会会员生病住院、工会会员或其直系亲属去世时，可以给予一定金额的慰问金。工会会员退休离岗，可以发放一定金额的纪念品。

5.其他活动支出。用于工会组织开展的劳动模范和先进职工疗休养补贴等其他活动支出。

(二) 维权支出

维权支出是指基层工会用于维护职工权益的支出。包括：劳动关系协调费、劳动保护费、法律援助费、困难职工帮扶费、送温暖费和其他维权支出。

1.劳动关系协调费。用于推进创建劳动关系和谐企业活动、加强劳动争议调解和队伍建设、开展劳动合同咨询活动、集体合同示范文本印制与推广等方面的支出。

2.劳动保护费。用于基层工会开展群众性安全生产和职业病防治活动、加强群监员队伍建设、开展职工心理健康维护等促进安全健康生产、保护职工生命安全为宗旨开展职工劳动保护发生的支出等。

3.法律援助费。用于基层工会向职工群众开展法治宣传、提供法律咨询、法律服务等发生的支出。

4.困难职工帮扶费。用于基层工会对困难职工提供资金和物质帮助等发生的支出。工会会员本人及家庭因大病、意外事故、子女就学等致困时，基层工会可给予一定金额的慰问。

5.送温暖费。用于基层工会开展春送岗位、夏送清凉、金秋助学和冬送温暖等活动发生的支出。

6.其他维权支出。用于基层工会补助职工和会员参加互助互济保障活动等其他方面的维权支出。

(三) 业务支出

业务支出是指基层工会培训工会干部、加强自身建设以及开展业务工作发生的各项支出。包括以下内容。

1.培训费。用于基层工会开展工会干部和积极分子培训发生的支出。

开支范围和标准以有关部门制定的培训费管理办法为准。

2.会议费。用于基层工会会员大会或会员代表大会、委员会、常委会、经费审查委员会以及其他专业工作会议的各项支出。开支范围和标准以有关部门制定的会议费管理办法为准。

3.专项业务费。用于基层工会开展基层工会组织建设、建家活动、劳模和工匠人才创新工作室、职工创新工作室等创建活动发生的支出，用于基层工会开办的图书馆、阅览室和职工书屋等职工文体活动阵地所发生的支出，用于基层工会开展专题调研所发生的支出，用于基层工会开展女职工工作性支出，用于基层工会开展外事活动方面的支出，用于基层工会组织开展合理化建议、技术革新、发明创造、岗位练兵、技术比武、技术培训等劳动和技能竞赛活动支出及其奖励支出。

4.其他业务支出。用于基层工会发放兼职工会干部和专职社会化工会工作者补贴，用于经上级批准评选表彰的优秀工会干部和积极分子的奖励支出，用于基层工会必要的办公费、差旅费，用于基层工会支付代理记账、中介机构审计等购买服务方面的支出。基层工会兼职工会干部和专职社会化工会工作者发放补贴的管理办法由省级工会制定。

（四）资本性支出

资本性支出是指基层工会从事工会建设工程、设备工具购置、大型修缮和信息网络购建而发生的支出。

（五）事业支出

事业支出是指基层工会对独立核算的附属事业单位的补助和非独立核算的附属事业单位的各项支出。

（六）其他支出

其他支出是指基层工会除上述支出以外的其他各项支出。包括：资产盘亏、固定资产处置净损失、捐赠、赞助等。

四、严格控制工会经费开支

1.基层工会要认真贯彻落实《工会法》《中国工会章程》，以及全国总工会《工会预算管理办法》.《关于加强工会经费财务管理和审计监督切实管好用好工会经费的通知》精神，严格控制工会经费开支，各项开支实行工会委员会集体领导下的主席负责制，重大开支集体研究决定。

2.基层工会应严格执行以下规定：

（1）不准使用工会经费请客送礼；

（2）不准违反工会经费使用规定，滥发奖金、津贴、补贴；

（3）不准使用工会经费从事高消费性娱乐和健身活动；

（4）不准单位行政利用工会账户，违规设立"小金库"；

（5）不准将工会账户并入单位行政账户，使工会经费开支失去控制；

（6）不准截留、挪用工会经费；

（7）不准用工会经费参与非法集资活动，或为非法集资活动提供经济担保；

（8）不准用工会经费报销与工会活动无关的费用。

各级工会对监督检查中发现违反基层工会经费收支管理办法的问题，要及时纠正。违规问题情节较轻的，要限期整改；涉及违纪的，由纪检监察部门依照有关规定，追究直接责任人和相关领导责任；构成犯罪的，依法移交司法机关处理。

第四节　工会经费审计工作

工会审计是指各级工会经费审查委员会依照有关法律法规和《中国工会章程》《中国工会审计条例》规定和职责、权限、程序，对工会经费收支、资产管理等全部经济活动的真实、合法与效益实施的审计监督。

工会经费审计工作的目的，是保证工会经费收支、资产管理等全部经济活动的真实、合法，提高工会经费使用效益，维护工会资产安全。

一、工会审计的工作体制

《中国工会章程》第三十九条规定：工会实行"统一领导、分级管理、分级负责、下审一级"的经费审查监督体制。《中国工会审计条例》第四条规定："工会审计实行统一领导、分级管理、分级负责、下审一级的工作体制。工会审计的制度和办法由中华全国总工会统一制定。"

（一）统一领导。是指工会经审工作的制度和办法由全国总工会统一制定，并对各级工会经审工作进行督促检查。全国总工会经审会通过颁布制度、制定政策、部署工作，对全国各级工会的经审工作实行统一领导。下级工会经审会应当根据上级工会经审会的工作部署，研究确定自己的工作思路和任务，重大问题应向上级工会经审会请示报告。各级工会经审会及经审干部应自觉接受上级工会经审会的业务指导，积极协助上级工会经审会开展工作。上级工会经审会对下级工会经审工作进行督促检查、量化考核和评比表彰，促进经审工作水平的整体提升。

（二）分级管理。是指各级工会经审会按照财务管理级次划分工作范围、明确监督职责。地方工会和独立管理经费的产业工会，从省级、市级、县级到基层，各级工会经审会都要建立健全与财务管理体制和资产监管体制相匹配的监督制约机制，在职责范围内卓有成效地开展审查审计工作。

（三）分级负责。是指各级工会经审会对同级工会会员（代表）大会负责，依法独立履行职责，有权直接处理职责范围内的事务，承担职责范围内的监督责任。各级工会经审会根据上级工会经审会的工作部署，结合本级工会实际研究制订工作计划，确定工作重点，制定相关制度，抓好工作落实，不断提高经审工作的整体水平，充分发挥经审监督的效能。

（四）下审一级。是指上级工会经审会要对下一级工会及其所属企事业单位的经费收缴、财务管理、资产使用和经营情况等进行审计。审计内容主要包括工会经费的收、管、用，上级工会补助资金和"帮扶""送温暖"等专项资金的使用，当地政府拨款、补助资金的使用及效益，下一级工会的直属企事业单位的财务收支、资产管理和经营情况等。下一级工会遇有重大或必要的审计事项需要上级工会经审会审计时，由下一级工会或下一级工会经审会向上级工会经审会提出申请，经批准后对其进行审计。下审一级必须做到对下一级工会审计的全覆盖。

二、工会审计方针

《中国工会审计条例》第五条规定，工会审计遵循依法审计、服务大局、突出重点、注重实效的工作方针。

依法审计是指工会经审组织和审计人员应当依照法律规定行使审计监督权，开展各项审计活动。工会经审组织和经审干部要按照《中华人民共和国审计法》《中国工会审计条例》等法律法规规定的职责、权限和程序开展审查审计监督活动。要依据财务收支和经济管理方面的法律、法规、规章，客观评价被审计单位的财务、资产管理情况和经济行为，对违反国家、工会规定的财务收支行为进行披露和处理、处罚；要客观公正、实事求是地对被审计单位的工作做出客观科学准确的评价，要以促进工作、改善管理为目的，提出科学、合理的审计建议，推动工会财务和资产管理制度建设。

服务大局是指工会经审组织和经审干部必须牢固树立大局意识，做到认清大局、胸怀大局、把握大局，站在工会工作全局的高度，放眼大势，拓宽思路，抓好要务，不断开创经审工作新局面。在工作统筹和安排上要大局在胸，抓住审查审计监督的主线，突出工会重点工作，做到科学谋划、方向明确、任务具体、措施有力。在工作推进上要围绕工会重点工作任务来研究、谋划、部署和推动经费审查审计监督工作，要忠实履行监督职责，牢牢把握住经审工作服务大局的工作方向和重点内容。

突出重点是指工会经审工作要紧紧围绕实际，必须始终突出重点，分清主次，围绕中心，狠抓落实。要找准审查审计监督的突破点、关键点，有的放矢，不能眉毛胡子一把抓，不分轻重缓急。工会经审组织和经审干部坚持抓重点、抓要害、抓关键，把主要精力和力量放在加强对事关工会经费和资产安全大问题的监督上。要对"三重一大"项目进行全过程跟踪审查审计，如实揭露查出的问题，重大问题要及时向同级工会领导班子报告，提出切实可行的审查审计意见和建议，下大力气抓好审计整改工作，有效防范风险、避免损失。

注重实效是指工会经审工作要始终聚焦主责主业，取得审查审计监督的实际效果。工会经审组织和经审干部要在经费审查审计的全过程中注重脚踏实地，充分发挥审查审计监督效能，在揭露问题、落实整改、促进管理、推动工作上下功夫、见实效。审查审计的见实效要体现在重要事项的刚性约束上，比如：本级工会经费年度预算不经经审会全体会议审查通过，工会主席不能签字，上级工会不予审批；追加预算不经经审会或经审会常务委员会审查同意，财务部门不能办理；审查审计发现的问题不整改到位，各项考核实行一票否决；工会企事业单位不经审计，其经营成果不予确认；工会建设项目不经审计，不予验收、结算和付款等。

三、工会经费审查委员会

工会经费审查监督工作的组织机构是经费审查委员会。工会经费审查委员会是代表会员群众，依照法律和《中国工会章程》规定的职责、权限和程序，对工会及所属企业、事业单位经费收支和资产管理情况的真实、完整、合法与效益实施的审查监督的组织，它监督财经法纪的贯彻执行和工会经费的使用。

（一）工会经费审查委员会的产生

《中国工会章程》规定，各级工会代表大会选举产生同级经费审查委员会。经费审查委员会主任、副主任可以由经费审查委员会全体会议选举产生，也可以由会员大会或会员代表大会选举产生。凡为一级财务管理的工会组织，在组建工会或换届选举时，经费审查委员会与同级工会委员会应同时考察、同时选举产生、同时报批。《中国工会审计条例》第十条规定，经审会应当与同级工会委员会同时考察、同时报批、同时选举产生。

（二）工会经费审查委员会委员

经审会委员由政治素质高、业务能力强、具有相关专业知识的工会干部和会员担任并经民主选举产生。县级以上工会经审会委员人数不少于同级工会委员会委员人数的20%，最低不少于5人；基层工会经审会委员人数一般3至11人。经审会委员中具有审计、财会专业知识的人员不少于三分之二。

工会主席、分管财务和资产的副主席、工会财务人员和资产管理人员，不得担任同级工会经审会委员。

（三）工会经费审查委员会机构设置

经费审查委员会闭会期间，代其行使职能的常务机构是经费审查委员会常务委员会。

经费审查委员会的办事机构统称经费审查委员会办公室，列入同级工会委员会机关部门的正职级序列（编制），负责处理经审会的日常工作，完成经审会交办的各项任务。《中国工会审计条例》第十六条规定，全国总工会、各级地方总工会、独立管理经费的产业工会和机关工会联合会的经费审查委员会办公室，作为经审会的日常工作机构，承担工会经费审查审计监督工作。

（四）工会审计人员

工会应当建设信念坚定、为民服务、业务精通、作风务实、敢于担当、清正廉洁的高素质专业化审计队伍。经审会应当加强对审计人员遵守法律法规和履行职责情况的监督，督促审计人员依法履职尽责。

工会审计人员应当具备与其从事审计业务相适应的专业知识和职业能力。

经审会根据工作需要，可以委托具有相应资质的社会中介机构对有关事项进行审计；可以聘请具有审计、财会等专业资格和职业能力的人员参与审计工作。经审会应当加强对外聘社会中介机构和人员的指导检查、监督评价和质量控制，对审计方案、审计工作底稿、审计报告等进行审核，根据审计工作完成情况，建立考评和退出机制。

工会审计人员不得从事可能影响独立、客观履行审计职责的工作，不得参与、干预、插手被审计单位及其相关单位的经济管理活动；在办理审计事项中，与被审计单位或者审计事项有利害关系的应当回避；对在履行职责中知悉的国家秘密、工作秘密、商业秘密、个人隐私和个人信息，应当予以保密，不得泄露或者向他人非法提供。

（五）工会经费审查委员会的工作职责

根据《中国工会章程》规定，经费审查委员会负责审查同级工会组织及其直属企业、事业单位的经费收支和资产管理情况，监督财经法纪的贯彻执行和工会经费的使用，并接受上级工会经费审查委员会的指导和监督。工会经费审查委员会向同级会员大会或会员代表大会负责并报告工作；在大会闭会期间，向同级工会委员会负责并报告工作。上级经审会对下级经审会进行业务指导和监督考核。经费审查委员会定期向同级工会党组织报告审计工作。

具体来说，工会经费审查委员会工作职责主要包括以下内容：

1.工会经审委员会是代表会员群众对工会经费收支和财产管理情况进行审查监督的组织；

2.对基层工会经费收支和财产管理情况进行审查监督；

3.建立健全以审计为基础的经费审查监督机制；

4.维护国家财经法纪，促进收好、管好、用好工会经费；

5.促进工会财产管理，促进工会经济活动规范运作，促进工会系统党风廉政建设；

6.加强基层经审组织建设，坚持做到组建工会换届选举时，经审会与同级工会委员会"同时考察、同时选举、同时报批"三同时；

7.加强基层工会经审干部审计专业理论审查实务培训，全面提高审计质量水平；

8.坚持依法审计，健全审计程序，建立经审台账，经审工作逐步达到规范化、制度化、经常化。

四、经费审查委员会审计的事项

经审会对本级工会及其所属企事业单位和下一级工会的下列事项进行审计：

（一）贯彻落实党和国家相关重大经济社会政策措施以及全国总工会决策部署情况；

（二）与经济活动有关的发展规划、战略决策、重大措施以及年度业务计划执行情况；

（三）经费预算编制和调整、预算执行、决算草案以及其他财务收支情况；

（四）经费计提和拨缴情况；

（五）专项资金物资的筹措、拨付、管理和使用情况；

（六）资产的管理、使用和处置情况；

（七）本级工会及其所属企事业单位建设项目情况；

（八）本级工会及其所属企事业单位对外投资情况；

（九）内部控制及风险管理情况；

（十）经费使用效益和资产经营效益情况；

（十一）撤并时的财务清算情况；

（十二）工会管理和委托其他单位管理的社会捐赠资金、各类基金的收支情况；

（十三）其他需要审计的有关事项。

以上事项，必要时可以进行延伸审计。

经审会对本级工会预算执行情况要每年审计，对下一级工会预算执行情况的审计至少在本届任期内覆盖。经审会对涉及本地区本产业本系统全局的重大项目，有权统一组织开展跨层级、跨区域审计或者专项审计。

经审会接受本级工会干部管理部门的书面委托，对本级工会内部管理的领导人员履行经济责任情况进行审计。经审会实施经济责任审计时，参照执行国家有关经济责任审计的规定。

经审会可以对被审计单位依法依规应当接受审计的事项进行全面审计，也可以对其中的特定事项进行专项审计或者专项审计调查。

上级经审会对其审计职责范围内的审计事项，可以授权下级经审会进行审计。下级经审会应当配合协助上级经审会开展各项审计工作。

五、工会审计权限

（一）经审会有权要求被审计单位提供财务、会计资料以及与财务收支有关的业务、管理等资料，包括电子数据和有关文档。被审计单位不得拒绝、拖延、谎报。被审计单位负责人应当对本单位提供资料的及时性、真实性和完整性负责，并作出书面承诺。经审会对取得的资料进行综合分析，需要向被审计单位核实有关情况的，被审计单位应当予以配合。

（二）经审会进行审计时，有权检查被审计单位的财务、会计资料以及与财务收支有关的业务、管理等资料和资产，有权检查被审计单位信息系统的安全性、可靠性、经济性，被审计单位不得拒绝。

（三）经审会进行审计时，有权就审计事项的有关问题向有关单位、部门和个人进行调查和询问，并取得有关证明材料。有关单位、部门和个人应当配合、协助经审会工作，如实向经审会反映情况，提供有关证明材料。

（四）经审会进行审计时，经经审会主要负责人批准，有权对可能被转移、隐匿、篡改、毁弃的财务、会计资料以及与财务收支有关的业务、管理等资料，采取暂时封存的措施。

（五）经审会进行审计时，有权对正在进行的严重违法违规、严重损失浪费行为及时向单位主要负责人报告，经同意作出临时制止决定。经审会有权提出纠正、处理违法违规行为的意见和改进管理、提高绩效的建议。

（六）经审会有权对审计结果以适当方式进行通报。经审会有权对违法违规和造成损失浪费的被审计单位和人员，给予通报批评或者提出追究责任的建议。经审会对严格遵守财经法规、经济效益显著、贡献突出的被审计单位和个人，可以向单位党组织、主要负责人提出表彰建议。

（七）经审会对审计中发现的严重违法违规、严重损失浪费等问题，以及被审计单位经济运行中存在的重大风险隐患，有权向同级工会党组织、工会委员会和上一级经审会报告。

六、工会审计程序

工会审计的基本程序是以下步骤。

（一）经审会根据同级工会委员会的工作部署和上级经审会的要求，

制订年度审计工作计划。

（二）经审会根据年度审计工作计划，确定审计项目，成立审计组，制订审计实施方案。审计组审计人员不得少于2人，实行审计组组长负责制。

（三）经审会应当在实施审计3日前，向被审计单位送达审计通知书。遇有特殊情况，报经审会主要负责人批准后，可以直接持审计通知书实施审计。

（四）审计人员通过审查财务、会计资料，查阅与审计事项有关的文件、资料，检查现金、实物、有价证券和信息系统，向有关单位和个人调查等方式进行审计，取得审计证据，做好审计记录，编制审计工作底稿。向有关单位和个人进行调查时，审计人员应当不少于2人。

（五）审计组对审计事项实施审计后，依据相关法律法规和内部控制制度作出审计评价，对需要整改的事项提出审计意见和建议，形成审计组的审计报告，并征求被审计单位的意见。

（六）被审计单位自接到审计组的审计报告之日起10日内，应当向审计组回复书面意见，逾期不回复的，视同无异议。

（七）经审会审核审计组的审计报告、研究被审计单位的书面意见后，出具经审会的审计报告，对违反财经法律法规的行为在职权范围内作出审计决定，并将经审会的审计报告或者审计决定送达被审计单位。审计决定自送达之日起生效。

（八）被审计单位自收到经审会的审计报告或者审计决定之日起30日内，将整改落实情况书面报告给出具审计报告或者审计决定的经审会。

（九）被审计单位或者相关责任人员对经审会作出的审计决定不服的，自收到审计决定之日起60日内，可以向出具审计决定的上一级经审会书面申请复审。上一级经审会自收到书面复审申请之日起60日内，应当作出复审决定。复审期间执行原审计决定。

（十）经审会发现下一级经审会作出的审计决定违反国家有关规定或者有重大错误的，应当责成下一级经审会予以变更或者撤销，必要时可以直接作出变更或者撤销决定。

（十一）经审会应当建立健全审计整改监督检查机制，对被审计单位进行审计回访，督促其落实整改意见，执行审计决定。审计组在审计实施过程中，应当及时督促被审计单位整改审计发现的问题。经审会在出具审计报告、作出审计决定后，应当在规定的时间内检查或者了解被审计单位和其他有关单位的整改情况。对于定期审计项目，经审会可以结合下一次审计，检查或者了解被审计单位的整改情况。

（十二）经审会应当每年向同级工会党组织和工会委员会报告审计结果和整改落实情况。

（十三）经审会对办理的审计项目、专项审计调查、审计复审、审计整改监督检查等，按照工会审计业务公文处理规定和审计档案管理规定建立档案。

思考题

1. 工会财务工作的作用是什么？
2. 如何理解工会财务管理体制？
3. 基层工会经费收支管理原则是什么？
4. 基层工会经费收入范围包括哪些方面？
5. 简述基层工会经费支出范围。
6. 工会审计的工作体制和方针是什么？
7. 工会经费审查委员的工作职责是什么？
8. 工会经费审查委员会对哪些事项进行审计？
9. 工会审计的权限有哪些？

案例 1

山东：规范财务管理　竭诚服务职工

2023 年 8 月 15 日　来源：中工网

五年来，山东全省各级工会牢牢把握工会财务工作正确政治方向，围绕中心服务大局，面向基层服务职工，砥砺奋进、务实创新，不断提升保障和服务效能,切实助力山东工会工作和工运事业高质量发展。

坚持聚力聚财,夯实工会工作物质基础。加强工会税务协同共治,在全省形成"制度共建、数据共享、协同共进"的代收工作高质量发展长效机制;共同研发了税务代收互联互通系统,在全国率先实现工会经费税务代收信息实时共享和业务协同,推动税务代收工作不断扩面提质,代收经费规模实现连续增长。财政支持力度持续加大,各级财政专项资金对于困难职工帮扶、劳模慰问、元旦春节送温暖等支持保障不断增强。扎实开展小微企业工会经费返还工作,累计返还 3.26 亿元,小微企业工会经费支持政策落实到位,为激发小微企业工会活力、支持山东实体经济发展贡献了工会力量。

聚焦主责主业,提升财务服务保障绩效。围绕产业工人素质提升加大资金投入,持续将"产改"工作向纵深推进,为强省建设提供高技能人才支撑;围绕实施"齐鲁工匠"建设工程加大资金投入,加快建设知识型、技能型、创新型劳动者大军,营造劳动光荣的社会风尚和精益求精的敬业风气;围绕推动新就业形态建会入会及开展关心关爱行动加大资金投入,不断推进新就业形态劳动者工会工作迈上新台阶;围绕深化职工高技能人才维权帮扶力度加大资金投入,持续巩固城市困难职工解困脱困成果,扎实做好维权服务工作;围绕加强服务职工阵地建设加大资金投入,全国率先完成市、县工人文化宫整治提升任务,152 家市、县两级职工服务中心全部达到规范化标准,工会户外劳动者服务站点和"工会妈妈小屋"等全省遍地开花,服务职工半径延伸;围绕助力疫情防控与经济社会发展加大资金投入,用于慰问抗疫一线医护工作者,帮助受疫情影响企业复工复产,为全省经济社会发展做出了工会贡献;围绕"县级工会加强年"工作加大资金投入,为各项支持政策提供经费保障,全面提升县级工会能力建设水平;围绕推进智慧工会建设加大资金投入,对标全国一流标准建成了全省统一的"智慧工会"平台,实现全省各级、各行业工会一张网,推动工会业务全部上网入云。

强化综合施策,提高财务规范化管理水平。山东省总工会探索创新管理手段,建立了覆盖省、市、县、乡四级的工会财务管理信息系统,实现了统一平台、规范体系、数据融合,强化了财务工作全链条、全流程规范管理,极大推动了全省工会财务会计核算和监督管理工作的创新发展。

值得一提的是,近年来,省总工会还着力加强制度建设,制定(修订)预算管理、绩效管理、财务监督等方面的财务制度23项,各市级工会制定(修订)财务制度345项,各县级工会制定(修订)财务制度2165项,构筑起强化内部管理、防范财务风险、保障财产安全的制度屏障。

坚持德能并重,打造高素质财务人才队伍。五年来,全省各级工会重点围绕新出台的财务政策、工会会计制度等内容组织开展培训,累计举办培训班1419期,培训财务干部7.99万人次;省总工会联合省财政厅、省人力资源和社会保障厅、团省委、省妇联等部门成功举办三届全省工会财务人员业务技能竞赛,全省各级工会累计举办技能竞赛1060场,参与人次达8.04万。2022年,组队参加全总首次举办的全国工会财务知识竞赛,获得个人赛和团体赛双第一,展示了全省工会财务干部队伍建设成果。(唐鑫 葛红普)

案例2

各级工会经审组织依法全面履行审查审计监督职责,着力构建工会常态化经审监督体系
——以有力有效的经审监督服务保障工会工作高质量发展

2023年9月23日　来源:中工网-工人日报

今年3月,全国总工会修订印发了《中国工会审计条例》,为工会经审组织依法全面履职、更好发挥作用提供了坚实的制度保障。近年来,工会经费审查工作一直在不断强化和完善。各级工会经审组织依法全面履行审查审计监督职责,着力构建工会常态化经审监督体系,扎实推进审查审计全覆盖,持续发挥好工会经审组织的监督保障作用。

在开展工会工作的过程中,对工会经费收支、资产管理等全部经济活动实行审查审计监督非常重要。面对新形势新任务,今年修订的《中国工会审计条例》中,完善的内容包括了诸多方面:加强党对工会审计工作的领导、健全常态化审计工作报告机制、加强工会审计队伍建设、完善审计

监督职责、优化审计监督权限、强化审计查出问题整改、加强工作保障和责任追究等。这些工作，也是各级工会经审组织在实际工作中着力的重点，从强化顶层设计、抓好审查审计监督、加强自身建设等各方面不断压实举措，推动工会工作高质量发展。

——强化顶层设计，完善工会经审制度体系。以国家审计为指导、以工会经审组织为主体、以社会审计为补充、以职工会员监督为基础的工会常态化经审监督体系基本建立。

修订出台《工会建设项目审计办法》等制度，推进审计实务指南体系建设，比如制定《帮扶资金、送温暖资金专项审计实务指南》《劳模待遇与劳模资金专项审计实务指南》《社会化工会工作者专项补助资金审计调查实务指南》。发挥审计计划引领作用，强化审计项目过程控制，完善审计全流程管理。深化审计成果运用，建立健全审计发现问题移交机制，完善工会审计整改长效机制，发挥工会经审建设性作用。完善社会中介机构公开招标、定期考评和退出机制，加强对外聘社会中介机构的指导检查、监督评价和质量控制。加强调查研究，及时总结推广先进经验，推动工会经审理念创新、制度创新、工作创新。

——聚焦主责主业，突出抓好审查审计监督。持续深化工会预决算审查工作，加强对支出预算和政策审查监督，完善以审计为基础的预决算审查制度，建立工会资产审查审计制度。加快推进审计监督转型升级，构建以助力工会政策规定贯彻落实、防范化解风险隐患、完善内部控制、提高资金使用效益为重点的新时代工会经审体系。持续开展政策跟踪审计，拓展预算执行审计的广度和深度，深化工会企事业领导人员经济责任审计，推动工会建设项目审计向投资审计转型；加大在京中央企业工会审计监督力度，推动央企工会依法建会、规范管理、提高工会经费使用效益。

——加强自身建设，不断提高审计质量水平。坚持全国工会经审工作"一盘棋"，强化审计项目和审计组织方式"两统筹"，比如统筹各层级审计资源，采取交叉审计、延伸审计、专项审计等多种组织方式加大对财政专项资金、工会经费的审计监督力度，实现全过程、全链条监督。同时，深化工会经审工作规范化建设考核，开展全国工会优秀审计项目评选等。

聚焦全国工会经审干部队伍建设，制定教育培训规划，修订培训基础教材，举办培训班、研修班；编印工会经审工作信息，加强政策研究和业务交流。

特别值得关注的是，各级工会经审组织把助力工会政策规定的贯彻落实作为首要任务，围绕贯彻落实党中央决策部署和全总政策规定情况统筹开展审计监督。对困难职工解困脱困、货币资金存放管理、小微企业工会经费返还、劳模专项补助资金、社会化工会工作者专项补助资金等政策规定的落实情况开展专项审计或审计调查，及时发现政策执行中的各类问题，提出改进工作的意见建议，推动工会政策规定落地见效。

五年来，全总经审会对35个省级工会预算执行情况进行了审计，实现对下审计届期全覆盖。全国县以上工会经审组织开展预算执行审计、财务收支审计、经济责任审计、专项审计和工会建设项目审计等各项审计近19万项，提出审计意见和建议22万余条，在促进工会政策规定贯彻落实、维护工会经费资产安全完整效益、推动工会经济活动规范运行、推进工会系统党风廉政建设等方面发挥了积极作用。（工人日报-中工网记者 郝赫 通讯员 周建元）

第十七章

提高工会主席的领导艺术与沟通技巧

　　工会主席作为工会组织的主要负责人，不仅要掌握各种科学的领导方法和原则，同时也要讲究领导艺术，努力提高沟通技巧，只有这样，才能更好地推动工会各项工作开展，达到预期的目标。

第一节　工会主席的领导艺术

一、工会主席领导艺术的含义和特点

(一) 工会主席领导艺术的含义

工会主席领导艺术是指工会主席作为工会主要领导者在解决实际问题时表现出来的学识、才能、智慧和工作技巧。它是建立在一定的知识、经验和辩证思维基础上的对工会领导方法、方式的创造性运用。它是工会领导方式、方法的集中体现，也是工会主席素质、才能、胆略、思想和情感在工作中的综合反映。工会主席的领导艺术建立在工会主席个人的工作经验、品质素养和工作能力的基础上。

(二) 工会主席领导艺术的特点

工会主席的领导艺术是其在长期的领导活动实践过程中逐步形成的特殊领导方法，具有鲜明特点。一般包括经验性、创新性、灵活性。

经验性指工会主席领导艺术是工会主席自身阅历、知识和经验的总结与运用。不同的领导面对同样的问题，认识问题的角度、处理问题的方法和取得的效果各不相同，这就是领导个人的经验在发挥作用。工会主席在长期的工会工作中，在工作的方法、方式上往往有独到之处，显示出较高的艺术性。

创新性是指娴熟地掌握和运用工会工作方法并使之升华为独特的有创新力的领导艺术。在新的历史条件下，工会工作面对着许多新问题，完全按照现有的理论方法去处理问题就不可能做好工作。工会主席就需要具有创新思维，探索适合时代需要的新的工作方法。

灵活性指工会主席在领导活动中，不是按照固定的程序和模式，而是因人因地因时制宜，在思考和处理问题时能即兴发挥，随机应变。

二、工会主席提高领导艺术的重要性

工会是党领导下的工人阶级群众组织,工会工作是做职工群众的工作,因而,工会工作不论在工作对象和内容上,还是在工作方法上,都有着自身独有的特点。工会主席的工作受这个特点的制约,在工作中有自己的独特的领导艺术的要求。

(一) 从工会的工作对象来看

工会工作的对象是职工群众,其有着复杂性、层次性、多样性。从职业分布来看,来自各行各业;从个人经济收入来看,有高、中、低之分;从文化层次来看,学历和专业各不相同。除此之外,还有职工的性别、年龄、企业的性质等方面的差异。不同层次的职工,其心理状态、个人诉求都不相同。因而,工会主席在做职工群众的工作时,要具有针对性,既要满足共性需求又要照顾个性需要,满足不同层次职工的不同需求,调动职工的积极性,就需要工会主席在工作中讲究领导艺术,使得工作方法更具体更生动。

(二) 从工会的工作方法来看

工会的工作方法是群众的工作方法,主要通过说服、教育、吸引、疏导的方法,是职工自我教育的方法。工会组织开展的各项活动,不能采取行政手段,强迫职工参加,只能采取吸引的方法,把职工群众吸引到活动中来。从组织的角度看,就是要讲究工作的策略和技巧,讲究工作的艺术性。

(三) 从工会工作的内容上来看

工会工作所涉及的内容非常多,方方面面。尤其是基层工会,在社会转型发展的历史时期,面对的矛盾复杂多样。在工作中,如何抓住主要矛盾,合理安排工作,争取事半功倍,这些都需要工会主席在工作中要心中有数,作出安排。工会主席要学会"弹钢琴"的艺术,使自己的工作按轻重缓急有序地协调发展。

在新形势下,工会组织的性质、地位、工会工作的特殊要求,给工会主席这个特殊的角色赋予了特殊的定位,决定了工会主席工作的特殊性,其特殊性就要求工会主席必须很好地讲究工作的艺术性。

三、工会主席的领导艺术

(一)服务职工群众的艺术

工会作为党领导下的工人阶级群众组织,作为党联系职工群众的桥梁纽带,根基在职工、血脉在职工、力量在职工。坚持从职工群众中来、到职工群众中去,坚持全心全意为职工群众服务,是工会组织的优良传统和工作宗旨,也是工会组织和工会干部践行党的群众路线的集中体现,更是工会组织和工会工作的生命线,强化思想政治工作,牢固树立以职工为本理念。

工会主席要树立为职工群众服务的宗旨意识,始终与职工群众心相连、情相依,同呼吸、共命运,做一名全心全意为职工群众谋利益的人民公仆。工会主席要深入到职工群众中去,了解职工的所思所想,深刻体会蕴藏在职工群众中的智慧和力量,充分调动起践行宗旨、服务职工的积极性和创造性,时刻做到心里装着职工群众、凡事想着职工群众、一切为了职工群众。

努力提高服务职工群众的能力。一是提升调查研究的能力。做好调查研究是提升服务水平的基础和前提,通过经常性的深入基层,全方位、多角度地掌握职工的思想、生活状态和存在的实际问题,准确把握一线职工、青年工人、知识分子、女职工、白领阶层、困难职工等不同群体的特点和诉求;通过常态化的联系职工制度,积极研究工作推进中存在的主要问题,以及职工的意见和建议。二是提升工作创新的能力。要坚持问题导向,针对制约工作开展的关键问题进行深入的研究探索,遵循因地制宜,不搞一刀切,使工作内容和活动方式适应职工的意愿、要求和觉悟程度。三是整合资源提高服务职工的能力。工会主席要主动加强与社会各方面的联系与合作,注重激发和借助社会力量,解决工会工作面临的各种问题,促进工运事业的不断发展。积极争取党政赋予更多的资源和手段,包括加强党委对工会工作的领导，加大各级人大、政府、政协在政策、人员、经费等各方面对工会工作的支持。充分利用社会资源和民间力量，加大职工帮扶的力度，加强服务职工的经济实力。

（二）工会主席用人的艺术

工会的一系列工作要通过下属来具体落实，要圆满地实现工会主席的理想和抱负，就必须讲究用人的艺术。

要量才而用。工会工作是职工群众自己的事业，在各类专兼职工会干部和工会积极分子中间，有大量的各种各样的人才，工会主席要了解每个人的特点，用其所长，避其所短，安排合适的岗位，做到人尽其才。

要适当授权。就是根据实际情况需要，授予下属一定的权力，形成责权对等，调动下属的积极性，使其能更好地履行职责。适当授权，可以让工会主席在繁杂的具体工作中摆脱出来，集中精力解决重大问题。

要敢于用比自己强的人，大胆重用年轻人。工会主席不可能什么都懂、什么都行，要做好工会工作，就要敢于用富有专业技术、专业知识的人才，合力完成任务。在工作中，要善于发现和使用有活力、有创造力的年轻人，为工会培养事业发展的接班人。

（三）工会主席提高工作效率的艺术

工会工作面广线长，需要工会主席处理的事情也就十分的繁杂。工会主席如何熟练地运用各种领导方法科学有效地处理问题，就成为工会主席领导艺术的主要内容。

科学合理地分配工作时间。在日常工作中，对重要工作和中心工作，要优先安排出充足的时间，较小和次要的事情要见缝插针，主从轻重相结合，有序工作。在时间的分配上，要留有余地，以便应对突发事件时能及时处理。面对非常规的随机事件时既要善于从全局和整体出发，抓住要害，统筹整体，也要善于捕捉时机，分清轻重缓急，审时度势，随机决断。

（四）工会主席组织指导的艺术

组织指导是工会主席工作的主要内容。领导是一种组织活动，领导者是活动的组织者。工会是职工群众自愿结合的群众组织,要求它的领导者具有一定的组织指导的能力。但是工会主席的这种组织指导不是行政命令性的,而是属于指导性的;不是强制性的,而是非权力的影响力。

工会主席在组织活动中,要发扬民主,在日常工作中,不论是在会议上讨论决定工作时,还是在交流、检查工作中,都要注意听取他人的意见,把正确的建议加以归纳总结,和自己的想法相结合,做出正确的决策;要充分尊重他人,信任下属。工作中,要建立互相尊重、互相信任的良好关系,要注意尊重别人的意见,要相信下属并鼓励下级根据工会的实际情况开展工作;要坚持指导建议多于命令,帮助下属解决工作中的困难。

(五) 工会主席协调的艺术

工会组织内外的各种复杂的关系,都是在一定的利益差别和矛盾的基础上结成的,工会主席只有协调好这些关系,才能为工会工作创造一个良好的环境。

协调好与党组织的关系。工会既要自觉地接受党的领导,使自己在思想上政治上行动上同以习近平同志为核心的党中央保持高度一致,围绕党的中心任务开展工作,也要依照法律和工会章程独立自主地开展工作。工会主席在实际工作中要积极主动加强和党组织的信息交流,达成彼此之间的沟通和理解,争取党组织在工作中的配合和支持。一般而言,一方面要及时了解党组织对工会工作的要求和指示,另一方面是要及时把职工群众的意见和要求,以及工会工作的有关情况向党组织汇报,争取得到党组织的理解和支持。

协调好与行政的关系。工会与企事业的行政是互相支持和合作的平等关系,工会主席要大力支持行政领导的各项工作,并及时把职工群众建议和意见反映给行政领导,并就涉及职工利益的重大问题与行政领导进行协商。工会主席要利用座谈会等形式加强与行政领导的信息沟通,在工会举办的各项活动中,积极邀请行政领导光临,增进彼此间的理解和友谊,创造合作的良好氛围。

协调好工会组织内部上、下级关系。工会主席协调好上、下级关系,能为工会工作的开展创造一个良好的人际环境，提高工作效能。在协调与上级的关系中，对上级的有关指示精神和布置的工作任务，要认真学习和领会，并结合自身的实际加以贯彻落实；对自己工作中的困难，要及时请示和汇报，争取上级的支持；维护上级的威信，尊重领导，既要坚持真理，又不盲目服从。在协调和下级及会员群众的关系时，要强化服务理念，为职工群众办好事、办实事；要自觉接受群众的监督，严于律己；行动上要起模范带头作用；关心下属生活，创造和谐的工作环境。人的生存需求是最基本的需求，要多为下属办实事，不断改善工作和生活条件，让下属生活丰富多彩，工作中既有动力又有欢乐，通过这种方式可以赢得下属的信赖和拥护。

四、工会主席提高领导艺术的途径

（一）工会主席要不断提高自身的知识水平

知识是认识世界、改造世界的工具，是人类有力的精神武器。领导干部的知识素质是实现领导意图，提高领导效能的基础。为了完成党和国家赋予工会组织的历史使命，工会主席"以其昏昏，使人昭昭"是不行的。为了适应时代的需要，工会主席必须不断学习，提高知识水平，完善自身的知识结构。工会工作是一项面对广大职工群众、工作内容涉及面广、面对各行各业的复杂工作，这就要求工会主席在知识结构上多领域、多方位、综合性。工会主席不仅要认真学习党的路线、方针和政策，还要学习领导科学、管理学的知识，提高自己把握大局、参与管理的能力，还要不断学习各项法律法规、群众工作方法、职工心理学等，提高自己维护职工权益、服务职工群众、做好职工工作的能力。社会在不断发展，人类的知识日新月异，工会主席不能因循守旧、故步自封，而要紧跟时代的步伐，积极主动地不断更新知识，才能提高领导水平，提高工作效能。

（二）工会主席要在工作实践中提高领导艺术

工会干部领导艺术的提高，固然离不开理论知识的指导，但更重要的是要在工作实践中进行锻炼。

工会主席要保持对工会工作的热爱。热爱是成功最好的老师，一个人只有热爱自己的工作，才能在工作中满怀激情，充满干劲。工会主席要做好工会工作首先要热爱工会工作，热心为职工群众说话办事，才能在工作中团结职工、教育职工、凝聚职工，提高做好工会工作的能力和水平。

工会主席在工作中要讲究工作方法。工会主席在工作中要坚持大局为先的观念，想问题、办事情要站在国家社会发展的大局、促进企事业发展的高度来把握；要坚持实事求是，从实际出发，克服形式主义，做到不唯上、不唯书，总结在工作中的经验，不断改进工作；要坚持原则性和灵活性的统一，大是大非面前必须坚持原则，在不违反原则的前提下，从促进工作的角度出发，对一些具体问题的处理可灵活掌握，把握好"度"的问题；要坚持工作有重点，不能"胡子眉毛一把抓"，通过重点工作的开展带动其他工作的开展。

工会主席在工作中要敢于创新。面对新情况、新问题，在坚持过去一些行之有效的方法的基础上，要大胆探索新形势做好工会工作新途径和新方法；不能满足于上传下达，或者照抄照搬别人的经验；要有知难而上勇于战胜困难的坚强毅力和敢为天下先的锐意进取的精神，不断探索，把握工会工作的政治性规律、群众性规律和职业性规律，领导工会工作的开展。

（三）工会主席要打造自己独特的人格魅力

工会主席不能单纯地运用组织赋予的权力实现领导，同时还要依靠个人魅力形成控制力、凝聚力、吸引力、感召力去赢得人心，为此，工会主席务必要提高自身修养，增强自身魅力：一是要廉洁自律，模范地遵守国家的法律法规，成为自觉遵守职业道德、社会公德、家庭美德的模范实践者；二是要有较宽广的知识面，有较灵活的领导艺术，在工作中多些理性思考，少些主观臆断，既要有局部的利益，更要有全局的观念，工作中有思路、有办法，有依靠和调动职工智慧的意识和能力；三是要有宽阔的胸怀，健康的心态，摆正个人与他人、与集体之间的关系，做到不以己为中心，先人后己、先公后私，多为别人、为集体着想，要树立一盘棋思想，在任何时候都以全局利益为重，要加强个人修养，心胸豁达，大度地看待他人，看待个人利益，遇到矛盾，多想想自己的不足，多听取和包容不同意见，主动化解矛盾，有容人容事之肚量，善于团结不同意见的人一起工作；四是要对职工群众充满感情，让职工群众感到亲切、亲近、亲和，始终在事业上保持进取心，在名利面前保持平常心，勤奋工作、勇于创新、自觉奉献。

第二节 工会主席的沟通技巧

一、和上级沟通

与领导坦诚相对，主动沟通。工会主席在工作中要赢得领导的支持和认可，很重要的一点就是要让领导感受到的你的坦诚，工作中以开放和坦率的态度和领导交流，领导才能感觉到你的信赖，才会真心和你交流。下属由于工作中人际环境压力，一般不愿与领导主动沟通，只有主动沟通，工作中的成绩和失误才能被领导了解，才能获得领导的支持和谅解。

二、与下属的沟通

平等相待。领导与下属人格上是平等的，职位的不同，不等于人格上的贵贱。作为上司，在与下属进行沟通说话时不能表现得傲慢，更不能居高临下。

换位思考。放下架子站在下属的角度考虑问题。俗话说，设身处地，将心比心。作为领导，在处理许多问题时，都要换位思考。领导者放下架子，站在被劝说人的位置上考虑，同时，又把被劝者放在领导的位置上陈说苦衷，就容易引起情感上的共鸣，这样沟通就容易成功。

学会倾听，学会做一个好听众。领导与下属沟通时要多听少说，与人沟通有个二八法则，就是沟通时聆听的时间要占80%，而说话时间占20%，领导与下属沟通时，要让下属多说，尽量地了解他的所思所想；聆听时，注视说话人，全神贯注，耐心倾听，不要打断说话者的话题；对自己想要了解的情况，可恰如其分地提问；对下属的发言要适当地予以肯定和支持，表达自己赞同和支持。

主题明确，言简意赅。身为一名领导者，在与下属交流时过于"健谈"、唠叨、啰唆会使下属难以把握你说话的主题和要点。言简意赅地传达你对下属的要求和期望，再把需要注意事项交代清楚即可。

在幽默中成功沟通。在工作中，我们时常可以看到，有的管理者幽默，做报告时饶有风趣，群众和下属们都爱听；做思想工作时，语言生动，容易入耳入心，群众和下属都乐于接受；平时和下属接触，大家觉得他可亲可爱，都愿意和他接近。这样的管理者，必然会赢得群众的尊重和爱戴，人际关系也会协调得好，在工作中会收到事半功倍的效果。

三、与职工群众的沟通

加强与职工群众的沟通交流，是做好工会工作的前提条件。

与职工群众的沟通交流，首先要求工会主席牢固地树立群众观念，满怀对职工群众的深厚感情，深入职工群众。与职工群众不论是个别谈心、进行面对面的沟通和交流，还是进行调研、走访，征求职工的意见和建议，倾听职工的心声，了解职工生活和工作中迫切想解决的难题。工会主席都要怀着对职工群众的深厚感情和职工进行平等对话，真诚沟通，要做个时时处处了解情况的有心人，才能了解到群众的实情真意。但同时工会主席要善于分析研究，抓住问题的主流，防止偏听偏信。个别交谈了解职工的所思所想。需要坚持不懈，需要多层次、多角度地来谈，谈的人数多了，就能了解到面上的情况，这也是个由点到面的过程。

其次，工会主席要善于搭建沟通平台，畅通与职工群众的沟通渠道。召开工会主席与职工见面会，定期或不定期地了解职工所思所想。建立工会主席民主接待日制度，每周安排一天接待职工，对职工所反映的问题，能当场回复的立即回复，不能立即回复的经研究后回复。开通"工会主席信箱"，职工的意见、建议和问题，工会主席可以通过信箱及时收集和反馈，针对职工所反映的信息及时进行处理和回复，帮助职工维护好自身的合法权益。在网络时代，可以通过微信、企业职工 QQ 群，职工网上的在线互动交流，同时与职工进行思想交流，为职工搭建"沟通桥梁"，增进工会与职工群众沟通理解。

思考题

1. 什么是工会主席的领导艺术？
2. 工会主席提高领导艺术有什么重要性？
3. 工会主席如何提高领导艺术？
4. 工会主席独特的个性魅力对其领导艺术有哪些影响？
5. 沟通对领导有什么重要的意义？
6. 试述工会主席的沟通技巧。

案例 1

强化工会自身建设，提升服务职工能力

2022 年 6 月 24 日　来源：中工网

基层工会直接联系和服务职工群众，加强基层工会建设，是构建联系广泛、服务职工的工会工作体系的固本之策。南通市崇川区总工会积极适应新形势新任务新要求，持续强化自身建设改革，在全省建立首个和谐劳动关系法律体检中心；在南通市率先启动"别样康乃馨·共筑芳华韵"女职工综合服务工作，首创实施总工会委员提案办法等，有效激发基层工会活力，促进全区工会工作高质量发展。

创新方法，实现基层工会建设新突破

针对基层存在工会组织上下联系不紧密、工会干部兼职过多、工会干部队伍整体素质亟待提高等问题，崇川区总工会着力创新工作方法，不断扩大工会组织的覆盖面，增强工会组织的凝聚力。

崇川区总工会会同区委组织部共同开展非公企业党建带工建"三创争两提升"活动，出台《深化党工共建助推民营经济高质量发展的实施意见》，确定 15 家党建带工建示范单位。目前全区党工组织双覆盖的企业有

756家；全区90个工会联合会中，工会主席是党员的有69家，占比76.7%；工会班子成员列为党员发展重点培养对象的有40名，从党员中培养工会班子成员35名。建立困难职工帮扶党工联动机制，每年开展帮扶活动30多批次，惠及一线党员职工900多人次。与区委组织部共同召开组建工会协调会、现场推进会等形式，努力做到组建和规范相结合，发展会员与发挥作用相统一。

他们注重"双措并举、二次覆盖"工作，不断探索和创新建会模式，以龙头企业"单独建"、规模行业"牵头建"、依托区域"联合建"等方式，持续扩大工会组织覆盖面，最大限度地把非公企业职工吸入到工会中来。目前，已创建江苏省"司机之家"示范点1个，组建物流园区工会联合会3家，物流运输企业工会21家，吸纳1500多名货车司机、快递员入会。创新成立省内首家饿了么外卖骑手工会，充分发挥圆融商圈工会"蓄水池"功能，累计覆盖外卖小哥500余人。

针对一些基层工会力量薄弱，少数基层工会存在组织不健全、运行不规范、维权不到位、活力不强、作用发挥不明显、职工群众不够满意等问题，该区总工会围绕构建区级工会—街道工会—村社区工会"大三级"工会组织网络，加强上级工会对下级工会指导，着力解决区、街道工会人少事多、编制不足、经费紧张等各种实际困难，探索在经济相对发达、企业相对集中、职工相对较多的街道建立总工会，积极争取党委支持，不断充实专职工会干部力量。目前全区已建立街道总工会8家，占街道总数的一半。探索建立完善街道、村（社区）和企业工会协调联动的"小三级"工会体制，形成上下联动、合力增强的基层工会工作局面。

拓展思路，实现工会制度建设新发展

崇川区总工会适应形势发展变化，积极拓展思路，在实践中改进发展巩固相关制度，使工会工作有章可循、有法可依。同时加强对制度执行情况的检查和监督，形成工会工作长效机制，保持工会工作的连续性、规范性和科学运转，不受一时一事一人的影响和干扰，确保各项制度真正落地落实。

建立健全基层工会工作考核、评价和激励机制，增强基层工会干部的责任感，激发他们做好工作的积极性和主动性，切实关心基层工会干部的工作、学习和生活，落实基层工会干部待遇，保护基层工会干部的合法权益。推动党组织把工会干部纳入党政系统交流和提拔使用，与党政干部一视同仁，改变单向交流、只进不出的现象，使工会组织始终充满生机与活力。近年来，区委组织部门从工会干部队伍中提拔转岗干部5名，从其他部门调入工会任职人员6名。有5名工会干部荣获省、市五一劳动奖章。

锐意革新，实现工会能力建设新提升

崇川区总工会积极适应工会职能转变的需要，规范工会的机构设置，配齐配强各级专职工会干部，在南通市率先试行企业兼职工会主席补贴制度，在年终考核的基础上，按照实施细则对全区企业兼职工会主席发放补贴。组织好新任工会主席+上岗培训、各类专门业务培训等，加强业务理论、法律法规、组织建设等知识的学习，解决好兼职工会主席兼而不专的问题，着力打造一支忠诚党的事业、忠实服务职工的工会工作者队伍。

制定岗位责任制度、目标考核制度、评先选优制度、职务晋升制度等规范配套的管理制度，推进工会干部职业化管理，促使职业化工会干部队伍始终保持良好的精神状态，形成人人争先的氛围。完善社会化工会工作者队伍管理、培育、激励等工作机制，对社会化工会工作者实行轮岗交流，把德才兼备的优秀社会化工会工作者选聘到街道（开发区）工会领导岗位，已有4名社会化工会工作者实现轮岗交流，充实了基层工会领导班子力量。(据江苏工人报消息 南通市崇川区总工会党组书记、主席 沈建宏)

参考资料及说明

［1］《中华人民共和国宪法》，2018年修正文本，本书中简称《宪法》。

［2］《中华人民共和国民法典》，2020年5月28日第十三届全国人民代表大会第三次会议通过，本书中简称《民法典》。

［3］《中华人民共和国公司法》，根据2018年10月26日第十三届全国人民代表大会常务委员会第六次会议《关于修改〈中华人民共和国公司法〉的决定》第四次修正，本书中简称《公司法》。

［4］《中华人民共和国全民所有制工业企业法》，1988年4月13日第七届全国人民代表大会第一次会议通过根据2009年8月27日第十一届全国人民代表大会常务委员会第十次会议《关于修改部分法律的决定》修正，本书中简称《企业法》。

［5］《中华人民共和国公共文化服务保障法》，2016年12月25日第十二届全国人民代表大会常务委员会第二十五次会议通过，本书中简称《公共文化服务保障法》。

［6］《中华人民共和国职业病防治法》，根据2018年12月29日第十三届全国人民代表大会常务委员会第七次会议《关于修改〈中华人民共和国劳动法〉等七部法律的决定》第四次修正，本书中简称《职业病防治法》。

［7］《中华人民共和国安全生产法》，根据2021年6月10日第十三届全国人民代表大会常务委员会第二十九次会议《关于修改〈中华人民共和国安全生产法〉的决定》第三次修正，本书中简称《安全生产法》。

［8］《中华人民共和国会计法》，根据2017年11月4日第十二届全国人民代表大会常务委员会第三十次会议《关于修改〈中华人民共和国会计法〉等十一部法律的决定》第二次修正，本书中简称《会计法》。

［9］《中华人民共和国工会法》，根据2021年12月24日第十三届全

国人民代表大会常务委员会第三十二次会议《关于修改〈中华人民共和国工会法〉的决定》第三次修正，本书中简称《工会法》。

[10]《中华人民共和国妇女权益保障法》，2022年10月30日第十三届全国人民代表大会常务委员会第三十七次会议修订，本书中简称《妇女权益保障法》。

[11]《中华人民共和国劳动法》，根据2018年12月29日第十三届全国人民代表大会常务委员会第七次会议《关于修改〈中华人民共和国劳动法〉等七部法律的决定》第二次修正，本书中简称《劳动法》。

[12]《中华人民共和国劳动合同法》，根据2012年12月28日第十一届全国人民代表大会常务委员会第三十次会议《关于修改〈中华人民共和国劳动合同法〉的决定》修正，本书中简称《劳动合同法》。

[13]《中华人民共和国社会保险法》，根据2018年12月29日第十三届全国人民代表大会常务委员会第七次会议《关于修改〈中华人民共和国社会保险法〉的决定》修正，本书中简称《社会保险法》。

[14]《中华人民共和国劳动争议调解仲裁法》，2007年12月29日第十届全国人民代表大会常务委员会第三十一次会议通过，本书中简称《劳动争议调解仲裁法》。

[15]《中国工会章程》，中国工会第十八次全国代表大会部分修改，2023年10月12日通过。

[16]《中华人民共和国劳动合同法实施条例》，2008年9月3日国务院第25次常务会议通过2008年9月18日中华人民共和国国务院令第535号公布自公布之日起施行，本书中简称《劳动合同法实施条例》。

[17]《企业民主管理规定》，中共中央纪委、中共中央组织部、国务院国有资产监督管理委员会、监察部、中华全国总工会、中华全国工商业联合会于2012年2月13日印发。